U0165510

證券犯罪
刑事責任專論

李開遠 ｜ 著

自序

　　股市係國家經濟之櫥窗，各國經濟之興衰直接反映在其股市之表現，一個健全的資本市場有助於吸引外資前來投資，可降低企業資金成本，加速金融產業發展，進而帶動該國之經濟成長，因之世界各國無不以健全股市，協助企業籌資，以擴展其經濟發展。然股市係資訊高度敏感之市場，國內投資人多以散戶為主，股市自然人成交量占六成，股票周轉率偏高，在投資人充滿投機預期之心態下，投資決策往往較不具理性，加以資訊不對稱等諸多因素，投資者常成為操縱股價者之犯罪工具或犧牲者。因此股市亟需依賴強而有力之司法執法單位，來建構有紀律之股市交易平台。我國股市操縱股價行為者，為求順利操縱股價賺取暴利，常伴隨內線交易、非常規交易、公告不實財報、違法代操、不法丙種墊款及侵占背信掏空公司資產等重大證券犯罪案件層出不窮，更有甚大比例違法者卻逍遙法外，近年來國內重量級知名企業相繼爆發股市交易弊案，然部分案件最終司法判決卻無罪定讞，使人民對司法極度失去信賴。究其原因，多為防弊制度上之疏漏，及證交法對各類證券犯罪法定構成要件立法常有未臻明確之疑義，加以司法人員欠缺金融專業實務基本訓練，導致審判實務運作上，常無法界定「投資」與「投機」及「違規」與「非法」之分際，增加偵辦證券犯罪之難度。

　　股市弊端非僅影響國內外投資人對台灣股市之信心，更影響國內企業籌資管道，長久以往將使我國經濟發展陷入危機，政府主管機關務須正視健全股市交易秩序之重要性及迫切性，證券主管機關應與司法單位密切配合，及時掌握操縱股票不法集團之犯行，確保偵辦時效，強化蒐證並查扣不法所得，有效提高成案率及定罪率，確保資本市場投資人之正當權益。

　　筆者習法律，經歷財金部會財稅、金融及經貿實務領域，並於東吳大學、淡江大學、文化大學及銘傳大學等校法律系及財金系（所）擔任刑法及財金法規等課程講授多年，因感為人師職責之重任，加以個人授課主題，歷

年來對我國金融犯罪之理論及實際案例多所研究。茲為教學研究之故，歷來多參考最高法院最新判決，依據刑法、金融法理論、法令要旨、解釋命令及國內外法學專論等，進行有關證券犯罪刑事責任理論及最高法院相關判決之評析研究。本（103）年上半年筆者利用課餘之際，將歷年來對證券犯罪刑事責任相關研究心得依犯罪態樣編排整理付梓，以供教學、證券業、上市櫃公司、司法人員及投資大眾參考運用。

　　筆者期盼大眾瞭解證券市場投資之正確性質，使其權益得以充分保障，在以往教學過程中，發現透過股票投資專業知識之學習與操作，可讓投資者能更廣泛深入地學習與瞭解國內外政治、經濟、金融及產業等各類知識之廣度與深度。在某種意義上，股票價格之走勢可謂係國內政治、經濟之晴雨表，因之，股票投資除可獲取利潤外，尚且係另一種求知學習之途徑，期盼讀者在閱讀本書後，能體會本書之重點，不只是對證券犯罪刑事責任之介紹，而是在股票投資正確法治觀念之建立，衷心期盼讀者皆能體會理性的投資行為比正確的行情預測更為重要，亦祝福各位讀者能成為真正快樂的業餘投資人。筆者不敏，雖盡全力詳加斟酌考據完成本書，然自愧學驗不足，管窺有限，違誤闕漏難免，尚祈法學先進及財金專家不吝賜教為幸。倘蒙賜正，一字之師，感將不朽，是為序。

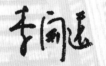

謹誌

民國103年5月

目　錄

第一章
金融證券犯罪案件主觀不法構成
要件在刑事責任認定之爭議

壹、我國法院對金融證券犯罪案件判決「主觀」不法構成要件認知之歧異

　　最高法院2012年台上字第4269號判決[1]：證券交易法第155條第1項第1款所稱之違約交割罪，係指對於在證券交易所上市之有價證券，在集中交易市場委託買賣或申報買賣，業經成交而不履行交割，足以影響市場秩序者而言。其無論行為人目的係意在賺取股票漲跌價差或為拉抬特定股票之股價而買賣，或意圖拉抬、壓低股價而連續以高、低價買賣股票，倘行為人主觀上明知自身並無資力，仍對於證券交易所上市之有價證券，在集中交易市場委託買賣或申報買賣，致於成交後無法履行交割，足以影響市場秩序者，即有違約交割罪之犯罪故意。

　　台灣高等法院台中分院2011年金字第764號判決[2]：現行證券交易法第155條第1項第5款所稱之相對成交（沖洗買賣），意指意圖造成集中交易市場某種有價證券交易活絡之表象，自行或以他人名義，連續委託買賣或申報買賣而相對成交，至於行為人究竟係自行或借用他人名義於不同證券經紀商開設兩個以上帳戶，在所不論。該判決認為相對成交罪之成立，必須行為人主觀上有造成某種有價證券交易活絡表象之意圖，始足以構成，因此在認定是否該當相對成交之構成要件時，不能僅以客觀上有委託買賣或申報買賣而相對成交之行為，即反推行為人具有不法之主觀意圖。

　　台灣高等法院台中分院2010年度金上字第941號判決[3]：證券交易法

---

[1]　101年8月16日最高法院101台上字第4269號判決。
[2]　100年8月4日台灣高等法院台中分院101年度金上訴字第764號判決。
[3]　101年8月29日台灣高等法院台中分院99年度金上訴字第941號判決。

第155條第1項第4款規範之連續買賣，俗稱炒作行為，係指意圖抬高或壓低集中交易市場某種有價證券之交易價格，自行或以他人名義，對該有價證券，連續以高價買入或低價賣出。其立法目的在使有價證券之價格能在自由市場正常供需競價下產生，避免遭受特定人操控，以維持證券價格之自由化，而維護投資大眾之利益。該判決認為所謂意圖抬高或壓低集中交易市場某種有價證券之交易價格，應指行為人不顧該有價證券實際表彰之價值，主觀上意圖抬高或壓低該有價證券之市場價格，誤導他人該有價之買賣熱絡進而從事買賣該有價證券之行為，造成該有價證券市場價格抬高及壓低之情形。是否構成連續以高價買入，應先就行為人主觀上是否具有造成證券市場交易活絡之表象，而誘使他人買進或賣出股票以謀利，並以證據綜合具體個案中之各種因素，詳加調查認定並審慎判斷之。

　　另我國最高法院91年台上字第3037號[4]、94年台上字第1433號[5]、99年台上字第4091[6]及100年台上字第1449號[7]等四則判決皆認為內線交易之禁止，僅須內部人具備「獲悉發行公司有重大影響其股票價格之消息」及「在該消息未公開前，對該公司之上市或上櫃之股票，買入或賣出」此二形式要件即成立，並未規定行為人主觀目的要件。故內部人於知悉消息後，並買賣股票，是否有藉該買賣交易獲利，或避免損失之主觀目的要件，應不影響其犯罪之成立。上述判決從刑法犯罪成立之理論觀之，似有未當，我們瞭解刑法規範之設定與適用，應以嚴格之犯罪構成要件思維為其方法，方能建立起法治國原則與罪刑法定原則之保障機制。一般在司法實務上，為維護個案之公平正義，多係依個案證據資料，綜合行為人主觀想像及一切外在客觀情事，依一般經驗法則，推論行為人主觀犯罪構成要件要素。

　　作者認為在各類不同之金融證券犯罪態樣中，故意及意圖均為行為人內心主觀意念及認知，他人實難以直接探求，因此如何正確推論行為人具有不法意圖，以求勿枉勿縱，自應審慎為之。依我國司法實務在運作上，

---

[4]　2002年1至6月最高法院刑事裁判書彙編第44期第716頁至746頁。
[5]　2005年3月24日最高法院裁判書查詢—刑事類違反證交法。
[6]　2010年6月30日最高法院裁判書查詢—刑事類違反證交法。
[7]　2011年1至6月最高法院刑事裁判書彙編62期第203至209頁

係從被告買賣股票之相關事證加以認定，迄今仍缺乏明確之一致性標準。簡言之，如何區辨行為人買賣有價證券之內心世界，究係基於造成某種有價證券交易活絡表象之意圖，抑或基於合理投資或其他正當性之目的，則應從我國證券交易市場之交易實務，觀察其行為態樣，藉由情況證據加以推論。

　　從刑法理論觀知，中外刑法史上向有客觀主義[8]與主觀主義[9]理論之爭，亦即刑事責任之基礎[10]，究應以犯罪人客觀上所實行之侵害法益事實為準[11]，或以行為人主觀上之反社會危險性格為依據？事實上客觀主義與主觀主義均各有其優缺點，無法完全周延。晚近刑法思想已有甚大演變，大體而言尚能放棄本位主義，而朝向道義責任、行為人責任及社會責任之折衷調和發展，目前在司法實務及學界均認為刑法之目的不僅在於懲罰或嚇阻犯罪人實行犯罪行為，亦應注重犯罪人之反社會性格並預防其再犯，以維護社會之安全。故刑法責任之基礎，應包括行為人主觀之反社會性格及其客觀上所實行之犯罪侵害法益行為，不宜偏執其一，因而逐漸融合而成為主觀客觀綜合性之刑法理論[12]。且不論雙方觀點如何，社會科學本無絕對之真理，基於學術討論與實務運作互相激盪以其精進之理念，作者認為提供學理上不同思考角度與觀點，有助於實務之檢討與借鏡，故有本章

---

[8]　「客觀主義」認為行為人內心之反社會性格必須實際付諸行動而造成法益侵害之結果或危險者始為刑法評價之對象而有加以處罰之必要，若僅存於行為人內心危險性格，既無侵害法益之行為與結果，則非所能干涉，依此以觀，則刑事責任應以行為人形諸於客觀之行為及對法益侵害之結果為基礎；至其責任之輕重，則是法益侵害或危險性之大小而定；此說著重於客觀行為對於法益之侵害及其危險性，而與報應主觀相對應。

[9]　「主觀主義」認為刑事責任之基礎，在於行為人主觀上之反社會性格，其責任輕重，則應視行為人惡性及再犯危險性以為斷，亦及刑事責任應以行為人內心之犯意及對於他人或社會之危險性為基礎，而非以行為人客觀之侵害法益行為為依據，其重點在於行為主觀上之可非難性及對社會之危險性，而與預防主義相契合。

[10]　甘添貴，責任原則，月旦法學教室第20期，第35至37頁。

[11]　早期刑法理論，受到古典學派影響，認為違法性由純粹客觀面判斷，古典學派不但採行純粹客觀的因果行為論，並且在犯罪結構論上認為，不法是客觀判斷、罪責是主觀判斷，因此，否認所有的主觀不法要素。另參考林鈺雄，欠缺之主觀阻卻違法要素之法律效果，法學獎座第27期，2004年5月第46頁。

[12]　同上。

之緣起，合先敘明。

貳、主觀不法構成要件在金融證券犯罪案件判決中之重要性

　　依刑法理論刑事處罰之大多數犯罪行為均屬故意之作為犯，故在刑事立法上，乃將此等犯罪行為規範其均須具備主觀不法構成要件，然立法時僅於刑法總則中規定故意之定義[13]，而未於分則及特別法個別犯罪之不法構成要件中逐一加以明定，僅在構成要件限定於直接故意之情形下，始於不法構成要件中以「明知」之用語加以規定[14]。

　　我國現行刑事立法上並未將犯罪構成要件「故意」逐一明訂於故意犯之不法構成要件中，因之在刑事司法實務中，判斷行為人之行為是否具有構成要件該當性之犯罪判斷中，往往忽略行為人主觀上是否具有構成要件故意之判斷，法官判決書理由欄中，往往亦欠缺如何形成行為人主觀上具有構成要件故意有關心證之描述，僅憑行為人在客觀上可見之行為，即迅速認定具有構成要件該當性，嚴格而論，此顯屬不當之犯罪判決，其判決應屬不載判決理由之當然違法，得提起第三審上訴[15]。此未經判斷即直接推定構成要件故意，輕率形成有罪之心證而判決被告罪刑之法官，實有可能觸犯枉法裁判罪[16]或濫用處罰職權罪[17]，而應負相當之刑責。

　　我們瞭解主觀不法構成要件係犯罪所需具備之內在心理要件，係行為人內心欲實現客觀不法構成要件行為之故意，故意作為犯罪構成要件之該當行為，除須具備該當客觀不法構成要件外，行為人尚需具備主觀不法構成要件所規範之主觀心態，始符合構成要件故意之行為。行為人即使符合

---

[13] 刑法第13條第1、2項。

[14] 例如越權受理訴訟罪（刑法128條）、公務員登載不實罪（刑法213條）、使公務員登載不實罪（刑法214條）、販賣虛偽商標商號之貨物罪（刑法254條）等罪之「明知」。

[15] 刑事訴訟法第379條第4項。

[16] 刑法第124條。

[17] 刑法第125條第3項。

客觀不法構成要件所陳述之行為情狀，然若其主觀上並不具備構成要件故意者，則不構成故意犯罪。

　　判斷行為人有無主觀構成要件故意，應以行為人內心瞭解之情狀為其判斷時點，經判斷符合者，始有構成要件之故意。故意包含知與欲兩部分，知是故意之認知要素，行為人必須對客觀不法構成要件中之行為主體、行為客體、行為本身、行為時之特別情狀與行為結果等具有認知，始具備故意認知要素。欲係決意要素，行為人必須有實現不法構成要件中之各項客觀行為情狀之決意，以上兩者皆具備時，始可謂行為人具有『主觀上之構成要件故意』[18]。

　　由前述說明綜合論之，在現行刑法犯罪體系中，構成要件該當性之層次，除客觀構成要件該當之外，尚須具備主觀構成要件，一般犯罪行為僅就客觀要件為其規定對象，其主觀構成要件，實無待明文規定，一般亦有以不成文之構成要件要素稱之[19]。在刑事法上，成文構成要件要素係指刑法明文規定之構成要件要素，絕大多數構成要件要素皆係以成文之構成要件明文規範，不成文之構成要件要素，係指在刑法法條上未有明文規範，但依據刑法條文間之相互關聯及刑法法條對相關要素應予確定，且係成立犯罪所必須具備之要素。就具體犯罪而言，由於眾所周知之理由或其他原因，刑法並未將所有構成要件要素完整於法條中陳列，而是靠法官在適用法律過程中進行補充。例如殺人罪，死亡結果即為不成文構成要件要素，依據刑法分則及特別法條文之表述及涵意，每種犯罪構成要件皆包含主觀構成要件要素「故意」在內，無庸再以特別文字明定於各條文中即為其適例。

---

[18] 林鈺雄，主觀不法構成要件─構成要件之故意與錯誤，月旦法學教室第15期，2003年5月，第59頁。

[19] 立法者於制定犯罪構成要件時，通常儘可能具體描述犯罪類型，因而所有之構成要件要素會明確地予以規範。此種明文規定於構成要件中之構成要件要素，即成為構成要件要素。然有時立法者會為簡潔而故意省略某些構成要件要素，例如行為人要素，或由於立法者立法技術上之困難或不夠周延，以至有些構成要件要素並未明白規定。此時為更妥適用該犯罪構成要件，只得依學說或實務見解、補充該規定不足之處。而法官適用時，即須將補充之要素當成法律所明文規定之要素，此即為不成文構成要件要素。

參、金融證券犯罪應嚴格遵守罪刑法定原則之必要性

　　從金融市場理論上我們瞭解，一個理想之金融證券市場應如同經濟學上所稱之完全競爭市場（perfect competition market），金融市場內股票價格之漲跌取決於市場之供需關係，由投資人自行決定買進或賣出，排除任何人為之干預，如有個別投資人或集團投資人以其個別之力抬高、壓低或維持股票，亦即有所謂操縱股價之情形，將會妨礙市場之公正性、公平性及投資人之信賴，影響整體經濟秩序之發展，自有明文禁止之必要。然股票不同於一般商品市場，主要因股價認定包含投資人主觀認知之因素，且此比例顯較其他商品市場為重，若僅以所謂以人為方式使股價脫離正常價值作為操縱行為之內涵，首先必遭遇何謂證券應有價值之難題，股市之分析非但指基本分析及技術分析，甚或投機因素均須一併評估，再者，因投資人主觀認定各有不同，如何在法律層面區分操縱性質之買賣及非屬操縱性質之投資，甚難解決，因此使得各類態樣操縱行為之規範在實務運作上顯得高度不確定而且甚為難解，若偏重彈性化，則不但在刑法層面會出現罪刑法定主義接受挑戰之現象，也會因規範對象不知違法所在而引起民怨；若偏於安定性，則又無法規範操縱行為之彈性需要而脫離實情，對此衝突與矛盾，實需依賴主管機關與司法判決對各類態樣操縱行為建立正確之共識，方能使證券交易法規範得以確實運作。

　　任何犯罪事件刑事責任存在之前提條件需具備「犯罪行為」，是否成立刑事責任必須考量行為人主觀上是否有犯意，客觀上是否具有危害行為及犯罪結果。刑事責任犯罪主觀因素與客觀因素係互為條件，相互依存，而非對立分別論斷，亦即刑事責任不僅要以已然之行為及後果為基礎，同時也要以造成前述危險行為及後果之主觀因素為條件。依罪刑法定原則，何種行為構成犯罪，對之應科以何種刑罰，須預先以法律明文規定；而行為之處罰，則以法律有明文規定者為限，否則不得加以處罰之主義。此即我們所稱之罪刑法定原則。依罪刑法定原則，何種行為構成犯罪，對之應科何種刑罰，非依成文法所定，均不得處罰。通常以拉丁語法諺「無法律，即無犯罪，亦無刑罰（nullum crimen', nulla poena sine lege）。」之表示。此原則不僅刑法如是，及刑事特別法令及各類金融刑法亦相同，

罪刑法定主義之原則，已成為近代刑法之一大支柱，而成為世界文明國家刑法之基本原則[20]。

　　我國刑法上列舉罪刑法定原則者，始於暫行新刑律，其第10條定曰：「法律無正條者，不問何種行為不為罪。」。舊刑法第1條亦定曰：「行為時之法律，無明文科以刑罰者，其行為不為罪。」，現行刑法總則則於第1條揭櫫：「行為之處罰，以行為時之法律有明文規定者為限。」法條文字雖略有不同，惟其一貫採取罪刑法定主義之原則，則無二致。且因刑法第11條前段規定，本法總則於其他法令有刑罰之規定者，亦適用之，其結果即在其他刑事特別法令包含各類金融法規，亦有刑法第1條罪刑法定主義原則規定之適用[21]。

　　試舉證交法不法炒作操縱股價犯罪行為為例，按證交法第155條第1項第4款規定，禁止「意圖抬高或壓低集中市場某種有價證券之交易價格，自行或以他人名義對該有價證券連續以高價買入或以低價賣出者」之行為；違反該項禁止規定者，應依同法第171條第1款之規定論處。其目的係在使有價證券之價格能在自由市場正常供需競價下產生，避免遭受特定人操控，以維持證券價格之自由化，而維護大眾之利益。故必行為人主觀上有影響或操縱股票市場行情之「意圖」，客觀上有對於某種有價證券連續以高價買入或低價賣出之行為，始克成立。所謂「連續以高價買入」，固指於特定期間內，逐日以高於平均買價、接近最高買價之價格，或以最高之價格買入而言。惟影響股票市場價格之因素甚眾，舉凡股票發行公司之產值，業績、發展潛力、經營者之能力、形象、配發股利之多

---

[20] 林山田，刑法通論（上）增訂八版，作者自行出版，2002年。

[21] 在其他刑罰法令之中，如其所設之特別規定與刑法總則之規定不同者，自應適用此種特別規定。故刑罰法令，其適用刑法總則之情形，有下列各項：(一)其他刑罰法令無總則之規定者，試用刑法總則之規定。其他刑罰法令無獨力之總則規定，而對於刑法總則之適用，並無特別規定者，完全適用刑法總則，如多數之附屬法規是。(二)其他刑罰法令自定有總則者，適用該法令之總則，但其總則未規定者，刑法總則與之無牴觸之部分，仍有適用之效力。如陸海空軍刑法第一編有總則之規定，即應適用該總則之規定。但其總則未規定者，如陸海空軍刑法第15條規定，適用刑法總則。(三)其他刑罰法令，就刑法總則所規定之某事項設有特別規定者，自應從其規定。如妨害兵役治罪條例第26條規定：「犯本條例之罪，處六月以上有期徒刑以上之刑者，並宣告褫奪公權。」，係就刑法第37條第2項褫奪公權之規定，所為之特別規定。

寡、整體經濟景氣，及其各種非經濟性之因素等，均足以影響股票之價格。且我國關於證券交易之法令，除每日有法定漲、跌停板限制及部分特殊規定外並未限制每人每日買賣各類股票數量及價格，亦無禁止投資人連續買賣股票之規定。而投資人買賣股票之目的，本在謀取利潤，是其於交易市場中逢低買進，逢高賣出，應屬正常現象，縱有連續多日以高價買入或低價賣出之異常交易情形，亦未必絕對係出於故意炒作所致。況股票價格係受供給與需求平衡與否之影響，若需求大於供給或需求小於供給，必然造成價格之變動。若行為人純係基於上開經濟性因素之判斷，自認有利可圖，或為避免投資損失過大，而有連續高價買入股票或低價賣出之行為，縱因而獲有利益或虧損，致造成股票價格波動，若無積極證據證明行為人主觀上有故意操縱或炒作股票價格之意圖者，依據罪刑法定主義之原則仍不能遽依上述規定論科[22]。

　　而所謂炒作行為，乃就證券集中市場建制之公平價格予以扭曲，藉由創造虛偽交易狀況與價格假象，使投資大眾受到損害，而達操縱股票交易市場目的。故炒作行為人主觀上應有已造成交易活絡表現，對市場供需之自然形成加以人為干擾，藉資引誘他人買進或賣出，以利用股價落差圖謀不法利益之意圖。故成立本罪應就行為人主觀上是否具有造成股票集中交易市場活絡表象，以誘使他人購買或出賣上開股票謀利之意圖，詳加調查審認，以為判斷之準據[23]。證券市場自由化投資人欲購買多少股票屬自由權利，且其購買時尚未收盤，盤中如何知悉收盤後其買賣股票之百分比；而股票成交量差別甚大，集中市場之某大型股，因其股本龐大，每日成交量往往數萬千股（即數萬張），個別投資人買賣所佔百分比甚小，但若小型股或店頭市場之股票，因其股本小或交易量少，有時投資人單日買入數張，即佔百分之百，故客觀情形之單日買賣百分比評斷，應僅係供審酌行為人有無抬高或壓低交易市場價格意圖之參考，非可據為審斷其有操縱行為主觀違法要件之唯一憑據。蓋炒作行為乃就證券集中市場建制之公平價格機能予以扭曲，藉由創造虛偽交易狀況與價格假象，使投資大眾受到損

[22] 台灣高等法院94年上訴字第1383判決。
[23] 參照台灣最高法院96年台上字第1044號判決。

之處罰，係對行為人已有預見法益將受到侵害之可能性，而仍使其發生法益受侵害行為之處罰。

　　「故意」在犯罪構成中之意義，係在主觀之範疇中保留對預防法益侵害有意義之犯罪型態。故意係責任條件，乃行為人關於侵害法益之特定意思態度，亦稱為責任意思。刑法第12條「行為非出於故意或過失者不罰；過失行為之處罰，以有特別規定者為限。」是以故意為一般犯罪之要件，不待列舉，而過失行為之處罰，則採列舉規定，至被害人是否與有過失，並非所問，我們將上述所提及之行為人預見構成犯罪事實，而仍為之主觀狀態稱為「故意」。如行為人為犯罪行為時，在主觀上合乎「預見構成犯罪事實」之要件，就主觀範疇而言，即可認為行為人就其行為具有可罰性。對於犯罪事實具有認識，而希望其發生之內心意思，即為故意。行為人對於構成犯罪之故意事實，明知並有意使其發生，抑預見期發生而不違背犯人本意，即構成故意，一般採希望主義[27]，並以「知」與「欲」為其故意之要件，實務上持此見解[28]。

　　由前述近十年最高法院對有關證券市場內線交易案件觀之，發現千篇一律於判決理由欄皆陳述內線交易之禁止，僅需內部人具備「獲悉發行股票公司有重大影響其股票價格之消息」及「在該消息未公開前，對該公司之上市或證券商營業處所買賣之股票，買入賣出」此二刑式要件即成，

---

[27] 故意是否以具有犯罪事實之認識為已足，抑更須就其事實之發生有意欲或希望為必要，學說有二：
　一、認識主義：故意之成立已有犯罪事實之認識為已足，並不以希望其發生為必要。例如甲放火燒毀乙之住宅，致將在屋內之丙燒死，此時甲之放火，並無燒死乙之希望，惟其放火時，明知丙在內，自有殺丙之預見，仍應負殺人既遂罪責。
　二、希望主義：故意之成立不以行為人對於犯罪構成事實，須有認識，且亦預其發生，始克相當。例如甲開槍射乙未死，是乙友人丙前來勸阻，甲欲令其同歸於盡之意思，再補射一槍，丙終致必命，甲對乙丙均應負故意殺人責任，蓋其本意期盼乙丙均產生死亡。
[28] 一、刑法第13條之「故意」，採希望主義（二四、七刑會）。
　二、關於故意之規定，不僅以認識為已足，故故意之內容除認識外，更以希望結果之發生為其要素。（22上4484）
　三、刑法關於犯罪之故意，係採希望主義，不但直接故意須犯人對於構成犯罪之事實，具備明知及有意使其發生之兩個要件，及間接故意，亦須犯人對於構成犯罪之事實，預見期發生，且期發生不違背犯人之本意時，始能成立（22上4229）。

從未嚴格規定行為人主觀要件，法院判決書理由欄中亦常缺少如何形成行為人主觀上具有不法構成要件故意心證之描述，僅憑行為人在客觀可見之部分犯罪行為，即逕自推定其具有不法主觀構成要件該當性，而逕行為有罪無罪之判決。嚴格而論，此等判決似應屬不當之犯罪判斷，其判決當屬不載判決理由之違法判決，得提起第三審上訴。如此未經判斷構成要件故意，輕率形成有罪之心證而判決被告罪刑之法官，作者認為似有觸犯枉法裁判罪或濫用處罰職權罪之嫌，期盼我各級法院對前述建議似應加以重視，以免執法者觸犯刑責。

伍、對合法投資行為與違法操縱行為應如何分際之認知

　　證券市場是一個國家經濟的櫥窗，當股市低迷時，政府不斷鼓勵投資人進場買進股票，甚至以行政指導方式強制要求自營商、投信法人加碼股票之持有，政府四大基金、國安基金亦不斷大量購買特定股票以維持股市免於崩盤，其中是否涉及操縱行為應正視之，股市透過市場交易應無分公私，政府應養成勿干涉股市之正確觀念，否則又如何禁止投資大眾不得有違法操縱股市之行為。

　　在股市中如連續對某種證券買入或賣出，雖可能對市價有影響，然行為人如以為該股目前價位偏低，基於投資之目的看好公司之資產及前景才買進投資等理由，究應如何分辨合法之投資行為與違法之操縱行為？因連續買入而無及時轉賣圖利之意時，即可謂其有正當理由，故某人如僅因投資之目的而試圖取得大量之證券或試圖釋出大批手中持股，縱其主觀上得悉其行為將影響市場價格，仍不得謂其該當操縱股市之罪名。從而在實際案例中，欲區分合法之投資行為與違法之連續操縱買賣，應綜合一切情況證據，依投資行為之經驗法則，對被告所為連續買賣行為，進行反向推論，俾認定其主觀之操縱意圖。舉例而言，證券交易法第155條第1項第4款立法意旨在規範藉連續買入或賣出以抬高或壓低某種有價證券之交易價格，進而誘使他人買進或賣出，其重點並非在於「高價」、「低價」如何認定，然由於證券交易法於主觀意圖未有美、日立法所定之『誘使他人買

賣之目的』，失之過嚴，嚴重影響股市投資行為。且客觀行為上復為『高價』、『低價』等不確定法律概念所困擾。再者99年6月2日公佈修正通過證交法第157條之1第1項內線交易犯罪，將原規定「獲悉」修正為「實際知悉」，該修正並非行政院版修正草案，而係立法院於該法案黨團協商討論時所增列，未經正常法案三讀程序，未附任何修正理由，因之其修正立法意旨究竟為何？及實際知悉等修正定義為何？立法院議事文書中未見任何紀錄[29]。上述所舉之例，不僅投資人、證券商難以瞭解其規範意旨，即法律適用者，亦常見解分歧，莫衷一是，證券主管機關與司法檢調人員認知之不同，亦常導因於此，致適用上爭議甚多，除有待修法解決外，解釋上於適用時仍當把握是否有誘使他人買賣意圖此一重點，由以司法單位在偵辦『不法炒作』操縱行為時，多半太過於依賴台灣證券交易所為便於舉發移送股票交易違反證券交易法第155條第1項各款案件所訂立『有價證券監視報告函送偵辦案件作業要點』中之內部相關數量化標準而推定是否構成犯罪[30]，執法人員在基本觀念上必須瞭解，股票價格在自由交易

---

[29] 李開遠，證券交易法理論與實務，五南圖書，2011年9月，273-278頁。
　　令參閱立法院第7屆第1會期第13次會議議案關係文書（院總第727號政府提案第11056號）案由：行政院函請審議「證券交易法部分條文修正草案」案。第157條之1修正案：「下列各款之人，獲悉發行股票公司有重大影響其股票價格之消息時，在該消息未公開或公開後十八小時內，不得對該公司之上市或在證券商營業處所買賣之股票或其他具有股權性質之有價證券，自行或以他人名義買入或賣出：一、該公司之董事、監察人、經理人及依公司法第27條第1項規定受指定代表行使職務之自然人。二、持有該公司之股份超過百分之十之股東。三、基於職業或控制關係獲悉消息之人。四、喪失前三款身分後，未滿六個月者。五、從前四款所列之人獲悉消息之人。前項各款所定之人，獲悉發行股票公司有重大影響其付本息能力之消息時，在該消息未公開或公開後十八小時內，不得對該公司之上市或政券商營業處所所買賣之非股權性質之公司債，自行或以他人名義賣出。」另請參考2010年5月4日立法院公報第99卷31期3796號第341至342頁。
[30] 台灣高等法院89年度上重訴字第56號判決（90年8月31日）。
　　證期會所訂定之「有價證券監視報告函送偵辦案件作業要點」第2條固規定：「本公司依據實施股市監視制度辦法完成之監視報告，其事證達左列標準者，直接函送檢調機關偵辦，並將副本抄陳主管機關：……四、違反證券交易法第155條第1項第4款規定：『意圖抬高或壓低集中交易市場某種有價證券之交易價格，自行或以他人名義，對該有價證券連續以高價買入或低價賣出者。』之情事：(一)於一個月內該有價證券成交價至少有五日達本公司成交價異常標準。(二)投資人或可能相關投資人集團於一個月內有五日以上成交買進或賣出之成交量均大於該股票各該日成交量之百分之二十

市場是依其供需情形所決定，投資人依各項因素及風險評估來決定委託買入或賣出之價格，進而由交易市場決定，當其委託價格及供需量為交易市場所接受，成交量即有其存在性，雖其價量符合前述有價證券監視報告函送偵辦案件作業要點之規定，然並非符合該規定即當然構成證券交易法第155條第1項第4款之罪，尚須依客觀情狀認被告有抬高或壓低集中交易市場之交易價格意圖，始構成該罪。被告如無上開不法意圖，自不能令負上開罪責。執法人員如能掌握此立法精神，始可真正達到維持證券市場秩序之目的，同時亦可使證券市場投資人有明確之投資準則，俾免誤觸法網。

　　更有甚者，前述證交法第157條之1內線交易將原規定獲悉改為實際知悉[31]，筆者認為證交法有關內線交易罪上開修正已涉及犯罪構成要件之『擴張』（增加內部人賣出股票之範圍）及『限縮』（獲悉改為實際知悉、重大消息必須明確、重大消息必須有具體內容等），應屬刑法第2條第1項規定「行為後法律有變更之情形」。未來此等案件上述第三審最高法院時，筆者推估該院未來判決時當會以上訴人於本案行為後，證交法157條之1第1項規定之犯罪構成要件已有『擴張』及『限縮』之變更，該變更對上訴人於本案行為究屬有利或不利，是否影響上訴人犯罪之成立，原判決未予查明，即逕予適用修正前之規定，亦有疏忽等理由，將指摘原判決部分違法發回更審。以上所述部分在刑事審判實務上極其重要，務須

以上。(三)於一個月內有五日以上，且各日均連續多次之委託買進（賣出）價格高（低）於成交價或以漲停板價格委託，且對成交價有明顯之影響。」，然此僅係證交所依據證期會83年8月3日（83）台財證(三)第02422號函而擬具經證期會核備而制訂，此觀該注意要點第一條自明。而該注意要點係為便於舉發移送股票交易違反證券交易法第155條第1項各款行為之案件而訂定，並未對一般交易大眾公布，業據證交所人員張庭偉於本院審理中結證：「此要點是證期會與交易所間的內部規定，一般證券商從業人員不會知道有這個規定，證券商也不可以向交易所索閱此規定，是屬於機密」等語屬實，從而一般交易大眾尚無從得知，亦無遵守該要點限制為交易之義務。況投資於集中市場均有自由買賣之權利，是以各投資人對於當日股票交易之全部成交量自無預見之可能，則投資人對其買賣股票之數量是否業已逾該股票當日成交量之百分之二十，既無預見可能性，是以尚難因被告等買入股票之行為符合該作業要點規定之移送標準，即據以推定其主觀上有影響股票價格之意圖而成立犯罪，自尚應輔以其他積極證據認定被告之行為已超越合理之懷疑，即應證明被告有影響股票價格之意圖，方可為被告有罪之認定。

[31] 同註29。

重視，以免損及當事人之司法權益，妨礙正當投資意願，影響國內資本市場之發展。

陸、目前財金立法及修正之缺失（代結論）

　　筆者認為在現行證交法規範上，影響證券不法操縱行為查處績效最大者係故意、意圖等主觀要件之規範，因犯罪事實必須應依證據認定，故意意圖乃為主觀之動機，其認定相當困難，證券不法操縱行為如以故意、意圖為成立要件之一，對於長年累月處於一般刑事案件之法官或檢察官而言，於決定起訴或判決有罪時，無形之心理阻礙必屬甚大，因此，如何明確界定其概念及認定法則實為加強不法交易查處而必須盡力解決之嚴肅課題之一。尤以證券交易法上之犯罪行為，性質上為經濟犯罪之類型，經濟犯罪之犯罪構成要件，特別是故意、意圖等主觀構成要件之認定較具客觀化色彩，與刑法上一般犯罪之此類概念，不盡相同，為免司法及證券主管機關認知之差異，從經濟犯罪原理立場，證券金融及法令宜明確界定此類概念，以為適用之明確依據，誠屬重要。

　　近年來相關財金法規之修法皆在立法院強勢主導下，透過黨團協商，未經正常三讀程序，在行政部門未能有妥善因應知情況下，對於重振市場紀律，維護投資人權益，非但毫無助益，且可能延伸新的難題，主管當局必須體認，新法公布施行之日，亦將是新挑戰開始之時，作者在此期盼行政院、金管會及立法委員們能未雨綢繆，審慎研擬相關金融法規之修正，以保護金融證券市場之公正性及公義行。否則若運作失當，輕則企業或投資人權益受損，重則可使用國家經濟空虛，因金融及資本市場運作失靈產生停滯，對國家經濟發展，其關係不可謂不重，值得國人再三深思。

　　（本文2013年3月5日發表於銘傳大學2013追求高教卓越國際學術研討會——「兩岸法學新知學術研討會」論文集，銘傳大學2013年4月出版，第177至189頁。）

第二章
以台灣證券交易所製作之『股票交易分析意見書』作為追訴處罰股價操縱行為——「不法炒作」證券犯罪在刑事訴訟法是否具證據能力之探討

壹、前言

　　違反證券交易法之相關犯罪案件（例如操縱股價及內線交易等），實務上偵查發動大都係由台灣證券交易所及櫃檯買賣中心（OTC）依職權發覺或經他人檢舉移送後，製作「股票交易意見分析書（監視報告）」，將涉及違反證交法之案件移送司法檢調單位偵辦。此外司法檢察機關於接受他人對特定證券犯罪告發、告訴時，亦常函請台灣證券交易所及櫃檯買賣中心出具「股票交易意見分析書」作為偵辦之依據，因之「股票交易意見分析書」在刑事訴訟法上之證據能力，常成為操縱股價證券犯罪案件在審判中攻防之重要爭點。

　　筆者審閱各級法院判決時，發現甚多法院在判決書中未先說明「股票交易意見分析書」如何認定其具有證據能力，遽採為認定事實之基礎，似有理由不備之違誤。事實上目前各級法院見解差異甚大[1]，因之本章特別針對「股票交易意見分析書」探討其究屬被告以外之人於審判外之書面之陳述？或為選定鑑定人或囑託之鑑定機構依憑其特別知識經驗（包括技術、訓練、教育、能力等專業資格）而為專業意見之報告？如何能認定其具有刑事訴訟法第159條之4第2款「特信性文書」之證據能力進行闡析論述，此為本研究之緣起。

---

[1] 最高法院100年台上字第2940號判決，最高法院99年台上字第1916號判決，最高法院102年台上字第168號判決，最高法院101年台上字第5868號判決。

貳、傳聞法則及傳聞證據之概念

　　所謂「傳聞法則」（hearsay rule）是指刑事訴訟上判斷是否應排除傳聞證據之法則，又稱為「傳聞證據排除法則」（rule against hear say evidence），亦即否定、限制傳聞證據具有證據能力之法則，即被告以外之人，在審判外所為之言詞或書面陳述，不得作為證據[2]。

　　至所謂「傳聞證據」係指以言詞或書面提出在審判庭以外，未經反對詰問之言詞陳述或書面陳述以證明該待證事實具有真實性之證據，係傳述他人之見聞，以證明該見聞內容為真實之證據，換言之，傳聞證據係指由間接傳聞而來之證據，將對待證事實有直接知覺之人，以其在該訴訟之審判案件的審判庭外之言詞陳述與書面陳述，作為證明該陳述內容具有真實性之證據而言，例如某甲庭作證時稱曾聽聞某乙說某丙殺某丁，則某甲的證詞不得作為某丙是否殺害某丁之罪的證據，傳聞證據排除法則之目的係為保障刑事被告之反對詰問權，由於傳聞證據無法經由交互詰問加以辯證，因此特排除其證據能力不得作為刑事定罪之依據[3]。

　　傳聞法則與陪審團制度及發現真實有很密切之關係，傳聞法則主要目的就係為排除傳聞證據，英美法系國家經歷百餘年時間，發現傳聞證人存在著許多陳述之危險，也充分瞭解傳聞與真實間往往存在甚大差距，其主要原因在於在口耳相傳之陳述，陳述者並未親眼目睹待證事實，縱使有親見待證事實，亦可能因認知上之錯誤、時間久遠記憶模糊或因表達能力不佳，而使聽聞錯誤者誤會其本意，甚可能有虛偽陳述等原因，造成傳聞證據存在若干瑕疵。因之傳聞證據經人或書面在法庭中加以引用，該引用之人或書面至少能在法庭中接受詰問或挑戰，使當事人有機會對其表示意

---

[2] hearsay rule is the basic rule that testimony or documents which quote persons not in court are not admissible. Because the person who supposedly knew the facts is not in court to state his/her exact words, the trier of fact cannot judge the demeanor and credibility of the alleged first-hand witness, and the other party's lawyer cannot cross-examine (ask questions of) him or her. (The Free Dictionary by Farlex)

[3] 最高法院93年台上字第386號判決要旨：「證人以聞自原始證人在審判外之陳述，純屬傳聞之詞，其既未親自聞見或經歷其所陳述之事實，法院縱令於審判期日對其訊問，或由被告對其詰問，亦無從擔保其陳述內容之真實性。」

見，尚不能因此而認為可直接作為證據，更何況是傳聞證據根本未經有人或書面在法庭中加以引用，而僅係審判者於法庭外直接聽聞有人或書面引用該傳聞陳述，似更不應容許其為作為待證事實之證據。傳聞法則主要係為排除此等可能之瑕疵，以正確認定事實為其目的。因之發現真實可謂係傳聞法則最原始且最重要之功能及目的，在解釋適用傳聞證據與傳聞法則之例外時，須考慮前述功能及目的。

參、我國刑事訴訟法採用傳聞法則之立法理由

　　民國92年2月6日修正公布之刑事訴訟法，為落實當事人進行主義之證據法則特參考英美法之傳聞法則概念[4]，修正刑事訴訟法第159條之1至

---

[4] Rule 801.

(c) Hearsay. "Hearsay" is a statement, other than one made by the declarant while testifying at the trial or hearing, offered in evidence to prove the truth of the matter asserted.

(d) Statements which are not hearsay. A statement is not hearsay if--

(1) Prior statement by witness. The declarant testifies at the trial or hearing and is subject to cross examination concerning the statement, and the statement is (A) inconsistent with the declarant's testimony, and was given under oath subject to the penalty of perjury at a trial, hearing, or other proceeding, or in a deposition, or (B) consistent with the declarant's testimony and is offered to rebut an express or implied charge against the declarant of recent fabrication or improper influence or motive, or (C) one of identification of a person made after perceiving the person; or (2) Admission by party-opponent. The statement is offered against a party and is (A) the party's own statement, in either an individual or a representative capacity or (B) a statement of which the party has manifested an adoption or belief in its truth, or (C) a statement by a person authorized by the party to make a statement concerning the subject, or (D) a statement by the party's agent or servant concerning a matter within the scope of the agency or employment, made during the existence of the relationship, or (E) a statement by a coconspirator of a party during the course and in furtherance of the conspiracy. The contents of the statement shall be considered but are not alone sufficient to establish the declarant's authority under subdivision (C), the agency or employment relationship and scope thereof under subdivision (D), or the existence of the conspiracy and the participation therein of the declarant and the party against whom the statement is offered under subdivision (E).Rule 802. Hearsay Rule Hearsay is not admissible except as provided by these rules or by other rules prescribed by the Supreme Court pursuant to statutory authority or by Act of Congress.

第159條之5等關於傳聞法則及其例外之規定[5]。

　　傳聞法則主要係由英、美陪審團制度之發展而成長，但非僅存在於陪審裁判，已轉變爲近代直接審理主義及言詞審理主義，並承讓訴訟當事人有反對詰問權，因此傳聞法則與當事人進行主義有密切關聯，其主要之作用即在於確保訴訟當事人之反對詰問權，由於傳聞證據，有悖直接審理主義及言詞審理主義諸原則，影響程序正義之實現，應予排除，已爲英美法系及大陸法系國家所共認，惟因二者所採訴訟構造不同，採英美法系當事人進行主義者，重視當事人與證據之關係，排斥傳聞證據，以保障被告之反對詰問權；採大陸法系職權進行主義者，則重視法院證據之關係，其排斥傳聞證據，乃因該證據非在法院直接調查之故。

　　民國86年12月19日公布修正之刑事訴訟法主要係針對被告之防禦權增加保護之規定，該次刑事訴訟法修正同時亦加強檢察官之舉證責任，且證據之調查之取捨，應以尊重當事人之意見爲行使之重心，降低法院依職權調查證據之比例。在此前提下，斟酌採納英美之傳聞法則，用以確實保障被告之反對詰問權，刑事訴訟法第166條原已有交互詰問制度，此次修法復將其功能強化，以求實體眞實之發現並保障人權，善用傳聞法則，使能克盡其功。

肆、「傳聞證據法則例外」規範之立法本旨

　　證據裁判原則以嚴格證明法則爲核心，亦即認定犯罪事實所憑之證據。92年2月6日修正公布之刑事訴訟法第159條第1項規定「被告以外之

---

[5]　基於傳聞法則之認知者，最高法院93年台上字第1217號判決要旨：「第159條第1項，考其立法意旨係以此次修正，酌採英美之傳聞法則，以保障被告之反對詰問權，使配合修正強化交互詰問制度，求得實體真實之發現並保障人權之境界。」
　　基於直接審理之認知者，最高法院93年台上字第1925號判決要旨：「按法院審理案件時，爲使法官憑其直接審理及言詞審理中有關人員之陳述所獲得之態度證據，以形成正確之心證，故於刑事訴訟法第159條第1項修正爲：被告以外之人於審判外之言詞或書面陳述，除法律另有規定外，不得作爲證據。」

人於審判外之言詞或書面陳述,除法律有規定者外[6],不得作爲證據。」
明示傳聞證據原則上不得作爲證據。然爲保障被告之反對詰問權,已採納
英美之傳聞法則,被告以外之人於偵查中向檢察官所爲之陳述,其本質屬
傳聞證據,原無證據能力,立法者以刑事訴訟法規定檢察官代表國家偵查
犯罪、實施公訴,依法有訊問被告、證人、鑑定人之權,且實務運作時,
偵查中檢察官向被告以外之人所取得之陳述,原則上均能遵守法律規定,
不致違法取供,其可信性極高,爲兼顧理論與實務爲由,而對「被告以
外之人於偵查中向檢察官所爲之陳述」,例外設定刑事訴訟法第159條之
1至159條之5規定,當其具備無顯不可信之要件時,得爲證據。然被告之
反對詰問權,屬憲法第8條第1項規定「非由法院依法定程序不得審問處
罰」之正當法律程序所保障之基本人權及第16條所保障之基本訴訟權,
不容任意剝奪,故上開所稱得爲證據之被告以外之人於偵查向檢察官所爲
之陳述,實質上應解釋爲已經被告或其辯護人行使反對詰問權者而言。如
檢察官於偵查中訊問被告以外之人後,須具證據能力,且經合法調查,否
則不得作爲判斷之依據,除非該陳述人因死亡、或身心障礙致記憶喪失或
無法陳述、或滯留國外或所在不明而無法傳喚或傳喚不到、或到庭後無正
當理由拒絕陳述外,法院均應傳喚該陳述人到庭,使被告或其辯護人有行
使反對詰問權之機會,否則該偵查中向檢察官所爲之陳述,仍不許作爲證
據,以保障被告之反對詰問權,並符憲法第8條第1項及第16條之規定意
旨[7]。

　　傳聞法則不僅肩負作爲刑事訴訟法支配審判實務上澄清眞實之原
理,並屬維護被告詰問證人所不可或缺之機制,參酌司法院大法官釋字
第582號解釋所揭示意旨[8],憲法第16條保障人民之訴訟權,就刑事被告而
言,包含其在訴訟上應享有充分之防禦權。刑事被告詰問證人之權利,即
屬該等權利之一,且屬憲法第8條第1項規定「非由法院依法定程序不得

---

[6] 所謂「法律有規定者」如下:1.第159條之1至第159條之5;2.第206條;3.性侵害防治法第15條第2項;4.兒童及少年性交易防治條例第10條第2項;5.家庭暴力防治法第28條第2項;6.組織犯罪防制條例第12條。

[7] 最高法院97台上字第5342號判決。

[8] 93年7月23日司法院釋字第582號解釋(憲8、16;刑訴273)。

審問處罰」之正當法律程序所保障之權利。為確保被告對證人之詰問權，證人於審判中，應依法定程序，到場具結陳述，並接受被告之詰問，其陳述始得作為認定被告犯罪事實之判斷依據。基於刑事被告詰問權之保障，未經被告詰問之證人陳述，核與正當法律程序有違，原則上應無證據能力等內容。

美國憲法第6修正案規定[9]，所有刑事指控中，被告都應當有權與證人對質；聯合國公民權利和政治權利公約第14條亦規範與證人對質係被告之基本權利[10]，傳聞證據規則之設立與對質詰問權之確保，係為符合刑事訴訟法第159條及憲法第8條第1項正當法律程序之重要規範。

綜上所述，排除傳聞證據之傳聞法則，主要目的係為排除傳聞證據存在之知覺、記憶、表達及真實性之危險，然上述危險係從通案考量每個傳聞證據皆具備相同之危險，事實上此通案考量有時無法兼顧個案之實際情形，因為每一個案之具體情形及背景皆不相同，有時傳聞證據也可能較非傳聞證據可信度更高，甚有時傳聞證據係證明犯罪所必要且唯一之證據時，若排除將造成個案之不公平，從而英美法上經由數百年判決之累積，形成相當數量之傳聞法則例外體系，其多半係考量傳聞證據之高度可信性或證明犯罪之必要性等因素，換言之，傳聞法則例外係建立在必要性（necessity）及可信性（reliability）之要件上，而例外容許傳聞證據得作為證據之法理基礎。

---

[9] The Sixth Amendment to the United States Constitution provides that "In all criminal prosecutions, the accused shall enjoy the right ... to be confronted with the witnesses against him".

[10] International Covenant on Civil and Political Rights
通過日期：1966年12月16日聯合國大會決議2200A（XXI）
生效日期：1976年3月23日（按照第四十九條規定）
第十四條（接受公正裁判之權利）
第三項第五款：訊問或業已訊問對他不利的證人，並使對他有利的證人在與對他不利的證人相同的條件下出庭和受訊問

伍、傳聞法則之例外──特信性文書
（刑事訴訟法第159條之4）

　　所謂特信性文書係指具有高度可信賴之文書而言，屬傳聞證據之例外，原因是此等文書皆出於營業等需要，所作之日常反覆性及機械性之直接連續記載，其具有高度客觀性、例行性以及公示性特徵，其作成之方式係藉由觀察、發現而當場即時紀載或抄錄，文書虛偽可能性極低，外觀上擁有特信性之情況證明，因之得作為傳聞法則之例外[11]。反之一旦文書含有主觀認知或個別用途之目的，其可能係為配合委託者之特殊需求，即有虛偽不實之風險，任何針對個案所為之文書[12]，參雜製作者主觀認知，審判中若未傳喚製作者接受被告反詰問釐清相關案情疑義，勢將阻礙案件真實發現。因此，此類個案性質之文書概念無法歸類於有證據能力之傳聞證據。

　　我國刑事訴訟法第159條之4，係參考美國聯邦證據規則第803條第8、10款[13]、美國統一公文書證據法第2條[14]及日本刑事訴訟法第323條第1

---

[11] 陳運財，傳聞法則之理論與實踐，月旦法學第97期，2003年6月，第70頁。

[12] 醫生出具之診斷證明書，如係因日常生活所生病痛就診，由醫生出具診斷證明者，為159條之4之例外；然若係為提告訴而向醫院請求出具之驗傷單，因具有個案性質，且預料將提出於刑事訴訟而作為證據使用，即非本條之例外。其他如：結婚證書、臨檢紀錄表、違反道路交通管理事件通知單……等，亦因為具有個案性，皆非特信性文書，不屬於傳聞證據之例外。

[13] FEDERAL RULES OF EVIDENCE:

Rule 803. Hearsay Exceptions; Availability of Declarant Immaterial

(8) Public records and reports. Records, reports, statements, or data compilations, in any form, of public offices or agencies, setting forth (A) the activities of the office or agency, or (B) matters observed pursuant to duty imposed by law as to which matters there was a duty to report, excluding, however, in criminal cases matters observed by police offers and other law enforcement personnel, or (C) in civil actions and proceedings and against the Government in criminal cases, factual findings resulting from an investigation made pursuant to authority granted by law, unless the sources of information or other circumstances indicate lack of trustworthiness.

(10) Absence of public record or entry. To prove the absence of a record, report, statement, or data compilation, in any form, or the nonoccurrence or nonexistence of a matter of which a

款[15]等之規範內容予以增訂，皆為規範傳聞證據排除之例外規定。

刑事訴訟法第159條之4對於具有高度特別可信之文書，如公務員職務上制作之紀錄文書、證明文書，及從事業務之人於業務上或通常業務過程所須製作之紀錄文書、證明文書等，雖屬傳聞證據，例外容許作為證據使用。因此，採取上開之文件為證據，除應注意該文書是否具有可信性外，並應具備文書之形式，足以辨識其係何人製作，而合於文書之外觀，始符規定。本條規定之「特信性文書」，乃基於對公務機關高度客觀性之信賴（如同條第1款之公文書），或係出於通常業務課程之繼續性、機械性而為準備之記載（如同條第2款之業務文書），或與前述公文書及業務文書同具有高度之信用性及必要性（如同條第3款之其他具有可信性之文書），雖其本質上屬傳聞證據，亦例外賦予其證據能力，而容許作為證據之使用[16]。

刑事訴訟法159條之4明文規定「除前三條規定外，下列文書亦得為證據：

一、除顯不可信之情況外，公務員職務上著作之紀錄文書、證明文書。

二、除顯不可信之情況外，從事業務之人於業務上或通常業務過程所須製作之紀錄文書。

三、除前二款之情形外，其他於可信之別情況下所製作之文書。」

以上文書之區別分述如下：

---

record, report, statement, or data compilation, in any form, was regularly made and preserved by a public office or agency, evidence in the form of a certification in accordance with rule 902, or testimony, that diligent search failed to disclose the record, report, statement, or data compilation, or entry.

[14] 立法院議案關係文書院總字第161號委員提案第4339號委224頁（91年6月15日）。

[15] 「除第三二一條至第三二八條所規定之情形外，以書面代替在審判期日之陳述、或以他人在審判期日以外之陳述為內容之陳述，不得作為證據。」
日本刑訴法之傳聞例外，依陳述人在何人面前之陳述而其法律效果亦不相同。偵查機關通常依嚴密的司法程序而充分掌握案件，將證據資料整理成為書面，故在日本審判實務上，處理傳聞書面之情形較處理傳聞陳述之情形為多，因之日本傳聞法則體例係先規定傳聞書面再論及傳聞陳述。

[16] 最高法院97年台上字第4315號判決。

一、公務員職務上製作之文書（159條之4第1款）

刑事訴訟法第159條之4第1款規定公務員依其職務上所製作之紀錄文書，除顯有不可信之情況外，亦得為證據，良以公務員職務上製作之紀錄文書、證明文書如被提出法院，用以證明文書所載事項真實者，性質上亦不失為傳聞證據之一種，但因該等文書係公務員依其職權所為，與其責任、信譽攸關，若有錯誤、虛偽，公務員可能因此負擔刑事及行政責任，從而其正確性高，且該等文書經常處於可公開檢查（public Inspection）之狀態，縱有錯誤，甚易發現而能予及時糾正，因之除顯有不可信之情況外，其真實之保障極高。爰參考日本刑事訴訟法第323條第1款、美國聯邦證據法第803條第8款、第10款及美國統一公文書證據法第2條，予以增訂。是該公務員職務上製作之文書，必需屬一般性，非特定性而作成，始符該條文書之要件，否則即無該條之適用。內政部警政署製作之通訊監察譯文[17]、電話通聯紀錄、扣押物品目錄表等文書，雖製作之司法警察具有公務員身分，惟該等文書似均係針對個案所特定製作，不具備例行性之要件，性質上非屬刑事訴訟法第159條之4第1款所定之公務員職務上製作之紀錄文書，而無本條之適用[18]。此外，稅捐機關製作之刑事案件移送書、查緝案件報告書及處分書，內容固載有被告或犯罪嫌疑人涉嫌或受處分人違規等事實之相關證據或調查、處分經過等事項，但其本質上乃係移送、報告或處分機關所製作之文書，而非屬於通常職務上為紀錄或證明某事實以製作之文書，且就其製作之性質觀察，係針對具體個案為之，尚非在其例行性之公務過程中所製作，因不具備例行性之要件，無特別之可信度，對於證明其移送之被告或犯罪嫌疑人所涉犯罪等事實，並不具嚴格證明之資格，自無證據能力[19]。

---

[17] 最高法院93年台上字第3031判決：原審認告訴人蔡○源與證人高○琴於86年3月6日及5月8日之電話錄音譯文係正式審判外之陳述不具證據能力，不採為被告不利之證據，無違背證據法則。

[18] 最高法院96年台上字第5906號判決。

[19] 最高法院101年台上字第325號判決。
最高法院93台上字眼第2317判決要旨：「刑事訴訟為發現實質之真實，採直接審理即言詞審理主義，證據資料必須能由法院以直接審理方式加以調查，證人必須到庭以言

二、業務員業務上之文書（159條之4第2款）

　　從事業務之人在業務上或通常業務過程中所製作之紀錄文書、證明文書，因係於通常業務過程不間斷、有規律而準確之記載，通常會有會計稽核及相關業務人員查核其正確性，且大部分紀錄係完成於業務終了前後，並無遇見日後可能會被提供作爲證據之僞造動機，其虛僞之可能性甚微，如責成製作者一律需以口頭方式於法庭上再重現以往發生之事實或數據，在實務上有甚大困難，因此法律規定其具有一定程度之不可代替性，除非該等紀錄文書或證明文書有顯然不可信之情況，否則即應依刑事訴訟法第159條之4規定承認其爲證據之必要，法院自行採爲判決之基礎。

三、其他特信性文書（159條之4第3款）

　　除前兩款情形外，與公務員職務上製作之文書及業務文件具有同等程度可信性之文書，例如官方公報、統計表、體育紀錄、學術論文、家譜等，基於前開相同之理由，亦應准其有證據能力，至搜索扣押筆錄屬刑事訴訟法第159條之4之文書，自得爲證據[20]。上開證據文書，分屬公務員職務上製作之證明文書，及從事業務之人於業務上或通常業務過程上所製作之紀錄文書、證明文書，且無顯有不可信之情況，依刑事訴訟法第159條之4規定，自得採爲判決之基礎。

陸、「股票交易意見分析書」製作之法源

　　爲維護證券市場交易秩序，保障投資人權益，防止不法炒作及內線交易，以健全證券發展，台灣證券交易所79年8月10日起依「證券交易所

　　詞陳述，使得採爲判斷之依據。司法警察官本於其職務做成之報告文書，或係基於他人之陳述而作成，或爲其判斷之意見，其本身無從一直接審理方式加以調查，應無證據能力。」

[20] 最高法院93台上字第2616號判決。

管理規則」第22條第1項[21]及台灣證券交易所營業細則第9條之1[22]、第28條之2[23]等規定，制訂「台灣證券交易所股份有限公司實施股市監視制度辦法」，依據前項辦法及該辦法衍生出「台灣證券交易所股份有限公司公布或通知注意交易資訊暨置作業要點第四條異常標準之詳細數據及除外情形」。前述證券交易所管理規則係主管機關——金管會證期局，依據證交法授權所制定有關對於交易所之管理規範。然證券交易所管理規則係根據證交法第93條、第99條、第102條、第137條、第138條及第154條之規定而訂定，例如證交法第102條規定：「證券交易所業務之指導、監督及其負責人與業務人員管理事項，由主管機關以命令定之。」係以委任命令之方式規範之。故證券交易所管理規則第22條規定：「證券交易所對集中交易市場，應建立監視制度」，故台灣證券交易所則依據此法源實施目前採行之股市監視制度。股市監視制度設立之目的係在維持公平公正之證券之證券市場，防制內線交易及操縱股價等不法行為而設立，此可參考實施股市監視制度辦法第3條之規定：「本公司於所設置之證券集中交易市場發現有價證券之交易有異常情形達一定標準時，為提醒投資人注意，得將其名稱及交易資訊之內容於市場公告。」此為股監視制度設立之目的。

　　事實上股市監視制度與證券市場之發展及股市交易狀況情形有很大之關連，證券市場投機與投資僅一線之隔，何者為投機？何者為投資？甚難區分；當然投機過度，超過某一界線時，如法律欲對此行為作評價，認為此種行為具有可罰性或需加以限制時，則將論及是否為操縱股市、內線交易或其他不法交易狀況之範圍。作者認為在證券交易上，千萬不可將投機

---

[21] 第22條證券交易所對集中交易市場，應建立監視制度，擬具辦法申報本會核備，並確實執行。證券交易所前項市場之監視，必要時得向其會員或證券經紀商、證券自營商、上市公司查詢及調閱有關資料或通知提出說明，其會員或證券經紀商，證券自營商、上市公司，不得拒絕。

[22] 第9-1條本公司應依證券交易所管理規則規定訂定實施股市監視制度辦法及相關作業規定，以維護本公司市場交易秩序。

[23] 第28-2條上市有價證券其市場價格與交易情形顯著異常，而有影響市場交易、結算、交割秩序之虞者，本公司得限制全部或部分證券商對該有價證券受託或自行買賣之數量，或採行其他經事業務督導會報決議之處置。
前項所稱顯著異常及限制買賣數量之標準，由本公司擬訂報請主管機關核准後實施，修正時亦同。

賦與任何道德非難性，投機在股票交易上幾乎可認定係必然存在，任何人投資股票都不致預期將在股票上失利，故對證券交易實不必要過度強調投機。不論投資、投機，所應顧慮係應如何建立一個高度之行政機制而爲妥善之管理，在此種情況下，就回歸到法治國依法行政之重要性。

以目前狀況而言，證交所設置股市監視制度已有相當時間，新版股市監視制度之實施亦具體而完備，作者認爲目前監視制度之實施確已產生甚大效果，其處理操縱股市內線交易及各類操縱行爲等案件，對證券市場而言已具有甚大警惕效果。

然筆者認爲監視制度固在證交法第102條有所規範，以委任立法方式爲規範，惟大法官會議歷次已有甚多次解釋，認爲委任立法之授權不得爲空泛性之授權。證交法第102條所指：證券交易所業務之指導、監督及其負責人與業務人員管理事項，由主管機關以命令定之。」此以命令定之的主管機關係金管會證期局，而證期局又將此有關監視制度之權限授權台灣證券交易所執行。基本上台灣證券交易所係公司組織，此授權後之再授權利已非直接授權之行爲，是否仍具法律效力，似值得商榷[24]。

監視制度各國皆有採行，實務作業上各國監視制度亦多半採不公開作業方式，爲何要以不公開作業方式達成此目的？在國外立法制度上，其皆具完整之配套措施，以美國爲例，紐約證券交易所股票監視係運用每種股票歷史交易資料之電腦程式，其包括每一種股票交易量價典型範圍之參數，致使對每種股票皆有不同之標準，當交易活動超過正常參數時，系統程式設計會警示股票監視人員注意，監視人員須即時分析此不正常活動是否有異狀之解釋，並對是否與上市公司接觸或建議暫停交易等做出決定。大部分量、價變化可以產業趨勢或國家經濟因素解釋，但若異常交易無明顯合理解釋時，紐約證券交易所將著手調查，若發現會員或其雇員執行可

---

[24] 依中央法規標準法第7條規定，各機關基於法律授權，得制定命令，是爲委任命令。換言之，委任命令乃機關根據法律之明文規定所制頒之命令，其性質是一種委任立法。此種委任立法權，除有違法違憲之疑義者，得經聲請由司法機關解釋外，司法機關應予尊重，不得藉解釋權之行使加以侵害。美國聯邦最高法院自1937年以後，從極端的司法至上主義，轉變爲中庸的司法、立法、行政對等主義。因此，對立法機關所通過之法律或行政機關之委任立法，不再任意宣布爲無效，美國聯邦最高法院此種態度之轉變，學者稱爲司法自制（Judicial self-restraint）。

疑之交易，其可採取懲罰措施（disciplinary action），對超過紐約證券交易所管轄權者，則可將資訊送交證管會（SEC）作進一步處分。美國SEC有準司法權，可展開司法調查；調查後准許被調查之涉案當事人提出抗辯說明；抗辯說明如經協商認可，則終結案件程序甚為快速，因證券交易所欲防堵的是自由經濟制度下特殊快速交易行為；目前我金管會證期局無準司法權，其將案件移送到法院，經過三審確定，其與當時之時空環境已產生甚大變化，所欲防堵遏止之情形已然多不復出存在，由於我國未訂定配套措施，另委任立法又不甚完備之情況下，其所產生之弊端，實必須透過立法方面來完成。

　　然目前我國證期局並無司法權，故其所授權之證交所當然亦未有此權力。但實施股票監視制度辦法規定，如證交所發現有價證券之交易有異常情形，得通知買賣券商注意，並可採取多項行政措施包括查詢、調閱資料、通知提出說明，必要時得移送司法機關偵辦，此等權限顯然已擴張其調查權，與原先證交法所規定之指導、監督相較似已擴張甚多，作者認為已涉及我憲法權力分立之基本原則，似有違憲之虞，在實務操作上不可不慎。

　　83年台灣證券交易所股份有限公司對證券交易法第155條『不法炒作』操縱行為案件，以83年12月8日台財證(三)第02422函訂有『有價證券監視報告函送偵辦案件作業要點』[25]，依該作業要點規定：『台灣證券交易所股份有限公司依據實施股市監視制度辦法完成之監視報告其事證達下列標準者，直接函送檢調機關偵辦，並將副本抄陳主管機關……』[26]四、

---

[25] 最高法院92年台上字第4613號判決要旨：查「有價證券監視報告函送偵辦案件作業要點」第4條固有投資人或可能相關投資人集團一個月內買進或賣出之成交量均大於該股票各該日成交量之二〇%以上情事者，直接函送檢調機關之訂定，然該作業要點係83年12月8日始由台灣證券交易所訂定，並於84年3月10日經主管機關前財政部證券暨期貨管理委員會以台財證字第16113號函准予備查。

[26] 台灣高等法院89年度上重訴字第56號判決（90年8月14日）。
　四(一)證期會所訂定之「有價證券監視報告函送偵辦案件作業要點」第2條固規定：「本公司依據實施股市監視制度辦法完成之監視報告，其事證達左列標準者，直接函送檢調機關偵辦，並將副本抄陳主管機關：……四、違反證券交易法第155條第1項第4款規定：『意圖抬高或壓低集中交易市場某種有價證券之交易價格，自行或以他人名義，對該有價證券連續以高價買入或低價賣出者。』之情事：(一)於一個月內該有

違反證券交易法第155條第1項第4款規定：『意圖抬高或壓低集中交易市場某種有價證券之交易價格，自行或以他人名義，對該有價證券連續以高價買入或低價賣出者。』之情事：(一)於一個月內該有價證券成交價至少有五日達本公司成交價異常標準。[27](二)投資人或可能相關投資人集團於一個月內有五日以上成交買進或賣出之成交量均大於該股票各該日成交量之百分之二十以上。(三)一個月內有五日以上，且各日連續多次之委託買進（賣出）價格高（低）於成交價或以漲停板價格委託，且對成交價有明顯之影響。上述要點所列之參考標準係目前司法單位偵辦『不法炒作』操縱行為客觀構成要件之重要參考指標。

　　上述三項監視報告採證標準，除(一)成交價異常標準較具客觀之量化依據（詳見本章柒）外，第(二)項標準係以買進或賣出之「成交量」為衡量是否有不法炒作之行為，在投資實務及學理上論似較不合理，查證券交易法令對上市、上櫃股票，除有每日漲跌停幅之限制外，並無投資人所能買進或賣出股票數量及連續買賣之限制，投資人於集中市場均有自由買賣之權利，各投資人對於當日某種股票之總成交量為何，並無法於當日收盤前預先得知，遑論其於盤中預知其所買賣之股票數量，是否逾越當日總成

價證券成交價至少有五日達公司成交價異常標準。(二)投資人或可能相關投資人集團於一個月內有五日成交買進或賣出之成交量均大於該股票各該日成交量之百分之二十以上。(三)於一個月內有五日以上，且各日均連續多次之委託買進（賣出）價格高（低）於成交價或以漲停板價格委託，且對成交價有明顯影響。」，然此僅係證交所依據證期會83年12月8日（八三）台財政(三)第02422號函而擬具經證期會核備而定制訂，此觀該注意要點第1條自明。而該注意要點係為便於舉發移送股票交易違反證券交易法第155條第1項各款行為之案件而訂定，並未對一般交易大眾公布，業經證交所人員張庭偉於本院審理中結證：「此要點是證期會與交易所間的內部規定，一般證券商從業人員不會知道有這個規定，證券商也不可以向交易所索閱此規定，是屬於機密」等語屬實，從而一般交易大眾尚無從得知，亦無遵守該要點限制為交易之義務。況投資人於集中市場均有自由買賣之權利，是以各投資人對於當日股票交易之全部成交量自無預見之可能，則投資人對其買賣各種股票之數量是否業已於該股票當日成交量之百分之二十，既無預見可能性，是以尚難因被告等買入股票之行為符合該作業要點規定之移送標準，即據以推定其主觀上有影響股票價格之意圖而成立犯罪，自尚應輔以其他積極證據認定被告之行為已超越合理之懷疑，即應證明被告有影響股票價格之意圖，方可為被告有罪之認定。

[27] 有關異常標準對股市異常交易判斷請參閱本章柒。

交量之百分之二十以上；投資人既無預見可能性，於法自亦不得以其買進之數量而推定投資人於買賣股票時，即有逾越當日總成交量百分之二十之預見可能性。而證券交易集中市場係依價格優先及時間優先之原則撮合成交，此亦明定於台灣證券交易所交易公司營業細則[28]，是任何投資人自得於法定限制內，以其認為最妥適之價格買進或賣出，是以尚難因投資人買入股票之行為符合該作業要點規定之移送標準，即據以推定投資人主觀上有影響股票價格之意圖而成立犯罪，自尚應輔以其他積極證據認定投資人之行為已超越合理之懷疑，方可為投資人有罪之認定。

　　至第(三)項標準係以買進或賣出之「成交價」為衡量是否有不法炒作之行為，其委託買進或賣出必須對成交價有明顯之影響始足當之，茲分析如下：

　　一、一個月內有五日以上之委託買（賣）之紀錄

　　二、上述五日內每日均有連續買（賣）之委託

　　三、上述各日內委託買進（賣出）價格高（低）於成交價或以漲停板價委託買進，

　　四、上述買進或賣出之委託需對該股票成交價有明顯影響之情事上述四項要件必須同時具備始符合本項之衡量標準。

　　然我國目前股票之交易制度，採價格優先、時間優先之電腦撮合原則，即同一時間內，申報買進價格最高者（或賣出價格最低者）優先成交；同一價格申報者，申報時間最早者優先成交，關於此點我們可以參考台灣證券交易所股份有限公司營業細則第58條之2規定：「撮合依價格優先及時間優先原則成交，買賣之優先順序依左列原則決定：一、價格優先原則：較高買進申報優先於較低買進申報，較低賣出申報優先於較高買出申報。同價位之申報，依時間優先原則決定優先順序。二、時間優原則：開市前輸入之申報，依電腦隨機排列方式決定優先順序；開市後輸入之申報，依輸入時序決定優先順序。」

　　又集中市場以漲跌停價買進股票係因上述目前證券市場交易系統撮合買賣制度使然，即該系統以出價最高或最低者決定優先成交順序，惟成

---

[28] 台灣證券交易所營業細則第58條之3。

交價不一定是該最高價或最低價，蓋每一盤（對一定時間內股票買賣雙方之撮合，約數十秒一次，一次即爲一盤）之成交價，係依能夠滿足買賣張數最大量之價格決定之，此我們亦可參考台灣證券交易所營業細則第58條之3規定：「買賣申報之競價方式，分集合競價與連續競價。開盤得以集合競價方式爲之，其成交價格依下列原則決定：一、滿足最大成交量成交，高於決定價格之買進申報與低於決定價格之賣出申報須全部滿足。二、決定價格之買進申報與賣出申報至少一方須全部滿足。三、合乎前二款原則之價位有二個以上時，採接近前一日收盤價格之價位。連續競價成交價格決定原則如下：一、有買進及賣出揭示價格時，於揭示範圍內以最大成交量成交。二、僅有買進揭示價格時，於買進揭市價格及其上二個升降單位範圍內，以最大交易量成交。三、無買進及賣出揭示價格時，以當市最近一次成交價格上下二個升降單位範圍內，以最大交易量成交。四、合乎前三款原則之價位有二個以上時，採最接近當市最近一次成交價格或當時揭示價格之價位。」

由以上交易制度我們可以得知股市成交價甚至有可能比昨日收盤價更低成交，依此而言，所謂以漲跌停掛進只不過可以優先成交而已，與成交價並無太大關係。況依價格優先、時間優先之電腦撮合交易原則下，投資人下單委託證券商輸入集中交易市場之電腦內，爲買進或賣出，究能否撮合成交，撮合筆數如何？何時得撮合？投資人事前均無預知，且開盤時間數百萬之股票投資人均可隨時下單進入集中交易市場撮合電腦系統進行撮合買賣，是買賣股票，既均由電腦撮合，則非單一任何人所可操縱，任何一投資人買賣股票，縱使造成該股票價格上漲，亦無從推測系投資人意圖抬高該股票價格所致。更進一步言，投資人以漲停價申報買賣以取得優先成交之機會，在其所欲成交之股票數量被完全滿足前，投資人可以取消全部或一部股票買賣之委託，故投資人爲確保以一定價格買到該股票，得先以漲停價委託，取得優先交易之順位，而能以市場當時該股票之最低出價買到股票，惟如當時市場最低出價高於預期，則仍可即時將委託取消，故投資人成交價爲何，實際上仍須視市場中其他投資人出售所持有股票或欲購入股票之價格及數量而定，即視市場供需情形而定，並非完全能由投資人控制操作所致，司法單位在偵辦不法炒作事件時必需先對現行交易制

度有正確之認知，不可單以本項之標準而逕行認定投資人有炒作股票之證據，因為這標準與證交法第155第1項第4款所定之構成要件尚屬有間。

柒、「股票交易意見分析書」對股市異常交易判斷分析準則

台灣證券交易所依據該公司實施股市監視制度辦法訂定「臺灣證券交易所股份有限公司公布或通知注意交易資訊暨處置作業要點」，在證券集中市易市場發現有價證券之交易有異常情形達一定標準時，為提醒投資人注意，得將其名稱及交易資訊之內容於市場公告[29]。所稱異常情形標準係指下列各情形：

一、台灣證券交易所於每日交易時間內（下稱盤中），分析上市有價證券（不含指數股票型基金受益憑證及以其為標的之有價證券、外國債券、政府債券、普通公司債）之交易，發現其有下列情形之一時[30]，即依前述現定將交易異常資訊之內容於市場公告：

(一)當日盤中成交價振幅超過百分之九，且與本公司發行量加權股價指數振幅之差幅在百分之五以上，且其成交量達三千交易單位以上者。

(二)當日盤中成交價漲跌百分比超過百分之六，且與本公司發行量加權股價指數漲跌百分比之差幅在百分之四以上，且其成交量達三千交易單位以上者。

(三)當日盤中週轉率超過百分之十，且其成交量達三千交易單位以上者。但轉換公司債、非分離型附認股權公司債、非分離型附認股權特別股、債券換股權利證書、認購（售）權證及認股權憑證不適用之。

第(一)款、第(二)款、第(三)款關於「且其成交量達三千交易單位以上者」之規定，於初次上市普通股採無升降幅度限制期間之交易不適用

---

[29] 台灣證券交易所股份有限公司實施股市監視制度辦法（民國100年05月18日修正）第4條、第5條。

[30] 台灣證券交易所股份有限公司公布或通知注意交易資訊暨處置作業要點（民國101年12月27日修正）第2條。

之。

　　二、台灣證券交易所分析發現證券商當日受託買賣前條所列之有價證券有下列情形之一時，即於收盤後以書面通知該證券商內部稽核主管或營業部門主管，並副知該證券商總公司總經理，外國證券商在台設立分支機構者，通知其分公司經理人注意，以確保證券交割安全[31]：

　　(一)投資人於該證券商委託買賣該有價證券之差額超過新台幣三億元並超過該證券商淨值一倍，且其委託買進（賣出）金額占該有價證券總委託買進（賣出）金額百分之二十以上。

　　(二)證券商受託買賣該有價證券之差額超過新台幣五億元並超過該證券商淨值一‧五倍，且其受託買進（賣出）金額占該有價證券總委託買進（賣出）金額百分之四十以上。

　　(三)投資人於該證券商成交買賣該有價證券之差額超過新臺幣一億元並超過該證券商淨值之○‧三倍，且其成交買進或賣出金額占該有價證券總成交金額之百分之十以上。

　　(四)證券商成交買賣該有價證券之差額超過新臺幣二億元並超過該證券商淨值之一倍，且其成交買進或賣出金額占該有價證券總成交金額之百分之二十以上。

　　三、台灣證券交易所於每日收盤後，即分析上市有價證券（不含指數股票型基金受益憑證及以其為標的之有價證券、外國債券、政府債券、普通公司債）之交易，發現有下列情形之一時，公告其交易資訊（漲跌幅度、成交量、週轉率、集中度、本益比、股價淨值比、券資比、溢折價百分比等）[32]：

　　(一)最近一段期間累積之收盤價漲跌百分比異常者。

　　本款係指有價證券最近六個營業日（含當日）累積之收盤價漲跌百分比超過百分之三十二，且其漲跌百分比與全體有價證券及同類有價證券依本項規定計算之平均值的差幅均在百分之二十以上者[33]。

---

[31] 同前註第3條。

[32] 同前註第4條。

[33] 台灣證券交易所股份有限公司公布或通知注意交易資訊暨處置作業要點第四條異常標準異之詳細數據及除外情形（民國101年12月27日修正）第2條。

前項除外情形如下：

1.初次上市普通股採無升降幅度限制期間之收盤價漲跌百分比，不納入前項標準之計算。

2.有價證券或指數在計算前項標準期間內，如有因非交易之原因（如除權、除息等）造成價格變動者，則於計算收盤價或收盤指數漲跌百分比時，排除此項變動因素。

3.有價證券（不含認購（售）權證）當日收盤價未滿五元者不適用前項標準。

4.同類有價證券未達五種者不適用前項有關類股之規定。

5.有價證券本益比為負值或達六十倍以上者不適用前項有關類股之規定。

(二)最近一段期間起迄兩個營業日之收盤價漲跌百分比異常者。

本款係指有價證券當日達下列各款情事之一者[34]：

1.有價證券最近三十個營業日（含當日）起迄兩個營業日之收盤價漲跌百分比超過百分之一百，且符合下列二項條件之一：

(1)其漲幅百分比與全體有價證券及同類有價證券依本款規定計算之平均值的差幅均在百分之八十五以上，及當日收盤價須高於當日開盤參考價者。

(2)其跌幅百分比與全體有價證券及同類有價證券依本款規定計算之平均值的差幅均在百分之八十五以上，及當日收盤價須低於當日開盤參考價者。

2.有價證券最近六十個營業日（含當日）起迄兩個營業日之收盤價漲跌百分比超過百分之一百三十，且符合下列二項條件之一：

(1)其漲幅百分比與全體有價證券及同類有價證券依本款規定計算之平均值的差幅均在百分之一百一十以上，及當日收盤價須高於當日開盤參考價者。

(2)其跌幅百分比與全體有價證券及同類有價證券依本款規定計算之平均值的差幅均在百分之一百一十以上，及當日收盤價須低於當日開盤參

---

[34] 同前註第3條。

考價者。

3.有價證券最近九十個營業日（含當日）起迄兩個營業日之收盤價漲跌百分比超過百分之一百六十，且符合下列二項條件之一：

(1)其漲幅百分比與全體有價證券及同類有價證券依本款規定計算之平均值的差幅均在百分之一百三十五以上，及當日收盤價須高於當日開盤參考價者。

(2)其跌幅百分比與全體有價證券及同類有價證券依本款規定計算之平均值的差幅均在百分之一百三十五以上，及當日收盤價須低於當日開盤參考價者。

前項除外情形如下：

1.初次上市普通股採無升降幅度限制期間之收盤價漲跌百分比，不納入前項標準之計算。

2.非分離型附認股權公司債、非分離型附認股權特別股、認購（售）權證、認股權憑證不適用前項標準。

3.有價證券最近三十個營業日（含當日）內，已依第4條第1項第1款公布注意交易資訊，且其最近六個營業日（含當日）累積之收盤價漲跌百分比達下列情事之一者，不適用前項標準：

(1)未達百分之二十五。

(2)超過百分之二十五，且其漲跌百分比與全體有價證券及同類有價證券最近六個營業日（含當日）累積之收盤價漲跌百分比計算之平均值的差幅均未達百分之二十以上。

(3)與前項各款所達標準漲跌之方向相反。

4.有價證券在計算前項標準期間內，如有因非交易之原因（如除權、除息等）造成價格變動者，則於計算收盤價漲跌百分比時，排除此項變動因素。

5.同類有價證券未達五種者不適用前項有關類股之規定。

6.有價證券本益比為負值或達六十倍以上者不適用前項有關類股之規定。

(三)最近一段期間累積之收盤價漲跌百分比異常，且其當日之成交量較最近一段期間之日平均成交量異常放大者。

本款係指有價證券當日同時達下列各款情事者[35]：

1.最近六個營業日（含當日）累積之收盤價漲跌百分比超過百分之二十五，且其漲跌百分比與全體有價證券及同類有價證券依本款規定計算之平均值的差幅，均在百分之二十以上。

2.當日之成交量較最近六十個營業日（含當日）之日平均成交量放大為五倍以上，且其放大倍數與全體有價證券依本款規定計算之平均值相差四倍以上。

前項除外情形如下：

1.初次上市普通股採無升降幅度限制期間之收盤價漲跌百分比、日成交量，不納入前項標準之計算。

2.轉換公司債、非分離型附認股權公司債、非分離型附認股權特別股、債券換股權利證書、認購（售）權證、認股權憑證不適用前項標準。

3.有價證券在計算前項標準期間內，如有因非交易之原因（如除權、除息等）造成價格變動者，則於計算收盤價漲跌百分比時，排除此項變動因素。

4.有價證券當日週轉率未達千分之一以上，或成交量未達五百交易單位以上者，不適用前項標準。

5.同類有價證券未達五種者，不適用前項有關類股之規定。

6.有價證券本益比為負值或達六十倍以上者，不適用前項有關類股之規定。

(四)最近一段期間累積之收盤價漲跌百分比異常，且其當日之週轉率過高者。

本款係指有價證券當日同時達下列各款情事者[36]：

1.最近六個營業日（含當日）累積之收盤價漲跌百分比超過百分之二十五，且其漲跌百分比與全體有價證券及同類有價證券依本款規定計算之平均值的差幅，均在百分之二十以上。

2.當日週轉率百分之十以上，且其週轉率與全體有價證券依本款規定

---

[35] 同前註第4條。
[36] 同前註第5條。

計算之平均值的差幅在百分之五以上。

前項除外情形如下：

1.初次上市普通股採無升降幅度限制期間之收盤價漲跌百分比，不納入前項標準之計算。

2.轉換公司債、非分離型附認股權公司債、非分離型附認股權特別股、債券換股權利證書、認購（售）權證、認股權憑證不適用前項標準。

3.有價證券在計算前項標準期間內，如有因非交易之原因（如除權、除息等）造成價格變動者，則於計算收盤價漲跌百分比時，排除此項變動因素。

4.同類有價證券未達五種者，不適用前項有關類股之規定。

5.有價證券本益比為負值或達六十倍以上者，不適用前項有關類股之規定。

(五)最近一段期間累積之收盤價漲跌百分比異常，且證券商當日受託買賣該有價證券之成交買進或賣出數量，占當日該有價證券總成交量比率過高者。

本款係指有價證券當日同時達下列各款情事者[37]：

1.最近六個營業日（含當日）累積之收盤價漲跌百分比超過百分之二十五，且其漲跌百分比與全體有價證券及同類有價證券依本款規定計算之平均值的差幅，均在百分之二十以上。

2.證券商當日受託買賣該有價證券之成交買進或賣出數量，占當日該有價證券總成交量比率超過百分之二十五（其設有分支機構者，每一分支機構得另增加百分之一，合計不得超逾百分之三十五），並逾五百交易單位以上者。

前項除外情形如下：

1.初次上市普通股採無升降幅度限制期間之收盤價漲跌百分比，不納入前項標準之計算。

2.轉換公司債、非分離型附認股權公司債、非分離型附認股權特別股及債券換股權利證書不適用前項標準。

---

[37] 同前註第6條。

3.有價證券或指數在計算前項標準期間內，如有因非交易之原因（如除權、除息等）造成價格變動者，則於計算收盤價或收盤指數漲跌百分比時，排除此項變動因素。

4.同類有價證券未達五種者，不適用前項有關類股之規定。

5.有價證券本益比為負值或達六十倍以上者，不適用前項有關類股之規定。

(六)當日及最近數日之日平均成交量較最近一段期間之日平均成交量明顯放大者本款係指有價證券當日同時達下列各款情事者[38]：

1.最近六個營業日（含當日）之日平均成交量較最近六十個營業日（含當日）之日平均成交量放大為五倍以上，且其放大倍數與全體有價證券依本款規定計算之平均值相差四倍以上。

2.當日之成交量較最近六十個營業日（含當日）之日平均成交量放大為五倍以上，且其放大倍數與全體有價證券依本款規定計算之平均值相差四倍以上。

前項除外情形如下：

1.初次上市普通股採無升降幅度限制期間之日成交量，不納入前項標準之計算。

2.轉換公司債、非分離型附認股權公司債、非分離型附認股權特別股、債券換股權利證書、認購（售）權證、認股權憑證不適用前項標準。

3.在最近六個營業日（含當日）內，已依第4條第1項第3款公布注意交易資訊之有價證券，不適用前項標準。

4.有價證券當日週轉率未達千分之一以上，或成交量未達五百交易單位以上者，不適用前項標準。

(七)最近一段期間之累積週轉率明顯過高者。

本款係指有價證券當日同時達下列各款情事者[39]：

1.最近六個營業日（含當日）之累積週轉率超過百分之五十，且其累積週轉率與全體有價證券依本款規定計算之平均值的差幅在百分之四十以

---

38 同前註第7條。
39 同前註第8條。

上。

2.當日週轉率百分之十以上，且其週轉率與全體有價證券依本款規定計算之平均值的差幅在百分之五以上。

前項除外情形如下：

1.初次上市普通股採無升降幅度限制期間之日週轉率，不納入前項標準之計算。

2.轉換公司債、非分離型附認股權公司債、非分離型附認股權特別股、債券換股權利證書、認購（售）權證、認股權憑證不適用前項標準。

3.在最近六個營業日（含當日）內，已依第4條第1項第4款公布注意交易資訊之有價證券，不適用前項標準。

4.有價證券當日成交金額未滿五億元以上者，不適用前項標準。

(八)本益比、股價淨值比異常及當日週轉率過高，且符合較其所屬產業類別股價淨值比偏高、任一證券商當日成交買進或賣出金額占當日該有價證券總成交金額比率過高或任一投資人當日成交買進或賣出金額占當日該有價證券總成交金額比率過高等三種情形之一者。

本款係指有價證券當日同時達下列各款情事者[40]：

1.本益比為負值，或達六十倍以上且超過全體有價證券當日依發行單位數加權計算之本益比平均值二倍以上。

2.股價淨值比達六倍以上，且超過全體有價證券當日依發行單位數加權計算之股價淨值比平均值二倍以上。

3.當日週轉率百分之五以上，且成交數量達三千交易單位以上。

4.符合下列三種情形之一者：

(1)股價淨值比達其所屬產業類別全體有價證券當日依發行單位數加權計算之股價淨值比平均值四倍以上。

(2)證券商當日買進或賣出（含受託買賣及自行買賣）該有價證券之成交金額，占當日該有價證券之總成交金額百分之十（其設有分支機構者，每一分支機構得另增加百分之一，合計不得超逾百分之二十五）以上，且達新台幣一億元以上。

---

[40] 同前註第9條。

(3)任一投資人當日買進或賣出該有價證券之成交金額，占當日該有價證券之總成交金額百分之十以上，且達新台幣一億元以上。

前項除外情形如下：

1.初次上市普通股採無升降幅度限制期間之成交價格，不納入前項標準之計算。

2.非普通股之有價證券不適用前項標準。

3.有價證券依本公司鉅額證券買賣辦法規定辦理者，於計算前項第3款及第4款第2、3目標準時，扣除成交部分。

(九)最近一段期間累積之收盤價漲跌百分比異常，且券資比明顯放大者。

本款係指有價證券當日同時達下列各款情事者[41]：

1.最近六個營業日（含當日）累積之收盤價漲跌百分比超過百分之二十五，且其漲跌百分比與全體有價證券及同類有價證券依本款規定計算之平均值的差幅，均在百分之二十以上。

2.當日之前一個營業日之券資比百分之二十以上，且同時符合下列二項條件：

(1)融資使用率百分之二十五以上。

(2)融券使用率百分之十五以上。

3.當日之前一個營業日之券資比較最近六個營業日（從當日之前一個營業日起）之最低券資比放大四倍以上。

前項除外情形如下：

1.初次上市普通股採無升降幅度限制期間之收盤價漲跌百分比，不納入前項標準之計算。

2.有價證券在計算前項標準期間內，如有因非交易之原因（如除權、除息等）造成價格變動者，則於計算收盤價或收盤指數漲跌百分比時，排除此項變動因素。

3.同類有價證券未達五種者，不適用前項有關類股之規定。

---

[41] 同前註第10條。

4.有價證券本益比爲負值或達六十倍以上者，不適用前項有關類股之規定。

5.當日之前一個營業日券資比低於當日之前二個營業日之券資比。

捌、台灣證券交易所製作之「股票交易分析意見書」是否具證據能力？

目前在審判實務上，最高法院判決對「股票交易分析意見書」之證據能力認定上有否定說與肯定說，令事實審深入證據思維，對證券犯罪之研究亦頗具啓發性，茲舉最高法院歷年判決說明如下：

一、否定說案例

(一)最高法院100年台上字第2940號判決要旨

刑事訴訟法第159條之4第2款所稱從事業務之人於業務上或通常業務過程所須製作之紀錄文書、證明文書，因係於通常業務過程不間斷、有規律而準確之記載，且大部分紀錄係完成於業務終了前後，無預見日後可能會被提供作爲證據之不實登載動機，不實之可能性小，除非該等紀錄文書或證明文書有顯然不可信之情況，否則即有承認其證據能力之必要；因此，採取上開文書作爲證據，應注意該文書之製作，是否係於例行性之業務過程中，基於觀察或發現而當場或即時記載之特徵。公司股票交易分析意見書暨其附件，乃被告以外之人於審判外之書面陳述，依刑事訴訟法第159條第1項規定本爲傳聞證據，原則上不具證據能力。且該分析意見書係法務部調查局台中市調查站開始偵辦本案後始函請櫃檯買賣中心製作，因之該等分析意見書並非從事業務之人於例行性業務過程中基於觀察或發現而當場或即時之記載，且顯然可預見日後將會被提供作爲證據，似不符合同法第159條之4第2款傳聞證據之例外規定。

(二)最高法院99年台上字第1916號判決要旨

　　原判決分別援引上述吳慈文於警詢、檢察官訊問時之陳述及本分析意見書、本證交所函，作為認定甲○○、乙○○犯罪事實之證據，卻未說明其等符合傳聞證據之例外情形及得心證理由（原判決第三五頁雖說明本分析意見書、本證交所函有證據能力，惟未援引符合傳聞證據例外情形之法律依據，等同於未為說明），難認適法。又最高法院94年度台上字第3391號判決曾謂：「司法警察機關製作之案件移送書或被訴之事實，及相關之證據等事項，但其本質上，乃單純為表示移送案件用意所製作之文書，而非屬於通常職務上為紀錄或證明或證明某事實以製作之文書，且就製作之性質觀察，無特別之可信度，對於證明其移送之被告或犯罪嫌疑人所涉犯罪事實，並不具嚴格證明之資格，自無證據能力，不能資為認定被告犯罪之憑據。」事實審法院亦不乏有以股票交易分析意見書為證券交易所或櫃檯買賣中心為移送案件所自行製作之文書（其內容多為移送單位證明後之表格），非屬公務員職務上製作之紀錄文書或證明文書，而將其排除具證據能力之見解。

(三)最高法院98年台上字第371號判決要旨

　　證據裁判原則以嚴格證明法則為核心，亦即認定犯罪事實所憑之證據，須具證據能力，且經合法調查，否則不得作為判斷之依據。原判決認定上訴人等有原判決事實欄所載之犯行，所憑民興公司交易分析報告，依證期會88年5月24日（88）台財證(一)字第34301號函之說明，係由台灣證券交易所就民興公司於86年4月至87年6月期間交易情形分析之結果。如果無誤，上揭交易分析報告究屬被告以外之人於審判外書面之陳述？抑為選任鑑定人或囑託之鑑定機構依憑其特別知識經驗（包括技術、訓練、教育、能力等專業資格）而為專業意見之報告？如何能認具有證據能力？原判決未先為說明，遽採為認定事實之基礎，亦有理由不備之違誤。

二、否定說判決評析

　　上述各判決所處理者，皆係探討「股票交易分析意見書」是否為刑事訴訟法第159條之4之特信性文書？作者見解以為，此等文書係傳聞證

據，原則上並無證據能力，且該等分析意見書並非從事業務之人於例行性業務過程中基於觀察或發現而當場或及時之記載，且部分係檢調單位開始偵辦『後』，始行要求證券交易所或櫃檯買賣中心製作之證據文書，顯然其製作時即可預見其日後將會被提供做為犯罪證據之用，不符刑事訴訟法第159條之4第2款傳聞證據之例外規定，似不得作為證據，始符合同法第159條第1項證據法則之規定。因之上述各案例，法院對是否具有證據能力理由不備之違背所為之指摘，亦可謂深入肯綮。

三、肯定說案例

(一)最高法院102年台上字第168號判決要旨

刑事訴訟法第159條之4第2款之業務文書，除依文書本身之外觀判斷是否出於通常業務過程之繼續性、機械性而為準確之記載外，因其內容可能含有其他陳述在內，在特別可信之情況擔保要求下，其製作者之證言等自非不可作為判斷之資料。是以，證交所等依監視系統事先設定處理方式之「程式性決策」所製作之監視報告（即交易分析意見書），其中有關股票交易紀錄之記載，既係出於營業之需要而日常性為機械連續記載，具有不間斷、有規律而準確之特徵，應無疑問；又依據股票交易紀錄異常所為之分析意見，如經該製作者在審判庭具結陳述係據實製作，應認已有其他特別可信之情況為擔保，既與股票之交易紀錄合一構成法律上規定製作之業務文書之一部，允許其具有證據能力，並不違背本條款規定之意旨。則原審認股票分析意見書，係證交所就前開股票等分別記載股市交易之客觀事實，與證券業者提供證券帳戶往來資料無異，乃依其等業務上所製作之紀錄文書，其數據資料並無失真或顯不可信之狀況，而具證據能力。

(二)最高法院101年台上字5868號判決要旨

刑事訴訟法第159條之4第2款規定，係因該等文書為從事業務之人，於通常業務過程不間斷、有規律而準確之記載，且大部分紀錄係完成於業務終了前後，無預見日後可能會被提供作為證據之偽造動機，其虛偽之可能性小，除非該等紀錄文書或證明文書有顯然不可信之情況，否則有承認

其為證據之必要。台灣證券交易所依證券交易所管理規則第22條第1項規定，對集中交易市場實施監視制度，並據此訂定相關規定，於證券交易集中市場每日交易時間內，於盤中、盤後分析股票等有價證券之交易情形，針對集中市場之交易、結算各項資料，執行線上監視與離線監視系統，進行觀察、調查、追蹤及簽報等工作。依該監視系統事先設定處理方式之「程式性決策」所製作之監視報告（即交易分析意見書），其中有關股票交易紀錄記載之數據資料，既係出於營業之需要而日常性的為機械連續記載，具有不間斷、有規律而準確之特徵，除顯有不可信之情況外，自屬刑事訴訟法第159條之4第2款所稱從事業務之人於業務上所須製作之紀錄文書。又原判決就台灣證券交易所交易分析意見書所附及該所函送之相關數據資料，如何符合上揭傳聞法則之例外規定，而有證據能力，已為說明，自難認有上訴第三審理由。

(三)最高法院99年台上字第1634號判決要旨

刑事訴訟法第159條之4第2款規定：「除顯有不可信之情況外，從事業務之人於業務上或通常業務過程所須製作之紀錄文書、證明文書，得為證據」。係因從事業務之人在業務上或通常業務過程所製作之紀錄文書、證明文書，乃係於通常業務過程不間斷、有規律而準確之記載，通常有會計人員或記帳人員等校對其正確性，大部分紀錄係完成於業務終了前後，無預見日後可能會被提供作為證據之偽造動機，其虛偽之可能性小；何況如讓製作者以口頭方式於法庭上再重現過去之事實或數據亦有困難，因此其亦具有一定程度之不可代替性，除非該等紀錄文書或證明文書有顯然不可信之情況，否則有承認其為證據之必要。本件證交所之股票交易分析意見書係證交所依證券交易所管理規則第22條及該所實施股市監視制度辦法規定之法定業務，乃依查核期間買賣宏達科公司股票之客觀交易情形所進行之統計分析，為業務上應予紀錄之文書，並非個人主觀意見或推測之詞，而其製作過程，並無顯不可信之情狀，依刑事訴訟法第159條之4第2款之規定，自有證據能力。

四、肯定說判決評析

　　上述各判決皆認爲台灣證券交易所依該監視系統事先設定處理方式之「程式性決策」所製作之監視報告（即交易分析意見書），其中有關股票交易紀錄記載之數據資料，既係出於營業之需要而日常性的爲機械連續記載，具有不間斷、有規律而準確之特徵，應無疑問；又依據該股票交易紀錄異常所爲之分析意見，經該製作者在審判庭具結陳述係據實製作，應認已有其他特別可信之情況爲擔保，既與股票之交易紀錄合一構成法律上規定案件製作之業務文書之一部，除該股票分析意見顯有不可信之情況外，自應屬刑事訴訟法第159條之4第2款所稱從事業務之人於業務上所須製作之紀錄文書，自應有證據能力。目前各級法院審理股價操縱不法炒作證券犯罪案件大部分對監視報告（交易分析意見書）皆採肯定說，認爲台灣證券交易所業務上所製作之紀錄文書，其數據資料並無失眞或顯不可信之狀況，具證據能力。此對檢調單位在偵辦證券犯罪證據能力之認定上極具助益。

玖、「股票交易意見分析書」適法性之探討（代結論）

　　我國對於傳聞證據例外規定，乃就向不同職務之人爲陳述，分別加以不同要件，刑事訴訟法第159條之1至第159條之4分別使用「顯有不可信之情況[42]」、「其他可信之特別情況[43]」、「具有較可信之特別情

---

[42] 刑事訴訟法第159條之1、刑事訴訟法第159條之4第1、2款，最高法院94年台上字第629號判決：「『相對特別可信性』與『絕對特別可信性』，係指陳述是否出於供訴者之真意、有無違法取供情事之其信用性而言，故應就偵查或調查筆製作之原因、過程及其功能等加以觀察信用性，據以判斷該傳聞證據是否有顯不可信或有特別可信之情況而例外具有證據能力，並非對其陳述內容之證明力如何加以論斷，二者之層次有別，不容混淆。」

[43] 刑事訴訟法第159條之2。

況[44]」、「具有可信之特別情況[45]」等抽象要件加以區分，該等不同用語間所代表之意義為何？與證據法則證明力之概念如何區分？又如何判斷有無可信之特別情況等疑義，如不能詳予釐清，即難以期待審判實務有正確適用傳聞法則例外之可能。綜言之，就傳聞法則例外之要件而言，其立法方向大致無誤，惟因該等抽象要件究應如何適用，可能因人而異，對法律之安定性亦有甚大妨害。筆者認為傳聞證據為證明犯罪所必要，如具有相當可信性而與事實相符，足以認為證人陳述之危險不存在，陳述既與事實相符，刑事訴訟法為求發現真實之最終目的，縱該傳聞證據無法由法官直接接觸原始證據而為調查，當事人無從進行詰問，亦屬無妨應可採為審判證據。但審判中應如何判斷傳聞證據具可信性及真實性，實將考驗司法審判者之智慧。

　　為維護證券市場交易秩序，保障投資人權益，防止不法炒作及內線交易，以健全證券發展，台灣證券交易所79年8月10日起依「證券交易所管理規則」第22條第1項及台灣證券交易所營業細則第9條之1、第28條之2

---

[44] 刑事訴訟法第159條之3，最高法院94年台上字第5490號判決：「按刑事訴訟法第159條之2規定：被告以外之人於檢察事務官、司法警察官或司法警察調查中所為之陳述，與審判中不符時，其先前之陳述具有較可信之特別情況，且為證明犯罪事實存否所必要者，得為證據。其所謂『具有較可信之特別情況』（即學理上所稱之『特信性』），係指其陳述係在特別可信為真實之情況下所為者而言。」

[45] 刑事訴訟法第159條之4第3款，最高法院94年台上字第629號判決：「惟查92年9月1日施行之刑事訴訟法，以酌採英美法系之傳聞法則，於第159條第1項明訂被告以外之人，於審判外之言詞或書面陳述，除法律有規定者外，不得作為證據，用以保障被告之反對詰問權。而本法所規定傳聞法則之例外，其中就被告以外之人於偵查中向檢察官所為之陳述，因檢察官代表國家偵查犯罪時，原則上當能遵守法法定程序，且被告以外之人如有具結能力，仍應依法具結，以擔保其係據實陳述，故於第159條之1第2項明定『除顯有不可信之情況者外』，得為證據；……。是所謂『顯有不可信性』、『相對特別可信性』與『絕對特別可信性』，係指陳述是否出於供訴者之真意、有無違法取供情事之信用性而言，故應就偵查或調查筆錄製作之原因、過程及其功能等加以觀察其信用性，據以判斷該傳聞證據是否有顯不可信或有特別可信之情況而例外具有證據能力，並非對其陳述內容之證明力如何加以論斷，二者之層次有別，不容混淆。」
筆者認為上述判決對於「除顯有不可信之情況」係指陳述是否出於供訴者之真意、有無違法取供情事之信用性而言，且具體指出上開信用性可從偵查或調查筆錄製作之原因、過程及其功能加以觀察，且明白表示該要件與陳述內容之可信性自屬有利。因之，被告及辯護人欲證明其有顯不可信之狀況，應只對該偵訊筆錄製作之原因、過程之瑕疵舉證，例如作成筆錄時證人精神狀態、證人表達上發生錯誤、證人對待證事實認知有瑕疵等情事負舉證責任，而不是針對陳述內容真實性加以舉證。

等規定，制訂「台灣證券交易所股份有限公司實施股市監視制度辦法」，依據前項辦法及該辦法衍生出「有價證券監視報告函送偵辦案件作業要點」，本項要點係證券交易所股份有限公司為便於舉發移送股票交易違反證券交易法第155條第1項各款行為之要件所擬定之內部相關數量化標準，並未對一般交易大眾公布，係屬於交易交易所及證期會內部參考機密作業規定，從而一般投資大眾無從得知，依法而論投資人自亦無接受該要點限制為交易之義務[46]。依罪刑法定主義之精神，罪刑法定原則乃犯罪之法律要件及其法律效果，均需以法律明確加以規定，法律若未明文規定處罰者，即無犯罪與刑罰可言。換言之，何種不法行為為犯罪行為，對於此等犯罪行為究應科處何種刑罰或保安處分，科處刑罰又應至何種刑度等，必須於行為之前，預先以法律明確加以規定；否則，行為若無法律明文之處罰規定，則不致構成犯罪，而不應受刑罰之制裁。

　　「有價證券監視報告函送偵辦案件作業要點」，在性質上亦屬於證交所受託管理證券集中市場之行為監督及行政制裁，此種具有濃厚高權強制性之行政檢查業務，除須應具有法律授權之依據外，尚必須符合「明確性原則」之要求，處罰人民之法規構成要件必須十分明確，並且對於人民受罰之不當行為尚須有詳細說明。司法院大法官85年1月5日釋字第394號理由書明文指出：「對於人民違反行政法上義務之行為科處裁罰性之行政處分，涉及人民權利之限制，其處罰之構成要件及法律效果，應由法律定之。若法律就其構成要件，授權以命令為補充規定者，授權之內容及範圍應具體明確，然後據以發布命令，始符憲法第二十三條，以法律限制人民權利之意旨」。

　　此外，證交所係依公司法所成立之股份有限公司，法律性質上係「私法人」，則證交所憑何法律依據管理甚而處罰同屬私法人之證券商及上市公司證交所欲行使此類高權、單方、片面及強制性之證券集中市場公權力管理之權限，依行政程序法第16條第1項：「行政機關得『以法規』將其權限之一部分，委託民間團體或個人辦理」；國家公權力事務須有法律之依據或法律之授權方得委託私人行使。即非經主管機關及財政部證期會依法委託不可，然遍查證券交易法第93、98、102、133、134條等相關

---

[46] 請參閱註26。

條文均無授權財政部證期會委託證交所管理有價證券集中市場之法源依據。另再查證交所制定之「證交所管理規則」第1條所示之法源依據，證券交易法第93條及第99條係關於營業保證金，第102條則是有關證期會對於證券交易所業務及人員之管理監督，並非證交所對於集中市場中證券商之管理及監督；第137條係證券交易法相關條文之準用，所準用者亦均未涉及管理有價證券集中市場之委託；第154條係關於賠償準備金及優先受償權之順序。綜言之，證券交易法並無任何授權證交所為行政檢查行為或暫停證券商買賣等行為之規定，證交所管理規則並無證券交易法或其他法律授權，顯然有違反法律保留原則之委託容許性，因此現行實務上證交所賴以管理證券集中市場之重要法令「證交所管理規則」，僅係當時主管機關財政部證期會自行公布，而未經法律授權之行政命令。至於管理規則中第三章關於「管理與監督」之規定，內容涵蓋範圍無限，非但涉及證期會對證交所之管理與監督，亦涉及證交所對證券集中市場中證券商之管理與監督，其均無明確之法律依據，嚴重影響人民財產權益，實有違憲及違法之虞。

　　上述作業要點係由前財政部證券暨期貨管理委員會，依其多年管理經驗及專業知識所訂定，一旦發現違反該項標準之客觀情狀，即認定為有異常交易發生，實已明顯逾越交易自由之界線。金管會及司法單位對上述作業要點之適法性應予特別重視，否則一切證券價格變動之行為或依法投資行為卻被認定為操縱行為之手段，殊非妥適，有違民主法治國家依法行政之原則。

　　筆者認為上述要點並非司法機關就當事人有無違反證券交易法第155條第1項各款之行為，而據以移送、起訴或判決有罪之唯一當然指標，而當事人有無違反證券交易法第155條第1項各款之行為，司法機關自應依法調查證據，方足為被告確有違反證券交易法第155條第1項各款行為不利之認定，於法尚不得謂當事人之行為合於前述作業要點之標準，即遽為當事人有違反證券交易法第155條第1項各款規定之認定，此必須澄清之重要觀念，俾建立民主法治國家依法行政之原則。

（本文2013年12月發表於銘傳大學法學論叢第20期，第127至167頁。）

第三章
證交法內線交易犯罪規範變更是否適用刑法第2條新舊法適用比較之研究

壹、前言

證交法第157條之1構成要件修正是否屬刑法第2條之法律變更？

　　證券交易法第157條之1規定，分別於95年1月11日[1]、99年6月2日[2]修正公布，就99年6月2日[2]修正公布之條文檢視之，其修正有列四項：

　　一、將內部人就重大消息之主觀上認知程度，由「獲悉」改為「實際知悉」（新修正條文第1項）。

　　二、將應於公布並禁止內部人於一定其間內交易之重大消息形成階段，規定至「消息明確」之程度（新修正條文第1項）。

　　三、增加內部人無論以自行或以他人名義，均不得在重大消息公開前或沉澱期內買入或賣出規定（新修正條文第1項後段）。

　　四、將對股票價格有重大影響之重大消息，明定須有「具體內容」（新修正條文第5項）。

　　以上修正單從法律文字的變更檢視，似已涉及構成要件之限縮，如「獲悉」改為「實際知悉」、重大消息必須「明確」、重大消息必須要有「具體內容」。另修正亦有涉及構成要件之擴張，如擴大內部人範圍，由「自行」改為「自行或以他人名義」買入或賣出等，然前述修正究竟係屬刑法第2條第1項[3]所規定行為後法律有變更之情形，或僅屬於單純之文字修改，使其在文字上為更精確之用語，以避免於法律適用上產生爭議，並

---

[1]　中華民國95年1月11日總統華總一義字第09500002801號令修正公布。
[2]　中華民國99年6月2日總統華總一義字第09900133481號令修正公布。

未產生實質變動，對行為人並無有利不利可言，非刑法第2條第1項[3]所指之法律變更，並無新舊法之比較適用，以上不同見解事涉刑法第2條法律變更之意義及適用原則，有待進一步釐清，以免在解釋上及實務應用上發生歧異。此為本章探討之緣起，合先說明。

貳、案例研析[4]

一、案例事實

　　被告賴大王自民國89年間起即擔任股票上市力特光電科技股份有限公司董事長、總經理，係證券交易法第157條之1第1項第1款所列之內部人[5]。為鞏固其經營權，被告於91年8月29日另設立宏運投資股份有限公司代其持有力特公司股票。94年12月上旬，行政院金融監督管理委員會證券期貨局接獲投資人檢舉，力特公司於94年間有將庫存不良品投入生產線試機，而在該年度會計科目將前揭不良品支出列入可以分期攤提之成本，遂函轉台灣證券交易所股份有限公司進行查核。被告賴大王身為股票上市公司負責人，明知力特公司94年度前三季之財務報表將鉅額試機費用予以資本化，不合於一般會計原則，且公司內並未留存充分完整之試機過程資料，勢必不能通過證券交易所之實地查核，且重編該公司94年前三季財務報表之結果，力特公司原所列之試機費用大部分金額將由「成本」轉列為「費用」，並一次認列為年度損失，直接減少該公司該年收益，將轉盈為虧，勢必導致力特公司股價下跌，此訊息係證

---

[3] 行為後法律有變更者，適用行為時之法律。但行為後之法律有利於行為人者，適用最有利於行為人之法律。（從舊從輕主義）

[4] 98年4月23日臺灣桃園地方法院97年度訴字第227號刑事判決。

[5] 一、該公司之董事、監察人、經理人及依公司法第二十七條第一項規定受指定代表行使職務之自然人。
　　二、持有該公司之股份超過百分之十之股東。
　　三、基於職業或控制關係獲悉消息之人。
　　四、喪失前三款身分後，未滿六個月者。
　　五、從前四款所列之人獲悉消息之人。

券交易法第157條之1第5項所指之重大影響上市公司股票價格之消息，
被告遂於94年12月26日知悉證券交易所將至公司進行實地查核後，為
減少損失，指示總經理室課長彭紹華自94年12月26日起至95年1月12日
止，連續賣出宏運公司帳戶內力特公司股票共二二六一仟股，合計得
款新台幣一億三千七百九十一萬七百元，被告賴大王藉此減少損失約
三千三百九十九萬五千一百四十元。被告行為影響證券市場交易制度公平
性及投資人之權益，案經行政院金融監督管理委員會函送台灣桃園地方院
檢察署偵查起訴[6]。

二、證券交易法修正內容比較

　　被告賴大王行為後，證券交易法第157條之1先後經立法院二次修
正，分別於95年1月11日、99年6月2日由總統公布施行【被告行為終了時
間係95年1月12日】。茲將兩次修正情形分析如下：

(一)行為時法―被告犯行為94年12月26日至95年1月12日

　　被告行為時之證券交易法第157條之1第1項規定[7]：「左列各款之人，
獲悉發行股票公司有重大影響其股票價格之消息時，在該消息未公開前，
不得對該公司之上市或在證券商營業處所買賣之股票或其他具有股份權性
質之有價證券，買入或賣出：一、該公司之董事、該公司之董事、監察人
及經理人。（以下略）」

(二)中間時法―95年1月11日修正（一審98年4月23日判決）

　　95年1月11日修正公布之證券交易法第157條之第1項規定[8]：「下列
各款之人，獲悉發行股票公司有重大影響其股票價格之消息時，在該消息
未公開或公開後十二小時內，不得對該公司之上市或在證券商營業處所買
賣之股票或其他具有股份權性質之有價證券，買入或賣出：一、該公司之
董事、監察人、經理人及依公司法第27條第1項規定受指定代表行使職務

---

[6]　桃園地方法院檢察署96年度偵字第12633號。
[7]　中華民國91年2月6日總統（91）華總一義字第09100025050號令修正公布。
[8]　同註1。

之自然人（以下略）」

(三)裁判時法—99年6月2日修正（二審99年10月28日，三審100年5月19日判決）

　　99年6月2日修正公布之證券交易法第157條之1第1項規定[9]：「下列各款之人，實際知悉發行股票公司有重大影響其股票價格之消息時，在該消息明確後，未公開或公開後十八小時內，不得對該公司之上市或在證券商營業處所買賣之股票或其他具有股權性質之有價證券，自行或以他人名義買入或買出：一、該公司之董事、監察人、經理人及公司法第27條第1項規定受指定代表行使職務之自然人（以下略）」

三、歷審判決

(一)台灣桃園地方法院判決[10]

1.本案是否有重大影響股票價格消息產生？

　　按行為時證券交易法第157條之1第1項所指之「重大影響其股票價格之消息」，依同條第4項規定，係指「涉及公司之財務、業務或該證券之市場供求、公開收購，對其股票價格有重大影響，或對正當投資人之投資決定有重要影響之消息」，以此論之，公司財務報表客觀上可以揭露該公司之營收及發展前景，故公司財務報表之重編，應屬前述足以重大影響股價，並對正當投資人之投資決定有重大影響之消息，此觀「證券交易法第157條之1第4項重大消息範圍及其公開方法管理辦法」第2條第9款亦明確規定：「編製之財務報告發生錯誤或疏漏，有本法施行細則第六條規定應更正且重編者」，係屬前述重大影響其股票價格之消息，更為明顯。查力特公司經證交所前往查核後，於95年1月17日發布消息，公告力特公司將重編該公司94年前三季財務報表，預估轉列費用金額約在十點五億元至十六點五億元，隨後力特公司翌日開盤後，該公司股票價格隨即跳空跌停，並連跌三日收盤，在95年1月17日發布消息尚未公告前，力特公司

9　同註2。
10　同註4。

股票收盤價爲五十九點二元，公告後三日（1月27日）之收盤價迅即跌爲四十七點七五元，跌幅爲百分之二十點七三，高於同期間同類股跌幅百分之四點零四及大盤指數跌幅百分之三點三五，足見上述力特公司重編94年前三季財務報表確係證券交易法第157條之1第1項規定所稱之重大消息無疑。

2.本案被告犯行是否已構成內線交易犯罪？

　　證券交易法第157條之1第1項第1款定有明文，被告係力特公司之董事長兼總經理，自係證券交易法規定所稱之內部人，依前述案情說明，被告在因證交所前述之查帳之動作，而可得預見力特公司可能需重編94年第三季財務報表時起，即應認其已經獲悉上開重大消息，不得再行買賣力特公司之股票。然被告在知悉上揭重大消息時，竟未知會總經理室課長彭紹華停止出售宏運公司手中之力特公司持股，反任令彭紹華繼續代其出售力特公司股票，自足認定被告所爲，已確實違反證券交易法第157條之1禁止內線交易之規定，應已構成內線交易犯罪行爲。

3.行爲時法律與裁判時法律變動是否有刑法第2條第1項之適用？

　　查被告賴大王行爲（94年12月26日至95年1月12日）後，證券交易法第157條之1先經立法院修正，於95年1月12日由總統公布施行，修正前該條第1項第1款原規定：「左列各款之人，獲悉發行股票公司有重大影響其股票價格之消息時，在該消息未公開時，不得對該公司之上市或在證券商營業處所買賣之股票或其他具有股權性質之有價證券，買入或買出：一、該公司之董事、監察人、經理人及依公司法第27條第1項規定受指定代表行使職務之自然人。（餘略）」。修正後同條第1項第1款規定則改爲：「下列各款之人，獲悉發行股票公司有重大影響其股票價格之消息時，在該消息未公開或公開後十二小時內，不得對該公司之上市或在證券商營業處所買賣之股票或其他具有股權性質之有價證券，買入或買出：一、該公司之董事、監察人、經理人及依公司法第27條第1項規定受指定代表行使職務之自然人。（餘略）」。其後，證券交易法第171條亦由立

法院再度修正,並於95年5月30日由總統公布施行[11],惟該條第1項規定:
「有下列情事之一者,處三年以上十年以下有期徒刑,得併科新台幣一千
萬元以上二億元以下罰金:一、違反第20條第1項、第2項、第155條第1
項、第2項或第157條之1第1項之規定者(餘略)。」第2項規定「犯前項
之罪,其犯罪所得金額達新台幣一億元以上者,處七年以上有期徒刑,得
併科新台幣二千五百萬元以上五億元以下罰金」,則均未修正。前述證券
交易法第157條之1第1項第1款規定,係同法第171條第1項處罰規定之構
成要件之一,其修正足以影響上開處罰條文之處罰範圍,是故,其變更應
有刑法第2條第1項新舊法之比較。至於證券交易法第171條規定雖亦有修
正,惟本案適用之同條第1、2項處罰規定並未修正,當無比較新舊法之
問題,而應依一般法律適用原則,逕行試用「裁判時法」即95年5月30日
修正後之現行證券交易法第171條第1、第2項規定處斷[12]。判決被告賴大
王有期徒刑三年八個月並科罰金一千萬元。

(二)台灣高等法院判決[13](裁判日期99年10月28日)

〔案情爭點〕:95年6月及99年6月證交法第157條之1第1項之變更是
否為法律變更?

高院認為本案被告賴大王之內線交易犯行,係在重大消息公開前所
為,且其係力特公司之董事長兼總經理,故比較行為時法、中間時法、判
決時法之規定,關於95年1月11日、99年6月2日修正公布之證券交易法第
157條之1第1項增列「公開後十二小時內」、「公開後十八小時內」亦不
得為內線交易之規定,與本案情節無關,對認定本案犯罪是否成立並不生
影響;另被告係力特公司之董事長兼總經理,均係證券交易法第157條之
1第1項第1款歷次修法所規範之內部人,故以上二事項不在新舊法比較之
列。

另高院認為無論適用行為時法或中間時法規定,被告於本案行為均

---

[11] 中華民國95年5月30日總統華總一義字第09500075861號令修正公布第171、183條條
文;並自95年7月1日施行。
[12] 最高法院95年11月17日第21次刑事庭會議決議意旨。
[13] 台灣高等法院99年度台上更(一)字第一號判決。

成立證券交易法第157條之1第1項之內線交易違法行為。再比較中間時法及裁判時法規定，99年6月2日修正公布之證券交易法第157條1第1項，將原規定之「下列各款之人，獲悉……」修正為「下列各款之人，實際知悉……」，及將「在該消息未公開或……」修正為「在該消息明確後，未公開……」，及原規定之「買入或賣出」修正為「自行或以他人名義買入或賣出」。雖然證券交易法第157條之1第1項於99年6月2日修正時有以上變動，惟經細繹比較，上開三項變動應僅係文字之修改而已，其結果，係使先前之規定更臻完備，在文字上為更精確之用語，以避免於法律適用上產生爭議，不認為有法律實質變動，對行為人並無有利、不利可言，自非刑法第2條第1項所指之法律變更。故在本案而言，被告無論係行為時法、中間時法或裁判時法之規定，均違反證券交易法第157條之1第1項所規範之禁止內線交易行為，且無刑法第2條第1項規定之適用，故應逕適用裁判時法即現行證券交易法第157條之1第1項規定。而將地院判決撤銷，否定前述證交法之修正為法律變更，改判被告有期徒刑三年八個月並科罰金三千萬元。

(三)最高法院判決[14]（裁判日期100年5月19日）

最高法院認為證券交易法第157條之1規定，分別於95年1月11日、99年6月2日修正公布，就99年6月2日修正公布之條文，其中與本案有關者為：將內部人就重大消息之主觀上認知程度，由「獲悉」改為「實際知悉」（新修正條文第1項）。將應予公布並禁止內部人於一定期間內交易之重大消息形成階段，規定至「消息明確」之程度（新修正條文第1項）。增加內部人無論以自行或以他人名義，均不得在重大消息公開前或沈澱期內買入或賣出規定（新修正條文第1項後段）。將對股票價格有重大影響之重大消息，明定須有「具體內容」（新修正條文第5項）。上開修正已涉及構成要件之擴張（擴大內部人範圍）、限縮（「獲悉」改為「實際知悉」、重大消息必須「明確」、重大消息必須要有「具體內容」等），自屬刑法第2條第1項所規定行為後法律有變更之情形，似非

---

[14] 最高法院100年度台上字2565號判決。

單純之文字修改。上訴人等於本案行為後，證券交易法第157條之1所規定之構成要件既有上開擴張及限縮之變更，該變更攸關上訴人等於本案行為或屬有利或屬不利，自應為新舊法之比較適用，始稱適當。否定高院見解謂：「雖然證券交易法第157條之1第1項於99年6月2日修正時有以上變動，惟經細繹比較，上開三項變動應僅係文字之修改而已，其結果，係使先前之規定更臻完備，在文字上為更精確之用語，以避免於法律適用上產生爭議，不認為有實質變動，對行為人並無有利、不利可言，自非刑法第二條第一項所指之法律變更。故在本案而言，賴大王無論係行為時法、中間時法或裁判時法之規定，均違反證券交易法第157條之1第1項所規範之禁止內線交易行為，且無刑法第二條第一項規定之適用，故應逕適用裁判時法即現行證券交易法第157條之1第1項規定……」認為高院有適用法則不當之違法，將高院判決撤銷發回更審。

參、法律變更之意義、範圍及適用原則

一、刑法效力的範圍──有關「時」的效力

　　所謂刑法之效力係指刑法有效適用之範圍而言，主要係指有關「時」、「地」及「人」三項效力問題，所謂刑法關於時之效力，即指刑法有關時的效力範圍而言，亦即指刑法在時間上的規範力，主要討論刑法效力自何時起發生，其效力於何時終止，以及新法頒行後，對於舊法時期之犯罪行為，應適用何法等問題。一般討論關於刑法「時」的效力有下列三項討論主題：

(一)行為時之法律不處罰，而行為前或後之法律，有規定加以處罰者

　　依刑法第1條規定：「行為之處罰，以行為時之法律有明文規定者為限。」，此為罪刑法定主義之揭示，所以行為時之法律不加處罰者，以後施行之新法雖加處罰，亦不得溯及行為時不罰之行為，予以處罰。此種案件，檢察官固應依刑事訴訟法第252條第8款處分不起訴；其經起訴者，法院亦應依同法第301條第1項行為不罰之規定，諭知無罪之判決。

(二)行為時與行為後之法律皆規定加以處罰,而其規定不同者

　　刑法有關時的效力,係自法律明令公佈施行時起,發生效力,自法律廢止時起,即失其效力。刑罰法令之生效與失效,對於犯罪行為人影響至大,其在法律失效前所為之行為,法律失效時,仍否予以處罰,或遇有修正新法之代替舊法時,舊法施行期間內所實施之犯罪,應適用何種法律科刑,對於行為人未來將科處之處罰有重大影響。此部分及所謂「刑法之變更」問題,亦為本文討討之重點。

　　至於行為時法律與裁判時法律有變更者,究應適用何時法律處斷,在刑法討論上有關「刑法變更」之立法主義,可分為從舊主義、從新主義、從輕主義及折衷主義四種。茲簡述如下:

1.從舊主義(適用行為時法)

　　此主義以刑法為行為規範,堅持罪刑法定主義原則,以其明知行為為法所處罰,而仍予實施,即應接其所知之法律處罰。其發生之犯罪未及時發覺予以追訴處罰,其過在國家,不宜依新法,宜科舊法時期犯罪時之處罰。亦即行為人行為後,法律有變更者,不問新舊法之輕重,一律依舊法裁判。

2.從新主義(適用裁判時法)

　　此主義以裁判時刑法為裁判規範,主要理由係新法之施行,再變更舊法之不當,一律依現行有效之法律論罪科刑。因之行為人行為後,法律有變更者,不論新舊法之輕重,皆按新法裁判,我國舊有之暫行新刑律採之。

3.從輕主義(適用有利於行為人法)

　　此主義認因法律變更,致刑罰有輕重時,如一律依重法,將損害人民權利,為顧及人民權益,符合刑罰經濟之原則,故規定行為人行為後,法律有變更者,應從輕適用有利於行為人法。

4.折衷主義

　　以上三種主義從法律之角度視之皆有不完備之處。刑法變更後,如科刑輕重發生不同,等於同罪異罰,無論從新從舊,皆難合乎刑罰之均衡。

最佳之道，莫若從輕，故折衷說應運而生。折衷說一般可分為下列二類：

(1)從新從輕主義，以從新主義為原則，從輕主義為例外。如新舊法無輕重時，一律從新法，我國舊刑法採之。此雖有違背法律不溯及既往之原則，但亦可保障人權。

(2)從舊從輕主義，已從舊主義為原則，從輕主義為例外，如新舊法並無輕重比較時，一律依舊法處斷。目前我國刑法採之。

(三)行為時之法律規定加以處罰，而行為後之法律不處罰者

現行刑法第2條採從舊從新原則，規定行為後法律有變更者，適用行為時之法律，較諸舊刑法第2條適用裁判時之法律，其涵意較寬，此種行為後法律已不罰之行為，亦在該條之範圍內。但仍有空白刑法及限時法等例外情形。

二、法律變更之意義及範圍

法律變更通說認為僅指經立法機關制定之刑罰法律本身之變更而言，兼指犯罪規定及刑罰規定，但程序法不在其內，單純的事實變更或刑法法令以外的法律變更，均非此處所謂之法律變更。刑罰法規包含一切規定犯罪與刑罰之法令，除刑法外尚包括其他各種法令中有罪名與刑罰規定之法規者，例如貪污治罪條例、組織犯罪防制條例、危害毒品防制條例等，在財金法律中，證券交易法、銀行法、保險法、金控公司法等金融七法，其中有金融犯罪刑罰規定亦包括在內，此外，甚至有刑罰規定之行政命令亦包括在內。然一般所稱法律之變更，大部係指同一部法律之變更，包括甲法律變更為乙法律，或包括法律廢止後應適用其他現行有效之法律，甚至包括特別法廢止後應適用普通法等情形。目前國內刑法實務及學說上對刑法第2條第1項之「法律變更」，大致上可分為下列各項見解[15]：

(一)刑罰法規之變更

刑法第2條第1項所謂法律有變更，係僅指刑罰法律之變更而言，並

---

[15] 參閱郭君勳，案例刑法總論，三民書局，74年12月3版，第40頁以下。

以中央法規標準法第四條之規定公布者爲限，參照憲法第170條、第8條第1項、刑法第1條之規定甚明，而其他情形諸如刑罰法律以外之其他法律的變更、補充空白刑法之法規變更及單純之事實變更等皆非屬於法律變更，而係事實變更。

(二)刑罰法律以外之其他法律之變更

本見解係指足以影響可罰性範圍與其法律效果之法令有修正或廢止均包括在內，其認爲刑罰法律之修正或廢止固爲法律有變更，即使刑罰法律以外，其他法律有刑法處罰規定之修正或廢止，足以影響可罰性範圍者亦屬之。舉例而言，民法上關於婚姻成立要件之規定，足以影響重婚罪或通姦罪之可罰性範圍即屬本項之變更。

(三)空白刑法法律規範之變更

在空白刑法中，補充之行政命令變更非本處討論之「法律變更」，空白刑法係指空白構成要件，立法者僅規定罪名、法律效果以及部分之犯罪構成要素，至於其他之禁止內容則必須由其他法律或行政規章補充後，方能確定其可罰之範圍，始爲完整之構成要件，因之空白構成要件本質上爲一種有待補充之構成要件。如懲治走私條例第2條第1項之走私管制物品罪[16]、刑法第193條違背建築術成規罪[17]、刑法第192條第1項違背預防傳染病之法令罪[18]及刑法第117條違背局外中立命令罪[19]等皆屬之。

(四)單純事實變更

此係指非法律本身之變更，而是法律規範之事實發生變更，例如行爲人僞造之通用貨幣，於裁判時已因貨幣改革而成爲非通用貨幣。通說認

---

[16] 懲治走私條例第2條：私運管制物品進口、出口逾公告數額者，處七年以下有期徒刑，得併科新臺幣三百萬元以下罰金。

[17] 刑法第193條：承攬工程人或監工人於營造或拆卸建築物時，違背建築術成規，致生公共危險者，處三年以下有期徒刑、拘役或三千元以下罰金。

[18] 刑法第192條：違背關於預防傳染病所公布之檢查或進口之法令者，處二年以下有期徒刑、拘役或一千元以下罰金。

[19] 刑法第117條：於外國交戰之際，違背政府局外中立之命令者，處一年以下有期徒刑、拘役或三千元以下罰金。

　　爲此情形與法律規定之變動無涉，認爲非屬刑法第2條第1項之情形。刑法第195條僞造、變造貨幣罪所保護之法益係通用貨幣流通交易之安全性與可靠性，以及國家幣制之發行權[20]。因此，所謂通用貨幣包括硬幣、紙幣、銀行券等，係指具有強制流通使用效力之貨幣，而行爲人所僞造之客體是否屬於強制流通使用之貨幣，則應視其行爲當時，有關國家幣制之印制、發行、使用之相關法令而定。因之，有關國家貨幣制度之變更並非與法令毫不相關，僅此等與貨幣印製、發行、使用有關之法令修正變更，雖然其間接影響到刑法僞造、變造貨幣罪有關通用貨幣之解釋適用，但其仍非屬於刑法第2條第1項之法律變更。因刑法僞造、變造貨幣罪構成要件之規範目的與禁止內容並未發生變更，其貨幣制度之變更及相關法令之修訂，並未影響行爲人原本行爲之可罰性，其應無刑法第2條第1項之適用。

　　前述各犯罪之構成要件所規範之事實，與當時社會環境具密切關係，其可罰性之擴張或限縮當隨社會變遷實際需要而定，爲符合社會環境之變遷，故需較富彈性之立法，因此通常授權行政機關參酌實際需要以行政命令補充之。而其補充之行政命令變更，是否屬刑法第2條第1項之法律變更，學說上肯定、否定見解皆有之[21]；惟實務及通說解採否定說，認爲補充之行政命令變更，僅係事實變更，非屬法律變更[22]。

三、刑法法律變更之適用原則

　　司法機關在確認所處理案件適用刑法相關規定之始期後，於該案件終局處理結束前，如發生相關規定有修正或廢止之情事，即產生所謂法律變更之情形。現行刑法第2條及刑法施刑法中，即針對不同事項，在發生法

---

[20] 刑法第195條：意圖供行使之用，而僞造、變造通用之貨幣、紙幣、銀行券者，處五年以下有期徒刑，得併科五千元以下罰金。另參閱褚劍鴻，刑法分則釋論（上），商務印書館，1992年11月，第335頁以下。

[21] 參閱王文，刑罰法律變更之探究（上）、（下），軍法專刊，三三卷十期、十一期，75年8月。

[22] 參閱大法官會議釋字第103號解釋、最高法院49年台上字第1093號、51年台非字第76號、51年台上字第159號等判例以及76年台上字第5162號、80年台上字第1732號、82年台上字第2682號等判決。

律變更時，應適用何時之規定，分設不同之處理方式。其規範如下：

　　(一)刑法第2條第1項之規定，係針對適用犯罪成立要件[23]、犯罪競合[24]及處罰效果[25]有關規定之案件，發生法律變更之處理原則。此等事項之規定，因兼具行為規範、制裁規範及裁判規範之性質，因此，其適用刑法之始期，自以被告犯罪行為時為準。關於刑罰裁量之規定，因僅具裁判規範之性質，因此，在刑罰裁量規定之適用始期，應以案件繫屬法院時為準。

　　(二)同條第2項，係針對適用保安處分有關規定之案件，發生法律變更之處理原則。

　　(三)同條第3項，則係對於執行有罪科刑判決之處罰案件，遇有法律變更之處理原則。在刑罰規定之適用始期，則應以「判決確定時」為準。

　　(四)至刑法施行法，大都係針對適用刑罰執行規定之案件，遇有法律變更時之所定之處理原則[26]。

　　刑法修正時所衍生出之法律變更現象甚為複雜，究應如何適用法律，向來為司法實務界探討之重點，一般討論主要著重於前述「行為後法律有變更」時，應如何適用法律；但對「判決確定後法律有變更」時，就應如何適用法律，則少有深入之探討，因「判決確定後法律有變更」之情形，所涉及之法律適用問題，主要係有關刑罰或保安處分等行刑規定，94年2月2日修正公布95年7月1日施行之刑法中有關行刑規定之修正幅度甚鉅，所造成判決確定後法律有變更應如何適用法律之問題，當時對司法實務界確定造成甚大爭議[27]，惟此部分不在本章討論之列，合先說明。

---

[23] 刑法第12至31條及刑法分則中各種犯罪之構成要件等均屬之。另外，由於告訴乃論及追訴權時效之規定，涉及國家刑罰權發生與否，其規定係司法機關判斷被告行為事實是否成罪之前提，筆者認為似應將其歸於本類。

[24] 刑法第50條至第56之規定屬之。惟我國刑法尚未明定罪數基準，目前指針對犯罪競合予以規範。

[25] 刑法第32條至第41條、第45條至第46條、第47條至第49條、第58條至第73條、第74條、第76條、第86條至第96條等規定均屬之。

[26] 刑法第42條至44條、第75條至第75條之1、假釋章（第77條至第79條之1）、第84條至第85條、第98條至第99條等規定均屬之。

[27] 一般而言，裁判確定後即發生確定力與執行力，前者可再分為形式確定力與實質確定力。茲分述如下：

肆、法律變更與事實變更之區別

　　刑法中之所以區分「法律變更」與「事實變更」，主要是在於法律變更所涉及的問題，是在刑法第2條第1項有關新舊法律適用關係之問題上。刑法第2條第1項所謂法律有變更者，係指法律經修正或廢止之情形，法律須依憲法第170條制定之刑事實體法為適用原則[28]，依司法院第1854號解釋程序法不包括在內[29]。至於法律之修正或廢止，其為全部或局部均非所問，如有因特別法之施行，致影響原有法律之某一部分效力者，亦屬於法律之變更。法律之變更依據大法官第103號解釋，專指刑罰法規之變更而言，不包含事實之變更[30]。

　　「事實變更」係法律變更的相對性概念，事實變更通說係指法律規

---

(1)形式確定力

　　形式確定力係指確定判決對於受判者而言，除依非常上訴或再審等特別程序救濟外，已不能再依通常程序救濟，案件因而告終結；就裁判者而言，亦不得自為撤銷或變更該判決。此種形式確定力，不論係形式判決或實體判決均有其適用。（參考林國賢，刑事訴訟法論上冊，2006年1月增訂版，第695頁以下。）

(2)實質確定力

　　刑事訴訟在審理被告之犯罪事實以確認國家之刑罰權之存否及範圍後，經判決形式確定後，不論係有罪無罪判決，實體法律關係已確定，不得事後再就同一案件予以重行追訴。（參考林鈺雄，刑事訴訟法上冊，2000年9月初版，第462頁以下。）

(3)執行力

　　執行力係指實現裁判內容之效力，於裁判確定時發生。在科刑判決確定者，執行力尤為重要。縱確定判決發生違誤，在未經依法定撤銷前，其執行力仍不變。（參考陳樸生，刑事訴訟法實務，1999年修訂版，第284頁以下。）

[28] 憲法第170條：本憲法所稱之法律，謂經立法院通過，總統公布之法律。

[29] 民國28年02月27日院字第1854號解釋文(三)刑法第2條第1項但書所稱之法律。係指實體法而言。程序法不在其內。原呈所舉兩例。在舊刑事訴訟法有效時期。其告訴已不適法。或告訴人已經合法撤回告訴。不能因新刑事訴訟法之施行而變更。此與適用刑事訴訟法施行法第2條無關。

[30] 民國52年10月23日釋字第103號解釋文：行政院依懲治走私條例第2條第2項專案指定管制物品及其數額之公告，其內容之變更，對於變更前走私行為之處罰，不能認為有刑法第2條之適用。理由書要旨：刑法第2條所謂法律有變更者，係指處罰之法律規定有所變更而言。行政院依懲治走私條例第2條第2項專案指定管制物品及其數額之公告，其內容之變更，並非懲治走私條例處罰規定之變更，與刑法第2條所謂法律有變更不符者，自無該條之適用。

範所評價的對象發生變更，換言之，也就是經由行政規章或命令改變原來規範評價對象範圍，此種變動非法律形成之改變，僅涉及其規範對象發生改變，通說皆將其視為事實變更。筆者認為其變動部分雖僅涉及事實範圍發生變動，但應是以構成法律規範之內容發生變動，在法理概念上似應屬法律變更之理念，而不應視為事實變更，目前此觀念尚與我國通說部分不同，但仍有值得有深究探討之處。

依現行刑法第2條第2項前段規定之「法律有變更」及刑事訴訟法第302條第4款所謂「犯罪後之法律已廢止其刑罰」，其所稱之「法律」，係指依中央法規標準法第4條之規定制定公布之刑罰法律而言，此在憲法第170條亦有明文規定。雖現行通說認為行政機關依據委任立法而制定具有填補空白刑法補充規範之法規命令，雖可視為具法律同等之效力，然該法規命令之本身，僅在補充法律構成要件之事實內容，即補充刑法之空白事實，並無刑罰之具體規定，其非刑罰法律，該項補充規範之內容，縱有變更或廢止，對其行為時之法律構成要件及處罰之價值判斷，並不生影響，因之，空白刑法補充規範之變更，僅能認係事實變更，不屬於刑罰法律之變更或廢止之範疇，自無刑法第2條第1項法律變更之比較適用問題，應依行為時空白刑法填補之事實以適用法律。上述空白刑法被認為屬於事實變更，原則上係採司法院釋字第103號解釋[31]及最高法院51年台上159號刑事判例[32]，故在行政罰上採與刑罰相同之見解。

在此我們舉行政罰法第5條觀之，該條規定「行為後法律或自治條例有變更者，適用行政機關最初裁處時之法律或自治條例。但裁處前之法律或自治條例有利於受處罰者，適用最有利於受裁處者之規定。」上開從新從輕原則之適用，係以行為後「法律或自治條例有變更」為要件，相關法規中「公告」之修正，究竟屬「事實變更」，不產生新舊法比較問題；或屬「法律變更」，而有行政罰法第5條之適用？在此我們應先行探討行政

[31] 同前註。
[32] 民國51年2月1日51年台上字第159號判例要旨：犯罪構成事實與犯罪構成要件不同，前者係事實問題，後者係法律問題，行政院關於公告管制物品之種類及數額雖時有變更，而新舊懲治走私條例之以私運管制物品進口為犯罪構成要件則同，原判決誤以事實變更為法律變更，其見解自有未洽。

罰法第5條規定之「法律」，是否與刑法第2條規定之「法律」作同一解釋，查刑事不法行為具有倫理與道德之非難性，故刑法本於罪刑法定主義，其法律定義不得擴張解釋，包含法規命令；反之，行政不法行為僅屬行政違反行為，不具倫理道德之可非難性，故行政罰法雖亦本於處罰法定原則，惟其所稱之法律，除法律之外，尚應包含法律具體授權之法規命令。有關本項爭議，一般多舉行政院依懲治走私條例第2條第3項公告修正「管制物品項目及其數額」為討論之範例，一般而言此議題有下列二說：

一、法律變更說——適用行政罰法第5條

　　一般刑法上空白授權情形相對較少，行政法基於國際貿易及科技發展之需，相關法條無法巨細靡遺詳盡規範，故行政罰構成要件如果係以空白授權之法規為規範內容，則應屬法律的變更，等同是法條之延伸。從實務面探討，甚多行政處罰係因應當時政策需求，或行政上之必要始予以規定，其後因環境或時空條件之變更，其管制之需求性亦不復存在，而認為此項處罰已無必要，行政機關若對該行為尚未給予評價前，即給予裁處，一旦有變更，不論係法律或事實之變更，都應以新價值標準來處理，較符合行政目的，故適用從新從舊原則似較符合法律之目的。

　　法務部96年3月6日法律字第0960700154號函說明三：「所定『行為後法律或自治條例有變更』者，限於已公布或發布施行之實體法規之變更，其變更前後之新舊法規必須具有同一性，且為直接影響行政罰裁處之義務或處罰規定；又法律或自治條例授權訂定法規命令或自治規則以補充義務規定或處罰規定之一部分，而此類規定之變更如足以影響行政罰之裁處，自亦屬本條所定之法規變更。」況對司法院釋字第103號解釋，學界亦有提出不同見解，認為補充空白刑法之行政命令，雖不具法律形式，且無形法之實質內容，但與空白刑法之結合，成為空白構成要件之禁止內容而足以影響可罰性之範圍，故此等補充空白構成要件之法規範若有變更，即有刑法第2條之適用[33]，綜言之，行政院依懲治走私條例第2條第2項公

---

[33] 參閱吳耀宗「刑法第二條第一項『法律變更』之研究——兼評大法官會議釋字第103號

告修正「管制物品項目及其數額」，似應歸屬法規變更，而有行政罰法第5條之適用較爲合理。

二、事實變更說─無行政罰法第5條之適用

　　按司法院釋字第103號解釋理由書：「刑法第2條所謂法律有變更係指處罰之法律規定有所變更而言。行政院依懲治走私條例第2條第2項專案指定管制物品及其數額之公告，其內容之變更，並非懲治走私條例處罰規定之變更，與刑法第2條所謂法律有變更不符，自無該條之適用。」又查最高法院51年台上字第159號刑事判例：「犯罪構成事實與犯罪構成要件不同，前者係事實問題，後者係法律問題，行政院關於公告管制物品之種類及數額雖時有變更，而新舊懲治走私條例之私運管制物品進口爲犯罪構成要件則同，原判決誤以事實變更爲法律變更，其見解自有未洽。」是認行政院懲治走私條例第2條第2項公告修正管制物品項目及其數額應屬於事實變更，而非刑法第2條所定之法律變更，故不生新舊法比較問題，行政罰應採相同之解釋，故無行政罰法第5條之適用。

　　筆者個人意見較偏向事實變更說，行政院「懲治走私條例」第2條第3項之委任立法，將原公告之管制物品及其數額重行公告，不列入管制物品之內，乃是行政上爲適應當時社會環境需要所爲「事實上之變更」，並非刑罰法律有所變更，自不得拒爲廢止刑罰之認定，是無論公告內容如何變更，其效力僅及於其後發生之走私行爲，殊無溯及既往而使公告前之走私行爲受何影響，即無刑法第2條第1項之適用[34]。目前最高法院刑事判例及司法院解釋均採事實變更說，實務判決中有司法院釋字第103號解釋及最高法院51年台上字第159號判例及最高行政法院62年判字第507號判例[35]、72年判字1651號判例[36]，原則上採實體從舊程序從新，但法律如有

解釋及最高法院相關裁判」一文，台灣本土法學雜誌13期，2000年8月。

[34] 最高行政法院92年判字第1797號判決。

[35] 民國62年1月6日62年判字第507號裁判要旨：中央法規標準法第18條所稱「處理程序」係指主管機關處理事件之程序而言，並不包括行政救濟之程序在內。故主管機關受理人民聲請許可案件，其處理程序終結後，在行政救濟程序進行中法規有變更者，仍應適用舊法。

[36] 民國72年12月23日72年判字第1651號裁判要旨：中央法規標準法第18條所稱：「處理

規定者，例外依其規定，在司法院及最高法院刑事判例見解未變更前，似仍應兼顧司法實務見解，俾維持法律之恆定性。

伍、刑法第2條第1項規定新舊法適用比較分析

在刑法上不溯及既往原則之主旨在保護行為人避免因立法行為而受到侵害，反對不教而誅，由於立法機關有制定及修改刑法之權力，新制定或經修改的法律可能有利於行為人，但也可能不利於行為人。因而有必要對適用刑法情況在時間上作出限制，以體現罪刑法定原則和罪刑相適應原則[37]。

行為發生在刑法變更前未受處罰，變更後始受裁判者，又變更前與變更後之法律均認為有罪，但刑罰輕重不同，或刑罰雖同，而其他規定如阻卻違法事由、責任年齡、時效、未遂犯與從犯之減輕、累犯之加重、刑之酌科及加減、自首減輕、告訴乃論、告訴乃論規定之變更、羈押之折抵期日數、緩刑或結合犯規定之改變等變更，對於被告刑罰均有重大影響，因之「行為時」與「裁判時」法律有變更者，應如何適用法律，即一般刑法所謂時間上之效力。通常對於新、舊刑法的適用有下列四種立法例[38]：

一、從舊原則（採行為時法）

在舊法生效期間內發生的行為，無論新法是否認為其係違法行為，或處罰的輕重如何，一律依照舊法定罪量刑，否定刑法之溯及力。

二、從新原則（採裁判時法）

在新法生效前發生之犯罪行為，尚未經審判或判決尚未確定前，一律

程序」，係指主管機關處理人民聲請許可案件之程序而言，並不包括行政救濟之程序在內。故主管機關受理人民聲請許可案件，其處理程序終結後，在行政救濟程序進行中法規有變更者，仍應適用實體從舊程序從新之原則處理。

[37] 參閱高仰止，刑法指則之理論與實用，五南圖書，1983年12月第82-85頁。

[38] 參閱林山田，刑法通論，作者自行出版，1966年10月5版第54至56頁。

依據新法處理，肯定刑法之溯及力。

三、從舊從新原則

原則上依據行為發生時之法律處理，若新法內容有利於行為人時，則應適用新法。

四、從新從輕原則

原則上依據審判時之法律處理，若舊法內容較利於行為人時，則應適用舊法。

94年1月7日立法院通過刑法部分修正條文，刑法第2條原條文為「行為後法律有變更者，適用裁判時之法律」，即學說所稱之「從新原則」，長久以來，此原則為實務及學界所認同，但卻難以與第1條罪刑法定主義契合，而有悖於法律禁止溯及既往之疑慮，為貫徹上開原則之精神，導正從新從輕之觀念，配合第1條修正為「適用行為時之法律」之必要，並兼採有利行為人之立場，爰將原條文第1項「從新從輕」原則改採「從舊從輕」原則[39]。

事實上刑法第2條與第1條之立法體系關係，第1條係明文揭櫫罪刑法定原則，第2條第1項則以第1條為前提，遇有法律變更時應如何適用新舊法律之規定。該次修正第1項雖將「從新從輕」原則改採「從舊從輕」，然在法律變更後新舊法之適用，依此二原則之結果並無不同，即改採從舊從新原則之結果，與現行之從新從輕原則相同。

目前中國大陸亦採從舊從輕原則，依中華人民共和國刑法第12條規定「中華人民共和國成立以後本法施行以前的行為，如果當時的法律不認為是犯罪的，適用當時的法律；如果當時的法律認為是犯罪的，依照本法總則第四章第八節的規定應當追訴的，按照當時的法律追究刑事責任，但是如果本法不認為是犯罪或者處刑較輕的，適用本法。本法施行以前，依照當時的法律已經作出的生效判決，繼續有效。」從此條呈現出大陸係採

---

[39] 94年2月2日總統華總一義字第09400000742號令修正公布。

從舊從輕原則。

此外澳門亦採與大陸相同之原則，依澳門刑法典第2條規定「一、刑罰及保安處分，分別以作出事實時或符合科處保安處分所取決之時所生效之法律確定之。二、如按作出事實時所生效之法律，該事為可處罰者，而新法律將自列舉之違法行為中去除，則該事實不予處罰；屬此情況且已判刑者，即使判刑已確定，判刑之執行及其刑事效果亦須終止。三、如屬在某一期間內生效之法律，則在該期間內作出之事實繼續為可處罰者。四、如做出可處罰之事實當時所生效之刑法規定與之後之法律所規定者不同，必須適用具體顯示對行為人較有利之制度，但判刑已確定者，不在此限。」由上述規定可看出該條第1款和第4款結合係採從舊從輕原則之體現。

香港法律係不論新舊，一律採從輕原則。香港實施普通法，其不溯及既往原則係建立於香港人權法案及法院以普通法方式引用基本法39條有關人權公約。根據基本法第158條規定，全國人大常委會有權解釋基本法，但解釋不影響已作出之判決；此外根據基本法第13條，全國人大常委會有權將香港特區立法會制定不符合中央與特區關係之法律發回，但除香港特別行政法另有規定外，無溯及之效力。在香港居留權爭議案件中，香港訂立具回溯性之法律，使原來可依基本法成為香港永久居民人強行入境的判決，追溯其為偷渡罪行時。目前香港法院採用之原則與「公民權利與政治權利國際公約」第15條相同[40]，即係全部採從輕原則（不管新

---

[40] 「公民與政治權利國際公約」（International Covenant on Civil and Political Right）1966年12月16日，聯合國大會第2200A（XX1）號決議通過，並自1976年3月23日起生效，該項公約係聯合國1966年第21屆常會決議通過，並開放聯合國之會員國或經獲邀之其他國家簽署，我國係於1967年10月5日由我常駐聯合國代表團常任代表劉大使鍇代表政府簽署，惟在簽署之後，我國因國際情勢變遷影響，始終未能完成國內批准程序。其後我國在歷經二次政黨輪替後，已正式邁入民主鞏固期，人權保障推動工作也有顯著進步，行政院為回應國內外人權發展與趨勢，完備我國人權保障法治，與國際人權體制接軌，並確保兩公約保障人權規定具有國內法律效力，由劉院長兆玄在2007年12月22日召開行政院人權保障推動小組第14次委員會議中，宣示將積極推動兩公約及兩公約施行法立法工作，以使我國人權能與國際人權規範接軌，我行政院於2008年2月19日函送立法院審議之「公民與政治權利國際公約」、「經濟社會與文化權利國際公約」及「公民與政治權利國際公約及經濟社會文化權利國際公約施行法」，於98年3月31日

舊），而且不僅是政府不得溯及既往，而且在政府不追究的前提下法律面前亦不得視爲有罪。

　　日本則以犯罪實行後遇有刑罰減輕等法律朝向有利於被告方向變更，作爲不溯及既往原則之例外，意在承認對被告有利的刑罰變更[41]。

　　我國刑法於94年2月2日修正公布，95年7月1日施行，最高法院曾對新舊法之適用訂定若干適用原則[42]，其中對有關法律變更之比較適用原則如下：

　　一、新法第2條第1項之規定，係規範行爲後法律變更所生新舊法律比較適用之準據法，於新法施行後，應適用新法第2條第1項之規定，爲「從舊從輕」之比較。

　　二、基於罪刑法定原則及法律不溯及既往原則，行爲之處罰以行爲時法律有明文規定者爲限，必需行爲時與行爲後之法律均有處罰之規定，始有新法第2條第1項之適用。

　　三、拘束人身自由之保安處分，亦有罪刑法定原則及法律不溯及既往原則之適用，其因法律變更而發生新舊法律之規定不同者，依新法第1條、第2條第1項規定，定其應適用之法律。至非拘束人身自由之保安處分，仍適用裁判時之法律。

　　四、比較時應就罪刑有關之共犯、未遂犯、想像競合犯、牽連犯、連續犯、結合犯，以及累犯加重、自首減輕暨其他法定加減原因（如身分加減）與加減例等一切情形，綜其全部罪刑之結果而爲比較。

　　五、從刑附屬於主刑，除法律有特別規定者外，依主刑所適用之法

經立法院第7屆第3會期第6次會議審議通過。公民與政治權利國際公約第15條：(1)任何人的任何行為或不行為，在其發生時依照國家法或國際法均不構成刑事罪者，不得據以認為犯有刑事罪。所加的刑罰也不得重於犯罪時適用的規定。如果在犯罪之後依法規定了應處以較輕的形罰，犯罪者應予減刑。(2)任何人的任何行為或不行為，在其發生時依照各國公認的一般法律原則為犯罪者，本條規定並不妨礙因該行為或不行為而對任何人進行的審判和對他施加的刑罰。

[41] 野村稔著，全其理、何力譯，刑法總論，中國法律出版社，2001年3月1版，第63頁。

[42] 95年5月23日最高法院95年第8次刑事庭會議有關中華民國刑法94年修正施行後之法律比較適用決議案。本次會議共有九項新舊法適用原則，除法律變更之比較適用原則外，尚有刑法用語之力法定義、刑、累犯、數罪併罰、刑之酌科及加減、緩刑、保安處分及告訴乃論之罪等適用原則。

律。

我們從上述刑庭決議分析，其基本上對刑法修正前後之適用，仍係以刑法第1條、第2條為依歸，刑法第2條雖本身自「從新從輕主義」轉變為「從舊從輕主義」，然於實際適用上並未有任何轉變，皆適用對行為人最輕之法律。新法改為「從舊從輕」原則，係為配合刑法第1條罪刑法定主義，即原則上為使人民對於自己行為將論以何種刑罰有其可預見性，對行為人之罪刑論斷，應以行為人行為時為標準，而非裁判時。因此在新舊法之適用上，對於行為人而言，均係適用最輕之法律，然在法理上論斷，採取從舊從輕主義係較為妥適。茲將有關新舊法適用原則，綜合整理如下所示：

　　一、行為時法律無規定，裁判時有法律規定。
　　二、行為時有法律規定，裁判時已廢除該法律[43]。
　　三、行為時有法律規定，裁判時亦有法律規定。
　　　　(一)行為時法律較重——從新法（例外）。
　　　　(二)裁判時法律較重——從舊法（原則）。
　　　　(三)兩者刑度相同——從舊法（原則）。

綜觀上述適用原則，初看並不複雜，但深究將發現部分修正條文事實上並非與行為之可罰性或具體內容相關，而係涉及科刑範圍：如易科罰金，執行範圍：如假釋，宣告範圍：如緩刑等皆與行為無關，因之是否所有新舊法比較均以行為時為基準，便產生適用上之問題，目前學界及實務界見解皆認為應以該法律規範之性質而採取不同之判斷時點，並不受限皆以行為時為基準[44]，而係直接規定適用新法。

---

[43] 最高法院91年台上字第3434號判決：行為後法律有變更，應依刑法第2條第1項從新從輕原則予以比較適用者，係指被告行為後至裁判時，無論修正前之法律，或修正後之法律，均構成犯罪而應科以刑罰者言。倘被告之行為，在修正前之法律雖有處罰明文，但修正後之法律，已無刑罰之規定時，則屬犯罪之法律已廢止期刑罰之範圍，即無刑法第2條第1項之適用；依刑事訴訟法第302條第4款規定，應諭知免訴之判決；不能依刑法第2條第1項前段規定適用修正後之新法，再判決無罪。

[44] 最高法院95年第8次決議當中，對於自首、緩刑等規範，認為其與行為可罰性較為無關，屬於刑罰更易宣告範圍，而有不同基準點之認定，因此該決議並非一概以行為時為基準，而係直接規定適用新法。

　　至有關行為後，刑法條文經修正，並無有利、不利情形，如刑法第15條、第30條之文字修正、第55條但書、第59條實務見解之明文化等。究應適用行為時法抑或裁判時法，學者及實務界亦曾有不同見解[45]。

　　目前通說[46]認為現行刑法第2條第1項之規定，係規範行為後「法律變更」所生新舊法比較適用之準據法。故如新舊法處罰之輕重相同，即無比較適用之問題，非此條所指之法律有變更，及無本條之適用，應依一般法律適用原則，適用裁判時法。另想像競合犯認定新法第55條但書係科刑之限制，為法理之明文化，非屬法律之變更；至新法第59條之規定，為法院就酌減審認標準見解之明文化，非屬法律之變更，均同此見解。因之若其為純文字修正者，更應採相同見解。

　　但持不同意見者認為刑法第2條第1項前段，就法律變更時之適用，已由舊法之從新主義，改為新法之從舊主義，此大原則之改變，所有法律之變動均應適用。渠等舉最高法院判例[47]謂：「犯罪時法律之刑輕於裁判時法律之刑者，依（舊）刑法第2條但書，固應適用較輕之刑，但新舊法律之刑輕重相等，……即不適用該條但書之規定，仍然依裁判時之法律處斷（即回歸適用第2條前段）。」似認本問題情形仍在第2條適用之列，然現新法已改採從舊主義，自應回歸原則，適用行為時法較為妥適。

陸、證交法第157條之1內線交易構成要件修正之疑義

一、立法過程之缺失

　　金管會及法務部於96年5月5日及5月15日共同舉辦之「企業內線交易防範暨法律遵循座談會」，外界反映證券交易法之內線交易條文應再予檢討。為使禁止內線交易之規範更為完備，以利內部人等對法令之遵循，故

---

[45] 最高法院95年5月23日刑事庭第8次會議就「刑法94年修正施行後之法律比較適用」決議紀錄。
[46] 95年11月7日最高法院95年度第21次刑事庭會議紀錄。
[47] 最高法院23年非字第55號判例。

修正證券交易法第157條之1及第171條。

查該次修正草案[48]，共計修正8條條文，其修正重點4係有關修正證券交易法第157條之1有關內線交易之規定，草案將重大消息沉澱時間延長至十八小時，並將行為人以他人名義買賣之情形納入規範，以求周延及明確；另將非股權性質之公司債納入內線交易規範之行為客體及增列相關豁免規定。並未將內部人就重大消息之主觀上認知程度，由「獲悉」改為「實際知悉」。當時草案亦未將應予公布並禁止內部人於一定期間內交易之重大消息形成「確定、成立」後之程度。此外亦未將對股票價格有重大影響之重大消息，明定須有「具體內容」。

現行證交法規定內部人涉及內線交易案件，主觀上必須『實際知悉』有內線消息，其原規定為『獲悉』，99年6月2日公布修正通過證交法第157條之1第1項，將原規定「獲悉」修正為「實際知悉」，然此項修正並非行政院版修正草案[49]，而係立法院賴士葆委員於該法案協商討論時所增列，並未附任何修正理由，本修正立法意旨究竟為何？及實際知悉定義為何？遍查立法院議事關係文書中未見任何記錄，此種粗糙之立法方式實有待討論，目前在適用時，如吾人逕行推論立法本旨係藉此強調未來檢察官必須負嚴格之舉證責任，其將使內線交易犯罪構成要件更趨嚴格，其將對執法產生困擾，此項修正結果不可不予重視。

另99年6月本條修正時，將內線交易時間修正為必須是該消息「確

---

[48] 立法院公報第97卷第75期院會紀錄。

[49] 參閱立法院第7屆第1會期第13次會議議案關係文書（院總第727號政府提案第11056號）案由：行政院函請審議「證券交易法部分條文修正草案」案。第157條之1修正案：「下列各款之人，獲悉發行股票公司有重大影響其股票價格之消息時，在該消息未公開或公開後十八小時內，不得對該公司之上市或在證券商營業處所買賣之股票或其他具有股票性質之有價證券，自行或以他人名義買入或賣出：一、該公司之董事、監察人、經理人及依公司法第27條第一項規定受指定代表行使職務之自然人。二、持有該公司之股份超過百分之十之股東。三、基於職業或控制關係獲悉消息之人。四、喪失前三款身分後，未滿六個月者。五、從前四款所列之人獲悉消息之人。前項各款所規定之人，獲悉發行股票公司有重大影響其支付本息能力之消息時，在消息未公開或公開後十八小時內，不得對該公司之上市或在證券商營業處所買賣之非股權性質之公司債，自行或以他人名義賣出。」另請參考99年5月4日立法院公報第99卷31期3796號第341至342頁。

定、成立」後，消息未公開前或公開後18小時內，此項修正亦係立法院賴士葆委員於法案協商時提出，未附修正理由，筆者推論新增「確定、成立後」之字樣，似乎等於從寬認定，是否連帶影響檢方未來延後執法，尚值得進一步觀察探討。從以往案件中我們發現內線交易案件爭執點幾乎大都落在「時間點」之關鍵上，內線交易態樣實過於複雜，單靠法理尚不足以包含全部，最後仍需回歸個案，必須從不同個案建立構成要件之適用原則。

二、犯罪構成要件文字欠缺明確性

　　一般而言，刑法構成要件係塑造一個具有普遍性之不法類型，相較於民事與行政不法，刑法構成要件必須顯示出，某一行為已被社會視為不被容許的方式，而侵害個人或多數人之自由，因之立法者需使用刑罰之最後手段加以禁絕，刑法基於罪刑法定原則，要求構成要件必須具有明確性，以發揮構成要件之警示機能，使人民對於其行為之法律效果得以預期。因之刑法基於明確性原則之要求，對於法規用語概念性文字之解釋應較為嚴格。證券交易法第157條之1規定，分別於95年1月11日、99年6月2日修正公布，99年6月2日修正公布之條文將內部人就重大消息之主觀上認知程度，由「獲悉」改為「實際知悉」（新修正條文第1項））。另將應於公布並禁止內部人於一定期間內交易之重大消息形成階段，規定至「消息明確」之程度（新修正條文第1項）。此外將對股票價格有重大影響之消息，明定須有「具體內容」（新修正條文第5項）。上述修正究竟係文字略作修正以資明確或另有其他立法意義，在立法院法案修正公報中未見隻字片語，僅有「照協商條文通過」[50]，未見任何修正理由。其後不僅造成實務適用上疑義，更可能與當初修法原意不符，有違修正本旨。

　　在修正實質內容上，筆者認為目前仍存在若干未經釐清之概念，對其股票價格是否有重大影響之消息呈現顯而易見之疑慮，刑法對其構成要件應明確地要求行為人目的之不法性，故更應該嚴格解釋，方屬適當，否則其後在個案適用上之模糊性將可預見。從法律之觀點論之，以上修正是

---

[50] 99年5月4日立法院公報第99卷31期院會記錄第338-339頁。

否已涉及構成要件之限縮，如「獲悉」改為「實際知悉」、重大消息必須「明確」、重大消息必須要有「具體內容」。或是否涉及構成要件之擴張，如擴大內部人範圍等，應否推論修正係屬刑法第2條第1項所規定行為後「法律有變更」之情形，或僅屬於「單純之文字修改」，使其在文字上為更精確之用語，以避免於法律適用上產生爭議，並未有實質變動等不同看法，筆者建議尚待學理及實務上進一步研討，方符合法治之本旨。作者認為目前最高法院之判決意見應並非最終之見解，尚有待時間之驗證。

柒、我國財金立法及修正程序之缺失

　　近年來我國立法院各黨派委員其問紀律，不僅在議事態度上表現不佳，視重大財經民生議案如無物，會議議事動輒就是空轉一年半載，待會期結束當晚，挑燈夜戰，通宵摸黑出清全部法案，真可謂視國事如兒戲，吾等納稅義務人也只有忍受。我們要瞭解「時間」是立法院法案訂定及修正過程中最寶貴的商品，在立法過程中，有來自利益團體遊說的壓力，有來自政黨鬥爭中之利益交換及相互妥協，但是別忽視立法程序正義，西方人常說，有二件事我們喜歡它們的結果，但是不希望回憶起它們的制作過程，其中之一是製作香腸，另一件就是法律的制定及修正。舉例而言，民國91年前後，金融證券犯罪頻傳，其犯罪金額動輒數十億元，甚至數百億元，對整體經濟秩序及廣大投資人權益造成重大損失，嚴重影響我國資本市場之健全及穩定。然依當時刑罰規定審判結果，犯罪者犯罪所得往往大於其受懲代價，使得刑罰之客觀性與合理性迭遭社會質疑，各界反應對此重大證券犯罪行為，實有予以重懲重罰，使其不法行為得受相當之處罰，並應判處鉅額之罰金，避免犯罪者不當享有犯罪所得。當時主管機關財政部爰依據行政院金融改革專案小組積極預防金融犯罪相關具體改革建議，修正證券交易法等金融七法相關罰則，提高刑期及罰金，延長易服勞役之期間，並對情節重大之犯罪行為加重其刑[51]。

---

[51] 金融證券犯罪案件多屬狡猾型犯罪，與一般犯罪案件相較，具有下列特性：複雜性、抽象性、專業性、損害性、傳染性、被害者眾多、隱匿性高、追訴困難及民眾對金融

　　該次修正爲使證券犯罪行爲得受相當之處罰，並處鉅額之罰金，避免犯罪者不當享有犯罪所得，爰提高證券相關犯罪行爲之刑期及罰金，並修正處罰之範圍，增加對公司董監事、經理人或受雇人利用職務之便挪用公款或利用職權掏空公司資產行爲之處罰，並對重大證券犯罪行爲，以犯罪所得金額逾新台幣（以下同）一億元者爲準，加重其刑爲七年以上有期徒刑，得併科新台幣兩千五百萬元以上五億元以下罰金[52]，此種透過刑事程序積極追訴，讓證券犯罪者無法享受不法所得利益，甚至科以高額財產重罰之作法，不僅符合社會公義及人民期待，亦可減弱金融證券犯罪之誘因，對於防制證券相關犯罪具有高度之嚇阻成效。

　　惟當時修法過程極爲倉促，行政院一聲令下，主管機關財政部立即提出修正草案，行政院院會於91年底通過銀行法等金融七法修正案[53]，事隔一年立法院始順應民意於93年元月完成修法[54]。在證交法第171條增列第2項「犯前項之罪，其犯罪所得金額達新台幣一億元者，處七年以上有期徒刑，得併科新台幣兩千五百萬元以上五億元以下之罰金」[55]。本項條文看似簡單扼要，隨之而來產生若干技術性問題，至今在審判實務上仍有待克服，加上本項之加重懲罰尚涉及證券詐欺、不實資訊、不法炒作、掏空公

犯罪案件非難性較低等，使得金融犯罪影響深遠。鑒於其犯罪所得又往往大於犯罪受懲代價，財政部爰參考國際案例及國內外立法例，擬具「證券交易法」部分條文修正草案，以提高相關金融犯罪刑罰及易服勞役期間規定，並對於犯罪後自首或自白因而查獲其他共犯者免除或減輕其刑，以提高偵查之效率，終結集團犯罪行爲。

[52] 有關重大證券犯罪之刑度，各國立法例並不一致，美國處二十年以下有期徒刑，或科或併科五百萬以下美元罰金，法人爲兩千五百萬美金罰金（1934年證券交易法第32條）。英國爲處七年以下有期徒刑或科或併科罰金（1993年犯罪審判法第61條及2000年金融服務及市場法第397條）；日本爲處十年以下有期徒刑或科或併科一千萬以下日圓之罰金（2006年金融商品取引法第八章罰則第197條）。

[53] 行政院民國92年1月3日院臺財字第092008020號函請立法院審議「銀行法」、「金融控股公司法」、「票券金融管理法」、「信託業法」、「信用合作社」、「保險法」、及「證券交易法」等法案部分條文修正草案。

[54] 立法院93年1月13日通過嗣經復議，於93年4月9日將證交法第171條條文修正通過，93年4月28日公布實施。

[55] 各種金融犯罪之危害程度有所不同，對於嚴重危害企業經營及金融秩序者，以犯罪所得金額逾一億元爲標準，因其侵害之法益及對社會經濟影響較嚴重，應有提高刑罰之必要，並參考美國法例，爰增訂第2項對嚴重金融犯罪者提高刑度，處七年以上有期徒刑，得併科新台幣兩千五百萬元以上五億元以下罰金。

司、特殊背信與侵占等有關證券犯罪[56]，然立法理由中對犯罪所得金額之計算方法，僅提及對於內線交易可以行為人買賣之股數與消息公開後價格漲跌之變化幅度差額計算之，但是否適用其他不同類證券犯罪，在法律案修正理由中未具任何說明，目前在法律適用上仍有若干疑義未解[57]。

　　另有關內線交易犯罪所得金額之計算，依立法說明應採扣除交易成本之差額說，且其計算時點須與該重大消息後股價漲跌幅具有因果關係，目前此差額說在理論及實務上已為大眾所認同[58]，在台開案中檢察官主張不扣除成本計算[59]，依據前述說明並非可取，亦未為法院所接納[60]。由於證交法第171條第2項規定中並未對內線交易犯罪所得金額之計算有明確規範，因之各級法院所採之計算公式亦大不相同，以往計算公式對內線交易犯罪並不重要，因犯罪所得多寡並不影響內線交易犯罪之量刑，然自93年4月28日起，內線交易係以犯罪所得之金額為刑度加重之要件，亦即以發生一定結果（所得達一億元以上）為加重條件，因之犯罪所得計算公式涉及內線交易罪刑度之重輕，始為各界所關切與重視。以上所舉有關內線交易犯罪規範修正後在實務適用上之困境即為立法缺失之適例。

　　筆者綜觀近年來相關財經法規之立法及修正皆在立法院強勢主導

---

[56] 證券交易法第171條第2項：犯『前項之罪』其犯罪所得金額達新台幣一億元者，處七年以上有期徒刑，得併科新台幣兩千五百萬元以上五億元以下罰金。其犯『前項之罪』係包括違反第20條第1項（證券詐欺）第2項（發行人申報或公告之財務報告有虛偽不實之行為），155條第1項、第2項（不法炒作），157條之1第1項（內線交易），已依本法發行有價證券公司之董事、監察人、經理人或受僱人，以直接或間接方式，使司為不利益之交易，且不合營業常規，致公司遭受損害者（掏空公司）。及已依本法發行有價證券公司之董事、監察人或經理人，意圖為自己或第三人之利益，而違背職務之執行或侵占公司資產（特許背信與侵占）等各罪。

[57] 參閱立法院議案關係文書院總第861號（政府提案第8974號）政第63至64頁「證交法第171條第2項所稱犯罪所得，其確定金額之認定，宜有明確之標準，俾法院適用時不致產生疑義，故對其計算犯罪所得時點，依照刑法理論，應以犯罪行為既遂或結果發生時該股票之市場交易價格，或當時該公司資產之市值為準。至於計算方法，可依據相關交易情形或帳戶資金進出情形或其他證據資料加以計算，例如對於內線交易可以行為人買賣之股數與消息公開後價格漲跌之變化幅度差額計算之。」

[58] 參閱93年台上字第2885號、95台上字第2916號、96年台上字第2453號判決。

[59] 台北地檢署95年度偵字第10909、10936、11560、12605、13000、13356號起訴書。

[60] 台灣高等法院96年矚上重訴字第17號判決（96年6月26日）。

下，透過黨團協商，通常未經正常三讀立法程序，在立法院議案公報中對修正法案記錄中未具任何修正理由，僅有「照協商條文通過」區區數字，修正後之法條文字涵意爲何無人得知，更不用研討探究其修正是法律的變更或僅文字之修正，立法院各黨派委員，完全無視重大財金民生議案對國內金融發展之重要性，每會期皆上演同樣戲碼，會期結束當晚深夜挑燈夜戰，通宵出清全部法案，一般新聞媒體都稱爲立法院「摸黑」、「夜襲」通過具高度爭議性之法案，完全失去立法程序正義，如此通過之法案還能稱之爲法案嗎？眞可謂視國事如兒戲，102年5月31日立法院第七會期最後一日晚間休會前倒數時段摸黑通過之「會計法第99條之1修正案」，擴大特別費除罪範圍，擴及各民意機關、村里長及學術機構教授以不實單據核銷研究經費等，事先立法院各政黨委員大都不知有此修正案，又是黨團協商的產物，修法內容完全不符公平正義及大眾期待，我們是一個民主法制國家，我們選出的立委竟然任其爲所欲爲，我們國家的主人無法監督匡正，嚴格說來是我們選民失職，筆者期許以「第四權」自許的新聞媒體及有「社會良心」之稱的知識份子是你們應該發出正義之聲的時機了。

　　在財金法案之修正部分，立法修正亦如上述情況，各行政部門事先事後皆未能有妥善因應之情況下，擬對於重振金融市場紀律，維護投資人權益，非但毫無助益，且可能延伸新的難題，主管當局必須體認，財金相關新法公布施行之日，亦將是新挑戰開始之時，作者在此期盼行政院、金管會及立法委員們能未雨綢繆，對相關金融法規之修正務須審愼，切勿再以黨團協商方式通過修法，俾保障金融、資本市場之公正性及公益性，否則若修正失當，輕則金融、企業或投資人權益受損，重則可使國家經濟空虛，因金融及資本市場運作失靈產生停滯，對國家經濟發展，其關係不可謂不重，值得國人再三深思。

（本文2013年6月發表於銘傳大學法學論叢第19期，第33至70頁。）

第四章
內線交易犯罪構成要件該當性適用疑義之探討——最高法院100年台上字第1449號判決評析

壹、前言

　　法律原則係社會生活規範所確認並在法律架構下產生之基本思想。刑事責任為刑事法律之基本原則，係國家有效解決爭議衝突，並在刑事法律中得到確認之基本思維。刑事責任不僅要以犯罪人之行為及結果為基礎；同時也要以造成危害行為及後果之主觀因素為條件，雖然刑事責任從本質上而言係遏止犯罪之手段，其著眼點不在於犯罪行為人已造成之危害行為及後果，而主要在探究其危害行為及結果之主觀危險性原因。內線交易又稱為內部人交易，乃證券市場之有關人員，利用職務或職權或基於其特殊關係，獲悉尚未公開而足以影響證券行情之資訊，買入或賣出有關之證券，取得不當之利益或減少甚至規避其損失之行為謂之內線交易。內線交易之情形，不論中外，自有股票交易以來即存在，然由於其行為違反公開之原則，造成少數人暴利建立在多數不知情證券投資人之損失上，嚴重破壞證券市場之公平性，造成股票市場不法操縱之畸形現象，各國法律皆有禁止之明文。

　　我國最高法院100年台上字第1449號判決認為內線交易之禁止，僅須內部人具備「獲悉發行公司有重大影響其股票價格之消息」及「在該消息未公開前，對該公司之上市或上櫃之股票，買入或賣出」此二形式要件即成立，並未規定行為人主觀目的要件，故內部人於知悉消息後，並買賣股票，是否有藉該買賣交易獲利，或避免損失之主觀目的要件，應不影響其犯罪之成立。上述判決從刑法犯罪成立之理論觀之，似有未當。我們瞭解刑法規範之設定與適用，應以嚴格之犯罪構成要件思維為其方法，方能建

立起法治國原則與罪刑法定原則之保障機制。一般在司法實務上，為維護個案之公平正義，多係依個案證據資料，綜合行為人主觀想像及一切外在客觀情事，依一般經驗法則，推論行為人主觀犯罪構成要件要素。基於學術討論與實務運作互相激盪以其精進之理念，作者認為提供學理上不同思考角度與觀點，將有助於實務之檢討與借鏡，故有本章之緣起。

貳、最高法院100年台上字第1449號判決

一、事實概要

　　被告王○娟於民國91年4月間擔任寶○建設股份有限公司投資部專員，明知林○榮、林○源、林○芸等係寶○建設公司董事及財務部副總經理，為證券交易法第157條之1第1項第1款所規範之內部人；而寶○建設公司於91年4月10日經董事會決議依法聲請重整，被告竟基於幫助之概括犯意，於獲悉上開重大影響股票價格之消息後，於91年6月24日聲請重整相關事項消息未公開前之同年4月10日至4月30日止，依董事林○芸之指示，以力群、萬友、富倉等投資股份有限公司之掛單委託受任人之身分，通知不知情之元大京華股份有限公司四維分公司營業員陳○好、太平洋證券股份有限公司高雄分公司營業員張○琴、中信銀證券股份有限公司七賢分公司之營業員唐○蘭、群益證券股份有限公司高雄分公司之襄理兼營業員施○敏等人，賣出力群、萬友、富倉等投資股份有限公司所持有之寶○建設公司股票，共得款新台幣五千一百六十二萬一千兩百五十六元。嗣於91年6月24日上開重整訊息公告後三個交易日內，寶○建設公司股票價格跌幅達百分之二十點八，且至同年8月31日止，上開立群、萬友、富倉等投資股份有限公司均未買回任何寶○建設公司之股票。案經法務部調查局函請台灣高雄地方法院檢察署偵辦，及該署檢察官自動檢舉偵查起訴，認為王○娟涉犯幫助林○芸違反證券交易法第171條第1款內線交易罪。

二、事實審法院見解

(一)高雄地方法院[1]

　　被告王○娟辯稱其皆係依照該公司董事林○芸在出國前之指示掛單賣出寶成建設公司之股票，不知道公司將聲請重整，據證人林○芸於檢察官訊問及原審、本院審理時均具結證稱其在91年1月出國前就交代王敏娟，若公司資金狀況不好，就將寶○建設公司各子公司及蔡李○美名下所持有寶○建設公司之股票依照市價狀況賣掉，91年4月間其未再指示王○娟買賣寶成建設公司股票，亦未通知王○娟公司即將重整之事，而證人林○榮、林○源於高雄市調查站詢問及檢察官詢問時亦均證稱當時出席董事會討論提出重整時，只有林○榮、林○源出席，顯見被告王○娟並未出席討論寶○建設公司是否提出重整聲請之該次董事會，且林○芸在獲悉寶○建設公司董事會討論通過將提出重整聲請之訊息，亦未告知被告王○娟，如上所述，故被告王○娟當時是否獲悉寶○建設公司將提出重整聲請之訊息，顯有可疑。況寶○建設公司是否向法院提出重整聲請之議案，係攸關該公司未來能否繼續經營及對該公司股價影響甚鉅之重大議案，衡情在正式公告前，知悉上情者自不會大肆宣揚，故除少數實際參與該次董事會之人員外，該公司一般員工理當無從獲悉，以免消息走漏，嚴重影響公司聲譽及股價。而被告王敏娟在林○芸91年1月10日出國前向來是依照林翠芸指示下單，此業據證人林○芸於原審證述在卷，故縱認被告王○娟在寶○建設公司董事會決議擬聲請重整之重大訊息於91年6月24日公告前之同年4月10日起至4月30日止，受林翠芸之指示掛單賣出力群公司等子公司所持有寶○建設公司之股票，然仍無證據證明被告王○娟於當時業已清楚知悉寶○建設公司之董事會已決議將向法院提出重整聲請之重大訊息，或明知林○芸已獲悉寶○建設公司將提出重大聲請之訊息，而仍故意加以幫助之情。按刑法上之幫助犯，係指以幫助之意思，對於正犯施以助力，使其犯罪易於達成而言，故幫助犯之成立，不僅須有幫助他人犯罪之行為，且須具備明知他人犯罪而予以幫助之故意，始稱相當（最高法院70年度台

---

[1]　97年7月16日高雄地方法院刑事判決（94年度金重訴字第1號）。

上字第2886號判決要旨參照）。綜上，該院認為公訴人所提前揭證據，尚不足為被告涉嫌幫助該公司董事等犯證券交易法第171條第1款內線交易罪之積極證明，其所指出證明之方法，亦無從讓該院形成被告有罪之心證，此外查無其他積極事證足認被告有何公訴人所指上揭犯行，參照上開規定，自應諭知被告王敏娟無罪之判決。

(二)台灣高等法院高雄分院[2]

　　高等法院仍維持被告王○娟無罪判決，駁回高雄地方法院檢察署之上訴，判決理由與高雄地院相同，認為被告王○娟賣出寶○建設公司股票時，並不知悉寶○建設公司已向法院聲請重整一事，被告係基於市場狀況而下單，公訴人所提前揭證據，尚不足證明被告王○娟明知已獲悉寶○建設公司將提出重整聲請之訊息，而仍故意涉嫌幫助林○芸等犯證券交易法第171條第1款內線交易罪之心證，因之仍維持被告王○娟無罪之判決。

三、最高法院[3]

　　證券交易法第157條之1之禁止內線交易罪，旨在使買賣雙方平等取得資訊，維持證券市場之交易公平。故公司內部人於知悉公司之內部消息後，若於未公開該內部消息前，即在證券市場與不知該消息之一般投資人為對等交易，該行為本身已破壞證券市場交易制度之公平性，足以影響一般投資人對證券市場之公正性、健全性之信賴，而應予非難。是此內線交易之禁止，僅須內部人具備「獲悉發行股票公司有重大影響其股票價格之消息」及「在該消息未公開前，對該公司之上市或在證券商營業處所買賣之股票，買入或賣出」此二形式要件即足當之。又所謂「獲悉發行股票公司有重大影響股票價格之消息」，係指獲悉在某特定時間內必成為事實之重大影響股票價格之消息而言，並不限於獲悉時該消息已確定成立或為確定事實為必要。易言之，認定行為人是否獲悉發公司內部消息，應就相關事實之整體及結果以作觀察，不應僅機械性地固執於某特定、且具體確定

---

[2]　99年12月14日台灣高等法院高雄分院刑事判決（97年度金上重訴字第4號）。
[3]　100年3月24日最高法院刑事判決（100年度台上字第1449）。

之事實發生時點而已。原判決於理由內敘明林○芸於91年4月4日、8日賣出寶○建設公司股票時，董事會尚未決議聲請重整，該重大影響股票之消息尚未確定，林○芸所為自非證券交易法內線交易規範所禁，王○娟亦無幫助林○芸從事內線交易罪之可能云云。惟林○芸既係寶○建設公司董事長之女，時任財務部副總經理，對於公司內部財務狀況理應知之甚稔；且林○芸既係公司實際負責人，且為實際負責公司財務調度之人，對公司財務惡化將聲請法院重整，此一將在某特定時間內必成為事實之重大影響股票價格之消息，能否諉為不知？非無研議之餘地。原判決未就相關事實之整體及結果以作觀察，遽認「寶○建設公司董事會決議聲請重整」之重大消息，於該公司董事會尚未依法決議聲請重整前並非確定，林○芸於該次董事會決議前賣出公司股票尚難以內線交易罪相繩，因而對王○娟為有利之認定。依首開說明，其所持之見解自有可議。幫助犯之成立，以客觀上有幫助他人犯罪之行為，主觀上存在幫助他人犯罪之故意，即足當之，亦即當對於他人有犯罪之意思與行為時，其自己之行為係幫助行為，及對他人之行為因自己之幫助而易於實行或助成其結果等，均有所認識，而此認識不以明知為必要，行為人雖非明知他人犯罪，但對他人犯罪情事可得預見，而有認識之可能者亦屬之。原判決於理由內說明並無證據證明王○娟業已清楚知悉寶○建設公司決議提出重整聲請之重大訊息等旨，因而為王○娟有利之認定。被告王○娟長期負責家族企業買賣股票事宜，雙方必存在一定之信賴關係，得否認定被告僅係該公司一般員工，對公司即將聲請重整一事全然不知，亦無預警，已有疑問；另原審僅憑林○芸上述供詞及林○榮、林○源證稱王○娟未出席董事會，即謂無證據證明王○娟業已知悉公司決議提出重整聲請之重大訊息，已難謂合乎經驗法則；且原判決就何以認定王○娟主觀上對前揭公司之重大消息欠缺認識之可能性，亦未為實質具體之論述，致此部分之事實尚欠明確，亦不足為適用法律之依據，故將原判決撤銷，發回重審。

參、判決評析

一、罪刑法定原則之遵守

犯罪事件刑事責任存在之前提條件係具備「犯罪行為」，是否成立刑事責任必須考量行為人主觀上是否有犯意，客觀上是否具有危害行為及犯罪結果。刑事責任犯罪主觀因素與客觀因素係互為條件，相互依存，而非對立分別論斷，亦即刑事責任不僅要以已然之行為及後果為基礎，同時也要以造成前述危險行為及後果之主觀因素為條件。

主觀不法構成要件係犯罪所需具備之內在心理要件，是行為人內心欲故意實現客觀不法構成要件行為之構成要件故意，故意作為犯構成要件之該當行為，除須具備該當客觀不法構成要件外，行為人尚需具備主觀不法構成要件所規範之主觀心態，始符合構成要件故意之行為。行為人即使符合客觀不法構成要件所陳述之行為情狀，然若其主觀上並不具備構成要件故意者，則不構成故意犯罪。

行為人有無主觀構成要件故意，以行為人內心瞭解之情狀為其判斷時點，經判斷符合者，始有構成要件之故意。故意包含知與欲兩部分，「知」是故意之認知要素，行為人必須對客觀不法構成要件中之行為主體、行為客體、行為本身、行為時之特別情狀與行為結果等具有認知，始具備故意認知要素。「欲」係決意要素，行為人必須有實現不法構成要件中之各項客觀行為情狀之決意，以上兩者皆具備時，始可謂行為人具有『主觀上之構成要件故意』。

綜上論之，在現行刑法犯罪體系中，構成要件該當性之層次，除客觀構成要件該當之外，尚須具備主觀構成要件，一般犯罪行為僅就客觀要件為其規定對象，其主觀構成要件，實無待明文規定，一般亦有以不成文之構成要件要素稱之[4]。在刑事法上，成文構成要件要素係指刑法明文規

---

[4] 立法者於制定犯罪構成要件時，通常儘可能具體描述犯罪類型，因而所有之構成要件要素會明確地予以規範。此種明文規定於構成要件中之構成要件要素，即為成文構成要件要素。然有時立法者會為簡潔而故意省略某些構成要件要素，例如行為人要素，或由於立法者立法技術上之困難或不夠周延，以致有些構成要件要素並未明白規定。

定之構成要件要素，絕大多數構成要件要素皆係以成文之構成要件明文規範，不成文之構成要件要素，係指在刑法法條上未有明文規範，但依據刑法條文間之相互關聯及刑法法條對相關要素應予確定，且係成立犯罪所必須具備之要素。就具體犯罪而言，由於眾所周知之理由或其他原因，刑法並未將所有構成要件要素完整於法條中陳列，而是靠法官在適用法律過程中進行補充。例如殺人罪，死亡結果即為不成文構成要件要素，依據刑法分則及特別法條文之表述及涵意，每種犯罪構成要件皆包含主觀構成要件要素「故意」在內，無庸再以特別文字明定於各條文中即為其適例。

二、執法者對內線交易犯罪應有之認知

刑罰主要目的除對行為人犯罪行為給予懲罰與嚇阻外，如前所述應注重犯罪行為人主觀上之反社會性格，預防其再犯，俾利維繫社會之公共秩序。因之刑事責任之基礎，應包含犯罪行為人「主觀」之反社會性格，及「客觀」上所實施之侵害法益行為，此即為目前大多數法律學者及司法實務共同所認同之綜合性犯罪理論[5]。

然檢視目前各級法院內線交易案件刑事判決中，對犯罪行為人客觀之犯罪行為及其對法益侵害之結果多有詳盡之調查及舉證，惟對犯罪行為人主觀上之內心危險反社會性格（例如故意、意圖）大都於判決書中未有詳細之論述，甚至隻字未提及主觀犯罪構成要件，刑事審判實務中，判斷行為人之行為是否具有構成要件該當性之犯罪判斷上，法官常忽略犯罪行為人主觀上是否具有構成要件故意之判斷，尤以部分法院判決書理由欄中亦常缺少如何形成行為人主觀上具有不法構成要件故意心證之描述，僅憑行為人在客觀可見之部分犯罪行為，即逕自推定其具有不法主觀構成要件該當性。

以本研究最高法院100年台上字第1449號內線交易犯罪判決觀之，其

此時為更妥適適用該犯罪構成要件，只得依學說或實務見解、補充該規定不足之處。而法官適用時，即須將補充之要素當成法律所明文規定之要素，此即為不成文構成要件要素。

[5] 參照林山田，刑法通論，作者自行出版，1996年10月修訂五版，第78至85頁。

所持之理由謂證券交易法第157條之1之禁止內線交易罪，旨在使買賣雙方平等取得資訊，維持證券市場之交易公平。故公司內部人於知悉公司之內部消息後，若於未公開該內部消息前，即在證券市場與不知該消息之一般投資人為對等交易，該行為本身已破壞證券市場交易制度之公平性，足以影響一般投資人對證券市場之公正性、健全性之信賴，而應予非難。是此內線交易之禁止，僅須內部人具備「獲悉發行股票公司有重大影響其股票價格知消息」及「在該消息未公開前，對該公司之上市或在證券商營業處所買賣之股票，買入或賣出」此二形式要件即足當之，並未規定行為人主觀目的要件[6]。

另檢視近十年最高法院有關內線交易案件判決要旨，發現千篇一律於判決理由欄皆陳述內線交易之禁止，僅須內部人具備「獲悉發行股票公司有重大影響其股票價格之消息」及「在該消息未公開前，對該公司之上市或在正券商營業處所買賣之股票，買入或賣出」此二形式要件即成，從未嚴格規定行為人主觀目的要件，法院判決書理由欄中亦常缺少如何形成行為人主觀上具有不法構成要件故意心證之描述，僅憑行為人在客觀可見之部分犯罪行為，即逕自推定其具有不法主觀構成要件該當性，而逕行為有罪無罪之判決。嚴格而論，此等判決似應屬不當之犯罪判斷，其判決當屬不載判決理由之違法判決，得提起第三審上訴。如此未經判斷構成要件故意，輕率形成有罪之心證而判決被告罪行之法官，作者認為似有觸犯枉法裁判罪或濫用處罰職權罪之嫌，期盼我各級法院對前述建議似應加以重視，以免執法者觸犯刑責。

三、現行證交法規範內線交易犯罪構成要件之缺失

在探究內線交易犯罪主觀構成要件方面，我們必須先行瞭解涉案公司內部人是否「實際知悉」內線消息，且於內線消「成立」與「公開」之時段內，有加以利用圖謀私利之買賣股票行為。內線交易須為內部人實際知悉發行股票公司有未經公開將影響市場供需關係之內部消息，在該消息未經公開前蓄意利用，買賣該公司上市或上櫃股票謀利，或將內部消息傳遞

---

[6] 同註3。

給他人買賣該公司上市或上櫃股票謀利，即構成內線交易。內部人擅用內部消息買賣股票謀利，乃是股市內線交易之根源。在探究主觀犯罪成要件方面，必須先行瞭解涉案公司內部人是否「實際知悉」前述內線消息，且於內線消息「成立」與「公開」之時段內加以利用圖謀私利？然現行證交法規定內部人涉及內線交易案件，主觀上必須『實際知悉』有內線消息，其原規定為『獲悉』，99年6月2日公布修正通過證交法第157條之1第1項，將原規定「獲悉」修正為「實際知悉」，然此項修正並非行政院版修正草案[7]，而係立法院賴士葆委員於該法案協商討論時所增列，並未附任何修正理由，本修正立法意旨究竟為何？及實際知悉定義為何？遍查立法院議事關係文書中未見任何記錄，此種粗糙之立法方式實有待討論，未來適用時，如吾人逕行推論立法本旨係藉此強調未來檢察官必須負嚴格之舉證責任，其將使內線交易犯罪構成要件更趨嚴格，其將對執法產生困擾，此項修正結果不可不予重視。

　　內線交易罪須涉案公司內部人「實際知悉」公司某項訊息確實為重大影響其股價格之消息（內線消息），而仍故意加以利用，買賣該公司股票謀利，或將內部消息傳遞給他人買賣該公司上市或上櫃股票謀利，影響交易之公平，由於本要件涉及「實際知悉」、「故意」、「意圖」等行為人主觀之犯意，查證不易，應憑真實之證據，倘主觀犯意欠明確，應不得逕以「擬制推定」之方法為判斷之基礎，尤其股票交易常為各企業投資理財或財務調度等原因，情形各不相同，尚不得以一次買賣即認定為內線交

---

[7] 參閱立法院第7屆第1會期第13次會議議案關係文書（院總第727號政府提案第11056號）案由：行政院函請審議「證券交易法部分條文修正草案」案。第157條之一修正案：「下列各款之人，獲悉發行股票公司有重大影響其股票價格之消息時，在該消息未公開或公開後十八小時內，不得對該公司之上市或在證券商營業處所買賣之股票或其他具有股權性質之有價證券，自行或以他人名義買入或賣出：一、該公司之董事、監察人、經理人及依公司法第27條第一項規定受指定代表行使職務之自然人。二、持有該公司之股份超過百分之十之股東。三、基於職業或控制關係獲悉消息之人。四、喪失前三款身分後，未滿六個月者。五、從前四款所列之人獲悉消息之人。前項各款所定之人，獲悉發行股票公司有重大影響其支付本息能力之消息時，在該消息未公開或公開後十八小時內，不得對該公司之上市或在證券商營業處所買賣之非股權性質之公司債，自行或以他人名義賣出。」另請參考99年5月4日立法院公報第99卷31期3796號第341至342頁。

易，刑事訴訟法證據證明之資料，無論其為直接或間接證據，均須達通常一般人均不致有所懷疑，而得確信其為真實之程度，始得為有罪之認定，若其關於被告是否犯罪之證明未能達此程度，而有合理懷疑之存在，致使無從形成有罪之確信，依據「罪證有疑，利於被告」之證據法則，不得遽為不利被告之認定，此點執法者必須特別注意。由於本次修法將犯罪主觀要件更改為『實際知悉』，語意未明，且由於修正未附修正理由，在偵辦內線交易案件上，由於主觀構成要件不明確，易生認定之困難，作者建議未來證交法修法時，宜將內線交易犯罪主觀犯意再予明確化，以符合刑事罪刑法定之原則，並可避免法官在對內線交易犯罪案件判決理由，一律套用最高法院內線交易犯罪判決要旨以內部人僅需具備「獲悉發行股票公司有重大影響其股票價格之消息」及「在該消息未公開前，對該公司之上市或在證券商營業處所買賣之股票，買入或賣出」此二形式要件即成，不深入探究行為人對如何形成其主觀上具有不法構成要件故意心證之描述，僅憑行為人在客觀可見之部分犯罪行為，即逕自「推定」其具有不法主觀構成要件該當性，而逕行為有罪無罪判決之缺失。

肆、問題與思考

一、應如何正視犯罪構成要件要素基本觀念之建立？

刑罰主要目的除對行為人之犯罪行為給予懲罰與嚇阻外，亦應注重犯罪行為人主觀上之反社會性格，預防其再犯，俾利維繫社會之公共秩序。因之刑事責任之基礎，應包含犯罪行為人「主觀」之反社會性格及「客觀」上所實施之侵害法益行為，此即為目前大多數學者及司法實務所認同之綜合性犯罪理論[8]。

然檢視目前各級法院刑事判決中，對犯罪行為人客觀之犯罪行為及其對法益侵害之結果多有詳盡之調查及舉證，惟對犯罪行為人主觀上之內心

---

[8] 同註5。

危險反社會性格（例如故意、意圖）大都於判決書中未有詳細論述，甚至隻字未提及主觀之犯罪構成要件，試問犯罪行為人刑事責任之基礎在於行為人主觀上之反社會性格，其責任之輕重，則應視行為人惡性及再犯危險性而定，因之刑事責任應以行為人內心之犯意及對於他人或社會之危險性為其基礎，而非僅以犯罪行為人客觀之侵害法益行為為單獨處罰犯罪之依據，必須與行為人主觀上之可非難性及對社會之危險性綜合判斷之，此即為犯罪構成要件之組合，亦即在客觀上有前述之客觀構成要素，而在主觀構成要件上，犯罪行為亦必須要有犯罪行為人之主觀想像者，始能符合刑法犯罪構成要件之要求。

　　刑事訴訟法三大目的為發現實體真實[9]、法治程序正義[10]及國民認同感情[11]。刑法規範之設定與適用，應以周延完整之構成要件思維為其方法，方能建立起法治國原則與罪刑法定原則保障之機制，尤以司法審判者不可欠缺犯罪構成要件之基本思維，如果一個犯罪行為不考慮行為人之主觀意思，則客觀事實將難以加以評價，例如甲朝遠方某果樹射擊一槍，乙正好就在此樹旁休息，此項射擊之客觀事實究竟應論斷判決為已著手殺人而未遂或僅係單純擬射擊樹旁之野生動物，未能得知，因之如不加入行為

[9] 刑事訴訟之目的以具體刑事案件藉由公平程序始能發現實體真實，故刑事訴訟主要目的在於發現實體真實及確保法治國原則踐履。發動刑事訴訟程序，在於獲致一個實體刑法之正確裁判，其以發現實體真實為其必要，因之發現實體真實乃刑事訴訟法之重要目的，而發現實體真實所蘊含之意義，則為勿枉勿縱，開釋無辜，懲罰犯罪。現行法為達此目的，非但課予偵察機關負有偵查犯罪事實法定義務，另要求法院負有澄清事實真相調查義務。此外，刑事被告自白犯罪，亦必須查明是否與事實相符。
[10] 法治程序乃禁止偵審機關以不擇手段方式發現實體真實，尤其在判決未確定前，訴訟程序尚在發現真實過程，被告應推定為無罪，必須透過合乎法制程序訴訟規則對被告加以保護，以避免其權益遭受侵害。若被告確定有罪，於訴訟程序應予保障應有主體地位及辯護權利。刑事訴訴法第1條第1項規定，犯罪，非依本法或其他法律所定之程序，不得追訴，處罰。另憲法第8條第1項規定，非經司法或警察機關依法定程序，不得逮捕拘禁。非由法院依法定程序，不得審問處罰。非依法定程序逮捕拘禁審問處罰者，得拒絕之。法制程序以刑事訴訟法規定被告未受判決確定前，所發動之強制處分，應受嚴格法律保留及比例原則之限制。
[11] 國民認同感情係指國家對已經發生之犯罪，透過偵審機關以法定程序進行與執行後，釋放無辜處罰犯罪，回復社會生與法律秩序，滿足國民對司法裁判之信服，避免爭端再起，達成法和平性裁判之功能。審判結果如偏離法制程序將損及法律之正義，難以期待國民對司法裁判心悅誠服。

人之主觀眞意，實無法論斷其客觀之事實，尤以未遂犯目前通說係採主客觀未遂理論，是否著手不能僅依客觀事實判斷，必須考慮行為人主觀之眞意，亦即須依照行為人主觀上認知之事實進行論斷。

從作者接受刑事法學教育以來，我們都是以構成要件思維為犯罪行為成立之核心，即係透過構成要件之認知作為犯罪行為成立與否之認定思維，此以構成要件為核心之刑事司法體系，亦合乎我國刑法「罪刑法定原則」[12]，強調依據構成要件保障人權之基本訴求，及我國憲法「法官須依據法律獨立審判」[13]之法治國司法獨立與依據法律構成要件判斷之雙重要求。

由於臺灣過去曾經歷近四十年戒嚴時期特別法之法治審判[14]，導致正常刑法思維受到戒嚴刑法思維壓縮之影響，致嚴重偏離正常刑法教學及實務運作之常軌，致產生偏離正常法治之特殊現象，戒嚴時期是否犯罪，其並不全然以刑法犯罪構成要件為依據，刑事司法實務常以行為人之行為作為犯罪是否成立之認定基準，致在法條理解上與構成要件思維間，產生相當之差距，致使犯罪之認定產生若干不確定性，無法發揮罪刑法定主義保障人權之司法機能[15]。

該時期之刑事司法實務，因非完全以構成要件為思維之核心，致該時

---

[12] 刑法第1條：「行為之處罰，以法律有明文規定者為限」。

[13] 憲法第80條：「法官須超越黨派以外，依據法律獨立審判不受任何干涉」。

[14] 中華民國台灣省政府主席兼台灣省警備總司令陳誠於1945年5月19日頒布戒嚴令（正式名稱為台灣省警備總司令部佈告戒字第一號）內容為宣告自同年5月20日零時起在台灣省全境（當時包含台灣本島、澎湖群島及其他附屬島嶼）實施戒嚴，至1987年7月15日由蔣經國總統宣布解嚴為止，共持續了38年又56天之久。在台灣歷史上，此戒嚴令實施的時期又被稱為「戒嚴時代」或「戒嚴時期」。
事實上由於國共內戰情勢對當時國民黨執政的中華民國政府不利，國民政府曾於1948年12月10日於全國實行戒嚴，始稱第一次全國戒嚴令，而與戰場較遠，未受到影響的新疆省、西康省、青海省、台灣省及西藏地方則不在範圍內。直到1945年5月20日，台灣省全境宣布戒嚴。台灣戒嚴令頒布後，國民政府在中國大陸的統治情勢持續惡化，1949年7月7日，代總統李宗仁發布了第二次全國戒嚴令。國民政府於1949年12月遷抵台北市，而中國大陸大部分領土則被中國共產黨控制，兩岸開始進入長期對峙狀態，此戒嚴令開始成為國民政府在台穩固統治的重要法律，並等同宣布台灣處於如戰爭般的緊張狀態。

[15] 參閱84年12月22日大法官會議釋字第392號理由書。

期之刑法教學對於構成要件思維之理解、法條之詮釋、法學三段論法之適用等具體適用於個案之「包攝」，產生若干偏差之認知。我國最高法院法官亦多為資深司法人員，其等接受法學教育亦多在戒嚴時期完成，在刑事法學教育之訓練上亦如前述所提，多以犯罪行為人之行為作為犯罪是否成立之認定思維，因之在其實務判決中較少見完整構成要件理念之發揮，因而導致當代學理與實務間產生重大差距，實有其時代之原因，為符合國民對現代刑事司法體系之期待，期盼最高法院應本於刑事法學構成要件思維之恪遵，始可充分達到人權保障之司法要求。

二、如何加強執法者對犯罪主觀不法構成要件在刑事責任認定之重要性？

由於刑法規定處罰之絕大多數犯罪行為，均屬故意之作為犯，故在刑事立法上，乃將此等絕大多數犯罪行為均須具備之主觀不法構成要件，僅於刑法總則中規定故意之定義[16]，而未於刑法分則及刑事特別法個別犯罪不法構成要件中逐一加以明定，僅於構成要件限定於直接故意之情形下，始於不法構成要件中以「明知」之用語加以規定[17]。故在刑事司法實務中，判斷行為人之行為是否具有構成要件該當性之犯罪判斷中，往往忽略行為人主觀上是否具有構成要件故意之判斷，法官判決書理由欄中，往往亦欠缺如何形成行為人主觀上具有構成要件故意有關心證之描述，僅憑行為人在客觀上可見之行為，即迅速認定具有構成要件該當性，嚴格而論，此顯屬不當之犯罪判決，其判決應屬不載判決理由之當然違法，得提起第三審上訴[18]。此未經判斷即直接推定構成要件故意，輕率形成有罪之心證而判決被告罪刑之法官，實有可能觸犯枉法裁判罪[19]或濫用處罰職權

---

[16] 刑法第13條第1、2項。

[17] 例如越權受理訴訟罪（刑法128條）、公務員登載不實罪（刑法213條）、使公務員登載不實罪（刑法214條）、販賣虛偽商標商號之貨物罪（刑法254條）等罪之「明知」。

[18] 刑事訴訟法第379條第4項。

[19] 刑法第124條。

罪[20]，而應負相當之刑責。

三、如何檢視現行證交法內線交易犯罪立法之缺失？

　　由於證交法第157條之1立法原意，內線交易不法行為之成立，固以內部人應具備實際知悉發行股票公司有重大影響其股票價格之消息及在該消息未公開前，對該公司之上市或在證券商營業處所買賣之股票，買入或賣出為形式要件，惟不論基於資訊平等、信賴關係或私取利益等理論觀之，均不應忽略行為人曾利用未公開之內線消息與買賣股票間之關聯性，亦即因實際知悉未公開消息者利用此內線消息而侵害市場投資之公平性，進而為買賣股票之行為，始有違反信賴義務，造成交易不公平之情事。若行為人無論是否實際知悉此消息，皆按事先預訂之投資計畫或按既定之投資慣例，規則地進行股票買賣之行為，非因知悉消息而為股票之買賣，自無任何基於資訊不平等之地位可言，依法而論，實不應認為其有違反內線交易之犯行，否則即對正常投資行為造成無謂之干擾，此應非證交法立法規範之本旨。

　　事實上99年6月2日公布修正通過證交法第157條之1第1項，將原規定「獲悉」修正為「實際知悉」等修正，其修正皆非行政院版修正草案，而係立法院於該法案協商討論時所增列，未附任何修正理由，因之其修正立法意旨究竟為何？及實際知悉等修正定義為何？立法院議事文書中未見任何討論記錄。筆者認為證交法有關內線交易罪上開修正已涉及犯罪構成要件之『擴張』（增加內部人賣出股票之範圍）及『限縮』（獲悉改為實際知悉、重大消息必須明確、重大消息必須要有具體內容等），應屬刑法第2條第1項規定「行為後法律有變更之情形」。未來此等案件上訴第三審最高法院時，筆者推估該院未來判決時當會以上訴人於本案行為後，證交法第157條之1第1項規定之犯罪構成要件已有『擴張』及『限縮』之變更，該變更對上訴人於本案行為究屬有利或不利，是否影響上訴人犯罪之成立，原判決未予查明，即逕予適用修正前之規定，亦有疏忽等理由，將指摘原判決部分違法發回更審。以上所述部分在刑事審判實務上極其重

---

[20] 刑法第125條第3項。

要，務須重視，以免損及當事人之司法權益。

伍、美國證交法及法院判決對證券交易犯罪主觀要件之探討

　　從美國30年代發生經濟大蕭條[21]開始，造成數千家銀行相繼破產或被迫出售，其後美國檢討該次金融危機之發生，源起於美國當時興起消費借貸，持續性之借貸，終使美國民眾個人債務日益增加，當時證券市場股價暴跌85%，投資人極度恐慌，加以當時美國銀行尚可兼營證券業務，導致利益衝突等因素日益擴大，事件發生後，美國政府除積極修改銀行相關法規外，並同時著手進行證券市場規範之建立。美國國會於1933年5月及1934年6月分別制定二項重要之證券立法[22]，1933年證券法（Securities Act of 1933），主要規範證券初次發行（original issues即我國所稱之發行市場）[23]，其立法主要目的：一、對公開發行股票之募集行為必須提供

---

[21] 經濟大蕭條（Great Depression），係指1929年至1933年間全球性之經濟大衰退。本次經濟蕭條是以農產品價格下跌為起點：1928年首先發生在木材價格上，1929年加拿大小麥生產過量，美國強迫壓低所有農產品產地基本穀物之價格。不論是歐洲、美洲還是澳洲農業衰退，其後由於金融大崩潰而進一步惡化，由其在美國，一股投機熱導致大量資金從歐洲抽回，隨後在1929年10月發生令人恐慌的華爾街股市暴跌。從1929年10月29日到11月13日短短的兩個星期內，共有300億美元財富消失，相當於美國在第一次世界大戰中之總開支。由於美國股票市場大崩潰導致持續四年經濟大恐慌，該次經濟危機很快從美國蔓延到其他工業國家，對千百萬各國人而言，生活成為吃、穿、住的掙扎，各國為維護本國利益，紛紛加強貿易保護措施，進一步加劇世界經濟形勢之惡化，此亦係第二次世界大戰爆發之重要根源。

[22] Securities Act of 1933, enacted May 27, 1933, ch. 38, title I, Sec. 1, 48 Stat. 74. As amended through P.L. 112-90, Approved January 3, 2012 Securities Exchange Act of 1934, enacted June 6, 1934 ch. 404, title I, Sec. 1, 48 Stat. 881, As amended through P.L. 112-90, Approved January 3, 2012.

[23] The 1933 Act was the first major federal legislation to regulate the offer and sale of securities. Prior to the Act, regulation of securities was chiefly governed by state laws, commonly referred to as blue sky laws. The 1933 Act is based upon a philosophy of disclosure, meaning that the goal of law is to require issuers to fully disclose all material information that a reasonable shareholder would require in order to make up his or her mind about the potential investment.

投資人足夠之資訊，二、防止證券銷售時相關資訊有不正確之表達、隱匿或詐欺等不法行為。另一為1934年證券交易法（Securities Exchange Act of 1934），主要規範發行後之交易（secondary trading即我國所稱之流通市場）[24]，其立法主要目的：一、設立證券市場管理機構，二、規範管理證券經紀商、自營商於證券交易所及店頭市場之不正當交易行為，三、保障投資人能確實獲得證券市場之相關正確訊息，確保交易之公平性。美國1934年證券交易法之制定，主要係建立維護證券市場交易公平秩序之規範，該法Section10(b)即一般所稱之證券詐欺條款[25]，該條款訂定時即已授權美國證券交易管理委員會（Securities Exchange Commission簡稱SEC）應制定相關證券交易之規範，歷經八年後SEC始依據此授權制定Rule 10b-5，真正開始對證券市場不法交易進行管控[26]，Rule 10b-5制定

---

[24] The 1934 Act is a law governing the secondary trading of securities (stocks, bonds). It was a sweeping piece of legislation. The Act and related statutes form the basis of regulation of the financial markets and their participants in the United States. The 1934 Act also established the Securities and Exchange Commission (SEC), the agency primarily responsible for enforcement of United States federal securities law. Companies raise billions of dollars by issuing securities in what is known as the primary market. Contrasted with the Securities Act of 1933, which regulates these original issues, the Securities Exchange Act of 1934 regulates the secondary trading of those securities between persons often unrelated to the issuer, frequently through brokers or dealers.

[25] Sec 10(b) To user or employ, in connection with the purchase or sale of any security registered on a national securities exchange or any security not so registered, or any securities-based swap agreement (as defined in section 206B of the Gramm-Leach-Bliley Act), any manipulative or deceptive device or contrivance in contravention of such rules and regulation as the Commission may prescribe as necessary or appropriate in the public interest or for the protection of investors.
本項規範規定任何人在買賣證券時利用或運用任何操縱或欺騙之手段或設計，違反公共利益或保護投資者利益之規定者皆屬違法。Sec 10(b)最初制定時並非為防止內線交易，而是防止人任何人在交易時，利用操縱或欺詐之手段或方法，而使公共利益或投資者利益受損，其後該條款被司法機關引用為內線交易行為之基本法。

[26] Sec 10(b)-5 It shall be unlawful for any person, directly or indirectly, by the use of any means or instrumentality of interstate, or of the mails or of any facility of any national securities exchange, (a) to employ any device, scheme, or artifice to defraud,(2) to make any untrue statement of a material fact or to omit to state a material fact necessary in order to make the statements made, in the light of the circumstances under which they were made, not misleading, or(3) to engage in any act, practice, or course of business which operates or

時並未就詐欺買入證券之不法行為加以規定，事實上本規則之發展遠超過原立法之預期，即任何證券交易之不法行為皆受此條款之規範，其不法構成要件其後亦經由法院判決逐漸成為眾所認同之證券犯罪構成要件。

我國刑法規定處罰之絕大多數犯罪行為，均屬故意之作為犯，故在刑事立法上，乃將此等絕大多數之犯罪行為須具備之主觀不法構成要件，僅於刑法總則中規定故意之定義，而未於分則及特別法各別犯罪之不法構成要件中逐一加以明定，僅在構成要件限定於直接故意之情形下，始於不法構成要件中以「明知」之用語加以規定。在美國有關證券詐欺主觀犯意（intent）部分，最著名之案例為美國1951年Fischman v. Raytheon MFG Co.案[27]，美國聯邦上訴第二巡迴法院認為，證券不法交易必須證明行為中含有詐欺要件始能成立犯罪，雖法院未說明該詐欺要件之範圍，依推論應係指知情之詐欺犯意而言。亦即要證明犯罪行為人有重大虛偽或隱匿之利用行為，應證明該行為人須具有主觀犯意，始能構成Section 10(b)及Rule 10b-5之證券不法交易行為。其後美國聯法院在有關Rule 10b-5之眾多判決中，對故意、過失等虛偽不實之陳述均科以行為人刑事責任。1976年美國聯邦最高法院在Ernst & Ernst v. Hochfelder案判決中認定[28]，證券詐欺之犯罪構成要件應以故意為限，該院將故意認定為具有欺騙、操縱或詐欺意圖等心理認知（a mental state embracing intent to deceive, manipulate or defraud），如未具備故意，則不構成證券詐欺，由Ernst &

---

would operate as a fraud or deceit upon any person, in connection with the purchase of sale of any security.

本項規範規定凡直接或間接利用州際貿易之任何手段或工具，利用郵寄或利用全國證券交易所任何設備之個人，有下列情形者均屬違法：(a)利用任何方法、計劃或技巧從事詐欺行為；(b)對於重要事實為任何不實陳述，或對依當時情形判斷使該陳述不致產生誤導所必須之重要事實不為陳述；(c)在買賣任何證券時，從事對任何人造成詐欺或欺騙效果之任何行為、業務或商業活動。實際上規則10b-5亦未出現內線交易之文字，其主要係將sec10(b)款中任何操縱或欺騙之手段或設計加以明確化。此種操縱或欺騙之手段或設計不僅適用於內部人，也適用於非內部人，sec10b-5和內線交易直接有關之內容主要係(b)和(c)款。其中(b)款係針對重要事實時之不實陳述，(c)款針對的是買賣證券時之詐欺或欺騙行為、業務或商業活動。

27　Fischman v. Raytheon MFG. Co., 188 F.2d 783 (1951).
28　Ernst & Enst v. Hochfelder., 425 U.S. 185 (1976).

Ernst v. Hochfelder案判決得知主觀犯罪要件應限於故意。然我國證交法規定內線交易須涉案公司內部人「實際知悉」公司某項訊息確實爲重大影響其股價格之消息（內線消息），而仍故意加以利用，買賣該公司股票謀利，或將內部消息傳遞給他人買賣該公司上市或上櫃股票謀利，影響交易之公平，由於本要件涉及「實際知悉」、「故意」、「意圖」等行爲人主觀之犯意，查證不易，應憑眞實之證據，倘主觀犯意欠明確，應不得遽以擬制推定之方法爲判斷之基礎，尤其股票交易常爲各企業投資理財或財務調度等原因，情形各不相同，尚不得以一次買賣即認定爲內線交易，刑事訴訟法證據證明之資料，無論其爲直接或間接證據，均須達通常一般人均不致有所懷疑，而得確信其爲眞實之程度，始得爲有罪之認定，若其關於被告是否犯罪之證明未能達此程度，而有合理懷疑之存在，致使無從形成有罪之確性，依據「罪證有疑，利於被告」之證據法則，應不得遽爲不利被告之認定，此點執法者必須特別注意。

美國法對民刑事責任之成立皆須具備故意之行爲，民事責任之成立必須具備故意（scienter）[29]，刑事責任之成立須具備故意（willful）[30]，但兩者仍有甚大差異。Scienter通常指人之心理狀態（state of mind），其與描述刑事犯罪犯意之Mens Rea爲同義，Scienter成立須與目的（purpose）或動機（motivation）有關，但亦有不同看法，認爲判斷故意之成立不在

---

[29] The term scienter refers to a state of mind often required to hold a person legally accountable for her acts. The term often is used interchangeably with Mens Rea, which describes criminal intent, but scienter has a broader application because it also describes knowledge require to assign liability in many civil cases.

　　Scienter denotes a level of intent on the part of the defendant. In Ernst and Ernst v. Hochfelder., 425 U.S. 185, 96S. Ct.1375, 47 L. Ed 2d 668 (1976), the U.S. Supreme Court described scienter as "a mental state embracing intent to deceive, manipulate, or defraud." The definition in emergent was fashioned in the context of a financial dispute, but it illustrates the sort of guilty knowledge that constitutes scienter.

[30] Willful misconduct generally means a knowing violation of a reasonable and uniformly enforced rule or policy. It means intentionally doing that which should not be done or intentionally failing to do that which should be done, knowing that injury to a person will probably result or recklessly disregarding the possibility that injury to a person may result. The term is applied in various legal contexts, such as employment and, torts, and public offices.

於有無一定之目的或動機，而是係於被告是否知情（know）或因嚴重過失而毫不知情（recklessness）。Willful在美國聯邦刑事法中亦係描述犯罪行為人之各種心理狀態（mental state），舉例而言，依據美國U.S.C.法典§401(3)有關刑法侮辱罪（criminal contempt）之構成要件：(一)合理的特定規範(二)有違反特定規範之行為(三)行為人故意違反前述特定規範（the willful intent to violate the order），事實上有關willfully之定義亦引起若干爭議，目前美國Model Penal Code中並未包含Willfully，而是用purposely, knowingly, recklessly及negligently等取代之。

　　法律原則係社會生活規範所確認，並在法律架構下產生之基本思想。刑事責任原則為刑事法律之原則，是國家有效解決爭議衝突，並在刑事法律中得到確認之基本思維。刑事責任不僅要以犯罪人之行為及結果為基礎；同時，也要以造成為害行為及後果之主觀因素為條件。雖然刑事責任從本質上而言係遏止犯罪之手段，其著眼點不在於犯罪行為人已造成之危害行為及後果，而主要在探究其危害行為及結果之主觀危險性原因。至有關證券詐欺案件是否另具備故意要素，美國實務及理論見解不同，美國聯邦最高法院在FTC v. Bunte Bros, Inc.案中[31]，認為是否涉及詐欺必須先檢視1934年證交法Section 10(b)之文義，因任何案件涉及法律解釋時，首先即應先檢視法條文字本身之含義（the starting point in every case involving construction of a statute is the language itself），要探討適用條款責任之立法要旨，主要須先明確瞭解該條款之真正文義。Section 10(b)規定使用各種操縱、欺騙之手法（any manipulative or deceptive device or contrivance）而違反SEC制定之規範者，將被認定為違法行為。其將操縱、欺騙與手法接續使用，足資証明Section 10(b)係指有意禁止知情或故意之不法行為（knowing or intentional misconduct）。由前述Section 10(b)文義觀之，可瞭解該條主要係規範故意之不法行為。美國聯邦及州法院適用法律時，常用之方法係以文義解釋之方式解釋法律之真實意義[32]，因為法條之解釋乃澄清其法律文字之疑義，以期正確適用，文義解

---

[31] FTCv. Bunte Bros., Inc., 312U.S.349 (1941).
[32] 通常法律解釋之方法有若干種，例如文義解釋、論理解釋、目的論解釋、比較法解釋

釋在法學方法論上應予最大尊重，只有在案件嚴格解釋適用文義而致產生不公平、不正義之情況下，始有改採其他解釋方法。

　　一般而言，美國係判例法系（common law system）國家[33]，法院除有司法審判權外，同時亦擁有司法造法之功能，下級法院對上級法院判決有遵守之法定義務，通常一般皆認定美國聯邦最高法院之判決效力實與法律之效力無異；事實上美國法院於案件審判時享有部分之立法權，例如美國有關證券詐欺之訴權即係由法院所創設，其並非來自立法機關之立法。我國司法機關是否能於個案審理中擁有司法造法之權能，在實務上仍有相當不同意見，事實上，我國法院並未擁有普遍司法造法之權能，仍有待列為未來司法改革之重要目標，期盼我法律人未來能共同努力促成之。

　　有關證券交易相關犯罪構成要件之用語，我國法上使用通謀、虛偽不實、錯誤隱匿或其他足致他人誤信之行為，美國法上使用操縱、欺騙、方法或手段等用語，我國學說及實務與美國聯邦最高法院採相同之解釋方法，依文義將其解釋為具有故意意涵之用語。關於此點，我們必須回歸文義規定之本身，檢視通謀、虛偽不實、錯誤隱匿或其他足致他人誤信之行為等用語，其文字意義是否含有故意之原意，如僅能歸列為內含式或默示

及體系解釋等，其目的皆在使法條內容完整、意義明確。所謂文義解釋，係單獨針對法律條文文字，確定其意義。由於法規條文係以文字形成，因之文義解釋可謂法規解釋最基本之方法，其為法律解釋首先必須使用之方法。解釋時應運用日常使用之文義，將法條文字之內涵與外延加以詮釋，惟不得超越法規條文之基本意涵或目的，否則將構成違憲或違法而失效。

[33] Common law (also known as case law or precedent) and civil law are two prominent legal systems in the Western world. The common law is the body of law that develops over time through the decisions of judges deciding outcomes on a case by case basis, rather than from statutes or constitutions. In this system, past cases and their decisions are relied on to determine what the outcome ought to be in a current case. This application to current cases is called precedent. The legal system in the United States is said to be a common-law system, based upon the system of England from which the United States borrowed heavily upon its establishment. In fact, the U.S. is a hybrid, heavily incorporating the common law system in its civil law and building its criminal and administrative law system on a civil law (or statute) driven model. Underpinning both the civil and criminal law systems is the reliance on precedents and adhering to the decisions of judges and their interpretations of statutes made in previous cases. Forty-nine U.S. states adopt a common law approach with one state, Louisiana, using a civil law system.

之意義，則在法律上應認為係無明示規定。若無明示規定，並不意謂其不可藉解釋方法推論法條文字中之默示含意，一般而言行為人主觀犯罪構成要件屬犯罪重要之構成要件，至於法律上應採取何種程度之主觀歸責標準，其應歸屬立法論之問題。原則上，由美國1933年證券法Section 11與1934年證交法Section 10(b)比較觀之，Section 11係由國會立法制定之責任條款[34]，其構成要件係透過法條文明文規範，反之Section 10(b)本身係由司法機關所創設之默示訴權，因此條文本身不存在有關犯罪構成要件文字規定，此時即需透過法院以文義解釋方式補充之；至Section 10(b)未規定主觀要件部分，係因此處之訴權係由法院自行創設所致。由於我國證券內線交易犯罪主觀構成要件未明文規定於法條文字中，易生爭議，雖可經由文義解釋，推知其當然含有故意之要件，然筆者建議證交法主管機關宜儘早修法明定於證券內線交易犯罪構成要件上，如此法院審判時，當可將具體個案依三段論法正確涵攝至法律構成要件中，此乃為解決之最佳方式。

陸、結論

犯罪事件刑事責任存在之前提條件係具備「犯罪行為」，是否成立刑事責任，必須考量行為人主觀上是否句有犯意，客觀上是否具有危害行為及犯罪結果。刑事責任犯罪主觀因素與客觀因素係互為條件，相互依存，而非對立分別論斷，亦即刑事責任不僅要以已然之行為及後果為基礎，同時也要以造成前述危險行為及後果之主觀因素為條件。從刑法總則

---

[34] Section11-Civil Liabilities on Account of False Registration Statement
    a. Persons possessing cause of action; persons liable
    b. Persons exempt from liability upon proof of issues
    c. Standard of reasonableness
    d. Effective date of registration statement with regard to underwriters
    e. Measure of damages; undertaking for payment of costs
    f. Joint and several liability; liability of outside director
    g. Offering price to public as maximum amount recoverable

觀之，正當防衛、緊急避難由於不具備主觀犯罪要件，故不具犯罪性質，不存在刑事責任問題。其次在判定刑事責任程度時，需依據主觀犯罪要件程度，判定從輕、從重及減輕等具體刑事責任，另對故意犯罪與過失犯罪之區別，責任能力與責任年齡對刑事責任之限制，累犯、主犯、從犯、教唆犯等從重、中止犯、自首從輕、減刑或免除規定，皆充分強調主觀因素在確定刑事責任「量」之重要意義。預備犯、未遂犯、既遂犯區別對待原則，加重結果犯以及金融犯罪（如銀行法、證交法、保險法等金融七法）中數額之規定[35]，則充分考慮實際為害之後果，及主觀惡性實現之程度對刑事責任的影響。再次，刑法中還規定緩刑、假釋、減刑等制度，亦充分強調行為人主觀危險性在刑事責任實現和個別案件中之意義。此外刑法分則及特別刑法皆確立相對不定期刑制度，其為法院在處理具體案件時，進一步考慮犯罪行為人主客觀因素，對其酌定行為人刑事責任時留下充分審判空間。法律人皆瞭解不論學術及實務觀點立場如何，社會科學本無絕對之真理，基於學術討論於實務運作互相激盪以期精進之理念，作者於本文中提供學理上不同思考角度與觀點，盼在人類社會進步及法制文明發展過程中，基於刑事責任目的性與合理性之要求下，對現代刑事責任制度之確立，尤以刑事責任於財金法制定及金融證券犯罪審理上提供部分個人淺見，盼有助於學術及實務之檢討與借鏡。

（本文2012年6月發表於銘傳大學法學論叢第17期，第35至62頁。）

---

[35] 參閱證交法第171條第2項、銀行法第125條第1項、保險法第108條第2項等皆規範，其犯罪所得金額達新台幣一億元以上者，處七年以上有期徒刑，得併科新台幣二千五百萬元以上五億元以下罰金。

第五章
刑事犯罪行為主觀構成要件在
證交法「內線交易」犯罪適用之探討

壹、前言

　　內線交易又稱為內部人交易，乃證券市場之有關人員，利用職務或職權，或基於其特殊關係，獲悉尚未公開而足以影響證券行情之資訊，買入或賣出有關之證券，取得不當之利益或減少甚至規避其損失之行為謂之內線交易。內線交易之情形，不論中外，自有股票交易以來及其存在，然由於其行為違反公開之原則，造成少數人暴利建立在多數不知情證券投資人之損失上，嚴重破壞證券市場之公平性，造成股票市場不法操縱之畸形現象，各國法律皆有禁止之明文。

　　我國最高法院91年台上字第3037號、94年台上字第1433號、99年台上字第4091及100年台上字第1449號等四則判決皆認為內線交易之禁止，僅須內部人具備「獲悉發行公司有重大影響其股票價格之消息」及「在該消息未公開前，對該公司之上市或上櫃之股票，買入或賣出」此二形式要件即成立，並未規定行為人主觀目的要件。故內部人於知悉消息後，並買賣股票，是否有藉該買賣交易獲利，或避免損失之主觀目的要件，應不影響其犯罪之成立。上述判決從刑法犯罪成立之理論觀之，似有未當，我們瞭解刑法規範之設定與適用，應以嚴格之犯罪構成要件思維為其方法，方能建立起法治國原則與罪刑法定原則之保障機制。一般在司法實務上，為維護個案之公平正義，多係依個案證據資料，綜合行為人主觀想像及一切外在客觀情事，依一般經驗法則，推論行為人主觀犯罪構成要件要素。

在刑法理論上，中外刑法史上向有客觀主義[1]與主觀主義[2]理論之爭，亦即刑事責任之基礎，究應以犯罪人客觀上所實行之侵害法益事實爲準，或以行爲人主觀上之反社會危險性格爲依據？事實上客觀主義與主觀主義均各有其優缺點，無法完全周延。晚近刑法思想已有甚大演變，大體而言尚能放棄本位主義，而朝向道義責任、行爲人責任及社會責任之折衷調和發展，目前在司法實務及學界均認爲刑法之目的不僅在於懲罰或嚇阻犯罪人實行犯罪行爲，亦應注重犯罪人之反社會性格並預防其再犯，以維護社會之安全。故刑法責任之基礎，應包括行爲人主觀之反社會性格及其客觀上所實行之犯罪侵害法益行爲，不宜偏執其一，因而逐漸融合而成爲主觀客觀綜合性之刑法理論。且不論雙方觀點如何，社會科學本無絕對之眞理，基於學術討論與實務運作互相激盪以其精進之理念，作者認爲提供學理上不同思考角度與觀點，有助於實務之檢討與借鏡，故有本章之緣起，合先敘明。

貳、最高法院歷年判決案對「內線交易」犯罪主觀構成要件評析

一、最高法院91年度台上字第3037號裁判要旨[3]

證券交易法第157條之1規定「公司董事、監察人、經理人、持有該

---

[1] 「客觀主義」認為行為人內心之反社會性格必須實際付諸行動而造成法益侵害之結果或危險者始為刑法評價之對象而有加以處罰之必要，若僅存於行為人內心危險性格，既無侵害法益之行為與結果，則非刑法所能干涉，依此以觀，則刑事責任應以行為人形諸於客觀之行為及其對法益侵害之結果為其基礎；至其責任之輕重，則是法益侵害或危險性之大小而定；此說著重於客觀行為對於法益之侵害及其危險性，而與報應主觀相對應。

[2] 「主觀主義」認為刑事責任之基礎，在於行為人主觀上之反社會性格，其責任輕重，則應視行為人惡性及再犯危險性以為斷，亦即刑事責任應以行為人內心之犯意及對於他人或社會之危險性為基礎，而非以行為人客觀之侵害法益行為為依據，其重點在於行為人主觀上之可非難性及對社會之危險性，而與預防主義相契合。

[3] 91年1至6月最高法院刑事裁判書彙編第44期第716頁至746頁。

公司股份持有超過百分之十以上之股東、基於職業或控制關係獲悉消息之人、自上述人獲悉消息之人，獲悉發行股票公司有重大影響其股票價格之消息時，在該消息未公開前，不得對該公司之上市或在證券商營業處所買賣之股票，買入或賣出」，此即一般人所謂「內部人內線交易」之禁止。按禁止內線交易之理由，學理上有所謂「平等取得資訊理論」，即在資訊公開原則下所有市場參與者，應同時取得相同之資訊，任何人先行利用，將違反公平原則。故公司內部人於知悉公司內部之消息後，若於未公開該內部消息前，即在證券市場與不知該消息之一般投資人為對等交易，則該行為本身即以破壞證券市場交易制度之公平性，足以影響一般投資人對證券市場之公正性、健全性之信賴，而應予以非難。而此內線交易之禁止，僅須內部人具備「獲悉發行股票公司有重大影響其股票價格之消息」及「在該消息未公開前，對該公司之上市或在證券商營業處所買賣之股票，買入或賣出」此二形式要件即成，並未規定行為人主觀目的之要件。故內部人於知悉消息後，並買賣股票，是否有借該交易獲利或避免損失之主觀意圖，應不影響其犯罪之成立；且該內部人是否因該內線交易而獲利益，亦無足問，即本罪之性質，應解為即成犯（或行為犯、舉動犯），而非結果犯。

二、最高法院94年度台上字第1433號裁判要旨[4]

修正前後證券交易法第157條之1禁止內線交易罪，旨在使買賣雙方平等取得資訊，維護證券市場之交易公平。故公司內部人於知悉公司之內部消息後，若於未公開該內部消息前，即在證券市場與不知該消息之一般投資人為對等交易，該行為本身已破壞證券市場交易制度之公平性，足以影響一般投資人對證券市場之公正性、健全性之信賴，而應予以非難。是此內線交易之禁止，僅須內部人具備「獲悉發行股票公司有重大影響其股票價格之消息」及「在該消息未公開前，對該公司之上市或在證券商營業處所買賣之股票，買入或賣出」此二形式要件即成，並未規定行為人主觀目的之要件。從而乙○○、甲○○二人於知悉訊碟公司內線消息後，在該

---

[4]　94年3月24日最高法院裁判書查詢—刑事類違反證交法。

消息未公開前即出售股票，其主觀意圖是否爲清償借款，並不影響本件犯罪之成立。

三、最高法院99年度台上字第4091號裁判要旨[5]

證券交易法第157條之1禁止內線交易罪，旨在使買賣雙方平等取得資訊，維護證券市場之交易公平。故公司內部人於知悉公司之內部消息後，若於未公開該內部消息前，即在證券市場與不知該消息之一般投資人爲對等交易，該行爲本身已破壞證券市場交易制度之公平性，足以影響一般投資人對證券市場之公正性、健全性之信賴，而應予以非難。該條第4項原規定「第一項所稱有重大影響其股票價格之消息，指涉及公司之財務、業務或該證券之市場供求、公開收購，對其股票價格有重大影響，或對正當投資人之投資決定有重要影響之消息。」嗣於95年1月11日修正爲「第一項所稱有重大影響其股票價格之消息，指涉及公司之財務、業務或該證券之市場供求、公開收購，對其股票價格有重大影響，或對正當投資人之投資決定有重要影響之消息；其範圍及公開方式等相關事項之辦法，由主管機關定之。」於末段增列「其範圍及公開方式等相關事項之辦法，由主管機關定之」之明文，並授權主管機關制定「重大消息範圍及公開方式等相關事項」之管理辦法，規定第157條之1第4項重大消息範圍及其公開方式管理辦法，以資規範。然無論修正前後，此內線交易之禁止，僅須內部人具備「獲悉發行股票公司有重大影響其股票價格之消息」及「在該消息未公開前，對該公司之上市或在證券商營業處所買賣之股票，買入或賣出」此二形式要件即足當之，並未規定行爲人主觀目的之要件。

四、最高法院100年度台上字第1449號裁判要旨[6]

修正前後證券交易法第157條之1之禁止內線交易罪，旨在使買賣雙方平等取得資訊，維護證券交易市場之交易公平。故公司內部人於知悉公司之內部消息後，若於未公開該內部消息前，即在證券市場與不知該消息

---

[5]　99年6月30日最高法院裁判書查詢—刑事類違反證交法。

[6]　100年1至6月最高法院刑事裁判書彙編62期第203至第209頁。

之一般投資人為對等交易，該行為本身已破壞證券市場交易制度之公平性，足以影響一般投資人對證券市場之公正性、健全性之信賴，而應予非難。是此內線交易之禁止，僅須內部人具備「獲悉發行股票公司有重大影響其股票價格之消息」及「在該消息外公開前，對該公司之上市或在證券商營業處所買賣之股票，買入或賣出」此二形式要件即足當之。又所謂「獲悉發行股票公司有重大影響股票價格之消息」，係指獲悉在某特定時間內必成為事實之重大影響股票價格之消息而言，並不限於獲悉時該消息已確定成立或為確定事實為必要，易言之，認定行為人是否獲悉發行公司內部消息，應就相關事實之整體及結果以作觀察，不應僅機械性地固執於某特定、且具體確定之事實發生時點而已。

　　綜合上述近十年四件最高法院裁判要旨得知，最高法院認為內線交易之禁止，僅須內部人具備「獲悉發行股票公司有重大影響其股票價格之消息」及「在該消息未公開前，對該公司之上市或在證券商營業處所買賣之股票，買入或賣出」此二形式要件即成，並未規定行為人主觀目的之要件。故內部人於知悉消息後，並買賣股票，至於是否有藉該交易獲利或避免損失之主觀意圖，應不影響其犯罪之成立。

　　由於刑法處罰之大多數犯罪行為均屬故意之作為犯，故在刑事立法上，乃將此等犯罪行為規範其均須具備主觀不法構成要件，然立法時僅於刑法總則中規定故意之定義[7]，而未於分則及特別法個別犯罪之不法構成要件中逐一加以明定，僅在構成要件限定於直接故意之情形下，始於不法構成要件中以「明知」之用語加以規定[8]。

　　由於證交法第157之1立法原意，內線交易不法行為之成立，固以內部人應具備實際知悉發行股票公司有重大影響其股票價格之消息及在該消息未公開前，對該公司之上市或在證券商營業處所買賣之股票，買入或賣出為形式要件，惟不論基於資訊平等、信賴關係或私取利益等理論觀之，均不應忽略行為人曾利用未公開之內線消息與買賣股票間之關聯性，亦即

---

[7]　刑法第13條第1、2項。

[8]　例如越權受理訴訟罪（刑法128條）、公務員登載不實罪（刑法213條）、使公務員登載不實罪（刑法214條）、販賣虛偽商標商號之貨物罪（刑法254條）等罪之「明知」。

因實際知悉未公開消息者利用此內線消息而侵害市場投資之公平性，進而為買賣股票之行為，始有違反信賴義務，造成交易不公平之情事。若行為人無論是否實際知悉此消息，皆按事先預訂之投資計畫或按既定之投資慣例，規則地進行股票買賣之行為，非因知悉消息而為股票之買賣，自無任何基於資訊不平等之地位可言，依法而論，實不應認為其有違反內線交易之犯行。

在我國刑事立法上並未將構成要件故意逐一明訂於故意犯之不法構成要件中，故在刑事司法實務中，判斷行為人之行為是否具有構成要件該當性之犯罪判斷中，往往忽略行為人主觀上是否具有構成要件故意之判斷，法官判決書理由欄中，往往亦欠缺如何形成行為人主觀上具有構成要件故意有關心證之描述，僅憑行為人在客觀上可見之行為，即迅速認定具有構成要件該當性，嚴格而論，此顯屬不當之犯罪判決，其判決應屬不載判決理由之當然違法，得提起第三審上訴[9]。此未經判斷即直接推定構成要件故意，輕率形成有罪之心證而判決被告罪刑之法官，實有可能觸犯枉法裁判罪[10]或濫用處罰職權罪[11]，而應負相當之刑責。

參、犯罪構成要件要素之概念與其分類

關於犯罪之概念，一般採取刑法犯罪三階層理論[12]，該理論為學說上用以判斷行為人是否成立犯罪理論之一，在大陸法系刑法學界內廣為使用。刑法犯罪三階層理論判斷犯罪可分為三個步驟：構成要件該當性[13]、

---

[9] 刑事訴訟法第379條第4項。

[10] 刑法第124條。

[11] 刑法第125條第3項。

[12] 林山田，刑法通論，作者自行出版，1996年10月2版，第78至85頁。

[13] 構成要件該當性，係指在罪刑法定原則下，行為人之行為在客觀上符合刑法所規定的犯罪客觀構成要件，在主觀上也符合刑法所規定的主觀構成要件（故意或過失），則可認定該行為具該當構成要件。舉例而言，過失致人於死罪之犯罪客觀構成要件為致人於死之事實，主觀構成要件為具過失行為，張三因過失致人於死則符合過失致死罪之構成要件，具有構成要件該當性。

違法性[14]和有責性[15]，同時滿足構成要件該當性和具備違法性之行為稱為不法行為，任何行為必須俱備不法且有罪責始能構成犯罪。不法（構成要件該當性、違法性）乃是針對行為本身所為的價值判斷，而罪責則是針對行為人的價值判斷。

　　此外在學說上亦有「消極犯罪構成要件要素學說」，認為犯罪是該當於不法構成要件之有責行為，亦即行為只要通過不法構成要件該當性和有責性兩個階層之檢驗即屬構成犯罪。而其中不法構成要件事實上即是由三階層理論當中之犯罪構成要件及違法性併合而成，換言之，三階層理論之犯罪構成要件要素完全具備，加上阻卻違法事由之不存在，即構成不法構成要件該當性。此論述之主要理由係三階層理論所述之犯罪構成要件和違法性作用，均係在確定犯罪之不法內涵，事實上兩者在性質上並無差異，不同處僅是其對於不法內涵描述之形式，一個係從正面方式描述，一個係從反面方式描述而已。在大多數案例中，如某行為用三階層犯罪結構檢討成立有罪，則用二階層犯罪結構檢討亦應為有罪，如用三階層犯罪結構檢討係無罪，其使用二階層犯罪結構檢討亦為無罪，反之亦然。綜言之，消極構成要件要素係指阻卻違法事由，在三階層犯罪理論，事實上此為違法性之判斷，但在二階層犯罪理論將其列為不法構成要件，定為消極不存在之構成要件要素[16]。

　　刑法除係法官裁判時之刑罰規範外，同時亦係對每一個人有效之行為規範，刑罰規範意義下之刑法具體的侵害到人民生命、自由或財產等基本權利，所以其只能在合乎比例原則之範圍內有其合法性。基於此，在探討

---

[14] 具備違法性係指行為人不具阻卻違法事由，阻卻違法事由係由法律賦予行為人因特定原因所為構成要件行為而得以免除構成犯罪之理由，例如正當防衛是即為阻卻違法事由。

[15] 罪責係指對於行為人個人決定為違法行為之非難，且決定予以刑罰制裁。罪責最重要之意涵係對於行為人人格之尊重，因行為人未具能力為其他合法行為，則渠需要的是教育，而不應是刑罰。因之如行為人因年齡、精神狀態導致價值判斷產生問題，無法為合法行為，即認為其不具罪責；如行為人個案中不可避免之價值判斷產生錯誤，亦應認為不具罪責，此應為罪責能力和不法意識之問題。不法意識和不法意圖不同，後者係構成要件該當性要判斷之對象。

[16] 何賴傑，政大在職專班刑法精義，作者自行出版，2004年9月，29頁。

故意觀念的方向應該是行為人在何種主觀狀態下，刑法對於其客觀法益侵害行為之處罰有預防法益侵害之效果。以此觀之，我們可發現一種有意義之處罰，係對行為人已有預見法益將遭受侵害之可能性，而仍使其發生法益受侵害行為之處罰。

「故意」在犯罪構成中之意義，係在主觀之範疇中保留對預防法益侵害有意義之犯罪型態。故意係責任條件，乃行為人關於侵害法益之特定意思態度，亦稱為責任意思。刑法第12條「行為非出於故意或過失者不罰；過失行為之處罰，以有特別規定者為限。」是以故意為一般犯罪之要件，不待列舉，而過失行為之處罰，則採列舉規定，至被害人是否與有過失，並非所問，我們將上述所提及之行為人預見構成犯罪事實，而仍為之主觀狀態稱為「故意」。如行為人為犯罪行為時，在主觀上合乎「預見構成犯罪事實」之要件，就主觀範疇而言，即可認為行為人就其行為具有可罰性。對於犯罪事實具有認識，而希望其發生之內心意思，即為故意。行為人對於構成犯罪之故意事實，明知並有意使其發生，抑預見期發生而不違背犯人本意，即構成故意，一般採希望主義[17]，並以「知」與「欲」為其故意之要件，實務上持此見解[18]。因之故意之「要素」一般可分為下列二項：

---

[17] 故意是否以具有犯罪事實之認識為已足，抑更須就其事實之發生有意欲或希望為必要，學說有二：

一、認識主義：故意之成立以有犯罪事實之認識為已足，並不以希望其發生為必要。例如甲放火燒燬乙之住宅，致將在屋內之丙燒死，此時甲之放火，並無燒死乙之希望，惟其放火時，明知丙在內，自有殺丙之預見，仍應負殺人既遂罪責。

二、希望主義：故意之成立不以行為人對於犯罪構成事實，須有認識，且亦預其發生，始克相當。例如甲開槍射乙未死，適乙友人丙前來勸阻，甲欲令其同歸於盡之意思，再補射一槍，丙終致斃命，甲對乙丙均應負故意殺人責任，蓋其本意期盼乙丙均產生死亡。

[18] 一、刑法第13條之「故意」，採希望主義（24、7刑會）。

二、關於故意之規定，不僅以認識為已足，故故意之內容除認識外，更以希望結果之發生為其要素（22上4484）。

三、刑法關於犯罪之故意，係採希望主義，不但直接故意須犯人對於構成犯罪之事實，具備明知及有意使其發生之兩個要件，即間接故意，亦須犯人對於構成犯罪之事實，預見其發生，且其發生不違背犯人之本意時，始能成立（22上4229）。

一、認識（知之要素）

須就犯罪之構成事實，具有認識，並對行為之客觀違法性及侵害性，均有認識始可。至於不屬犯罪構成要件之責任能力，則無認識必要，因之誤信自己為無責任能力人，而實施犯罪行為，不阻卻故意之成立。

二、決意（欲之要素）

即使犯罪事實發生或容認其發生之決心，行為人有行為之決意，即已充分表現其行為之反社會性，應受非難，故為責任條件之故意的要件之一[19]。

傳統上稱意欲要素必要論為希望主義，亦即欲構成刑法上的故意，僅有認識尚不足，必須還希望使其發生，始為故意，若並不希望使其發生，就無故意。意欲要素不用論傳統上稱認識主義，此說認為故意只需具備知之要素即可，而知一般稱為認識，故稱認識主義。我國刑法規定，故意係「明知並有意使其發生」，或「預見期發生而不違背本意」，可見只有知尚不足，必須還要有欲，始構成故意，故我刑法係採希望主義。知係一種想像及一種認識，而所想像所認識必須係構成刑法上規範之犯罪事實。從刑法13條故意之「知」，故意之「想像」衍生出兩項原則，第一個原則係主觀構成要件與客觀構成要件對稱原則；第二個原則係主觀的想像與客觀的事實並存原則。在此二原則下，一般而言故意之型態可分為：

(一)直接故意

行為人對於構成犯罪之事實，明知並有意使其發生的心理狀態。故刑法第13條第1項「行為人對於構成犯罪之事實，明知並有意使其發生者，為故意。」即係此意。「明知」須行為人主觀上對於構成犯罪事實明知而確切無疑，如未有確切之認識，仍不能論以明知論[20]。凡刑法分則

---

[19] 是否為故意之要素，此於學說上尚有爭論，目前分為兩說：甲說為意欲要素必要論，乙說為意欲要素不用論。如果是採意欲要素必要論，故意成立除具備「知」外，尚須有決意；而意欲要素不用論，則認為故意只須具有一項要素，只要行為者認識一個事實且去實行，無論行為者心中如何想，都可謂之故意。

[20] 23上1989。

以「明知」爲意思要件者，皆爲直接故意。例如第125條第1項第3款、第128條、第129條第1項、2項、第213條至第215條、第254條、第255條第2項、第285條等皆屬之。

(二)間接故意

行爲人對於構成犯罪之事實，預見其發生，而其發生並不違背其本意者，爲間接故意。第13條第2項「行爲人對於構成犯罪之事實，預見其發生而其發生並不違背其本意者，以故意論。」此之「明知」與「不違背其本意」，均須就行爲人主觀意思決定之。且犯罪構成事實之認識，以具有一般認識爲已足，並不以具體認識爲必要。實例認爲甲起意殺乙，置毒於喜餅內送乙，乙雖未食，甲對乙自成殺人未遂罪。如乙以喜餅分送丙及家屬丁食用，甲亦預見而不違背本意，則甲對於丙丁亦有殺人之間接故意，應成立殺人未遂罪[21]。

肆、犯罪主觀不法構成要件在刑事判決中之重要性

主觀不法構成要件係犯罪所需具備之內在心理要件，是行爲人內心欲故意實現客觀不法構成要件行爲之構成要件故意，故意作爲犯之構成要件該當行爲，除須具備該當客觀不法構成要件外，行爲人尚需具備主觀不法構成要件所規範之主觀心態，始符合構成要件故意之行爲。行爲人即使符合客觀不法構成要件所陳述之行爲情狀，若其主觀上並不具備構成要件故意者，則不構成故意犯罪。

行爲人有無主觀構成要件故意，以行爲人內心瞭解之情狀爲其判斷時點，經判斷符合者，始有構成要件之故意。故意包含知與欲兩部分，「知」是故意之認知要素，行爲人必須對客觀不法構成要件中之行爲主體、行爲客體、行爲本身、行爲時之特別情狀與行爲結果等具有認知，始具備故意認知要素。「欲」係決意要素，行爲人必須有實現不法構成要件

---

[21] 院355。

中之各項客觀行為情狀之決意，以上兩者皆具備時，始可謂行為人具有
『主觀上之構成要件故意』。

　　綜上論之，在現行刑法犯罪體系，構成要件該當性之層次，除客觀構
成要件該當之外，尚須具備主觀構成要件，一般犯罪僅就客觀要件為其規
定對象，其主觀構成要件，實無待明文規定，一般亦有以不成文之構成要
件要素稱之[22]。在刑事法上，成文之構成要件要素，是指刑法明文規定之
構成要件要素。絕大多數構成要件要素都是成文之構成要件要素。不成文
之構成要件要素，係指在刑法法條上未有明文規範，但依據刑法條文間之
相互關聯及刑法法條對相關要素應予確定，且係成立犯罪所必須具備之要
素。就具體犯罪而言，由於眾所周知之理由或其他原因，刑法並未將所有
的構成要件要素完整於法條中規定，而是需法官在適用過程中進行補充。
例如殺人罪，死亡結果即為不成文構成要件要素，依據刑法分則及特別法
條文之表述及涵意，每種犯罪構成要件皆包含主觀構成要件要素「故意」
在內，無庸以文字明定於條文中即為其適例。

　　在故意犯罪型態中，主觀構成要件要素包括故意與意圖，即故意與意
圖共同組成意圖犯中之主觀構成要件。故意是對構成要件所描述之情狀有
所認識，且有實現構成要件之意願，亦即行為人對於實現構成要件事實之
「認知」，與實現不法構成要件之「意欲」，構成要件故意，依其對犯罪
事實之認知與意欲之強度，可分為直接故意與間接故意[23]。

---

[22] 立法者於制定犯罪構成要件時，通常儘可能具體描述犯罪類型，因而所有之構成要件
要素會明確地予以規範。此種明文規定於構成要件中之構成要件要素，即為成文構成
要件要素。然有時立法者會為簡潔而故意省略某些構成要件要素，例如行為人要素，
或由於立法者立法技術上之困難或不夠周延，以致有些構成要件要素並未明白規定。
此時為更妥適適用該犯罪構成要件，只得依學說或實務見解、補充該規定不足之處。
而法官適用時，即須將補充之要素當成法律所明文規定之要素，此即為不成文構成要
件要素。

[23] 直接故意是指行為人對於構成要件該當結果之發生確有預見，並決意以其行為促使預
見之結果發生。刑法第23條第1項規定：「行為人對於犯罪之事實，明知並有意使其發
生者，為故意。」即屬直接故意。間接故意指行為人主觀上，雖預見其行為有實現構
成要件之可能性，但竟不顧此危險行為之存在，而實施其行為，即使該行為果真實現
法定構要件，亦在所不惜，其知與欲的強度相當。刑法第13條第2項對間接故意的規
定為：「行為人對於構成犯罪的事實，預見期發生而其發生不違背其本意者，以故意
論。」

　　意圖是指行為人內心上希求達到不法構成要件所明定之犯罪目的，而努力謀求客觀構成犯罪事實之實現。意圖係以目的為導向，而致力於構成要件所規定結果實現之一種內在傾向，是具有獨立性之主觀構成要件要素[24]，在刑法體系中，意圖屬於故意、過失以外另一種主觀構成要件要素，而構成要件故意，是故意犯中主觀構成要件之核心，一般主觀構成要件該當與否之問題，只要就故意部分作檢驗即可決定，只有在意圖犯之情形，才會另對意圖部分作審查，故可謂意圖是某些特別犯罪類型中必須額外檢驗之主觀構成要素，屬於特殊主觀構成要件部分。

　　故意與意圖雖同屬主觀構成要件要素，但兩者之概念卻不相同，在刑法構成要件上，意圖犯是一種主、客觀要件不一致之類型，換言之，是一種主觀要件多於客觀要件之類型。依多數學者看法[25]，故意是針對客觀事實之知與欲；意圖是指行為人所以故意實現客觀構成要件之目的，亦即是行為人以實現客觀構成要件為手段，所欲達成之目的。換言之，意圖並非故意，而是一種有別於故意之主觀構成要素，其係故意以外之要素。在意圖犯之類型中，縱使行為人主觀上具有實現客觀犯罪事實之認知與願望，若欠缺要求之特定意圖，主觀構成要件仍不該當。但亦有學者認為意圖是一種高度之故意，是故意的第一種型態，再接續而來沒有爭執是直接故意，也就是明知的故意[26]。

　　目前我國刑事立法未將犯罪構成要件「故意」各別明確規定於刑法及特別法犯罪構成要件中，故在刑事審判實務中，判斷行為人之行為是否具有構成要件該當性之犯罪判斷上，法官常忽略犯罪行為人主觀上是否具有構成要件故意之判斷，尤以部分法院判決書理由欄中亦常缺少如何形成行為人主觀上具有不法構成要件故意心證之描述，僅憑行為人在客觀可見之部分犯罪行為，即逕自推定其具有不法主觀構成要件該當性，在各級法院內線交易犯罪案件裁判書中，對於內線交易行為人主觀犯罪構成要件之

---

[24] 參考張麗卿，刑法總則理論與實用，神州公司，2001年2版；林山田，刑法通論，作者自行出版，2005年9月9版。

[25] 參考鄭逸哲，法學三段論下的刑法與刑法基本句型，作者自行出版，2005年5月初版；柯耀程，變動中的刑法思想，元照公司，2001年9月2版。

[26] 黃榮堅，刑法問題與利益思考，台大法學叢刊，84年6月。

認定，在推論上往往過於簡略，甚至部分判決未曾提起此部分。依最高法院判決要旨千篇一律只陳述內線交易之禁止，僅須內部人具備「獲悉發行股票公司有重大影響其股票價格之消息」及「在該消息未公開前，對該公司之上市或在正券商營業處所買賣之股票，買入或賣出」此二形式要件即成，並未規定行為人主觀目的之要件，而逕行為有罪無罪之判決。嚴格而論此等判決均應屬不當之犯罪判斷，其判決屬於不載判決理由之當然違法判決，得提第三審上訴[27]。如此未經判斷構成要件故意，輕率形成有罪之心證而判決被告罪行之法官，作者認為似有觸犯枉法裁判罪或濫用處罰職權罪之嫌[28]，建議我各級法院法官應予重視，以免執法者觸犯刑責。

伍、司法審判對主觀犯罪構成要件要素認定應行掌握之原則與理念

　　刑罰主要之目的除對行為人之犯罪行為給予懲罰與嚇阻外，亦應注重犯罪行為人主觀上之反社會性格，預防其再犯，俾利維繫社會之公共秩序。因之刑事責任之基礎，應包含犯罪行為人「主觀」之反社會性格及「客觀」上所實施之侵害法益行為，此即為目前大多數學者及司法實務所認同之綜合性犯罪理論[29]。

　　然檢視目前各級法院刑事判決中，對犯罪行為人客觀之犯罪行為及其對法益侵害之結果多有詳盡之調查及舉證，惟對犯罪行為人主觀上之內心危險反社會性格（例如故意、意圖）大都於判決書中未有詳細論述，甚至隻字未提及主觀之犯罪構成要件，試問犯罪行為人刑事責任之基礎在於行為人主觀上之反社會性格，其責任之輕重，則應視行為人惡性及再犯危險性而定，因之刑事責任應以行為人內心之犯意及對於他人或社會之危險性為其基礎，而非僅以犯罪行為人客觀之侵害法益行為為單獨處罰犯罪之依

---

[27] 刑事訴訟法第379條第1項第14款。

[28] 刑法第124、125條。

[29] 參照林山田，刑法通論，作者自行出版，1996年10月修訂五版，第78至85頁。

據，必須與行為人主觀上之可非難性及對社會之危險性綜合判斷之，此即為犯罪構成要件之組合，亦即在客觀上有前述之客觀構成要素，而在主觀構成要件上，犯罪行為亦必須要有犯罪行為人之主觀想像者，始能符合刑法犯罪構成要件之要求。

　　刑事訴訟法三大目的為發現實體真實[30]、法治程序正義[31]及國民認同感情[32]。刑法規範之設定與適用，應以周延完整之構成要件思維為其方法，方能建立起法治國原則與罪刑法定原則保障之機制，尤以司法審判者不可欠缺犯罪構成要件之基本思維，如果一個犯罪行為不考慮行為人之主觀意思，則客觀事實將難以加以評價，例如甲朝遠方某果樹射擊一槍，乙正好就在此樹旁休息，此項射擊之客觀事實究竟應論斷判決為已著手殺人而未遂或僅係單純擬射擊樹旁之野生動物，未能得知，因之如不加入行為人之主觀真意，實無法論斷其客觀之事實，尤以未遂犯目前通說係採主客觀未遂理論，是否著手不能僅依客觀事實判斷，必須考慮行為人主觀之真意，亦即須依照行為人主觀上認知之事實來進行論斷。

　　從作者接受刑事法學教育以來，我們都是以構成要件思維為犯罪行為成立之核心，即係透過構成要件之認知作為犯罪行為成立與否之認定思

---

[30] 刑事訴訟之目的以具體刑事案件藉由公平程序始能發現實體真實，故刑事訴訟主要目的在於發現實體真實及確保法治國原則踐履。發動刑事訴訟程序，在於獲致一個實體刑法之正確裁判，其以發現實體真實為其必要，因之發現實體真實乃刑事訴訟法之重要目的，而發現實體真實所蘊含之意義，則為勿枉勿縱，開釋無辜，懲罰犯罪。現行法為達此目的，非但課予偵察機關負有偵查犯罪事實法定義務，另要求法院負有澄清事實真相調查義務。此外，刑事被告自白犯罪，亦必須查明是否與事實相符。

[31] 法治程序乃禁止偵審機關以不擇手段方式發現實體真實，尤其在判決未確定前，訴訟程序尚在發現真實過程，被告應推定為無罪，必須透過合乎法制程序訴訟規則對被告加以保護，以避免其權益遭受侵害。若被告確定有罪，於訴訟程序應予保障應有主體地位及辯護權利。刑事訴訴法第1條第1項規定，犯罪，非依本法或其他法律所定之程序，不得追訴，處罰。另憲法第8條第1項規定，非經司法或警察機關依法定程序，不得逮捕拘禁。非由法院依法定程序，不得審問處罰。非依法定程序逮捕拘禁審問處罰者，得拒絕之。法制程序以刑事訴訟法規定被告未受判決確定前，所發動之強制處分，應受嚴格法律保留及比例原則之限制。

[32] 國民認同感情係指國家對已經發生之犯罪，透過偵審機關以法定程序進行與執行後，釋放無辜處罰犯罪，回復社會生與法律秩序，滿足國民對司法裁判之信服，避免爭端再起，達成法和平性裁判之功能。審判結果如偏離法制程序將損及法律之正義，難以期待國民對司法裁判心悅誠服。

維，此以構成要件為核心之刑事司法體系，亦合乎我國刑法「罪刑法定原則」[33]，強調依據構成要件保障人權之基本訴求，及我國憲法「法官須依據法律獨立審判」[34]之法治國司法獨立與依據法律構成要件判斷之雙重要求。

　　由於臺灣過去曾經歷近四十年戒嚴時期特別法之法治審判[35]，導致正常刑法思維受到戒嚴刑法思維壓縮之影響，致嚴重偏離正常刑法教學及實務運作之常軌，致產生偏離正常法治之特殊現象，戒嚴時期是否犯罪，其並不全然以刑法犯罪構成要件為依據，刑事司法實務常以行為人之行為作為犯罪是否成立之認定基準，致在法條理解上與構成要件思維間，產生甚大差距，致使犯罪之認定產生若干不確定性，無法發揮罪刑法定主義保障人權之司法機能[36]。

　　該時期之刑事司法實務，因非完全以構成要件為思維之核心，致該時期之刑法教學對於構成要件思維之理解以及如何詮釋法條、適用法學三段論法，以具體適用於個案的「包攝」，產生若干偏差之認知。我國最高法院法官亦多為資深司法人員，其等接受法學教育亦多在戒嚴時期完成，在刑事法學教育之訓練上亦如前述所提，多以犯罪行為人之行為作為犯罪是否成立之認定思維，因之在其實務判決中較少見完整構成要件理念之發

---

[33] 刑法第1條：「行為之處罰，以法律有明文規定者為限。」
[34] 憲法第80條：「法官須超越黨派以外，依據法律獨立審判不受任何干涉。」
[35] 中華民國台灣省政府主席兼台灣省警備總司令陳誠於1945年5月19日頒布戒嚴令〔正式名稱為台灣省警備總司令部佈告戒字第一號〕內容為宣告自同年5月20日零時起在台灣省全境〔當時包含台灣本島、澎湖群島及其他附屬島嶼〕實施戒嚴，至1987年7月15日由蔣經國總統宣布解嚴為止，共持續了38年又56天之久。在台灣歷史上，此戒嚴令實施的時期又被稱為「戒嚴時代」或「戒嚴時期」。
　事實上由於國共內戰情勢對當時國民黨執政的中華民國政府不利，國民政府曾於1948年12月10日於全國實行戒嚴，始稱第一次全國戒嚴令，而與戰場較遠，未受到影響的新疆省、西康省、青海省、台灣省及西藏地方則不在範圍內。直到1945年5月20日，台灣省全境宣布戒嚴。台灣戒嚴令頒布後，國民政府在中國大陸的統治情勢持續惡化，1949年7月7日，代總統李宗仁發布了第二次全國戒嚴令。國民政府於1949年12月遷抵台北市，而中國大陸大部分領土則被中國共產黨控制，兩岸開始進入長期對峙狀態，此戒嚴令開始成為國民政府在台穩固統治的重要法律，並等同宣布台灣處於如戰爭般的緊張狀態。
[36] 參閱84年12月22日大法官會議釋字第392號理由書。

揮，因而導致當代學理與當代實務產生重大差距，實有其原因，本不足爲奇。爲使國民對現代刑事司法體系之期待，期盼最高法院應本於刑事法學構成要件思維之恪遵，始可充分達到人權保障之司法要求。

陸、內線交易犯罪客觀構成要件之探討

一、涉案公司是否確有「重大影響其股票價格之消息（以下簡稱內線消息）」發生？

　　何謂「內線消息」？此爲決定內線交易案件是否成立首先必需先行確定之事實，「內線交易」依證交法第157條之1第4項規定，採抽象定義方法，所稱有重大影響其股票價格之消息，指「涉及公司之財務、業務及該證券之市場供需、公司收購，對其股票價格有重大影響，或對正當投資人之投資決策有重要影響之消息」。依立法原意，前述規定之內線消息解釋上應可分爲下列二項：(一)指『涉及公司之財務、業務』，對其股票價格有重大影響，或對正當投資人之投資有重要影響之消息。(二)指『涉及該證券之市場供求』，對其股票價格有重大消息，或對正當投資人之投資決定有重要影響之消息。

　　以往我證券交易法第157之1關於「重大消息」之界定係採用抽象定義方法，並非如日本立法例將內線消息之重大性予以類型化及量化[37]，此

---

[37]　參閱日本金融商品交易法（昭和23年4月13日法律第25號，最新修正平成19年6月27日法律第102號）第二章，第二章之二及第二章之三。
　　日本於1948年制定號稱證券憲法之證券交易法，就有價證券之定義暨發行、股票交易規則、上市公司資訊公開等攸關證券交易之重要事項詳加規定，俾建立投資人可自由參加證券市場公平交易之環境，保障投資人權益。但於1987年發生備受矚目之TATEHO化學工業公司事件，故1988年修法時，嚴禁內線交易行為，希冀喚回投資人對證券市場之信心。2006年因Live Door事件、村上投資公司違法內線交易等損害證券市場公平性之情勢迭傳，爲加強監督市場功能，遂修法強化內線交易及操控市場之相關法則，順應金融暨資本市場環境之變化，2006年7月以證券交易法爲主體就金融期貨交易法、外國證券業法、有價證券投資顧問業規範法、抵押證券業規範法進行整合，制定全部金融商品均適用之『金融商品交易法』，謀求建構完善之投資環境，確保金

一方式雖可收彈性運用之效，避免因採列舉方式造成漏洞，但是卻造成公司內部人等較難有明確之依據可循，常造成證券主管機關、公司內部人員及司法檢調單位等就同一事件出現不同看法，筆者認為內線交易事涉刑責，在罪刑法定主義之原則下，應藉由國外相關法規及判例之累積，應使重大性予以具體明確化，較符合刑法之本質。另於斷定系爭消息是否為重大消息時，似亦可盡量參考美國實務上依賴「專家證詞[38]」（expert testimony）之做法，藉助專家之專業素養，俾利法官在審判時能作較合適妥當之判決。

　　民國95年1月證券交易法修正第157條之1第4項，授權主關機關訂定重大消息之範圍及其公開方式等相關事項。有鑑於「罪刑法定原則」及「構成要件明確性原則」，並因應未來市場之變化及符合證券市場管理之需要，行政院金管會於95年5月30日參酌證券交易法施行細則第7條規定、歷年來內線交易案例、日本證券交易法規定及「台灣證券交易所股份有限公司對上市公司重大訊息之查證暨公開處理程序」第2條所稱重大消息等內容，訂定「證券交易法第157條之1第4項重大消息範圍及其公開方式管理辦法[39]」。

　　另為使重大消息規範更為周延明確，並配合99年6月2日修正證券交

融商品交易之公正性暨透明化，維護投資人權益，甚而促進國民經濟健全發展，邁向金融暨資本市場國際化。

[38] Generally speaking, the law of evidence in both civil and criminal cases confines the testimony of witnesses to statements of concrete facts within their own observation, knowledge and recollection. Testimony must normally state facts perceived by the witnesses' use of their own senses, as distinguished from their opinions, inferences, impressions, and conclusions drawn from the facts. Opinion testimony that is based on facts is usually considered incompetent and inadmissible, if the fact finders are as well qualified as the witness to draw conclusions from the facts.
In Kumho Tire Co. v. Carmichael, 526U.S. 137, 149-152, 119 S. Ct. 1167, 143 L.Ed.2d 238 (1999), the U.S. Supreme Court further observed that the reliability of a science technique may turn on whether the technique can be & has been tested; whether it has been subjected to peer review and publication; and whether there is a high rate of error or standards controlling its operation.

[39] 民國95年5月30日行政院金融監督管理委員會金管證三字第0950002519號令訂定發布全文6條並自發布日施行。

易法第157之1，將非權股性質之公司債納入內線交易規範之行為客體及授權主管機關針對重大影響發行股票公司支付本息能力消息之範圍及公開方式等相關事項訂定相關辦法，金管會證期局爰於99年12月22日再度修正前述管理辦法，並同時修正該辦法名稱為「證券交易法第157之1第5項及第6項重大消息範圍及其公開方式管理辦法[40]」。

依該管理辦法規定，所稱重大影響其股票價格之消息係指下列各消息：

(一)證交法第157條之1第5項所稱涉及公司之財務、業務，對其股票價格有重大影響，或對正當投資人之投資決定有重要影響之消息，指下列消息之一[41]：

1.證交法施行細則第7條所定之事項

2.公司辦理重大之募集發行或私募具股權性質之有價證券、減資、合併、收購、分割、股份交換、轉換或受讓、直接或間接進行之投資計畫，或前開事項有重大變更者。

3.公司辦理重整、破產、解散、或申請股票終止上市或在證券商營業處所終止買賣，或前開事項有重大變更者。

4.公司董事受停止行使職權之假處分裁定，致董事會無法行使職權者，或公司獨立董事均解任者

5.發生災難、集體抗議、罷工、環境汙染或其他重大情勢，致造成公司重大損害，或經有關機關命令停工、停業、歇業、廢止或撤銷相關許可者。

6.公司之關係人或主要債務人或其連帶保證人遭退票、聲請破產、重整或其他重大類似情事；公司背書或保證之主債務人無法償付到期之票據、貸款或其他債務者。

7.公司發生重大之內部控制舞弊、非常規交易或資產被掏空者。

8.公司與主要客戶或供應商停止部分或全部業務往來者。

---

[40] 民國99年12月22日行政院金融監督管理委員會金管證三字第0990070860號令修正發布名稱及全文7條；並自發布日施行。
[41] 證券交易法第157條之1第5項及第6項重大消息範圍及其公開方式管理辦法第2條。

9.公司財務報告有下列情形之一：

(1)未依證交法第36條規定公告申報者。

(2)編製之財務報告發生錯誤或疏漏，有證交法施行細則第6條規定應更正且重編者。

(3)會計師出具無保留意見或修正式無保留意見以外之查核或核閱報告者。但依法律規定損失得分年攤銷，或第一季、第三季及半年度財務報告若因長期股權投資金額及其損益之計算係採被投資公司未經會計師查核或核閱報告者，不在此限。

(4)會計師出具繼續經營假設存有重大疑慮之查核或核閱報告者。

10.公開之財務預測與實際數有重大差異者或財務預測更新（正）與原預測數有重大差異者。

11.公司營業損益或稅前損益與去年同期相較有重大變動，或與前期相較有重大變動且非受季節性因素影響所致者。

12.公司有下列會計事項，不影響當期損益，致當其淨值產生重大變動者：

(1)辦理資產重估。

(2)金融商品期末評價。

(3)外幣換算調整。

(4)金融商品採避險會計處理。

(5)未認列為退休金成本之淨損失。

13.為償還公司債之資金籌措計畫無法達成者。

14.公司辦理買回本公司股份者。

15.進行或停止公開收購公開發行公司所發行之有價證券者。

16.公司取得或處分重大資產者。

17.公司發行海外有價證券，發生依上市地國政府法令及其證券交易市場規章之規定應即時公告者或申報之重大情事者。

18.其他涉及公司之財務、業務，對公司股票價格有重大影響，或對正當投資人之投資決定有重大影響者。

(二)證交法第157條之1第5項所稱涉及該證券之市場供求、公開收購對其股票價格有重大影響，或對正當投資人之投資決定有重要影響之消

息,指下列消息之一[42]:

1.證券集中交易市場或證券商營業處所買賣之有價值證券有被進行或停止公開收購者。

2.公司或其控制公司股權有重大異動者。

3.在證券及中交易市場或證券商營業處所買賣之有價證券有標購、拍賣、重大違規交割、變更原有交易方法、停止買賣、限制買賣或中止買賣之情事或事由者。

4.依法執行搜索之人員至公司、其控制公司或其符合會計師查核簽證財務報表規則第2條之1第2項所定重要子公司執行搜索者。

5.其他涉及該證券之市場供求,對公司股票價格有重大影響,或對正當投資人之投資決定有重要影響者。

(三)證交法第157條之1第6項所稱公司有重大影響其支付本息能力之消息,指下列消息之一[43]:

1.證交法施行細則第7條第1款第3項所定情事者。

2.第2條第5款至第8款、第9款第4目第13款所定情事者。

3.公司辦理重整,破產或解散者。

4.公司發生重大虧損,至有財務困難、暫停營業或停業之虞者。

5.公司流動資產扣除存貨及預付費用後之金額加計公司債到期前之淨現金流入,不足支應最近將到期之本金或利息及其他之流動負債者。

6.已發行之公司債採非固定利率計息,因市場利率變動,至大幅增加利息支出,影響公司支付本息能力者。

7.其他足以影響公司支付本息能力之情事者。前項規定,於公司發行經銀行保證之公司債者,不適用之。

---

[42] 同前註第3條。
[43] 同前註第4條。

二、涉案公司如確有前述內線消息存在，則應再行確定內線消息「成立」與「公開」之時點，俾確立公司內部人內線交易案件適用之時段。

內線交易案件之適用，依證交法第157條之1規定，必須是行為人實際知悉該內線消息後，在該消息「未公開前」，為股票買賣之行為，因之內線交易行為人利用該消息買賣股票圖利之行為，僅限於「內線消息成立後至公開前之時段」，在此時段以外有關買賣公司股票皆與內線交易無涉；換言之，內線消息確定成立之時至該消息公開前，方屬證交法第157條之1所謂「在該消息未公開前，不得對該公司之上市或在證券商營業處所買賣（上櫃）之股票買入或賣出」之情形。

本法第157條之1所謂「公開」，衡諸該條之立法意旨，係為維繫股票市場之公平及正常交易，如報章雜誌報導之重大訊息，經證實與事實完全相符，該等消息既已置於不特定或特定之多數投資人可共見共聞之情形下，應認為符合證交法第157條之1有關「公開」之規定。故某重大影響股票價格之消息，業經媒體報導，處於多數人得以共見共聞之情形，自應已屬「公開」，於該時期為買賣行為，即不應令其負違反證券交易法內線交易之責。

一般在偵辦內線交易案件時，如何確定內線消息成立之時點係內線交易案件成立最關鍵之重點，內線消息之產生多半是公司內有重大資產之買賣、重要合約之簽訂，財務報表重大盈虧之發布等訊息，由公司少數內部人最先知曉，而導致內線交易案件之發生，而上述所謂之內線消息究竟是以事實發生日、會計師簽證核定日、公司董事會通過日或股東會通過日為內線消息成立之基準，以往證交法並無明文規定，最嚴格的解釋當然以事實發生日為準，但是公司是法人組織，一切有關公司重大之營業、財務行為必須經董事會、股東會通過後始正式生效。至有關財務報表之盈虧公布情形亦同，不論季報、半年報、年報，各公司都須先行自結後再送會計師查核簽證，再經董事會、股東會承認後呈報金管會證期局公告週知，因之內線消息之成立究以何時點為準，各級法院判決皆依個案認定，差異甚大，使公開發行公司內部人不易遵循，致常誤觸法網，引發工商企業界怨聲四起。

　　現行證券交易法規定發行公司內部人獲悉發行股票公司有重大影響其股票價格之消息時，在該消息確定、成立後，未公開前或公開後18小時內，不得對該公司之上市或上櫃股票從事買賣之交易行為。反之內部人在該項重大消息公開揭露後，買賣該公司之上市股票或上櫃股票，並不構成內線交易。所謂未經公開之重大影響其股票價格之消息，係指該項消息一般投資大眾尚無法取得，對於一個理性投資人為選擇投資決定時，其可能用以為判斷之重要資訊，無論其為利多消息亦或利空消息均屬之。至消息之成立時點，為事實發生日、協議日、簽約日、付款日、委託日、成交日、過戶日、審計委員會或董事會決議日或其他依具體事證可得確定之日，以日期在前者為準，俾確定股票交易是否在重大消息成立之後所為[44]。

　　99年6月本法修正時，將內線交易之交易時間修正為必須是該消息「確定成立」後，消息未公開前或公開後18小時內，此項修正亦係立法院賴士葆委員於法案協商時提出，未附修正理由，筆者推論新增「明確後」之字樣，似乎等於從實認定，是否連帶影響檢方未來延後執法，尚值得進一步觀察探討。從以往案件中我們發現內線交易案件爭執點幾乎大都落在「時間點」之關鍵上，內線交易態樣實過於複雜，單靠法理尚不足以包含全部，最後仍將回歸個案，必須從不同個案建立構成要件之適用原則。

　　至於消息公開與未公開時點應如何界定，其對於內線交易之審核係重要之關鍵因素，由於資訊發達，新聞媒體對於上公司內部消息之公開，經常有比上市公司早一步獲知之情況，此時究應以新聞媒體刊登之日期為準，抑或以上市公司在證券交易所之股市觀測站公告之時間為準，易生爭議。按外國對於內線交易，規定公司內部人應俟公司將重大消息公開一段合理時間，使投資人有足夠時間吸收消息後，方可進行買入或賣出，俾維持證券交易之公平性，而所謂一段合理時間，在美國為24小時，日本則為12小時。99年6月本法修正時經參酌美國、日本規定及我國之國情，考量市場資訊之對稱性與限制公司內部人買賣時點之合理性。並顧及我國幅

---

[44] 同前註第5條。

員不如美國遼遠廣闊，加以現今網路時代盛行，資訊傳播快速，如公司於
當日晚上公布重大消息，投資人即可於隔日開盤前得知訊息並做出適當反
應，市場資訊之對稱性已可得以維持，如同美國訂為24小時，則在市場
資訊得以充分反應下，內部人仍須承擔1日不得買賣之限制，恐造成過度
限制，反而對公司內部人造成不公平。爰將序文「在該消息未公開前」修
正為「在該消息明確後，未公開前或公開後18小時內」，以符合我國證
券市場之實際發展。

此外為考量「罪刑法定原則」及「構成要件明確性原則」，亦參酌
美國、日本有關「公開」管道之規定，明定公司公開涉及財務，業務消息
者，應於主管機關指定之網站公告，以符合「法律安定性」以及「預見可
能性」之要求。

由於證交法第157條之1所謂重大消息係指公司能決定或控制者，考
量資訊公開平台「公開資訊觀測站」僅供公開發行公司發布重大訊息，且
該平台業已行之有年，投資人已習於該平台查詢公司之重大消息，爰明定
涉及公司財務、業務消息之公開方式，應經公司輸入公開資訊觀測站。

至於涉及證券市場供求之消息，非屬公司所能決定或控制，其消息
公開之方式，經參酌美國及日本之規定[45]，爰訂定應經公司輸入公開資訊
觀測站、台灣證券交易所股份有限公司基本市況報導網站中公告、財團法
人中華民國證券櫃檯買賣中心基本市況報導網站中公告、兩家以上每日於
全國發行報紙之非地方性版面、全國性電視新聞或前開媒體所發行之電子
報報導[46]。涉及市場供求之消息，如係透過兩家以上每日於全國發行報紙
之非地方性版面、全國性電視新聞或前開媒體所發行之電子報報導而公開
者，證交法第157條之1有關18小時之計算，係以派報或電視新聞首次播
出或輸入電子網站時點孰後者起算，以杜絕爭議。另為求明確，明定派報
時間早報以上6：00起算，晚報以下午3：00起算[47]。

---

[45] 美國係根據證交所之指導方針，須透過道瓊資訊系統、路透社經濟資訊網路等媒體發
　　布消息，而日本係依金融商品交易法之規定，須透過同條文規定之2個以上新聞媒體予
　　以公開。

[46] 同前註41第6條第2項。

[47] 同前註41第6條第3、4項。

柒、內線交易犯罪主觀構成要件之探討

　　在探究犯罪主觀構成要件方面，我們必須先行瞭解涉案公司內部人是否「實際知悉」內線消息，且於內線消「成立」與「公開」之時段內，有加以利用圖謀私利之買賣股票行為。茲分述如下：

一、內部人是否真正「實際知悉」涉案公司確有重大影響股票價格之內線消息產生？

　　內線交易須為內部人實際知悉發行股票公司有未經公開將影響市場供需關係之內部消息，在該消息未經公開前蓄意利用，買賣該公司上市或上櫃股票謀利，或將內部消息傳遞給他人買賣該公司上市或上櫃股票謀利，即構成內線交易。內部人擅用內部消息買賣股票謀利，乃是股市內線交易之根源。在探究主觀犯罪成要件方面，必須先行瞭解涉案公司內部人是否「實際知悉」前述內線消息，且於內線消息「成立」與「公開」之時段內加以利用圖謀私利？

　　現行證交法規定內部人涉及內線交易案件，主觀上必須『實際知悉』有內線消息，原規定為『獲悉』，99年6月2日公布修正通過證交法第151條之1第1項，將原「獲悉」修正為「實際知悉」，然此項修正並非行政院版修正草案[48]，係立法院賴士葆委員於協商討論時所增列，並未附修正理由，本修正立法意旨究竟為何？及實際知悉定義為何？均有待討

---

[48] 參閱立法院第7屆第1會期第13次會議議案關係文書（院總第727號政府提案第11056號）案由：行政院函請審議「證券交易法部分條文修正草案」案。第157條之1修正案：「下列各款之人，獲悉發行股票公司有重大影響其股票價格之消息時，在該消息未公開或公開後十八小時內，不得對該公司之上市或在證券商營業處所買賣之股票或其他具有股權性質之有價證券，自行或以他人名義買入或賣出：一、該公司之董事、監察人、經理人及依公司法第27條第1項規定受指定代表行使職務之自然人。二、持有該公司之股份超過百分之十之股東。三、基於職業或控制關係獲悉消息之人。四、喪失前三款身分後，未滿六個月者。五、從前四款所列之人獲悉消息之人。前項各款所定之人，獲悉發行股票公司有重大影響其支付本息能力之消息時，在該消息未公開或公開後十八小時內，不得對該公司之上市或在證券商營業處所買賣之非股權性質之公司債，自行或以他人名義賣出。」另請參考99年5月4日立法院公報第99卷31期3796號第341至342頁。

論，如逕行推論藉此強調未來檢察官必須負嚴格舉證責任，俾使內線交易構成要件更為嚴格，似將對執法產生困擾，不可不慎。

　　內線交易須涉案公司內部人「實際知悉」公司某項訊息確實為重大影響其股價格之消息（內線消息），而仍故意加以利用，買賣該公司股票謀利，或將內部消息傳遞給他人買賣該公司上市或上櫃股票謀利，影響交易之公平，由於本要件涉及「實際知悉」、「故意」、「意圖」等行為人主觀之犯意，查證不易，應憑真實之證據，倘主觀犯意欠明確，應不得逕以擬制推定之方法為判斷之基礎，尤其股票交易常為各企業投資理財或財務調度等原因，情形各不相同，尚不得以一次買賣即認定為內線交易，刑事訴訟法證據證明之資料，無論其為直接或間接證據，均需達通常一般人均不致有所懷疑，而得確信其為真實之程度，始得為有罪之認定，若其關於被告是否犯罪之證明未能達此程度，而有合理懷疑之存在，致使無從形成有罪之確信，依據「罪證有疑，利於被告」之證據法則，不得遽為不利被告之認定，此點執法者必須特別注意。由於本次修法將犯罪主觀要件更改為『實際知悉』，語意未明，且由於修正未附修正理由，在偵辦內線交易案件上，由於主觀構成要件不明確，易生認定之困難，作者建議未來之修法時，宜再明確化，以符合刑事罪刑法定之定義。

　　舉例而言，在民國85年統一證券內線交易案件中[49]，被告杜聰輝即以「不知悉」為部分理由，而獲判無罪。統一證券內線交易案在查核過程中，雖列舉涉案被告基於職務關係而知悉之內部消息，並參考內線交易行為發生之時點與訊息公開時點之差異，並蒐集涉案人簽名之「每日買賣決策表」等內部文件，據以「合理推論」，涉案被告事前知悉重大消息之內容，並基於該重大消息買賣股票。但經統一證券以釋股規劃作業係承銷部經理與統一超商財務部之私人委任行為並未向公司報告，杜聰輝雖為統一證券之總經理，仍未存必然知悉之理；又「每日買賣決策表」係為自營部訂定，於成交後方補呈遞涉案被告作例行性簽章，並無事先授意買賣之實，並經涉案被告之秘書結證；至各項證據隱存瑕疵，且內線交易係屬刑事責任，依刑事訴訟法第154條及第301條明文規定，事實之認定應憑證

---

[49] 台灣高等法院86年上易字第2017號判決。

據，證據之審認，若尚有瑕疵未究明之前，即不能推論作為斷罪之基礎，故該案被告終獲無罪之判決。

二、內部人是否於前述內線消息成立後，未公開前或公開後18小時內曾有自行或以他人名義買入或賣出涉案公司股票之利用行為？

　　內線交易犯罪之性質，一般皆解為即成犯（或行為犯、舉動犯），而非結果犯。內線交易之禁止僅須涉案公司內部人具備「實際知悉發行股票公司有重大影響其股票價格之消息」及「在該消息未公開前，對該公司之上市或在證券商營業處所買賣之股票，買入或賣出。」此二形式要件即成。故內部人知悉消息後，並買賣股票，是否有藉該交易獲利或避免損失之主觀意圖，應不影響其犯罪之成立；且該內部人是否因該內線交易而獲利益，亦無足問[50]。一般公司內部人在公司有內線消息產生時買賣公司股票要千萬注意，以免誤觸法網。由於公司內部人買賣公司股票情形大不相同，尤以公司內部人因融資、融券買進公司股票在股市漲跌大幅變動時，常有部分非自願性之買賣行為發生，但亦有觸法之可能，證券主關機關曾就此解釋[51]，公開發行公司董事、監察人因「非自發性之行為或非可歸責於自己之理由」，造成持股成數不足而依規定補足持股成數，該次買進之股票，得不列入歸入權行使之範圍。然此所「非自發性之行為或非可歸責於自己之理由」，係指「其他董事持股質押而造金融機構強制賣出」並未包括「董事自行決定斷頭賣出之行為」。另亦釋示「公開發行公司董事之配偶將公司股票質押於銀行，經銀行追補擔保品而買進股票之行為，不得免除歸入權之行使」，故董事因股票被質押而自行斷頭賣股票之行為，應非屬「非自發性之行為或非可歸責於自己之事由」[52]。

　　另公司內部人因向銀行貸款負沉重之利息壓力，在有內線消息成立之時間內，為償還債務陸續出售公司股票以償還銀行貸款，是否有主觀之犯

---

[50] 最高法院91年台上易字第3037號判決。

[51] 財政部證券暨期貨管理委員會台財政三第21873號函，就有關公開發行公司董事、持股成數不足與歸入權等規定之適用問題釋示。

[52] 財政部證期會88台財政三第76514號函。

意，法院認為認定犯罪事實所憑之證據，固不以直接證據為限，間接證據亦應包含在內，惟採用間接證據時，必其所成立之證據，在直接關係上，雖僅足以證明他項事實，而由此他項事實，本於推理之作用足以證明待證事實者，方為合法，若憑空之推想，並非間接證據。故不能以推測或擬制之方法，以為判決基礎，否則即屬違背證據法則[53]。

捌、結論

　　法律原則係社會生活規範所確認，並在法律架構下產生之基本思想。刑事責任原則為刑事法律之原則，是國家有效解決爭議衝突，並在刑事法律中得到確認之基本思維。刑事責任不僅要以犯罪人之行為及結果為基礎；同時，也要以造成為害行為及後果之主觀因素為條件。雖然刑事責任從本質上而言係遏止犯罪之手段，其著眼點不在於犯罪行為人已造成之危害行為及後果，而主要在探究其危害行為及結果之主觀危險性原因。

　　犯罪事件刑事責任存在之前提條件係具備「犯罪行為」，是否成立刑事責任必須考量行為人主觀上是否有犯意，客觀上是否具有危害行為及犯罪結果。刑事責任犯罪主觀因素與客觀因素係互為條件，相互依存，而非對立分別論斷，亦即刑事責任不僅要以已然之行為及後果為基礎，同時也要以造成前述危險行為及後果之主觀因素為條件。從刑法總則觀之，正當防衛、緊急避難由於不具備主觀犯罪要件，故不具犯罪性質，不存在刑事責任問題。其次在判定刑事責任程度時，需依據主觀犯罪要件程度，判定從輕、從重及減輕等具體刑事責任，另對故意犯罪與過失犯罪之區別，責任能力與責任年齡對刑事責任之限制，累犯、主犯、從犯、教唆犯等從重、中止犯、自首從輕、減刑或免除規定，皆充分強調主觀因素在確定刑事責任「量」之重要意義。預備犯、未遂犯、既遂犯區別對待原則，加重結果犯以及金融犯罪（如銀行法、證交法、保險法等金融七法）中數額之規定，則充分考慮實際為害之後果，及主觀惡性實現之程度對刑事責任的

---

[53] 最高法院94年台上字第1433號判決。

影響。再次，刑法中還規定緩刑、假釋、減刑等制度，亦充分強調行爲人主觀危險性在刑事責任實現和個別案件中之意義。此外刑法分則及特別刑法皆確立相對不定期刑制度，其爲法院在處理具體案件時，進一步考慮犯罪行爲人主客觀因素，對其酌定行爲人刑事責任時留下充分審判空間。

　　法律人皆瞭解不論學術及實務觀點立場如何，社會科學本無絕對之眞理，基於學術討論於實務運作互相激盪以期精進之理念，作者於本章中提供學理上不同思考角度與觀點，盼在人類社會進步及法制文明發展過程中，基於刑事責任「目的性」與「合理性」之要求下，對現代刑事責任制度之確立，尤以刑事責任於財金法制制定及金融犯罪審理上提供淺見，盼有助於學術及實務之檢討與借鏡。

（本文2011年12月發表於銘傳大學法學論叢第16期，第155至188頁。）

第六章
證券交易法第157條之1有關股市「內線交易」犯罪行為構成要件及其相關責任之探討

壹、內線交易之意義

內線交易又稱為內部人交易，係指與發行公司有關係的內部人等，基於職務或控制關係獲得未公開之內線消息，並利用此消息直接或間接進行證券交易以圖謀利益或規避損失之行為謂之。然為維護證券市場之公平交易與機會均等、杜絕股價操縱行為、促進證券市場資訊迅速透明化、維護公司資產之正當運用，避免為有心人士挪用以炒作股價、並增進公司經營決策之健全與時效，實有必要加以規範禁止。

由於公司內部人掌握公司之經營權，對於公司利多或利空之消息，自較一般投資人更早一步知悉，一旦內部人利用此特權進行尚未公開且足以影響股價之消息，買賣特定之有價證券，相對於不知情之一般投資人而言，顯失公平，違反者如果不加以規範，將使投資人對於證券市場之公平性失去信心，造成少數人暴利建立在多數不知情證券投資人之損失上，嚴重破壞證券市場之公平性，造成股票市場不法操縱之畸形現象，各國法律皆有明文禁止。

貳、內線交易之立法沿革

證券交易係企業藉由證券市場獲得資金及投資人藉由證券市場參與投資之經濟活動，如果證券交易受到不正常之外力影響而造成價格暴跌，非但投資大眾將受到莫大之損害，企業資金之調度亦受到極大之打擊，是故對於內線交易行為，世界各國莫不課以刑事制裁。

民國77年證券交易法修訂前，證券交易法中對於董事、監察人、大

股東及經理人等所謂內部人買賣自家公司股票之規範，僅止於第157條短線交易之禁止，並未禁止內部人員利用未經公開之重要消息買賣公司股票以圖利，加以其行為在刑法上又不構成詐欺罪，形成證券管理上之一大漏洞，股市流傳口語「散戶怕作手，作手怕公司大戶」，即其印證，為維護證券市場之公開、公正及公平要求下，77年證券交易法修正時，乃參照先進國家之法例於證券交易法中增訂第157條之1，並於同法第175條增列刑責二年，以往由於最高刑度僅能課處二年以下有期徒刑，在實務上內線交易判決有罪者，多半僅課處被告罰金刑或得易科罰金之短期自由刑，例如台灣煉鐵公司內線交易案，法院對被告僅課處新台幣五萬元之罰金[1]，實難藉由刑罰之一般預防效果阻止內線交易行為之產生。為加重從事內線交易者之刑責，89年6月證券交易法修正時，內線交易刑罰由第175條移到第171條第1款並提高其最高刑罰為七年以下有期徒刑，希望藉由提高刑處嚇阻不法[2]。

　　93年4月行政院為建構高紀律、公平正義之金融環境，並健全金融市場之紀律與秩序，配合金融七法之修正，內線交易之刑處提高為三年以上十年以下有期徒刑，得併科新台幣一千萬元以上二億元以下罰金[3]。至前所稱之犯罪所得，修正條文中並未有所定義，其確定金額之認定，宜有明確之標準，俾法院適用時不致產生疑義，其計算犯罪所得時點，依刑法理論而言，應以犯罪行為既遂或結果發生時該股票之市場交易價格，或當時該公司資產之市值為準。至於計算方法，可依據相關交易情形或帳戶資金進出情形或其他證據資料加以計算。例如對於內線交易可以行為人買賣之股數與消息公開後價格漲跌之變化幅度差額計算之，不法炒作亦可以炒作行為期間股價與同性質同類股或大盤漲跌幅度比較乘以操縱股數，計算其差額。

---

[1]　台灣高等法院78年度易字第2428號判決。
[2]　民國89年7月19日總統（89）華總(一)義字第8900178720號令修正公布。
[3]　民國93年4月28日總統華總一義字第09300080621號令修正公布。

參、內線交易現行法律規範

一、證交法第157條之1

下列各款之人，獲悉發行股票公司有重大影響其股票價格之消息時，在該消息未公開前，不得對該公司之上市或在證券商營業處所買賣之股票，買入或賣出：

(一)該公司之董事、監察人及經理人。

(二)持有該公司股份超過百分之十之股東。

(三)基於職業或控制關係獲悉消息之人。

(四)從前三款所列之獲悉消息者。

違反前項規定者，應就消息未公開前其買入或買出該股票之價格，與消息公開後十個營業日收盤平均價格之差額限度內，對善意從事相反買賣之人負損害賠償責任；其情節重大者，法院得依善意從事相反買賣之人之請求，將責任限額提高之三倍。

第1項第4款之人，對於前項損害賠償，應與第1項第1款至第3款提供消息之人，應負連帶賠償責任，但第1項第1款至第3款提供消息之人有正當理由相信消息已公開者，不負賠償責任。

第1項所稱有重大影響其股票價格之消息，指涉及公司之財務、業務或該證券之市場供求、公開收購，對其股票價格有重大影響，或對正當投資人之投資決定有重要影響之消息。

第22條之2第3項之規定，於第1項第1款、第2款準用之；第20條第4項之規定，於第2項從事相反買賣之人準用之。

二、證交法第171條

有下列情事之一者，處三年以上十年以下有期徒刑，得併科新台幣一千萬元以上二億元以下罰金：

(一)違反第20條第1項、第2項、第155條第1項、第2項或第157條之1第1項之規定者。

　　(二)已依本法發行有價證券公司之董事、監察人、經理人或受僱人，以直接或間接方式，使公司爲不利益之交易，且不合營業常規，致公司遭受重大損害者。

　　(三)已依本法發行有價證券公司之董事、監察人或經理人，意圖爲自己或第三人之利益，而爲違背其職務之行爲或侵占公司資產。

　　犯前項之罪，其犯罪所得金額達新台幣一億元以上者，處七年以上有期徒刑，得併科新台幣二千五百萬元以上五億元以下罰金。

　　犯第1項或第2項之罪，於犯罪後自首，如有所得並自動繳交全部所得財物者，減輕或免除其刑。

　　犯第1項或第2項之罪，在偵查中自白，如有所得並自動繳交全部所得財物者，減輕其刑；因而查獲其他共犯者，減輕其刑至三分之二。

　　犯第1項或第2項之罪，其所得利益超過罰金最高額時，得加重罰金；如損及證券市場穩定者，加重其刑。

　　犯第1項或第2項之罪者，其因犯罪所得財物或財產上利益，除應發還被害人、第三人或應負損害賠償金額者外，以屬於犯人者爲限，沒收之。如全部或一部不能沒收時，追徵其價額或以其財產抵償之。

三、證券交易法施行細則第7條

　　本法第36條第2項第2款所定發生對股東權益或證券價格有重大影響之事項，指下列事項之一：

　　(一)存款不足以退票、拒絕往來或其他喪失債信情事者。

　　(二)因訴訟、非訟、行政處分、行政爭訟、保全程序或強制執行事件，對公司財務或業務有重大影響者。

　　(三)嚴重減產或全部或部分停工、公司廠房或主要設備出租、全部或主要部分資產質押，對公司營業有影響者。

　　(四)有公司法第185條第1項所定各款情事之一者。

　　(五)經法院依公司法第287條第1項第5款規定其股票爲禁止轉讓之裁定者。

　　(六)董事長、總經理或三分之一以上董事發生變動者。

　　(七)變更簽證會計師者。但變更事由係會計師事務所內部調整者，不

包括在內。

　　(八)重要備忘錄、策略聯盟或其他業務合作計畫或重要契約之簽訂、變更、終止或解除、改變業務計畫之重要內容、完成新產品開發、試驗之產品已開發成功且正式進入量產階段、收購他人企業、取得或出讓專利權、商標專用權、著作權或其他智慧財產權之交易，對公司財務或業務有重大影響者。

　　(九)其他足以影響公司繼續營運之重大情事者。

肆、內線交易之適用範圍（行為客體）及對象（行為主體）

一、適用範圍（行為客體）

　　91年2月本法修正前我國證券交易法對於內線交易規範之行為客體，僅限於上市股票或證券商營業處所買賣之股票（上櫃股票），惟參酌國外相關立法，如美國證券交易法其所規範之有價證券係指上市或非上市之證券，包括股票及可轉換為股票之債券性質之證券，但不包括公司債[4]，可知91年修正前我國證券交易法與外國法相較下，我國對於內線交易行為客體之規範似較狹窄，且近年來由於許多衍生性金融商品皆可轉換為股票進行套利之情況下，若仍將內線交易之客體僅限於股票上，即將產生漏洞，故於91年2月參考外國立法以及為防制內部人於知悉內線消息後透過其他交易型態以規避該條之規範下，將內線交易規範客體加以擴張，而於證券交易法第157條之1第1項後段增加「其他具有股權性質之有價證券」亦為內線交易適用之對象。

　　查現行證券交易法及施行細則中，並未對證券交易法第157條之1所稱具有股權性質之有價證券加以明文，如此在適用法律上易產生疑義。然查證券交易法第157條第6項在90年修正時增訂，關於公司發行有股權性質之其他有價證券，準用證券交易法第157條規定，此乃因規範公司發行

---

[4]　美國證交法第10條第2項。

具有股權性質之其他有價證券，如可轉換公司債等適用第157條，俾周延有價證券歸入權行使規範，故可知在第157條之條文中亦使用「具股權性質之有價證券」一詞，與91年2月修正證券交易法第157條之1第1項之用語完全相同，另查證券交易法施行細則第11條第1項，本法第157條第6項所稱具有股權性質之其他有價證券，指可轉換公司債，附認股權公司債，認股權憑證，認購權證，股款繳納憑證，新股認購權利證書，新股權利證書，債券換股權利證書，及其他具有股權性質之有價證券。另民國90年3月財團法人中華民國證券櫃台買賣中心函示：新修正證券交易法第157條，將歸入權範圍擴及於下列標的：(一)可轉換公司債；(二)附認購股權公司債；(三)認購股權憑證；(四)認購（售）股權證；(五)新股認購權利證書；(六)新股權利證書；(七)換股權利證書；(八)債券換股權利證書；(九)其他經財政部核定具有股權性質之有價證券[5]。

　　由上述轉換可推知，本法第157條之1所稱之「其他具有股權性質之有價證券」，其適用範圍可準用本法施行細則第11條第1項所含之各類金融商品在內，並非不確定之法律概念，此在司法偵辦實務上不可不知。

　　此外，91年元月主管機關鑑於未上市股票透過盤商仲介交易弊端叢生，不僅發行公司資訊不明，相關財務、業務資料不能即時公開；交易資訊也未有客觀公正之揭示管道，成本資訊更為缺乏，盤商操縱股價之情事也時有所聞；至於成交後之款券交割方面，亦因買賣雙方互不信任，只能採取一手交錢一手交貨之原始方式，非但不便，亦缺乏效率，為解決上述問題，提供未上市公開發行公司股票一合法、安全及透明之市場，並將未上市（櫃）股票納入制度化管理，以保護投資大眾，故指示證券櫃檯買賣中心廣泛徵詢各界意見後，新制股票正式定名為興櫃股票，故有關興櫃之買賣係透過證券商營業處所進行之交易，因之興櫃股票若有涉及內線交易之情形仍在本條規範適用範圍之內。

二、適用對象（行為主體─內部人）

　　所謂內部人係實務上之用語，而非法律上之用語，依證券交易法第

---

[5]　櫃買中心90年3月12日證櫃上字第07631號函。

175條之1第1項第1款至第4款之規定，被禁止利用內線消息交易之內部人包括：

(一)公司董事、監察人

我國實務上並未對證交法第157條之1所稱之董事、監察人加以明確定義，因此，凡依公司法規定，由股東會所選出之董事及監察人均屬之，且不問是否為執行業務之董事抑或董事長、副董事長或常務董事。

此外，依公司法第27條第1、2項規定，代表法人行使董、監職務之自然人及以法人代表名義當選董、監事者，亦為本款規範對象[6]。

另上述人員除本人外，依據證交法第175條之1第5項：「第二十二條之二第三項之規定，於第一項第一款、第二款準用之」之規定，即不得利用配偶、未成年子女及他人名義，從事內線交易之行為。

(二)經理人

稱經理人者，謂有為商號管理事務，及為其簽名之權利之人（民法第553條），公司之經理人在執行職務範圍內，亦為公司負責人（公司法第8條第2項）。惟證券交易法上所稱之經理人，依證期局之函示[7]，應從公司法之解釋，故依公司法第29條所設置之經理人係本條所規範的對象[8]。

惟名義上雖係公司經理人，但未向經濟部辦理經理人登記或非依章程設置有為公司管理事務及為公司簽名權利之經理人，是否為本款所稱之「經理人」？其次，名義上雖非經理人，但實際上有為公司簽名並管理事務之人是否為本款之「經理人」？證期局於南僑公司案的移送意旨中表示：「被告陳進財原為南僑公司副總經理，於七十八年十二月二十七日經

---

[6] 在中纖公司案中，被告即以是中纖公司股東慶騂公司代表人之身分遭證期局移送（台北地方法院檢察署78年偵字第9033號不起訴處分書參照）。

[7] 財政部證券管理委員會80.7.27（80）台財證(三)字第19337號謂：有關貴公司函請釋示證券交易法中經理人疑義乙節，應依公司法關於經理人之規定辦理，包括已向經濟部辦理經理人登記，或依章程設置有為公司管理事務及為公司簽名權利之經理人。

[8] 公司法第29條規定：「公司得依章程規定置經理人，經理人有二人以上時，應以一人為總經理，一人或數人為經理。」（第1項）「經理人之委任、解任及報酬依左列規定定之：……三、股份有限公司須有董事過半數且同意。」（第2項）「置有總經理之公司，其他經理之委任、解任，由總經理提請後，依前項規定辦理。」（第3項）

該公司改派負責海外事業業務，雖未登記爲公司經理人，然實質上負責南僑公司海外事業業務，應認爲屬於證券交易法第一百五十七條之一第一項所定之經理人，縱非如此，被告對於該公司出受寶僑家品股份有限公司股票予美商及瑞士商之消息，因屬海外事業部有關業務，仍屬於同法條第一項第三款所規定之基於職業關係獲悉消息之人[9]。」

(三)持有該公司股份超過百分之十之股東

此即所稱之大股東，渠因持有股份較多，具有相當影響力，且常有機會接觸公司之內部消息。而所謂「持有該公司股份超過股份百分之十」係以公司已發行股份爲計算基礎，故公司未發行或已收回之股份不算在內。但計算總數時，依證券交易法第22條之2第3項之規定，應將行爲人配偶、未成年子女，及利用他人名義持有之股份計算在內。

其次，須股東於取得重大消息時，其股份已超過百分之十乃受本法規範[10]。

此外，董事、監察人及持有公司股份百分之十股東之配偶、未成年子女及利用他人名義持有者從事內線交易時，依證券交易法第157條之1第5項之規定，準用同條第1項依第171條之規定加以處罰[11]。

---

[9] 台北地方法院80年偵字第3131號不起訴處分書參照。

[10] 台北地方法院79年易字第22號刑事判決（新亞公司案）即謂：「按證券交易法第一百五十七條之一第一項第二、三款規定，持有該公司股份超過百分之十之股東或基於職業或控制關係獲悉消息之人，獲悉發行股票公司有重大影響股票價格之消息時，在該消息未公開之前，不得對該公司之上市或在證券商營業處所買賣之股票，買入或賣出，……必須在獲知該消息，且尚未公開之時，持股比率超過百分之十，且在獲致利多消息時買入股票，獲悉利空消息時，賣出股票，始足當之，此為該法條之當然解釋。」即以股東實際持有數，而非以股東名簿為準。

[11] 法務部司法實務研究會第40期法律問題之十
資料來源：法務部公報第131期第60頁
〔法律問題〕某甲係發行股票公司之董事，於獲悉公司取得新產品之專利權，即將行銷市面，盈餘豐厚，乃於該重大影響公司股票價格之消息公開前告知其妻某乙，某乙復將該消息告知其友某丙，某丙又轉知某丁，嗣某丙、某丁均於上開消息公開前，至交易市場，各買入該公司股票一萬股。問某丙、某丁是否違反證券交易法第157條之1第1項規定，而犯同法第175條之罪。
〔檢察司意見〕本題中某丙、某丁與某甲之間是否預先有互傳股票消息之聯絡，並未說明。某丙、某丁與某甲之間預先有此種聯絡，而某乙只是代為傳話時，則某丙、某

(四)基於職業或控制關係獲悉消息之人（準內部人或市場內部人）

基於職業者包括會計師、律師、證券承銷商、證券交易所、證期局及授信銀行等人員，因此基於職業而有獲悉消息之機會者，均包括在內。至於因控制關係獲悉消息，由於證券交易法及施行細則均未明文規定，作者認為應將之解釋為基於持股、契約或其他中介方式，而可直接或間接對於公司之管理或政策有影響者而言，例如母公司利用其對子公司所有之表決權，取得董監事和經理人之職位，從而母公司能左右子公司的經營決策，並有機會獲得子公司之內部消息。如母公司利用這些內部消息進行子公司股票之買賣行為或其他損害子公司利益之行為，則母公司可能於獲得利益之同時，侵害其子公司之利益。然而控制關係之定義，證券交易法並未作明確解釋，我公司法關係企業專章第369條之2、第369條之3對於控制關係之定義可供參考[12]。

(五)由董事、監察人、經理人、持有股份超過百分之十股東及基於職業或控制關係獲悉消息之人處獲悉消息者（消息受領人）

此等獲悉消息之人即證券交易法上所規範之「消息受領人」。所稱消息受領人係指自公司內部人或準內部人處獲悉消息之人，有關於消息受領

丁仍屬直接自某甲得悉影響股價之消息，應已違反證券交易法第157條之1第1項第4款之規定，而犯同法第175條之罪。又倘某丙、某丁與某甲間預先無此聯絡，僅係甲妻某乙出於己意告知某丙及某丁時，則依同法第157條之1第5項規定，關於該條第1項第1款、第2款規定之公司董事、監察人、經理人及持有該公司股份超過百分之十之股東等不得為內線交易之人，準用同法第22條第3項規定，應包括配偶及未成年子女，故某丙某丁之股價消息雖係得自某乙，仍違反該法第157條之1第1項第4款之規定，而犯同法第175條之罪。

[12] 公司法第369條之3：

有左列情形之一者，推定為有控制與從屬關係：

一、公司與他公司之執行業務股東或董事有半數以上相同者。

二、公司與他公司之已發行有表決權之股份總數或資本總額有半數以上為相同之股東持有或出資者。

公司法第369條之2：

一、公司持有他公司有表決權之股份或出資額，超過他公司已發行有表決權之股份總數或資本總額半數者為控制公司，該他公司為從屬公司。

二、除前項外，公司直接或間接控制他公司之人事、財務或業務經營者亦為控制公司，該他公司為從屬公司。

人之範圍該如何界定，事關投資人權益，除直接獲悉者外，間接獲悉消息者當亦適用，只是此類間接獲悉消息者是否包括在本款之內，目前在我國司法判決上，尚未獲一致見解，然解釋上似應包括在內較為合理。亦即消息受領人除直接由前述內部人或準內部人獲悉消息者（即第一手消息受領人）外，尚包括間接從前述內部人或準內部人獲悉消息者（即所謂第二手以下之消息受領人）在內。我國證券交易法有關內部交易人理論係繼受美國內部人交易理論以及判例而來，有關消息受領人範圍之界定，係採消息傳遞理論，當獲悉消息如係基於特別之地位、關係或角色，為維護市場公平性公正性，無論其係第幾手之消息受領人，皆具有同一法律上之理由，應為本條規範之對象，換言之，只要消息受領人對於提供消息之人與終極消息發生源間之關係有認識為已足。

另消息受領人之責任具有衍生性，即必須告知消息人有責任，消息受領者始有責任可言，換言之，如非前述內部人故意告知，僅係消息受領人於偶然中得知，如公司內部人在交談中，不慎被人聽見；或是公司內部人不慎將公司內部資料遺漏於公車上，此時應無將消息受領者列入本款範圍之內。

另參考美國司法實務及學說，受領消息者責任之成立不以告知消息者因洩密而獲有利益為前提，除金錢利益以外，尚包括將公司內線消息當作禮物，給予親友以提升彼此間友誼關係亦屬之，本法之解釋亦應採相同之立場，不以告知消息人獲有金錢或可轉換為金錢利益為必要。

此外，法人（如法人身分之董事、監察人或股東）從事內線交易行為時，則依證券交易法第179條之規定，處罰其為行為之負責人[13]。

---

[13] 刑罰對象是「人」，而在法律上所稱之「人」則有自然人及法人兩種，惟「法人」僅為一個組織體（如公司），其本身無法從事實際行為，必須假手於自然人，一般而言，法人不成為刑事處罰之對象；目前普通刑法所規範之犯罪類型，並無處罰法人之規定。但法人有一定之存在目的，為適應現在社會經濟之需要，對於違反國家為維持社會秩序所規定命令或法令之企業組織體，而其性質上能處罰且又能達其遵守法令之目的，即有必要加以處罰，故行政法上常有處罰法人之規定。一般而言，其處罰類型可分為二類：

一、法人應與自然人同負刑事責任者，即學說上稱為「兩罰規定」；其所處罰者不僅限於法人，實際行為之人亦加以處罰，如我國勞動基準法第81條第1項規定：「法

伍、內線交易之客觀構成要件

一、公司是否有「重大影響其股票價格之消息（內線消息）」發生？

何謂「內線消息」？此為決定內線交易案件是否成立首先必需先行確定之事實，「內線消息」依證交法第157條之1第4項規定，採抽象定義方法，所稱有重大影響其股票價格之消息，指「涉及公司之財務、業務或該證券之市場供求、公司收購，對其股票價格有重大影響，或對正當投資人之投資決策有重要影響之消息」。依立法原意，前述規定之內線消息解釋上應可分為下列二項：(一)指『涉及公司之財務、業務』，對其股票價格有重大影響，或對正當投資人之投資有重要影響之消息。(二)指『涉及該證券之市場供求』，對其股票價格有重大影響，或對正當投資人之投資決定有重要影響之消息。

然而由於本項適用範圍證交法及證交法施行細則皆未明定具體規範，以致適用時無一定標準，實務上許多重大消息發布後，往往內線交易行為早已於前一段時期陸續完成，致消息發布後，股票價格並未明顯變動，反而無法舉證內部交易人之刑事責任，證交法第157條之1第4項後段「對正當投資人之決定有重要影響」之規定，經觀諸歷年之處分書及判決書，尚無類似可以援引之先例，故如何判斷對投資人之決定有重大影響，將流於個案認定，而認定之標準殊值進一步研議。因之在偵辦內線交易案

人之代表人、法人或自然人之代理人、受僱人或其他從業人員，因執行業務違反本法規定，除依本章規定處罰行為人外，對該法人或自然人並應處以各該條所定之罰金或罰鍰。」而法人所負之責任係推定過失責任，日本實務曾認為：「關於適用兩罰規定之情形，業務主對於其代理人、使用人及其他從業者之違法行為，推定業務主對於行為人之選任、監督及防止違法行為之發生未盡必要之注意。」（最高裁昭四十‧三‧二六，刑集一九‧二‧八三頁）

二、而證券交易法第179條的立法方式稱為「代表者代罰規定」，於法人在業務上發生違法行為而依法律之規定應處罰法人時，將罰責規定適用於董、監事或執行法人業務之職員（行為人）。代表者代罰的立法背景仍受到法人犯罪能力否定說的影響，法人所負之刑事責任仍係無過失責任。參考神身敏雄，『日本の經濟犯罪—その實情と法的對應』，日本評論社，1997年1版2刷，第274頁。

件時易產生爭議而爭訟不斷。目前一般解釋上多將內線消息之適用範圍準用證交法施行細則第7條有關證交法第36條第2項第2款所定「發生對股東權益或證券價格有重大影響」之下列各事項：

(一)存款不足之退票、拒絕往來或其他喪失債信情事者。

(二)因訴訟、非訟、行政處分、行政爭訟、保全程序或強制執行事件，對公司財務或業務有重大影響者。

(三)嚴重減產或全部或部分停工、公司廠房或主要設備出租、全部或主要部分資產質押，對公司營業有影響者。

(四)有公司法第185條第1項所定各款情事之一者。

(五)經法院依公司法第287條第1項第5款規定其股票為禁止轉讓之裁定者。

(六)董事長、總經理或三分之一以上董事發生變動者。

(七)變更簽證會計師者。但變更事由係會計師事務所內部調整者，不包括在內。

(八)重要備忘錄、策略聯盟或其他業務合作計畫或重要契約之簽訂、變更、終止或解除、改變業務計畫之重要內容、完成新產品開發、試驗之產品已開發成功且正式進入量產階段、收購他人企業、取得或出讓專利權、商標專用權、著作權或其他智慧財產權之交易，對公司財務或業務有重大影響者。

(九)其他足以影響公司繼續營運之重大情事者。

事實上上述九項規定，主要偏重在公司之財務、業務方面之重大影響事項，如果將「內線消息」只界定在上述九項範圍之內，則與原規定不盡相符，因原條文所稱「重大訊息」除財務、業務外，尚包括「證券市場供求」，為避免適用上之爭議，作者認為實有對「重大消息」有明確界定之必要，作者建議在證券交易法施行細則中明文規定證交法第157條之1第4項所稱涉及公司之財務、業務，對其股票價格有重大影響，或對正當投資人之投資決定有重要影響之消息，指下列消息：

(一)證交法施行細則第7條所定之事項。

(二)董事會決議減資、合併、重整、破產、解散、直接或間接進行重大投資計畫、變動經申報生效或申請核准之現金增資或募集公司債計畫或

修正公司發行具有股權性質有價證券之轉換或認股辦法之重要內容者。

(三)公司董事受停止行使職權之假處分裁定，致董事會無法行使職權者。

(四)發生災難、集體抗議、罷工或有環境污染情事，經有關機關命令停工、停業、歇業、廢止或撤銷相關許可者。

(五)公司主要債務人遭退票、申請破產、或其他類似情事；公司背書保證之主要債務人無法償付到期之票據、貨款或其他債務者。

(六)公司發生重大內部控制舞弊或非常規交易者。

(七)公司對於業務往來之重要客戶或供應商，本年度業務往來金額有鉅額下降者。

(八)會計師核閱之更正或更新財務預測，其預計營業收入、營業損益或稅前損益有大幅變動，或年度終了後，前開財務預測資訊與實際結果有重大差異者。

(九)其他涉及公司之財務、業務，對其股票價格有重大影響，或對正當投資人之投資決定有重要影響者。

另本法第157條之1第4項所稱涉及該證券之市場供求，對其股票價格有重大影響，或對正當投資人之投資決定有重要影響之消息，指下列消息：

(一)董事會決議買回或停止執行買回本公司股份者。

(二)有公開收購公開發行公司所發行之有價證券者。

(三)公司或從屬之控制公司股權有重大異動者。

(四)在證券集中交易市場或證券商營業處所交易之有價證券有重大違約交割、變更原有交易方法、停止買賣、限制買賣或終止買賣之情事或事由者。

(五)其他涉及該證券之市場供求，對其股票價格有重大影響，或對正當投資人之投資決定有重要影響者。

目前在未明文規定內線消息之適用範圍前，一般解釋舉凡涉及公司營業、財務及損益等預估事項，均可屬之，因之在適用上應屬審慎認定該公司是否確有所謂內線消息之事實？其內容如何？在何時成立？均為內線交易案件成立之重要先決問題，如上述答案為否定，則無庸再就內線交易

進行查證，因欠缺「內線消息」之存在，即無「內線交易」之行為發生，內線交易案件之偵辦應循構成要件之次序逐步查證，俾釐清案情，減少涉案者之困擾。舉例而言，在統一證券案中，涉案被告獲悉統一公司將釋出百分之百轉投資之統一超商股票，勢將產生重大之營業外收益，當然構成「涉及公司財務、業務之消息」。且此鉅額之營業外收益將使統一公司之股票價格上漲，吸引投資資金競逐，故釋股訊息亦構成「涉及該證券之市場供求之消息」，故統一公司釋股規畫就此部分觀之可視為內線消息無疑[14]。

有關本項討論重大影響其股票價格之消息界定，筆者認為在此似可參考日本立法例將內線消息之重大性予以類型化及量化，此一方式可收彈性運用之效，避免因列舉方式造成漏洞，內線交易事涉刑責，在罪刑法定主義之原則下，應藉由國外相關法規與判例之累積，應使重大性予以具體化，較符合刑法之本質，另於判斷系爭消息是否為重大消息時，似亦可盡量參考美國實務上倚賴專家證詞之作法，藉助專家之素養，使法官得以作合適妥當之判斷。

二、如確有前述內線消息存在，則應再行確定內線消息「成立」與「公開」之時點，俾確立內線交易案件適用之時段。

內線交易案件之適用，依證交法第157條之1規定，必需是行為人獲悉該內線消息後，在該消息「未公開前」為股票買賣之行為，因之內線交易行為人利用該消息買賣股票圖利之行為僅限於「內線消息成立後至公開前之時段」，在此時段以外有關買賣公司股票皆與內線交易無涉；換言之，內線消息確定成立之時至該消息公開前，方屬證交法第157條之1所謂「在該消息未公開前，不得對該公司之上市或在證券商營業處所買賣（上櫃）之股票買入或賣出」之情形。

本法第157條之1所謂之「公開」，衡諸該條之立法意旨，係為維繫股票市場之公平及正常之交易以觀，如報章雜誌報導之重大訊息，經證實

[14] 台灣高等法院86年上易字第2017號判決。

與事實完全相符，該等消息既已置於不特定或特定之多數投資人可共見共聞之情形下，應認屬符合本法第157條之1有關「公開」之規定。故某重大影響股票價格之消息，如已經媒體報導，處於多數人得以共見共聞之情形，自應已屬「公開」，於該時期為買賣行為，即不應令其負違反證券交易法內線交易之責[15]。

　　一般在偵辦內線交易案件時，如何確定內線消息成立之時點是內線交易案件成立最關鍵之要點，內線消息之產生多半是公司內有重大資產之買賣、重要合約之簽訂，財務報表重大盈虧之發布等由公司少數內部人最先知曉，而導致內線交易案件之發生，而上述所謂之內線消息竟以事實發生日、會計師簽證核定日、公司董事會通過日或股東會通過日為內線消息成立之基準，現行法無明文規定，最嚴格的解釋當然以事實發生日為準，但是公司是法人組織，一切有關公司重大之營業、財務行為必需經董事會、股東會通過後始正式生效。至有關財務報表之盈虧公布情形亦同，不論季報、半年報、年報，各公司都需先行自結後再送會計師查核簽證，再經董事會、股東會承認後呈報證期局公告週知，因之內線消息之成立究以何時點為準，各級法院於判決中皆依個案認定，差異甚大。

　　綜言之，內線消息「成立」至「公開」之時段係偵辦內線交易買賣股票之重要成立依據，亦是內線交易案件是否成立之關鍵重點，要有足夠證據證明犯罪行為人知悉該等重大消息後，仍出售或買入股票，否則不得以臆測方式論罪[16]。案件偵辦時如未能掌握本時間要件，將使案件偵辦失去重心導致迷途，此為偵辦內線交易案件者不可不知之要素。

三、內線消息公開時點及公開方式之探討

　　內線交易之查核，有關消息「公開時點」之認定，係甚為重要之一部分，然而消息何時為已公開、需對誰公開及由誰公開等問題，在證交法中並未明訂，查台灣證券交易所依「台灣證券交易所股份公司對上市公司重大訊息之查證暨公開處理程序」對重大訊息之公開時點與方法規定，上市

---

[15] 同前註。
[16] 台灣高等法院91年上訴字第1399號判決。

公司如有證券交易法施行細則第7條各款及處理程序所稱39項所定各款情事之一，或發現大眾傳播媒體報導前述情事，或報導與事實不符者，應於事實發生後說明並輸入台灣證券交易所之股市觀測站資訊系統。在該項重大消息未經媒體管道或公司正式向社會大眾發布新聞前，即應視為重大訊息「未公開」[17]。

　　但是我們在統一證券內線消息交易案件中發現，對於內線消息公開與否，法院的認定確較為寬鬆，與上述交易所之規定有甚大差異，該案法院認為「重大影響股票價格之消息，如已經媒體報導，處於多數人得以共見共聞之情形，自應已屬公開，於該時期為買賣行為，即不應令其負違反證券交易法內線交易之責」[18]。據此在統一公司於股市觀測站公告釋股消息之前，已有部分報紙報導此一消息，法院認為消息已公開，故涉案被告人無需負內線交易之責，法院此種看法，筆者認為不甚妥適，其理由如下：

　　(一)釋股消息縱有部分區域性晚報刊載，惟公司對此消息尚未公告，即認為此消息已達「處於多數人得以共見共聞之情形」，實有斟酌餘地。況公司亦尚未公告，豈能稱為消息已公開，更具爭議。筆者認為法院實應就媒體之報導與公司重大訊息發布之內容與真實性，判斷其間股票價格之變化，與涉案者被告買賣行為之關連，來增強證據之證明力。

　　(二)由於資訊之發達，新聞媒體對於上市公司內部消息之公開，經常有比上市公司早一步獲知之情況。法院所認定之共見共聞，不應僅以有媒體報導為已足，如在台灣煉鐵案[19]，法院認為新聞界在公司尚未公開消息前，先行披露重大未公開的消息，尚不能稱為該消息已公開，即為一例。此外，更應考量媒體之公告效果是否可將消息傳播給一般投資大眾知悉，在前述統一證券內線交易案中舉證之報紙，為台北地區之晚報，其發行區域與發行量是否可讓消息傳達予多數人，不無疑義；而法院據以認為消息已公開，實有待商榷，實應將投資大眾取得資訊之機會是否公平均等列入考量以為周延。

---

[17] 台灣證券交易所股份有限公司對上市公司重大資訊之查證及公開處理程序第3條。
[18] 同註14。
[19] 台灣高等法院78年上易字第2428號判決。

(三)此外，按消息一公布，可能仍需若干時間才能傳播至投資大眾，在此段時間內，就目前證券市場的效率而言，內部人仍佔有消息上之優勢，若內部人於消息發佈之同時買賣股票，相對其他投資人而言，仍失之公平。故重大消息公佈後必須讓市場有一合理的時間去消化吸收消息後，方可進行買入或賣出，以維持證券交易之公平性，而所謂一段合理時間，在美國為二十四小時，日本則為十二小時。我國係參採日本法制，並考量我國公司財務、業務重大消息及公司決議或停止執行買回股份之消息均需輸入股市觀測站，爰規定消息經輸入股市觀測站十二小時後，始為公開。至若報導機關係綜合處理時事問題之通訊社、民營廣播公司及報導產業與經濟事務之日報等皆可。以我國而言，各家電視台、公民營廣播公司、經濟、工商日報、財星、產經新聞等報均為報導機關，只要向上開媒體傳達訊息，即屬公開之消息，至於媒體是否對外報導則在所不問。

陸、內線交易之主觀構成要件

在探究主觀構成要件方面，我們必須先行瞭解公司內部人是否「明知」前述內線消息，且於內線消息「成立」與「公開」之時段內加以利用圖謀私利？

內線交易需公司內部人「明知」公司某項訊息確實為重大影響其股票價格之消息（內線消息），而仍故意加以利用，買賣該公司股票謀利，或將內部消息傳遞給他人買賣該公司上市或上櫃股票謀利，影響交易之公平，由於本要件涉及「明知」、「故意」等行為人主觀之犯意，查證不易，應憑真實之證據，倘證據尚欠明確，不得以擬制推定之方法為判斷之基礎，尤其股票交易常為各企業投資理財或財務調度等原因，情形各不相同，尚不得以一次買賣即認定為內線交易，刑事訴訟法證明之資料，無論其為直接或間接證據，均需達通常一般人不致有所懷疑，而得確信其為真實之程度，始得為有罪之認定，若其關於被告是否犯罪之證明未能達此程度，而有合理懷疑之存在，致使無從形成有罪之確信，根據「罪證有疑，利於被告」之證據法則，不得遽為不利被告之認定，此點執法者必須特別

注意。

　　在前述統一證券內線交易案中，被告杜總輝即以「不知悉」為部分理由，而獲判無罪。統一證券內線交易案在查核過程中，雖列舉涉案被告基於職務關係而知悉之內部消息，並參考內線交易行為發生之時點與訊息公開時點之差異，並蒐集涉案人簽名之「每日買賣決策表」等內部文件，據以「合理推論」，涉案被告事前知悉重大消息之內容，並基於該重大消息買賣股票。

　　但經統一證券以釋股規劃作業係承銷部經理與統一超商財務部之私人委任行為並未向公司報告，杜總輝雖為統一證券之總經理仍未存必然知悉之理；又「每日買賣決策表」係為自營部自訂，於成交後方補呈遞涉案被告作例行性簽章，並無事先授意買賣之實，並經涉案被告之秘書結證；致各項證據隱呈瑕疵，且因內線交易係屬刑事責任，依刑事訴訟法第154條及第301條明文規定，事實之認定應憑證據，證據之審認，若尚有瑕疵未予明究之前，即不能遽為推論作為斷罪之基礎，故本案被告終獲無罪之判決。

柒、內線交易案件之刑事責任

　　內線交易嚴重影響證券市場之公平、公正性，破壞證券市場交易秩序，阻礙證券市場健全發展，屬重大經濟犯罪，主管機關得依職權主動勾稽查核，或依利害關係人檢舉，一經查明涉及內線交易行為者，應即移送司法機關偵辦，77年證券交易法修正時，乃參照先進國家之法例於證券交易法中增訂第157條之1，並於同法第175條增列二年刑責，89年6月本法修正時內線交易刑罰由第175條移至第171條第1款並提高其最高刑罰為七年以下有期徒刑。

　　當時其主要修正理由如下：

　　(一)本法對禁止利用內部消息買賣公司股票圖利之規定係參照美國立法例[20]，美國有關刑事責任之最高刑度規定，已從原定五年有期徒刑，提

---

[20] 美國一九八八年內線交易及證券詐欺舉發法。

高為十年有期徒刑，而本法就違反第157條之1之刑事責任，依現行第175條之規定，僅為二年以下有期徒刑，相形之下，顯然無從發揮嚇阻犯罪之功能。

(二)又依現行第175條所定，違反禁止利用內部消息買賣股票圖利者，最高刑度為二年以下有期徒刑，依刑法第61條第1款及刑事訴訟法第449條之規定，屬輕微簡單案件，依簡易程序處理，將無法達遏止犯罪之效果。

綜據前述理由，爰將違反第157條之1第1項禁止利用內部消息買賣公司股票圖利之規定之刑罰由第175條移列第171條第1款，並提高其最高刑度為七年以下有期徒刑。有關本罪行為主體、客觀及行為態樣已見前述，於此不再重述。違反禁止內線交易行為規定者應負刑事上之責任，刑法上關於共同正犯、教唆犯、幫助犯、間接正犯等規定均適用於此。

民國93年4月鑑於金融犯罪案件屬狡猾智慧型犯罪，與一般犯罪案件相較，具有複雜性、抽象性、專業性、損害性、傳染性、被害者眾多、隱匿性高、追訴困難及民眾對金融犯罪非難性較低等特性，且其影響層面甚為深廣。而近年來國內金融犯罪頻仍，歸其主因之一，乃在於犯罪所得大於犯罪受懲代價，爰參考國際案例及立法例，並博採專家、學者意見，修正「銀行法」、「金融控股公司法」、「票券金融管理法」、「信託業法」、「信用合作社法」、「保險法」及「證券交易法」等金融七法，為使法益損害與刑罰刑度間取得衡平，爰修正本法第171條，提高其刑期為三年以上十年以下有期徒刑。此外鑑於此類證券犯罪多有藉機牟取鉅額不法利益情事，為避免犯罪者不當享有犯罪所得及嚇阻犯罪，並提高罰金為新台幣一千萬元以上二億元以下。

此外本次修正參考各國法例[21]增定重大證券犯罪之刑度，由於各種金融犯罪之危害程度有所不同，對於嚴重危害企業經營及金融秩序者，本法

---

[21] 有關重大證券犯罪之刑度，各國立法例並不一致，美國部分依1934年證券交易法第32條之規定為二十年以下有期徒刑，或科或併科五百萬以下美元罰金，法人為二千五百萬美元罰金；英國為處七年以下有期徒刑或科或併科罰金（1993年犯罪審判法第61條及2000年金融服務及市場法第397條）；日本為處五年以下有期徒刑或科或併科五百萬以下日圓之罰金（證券取引法第197條）。

以犯罪所得金額逾一億元爲標準，因其侵害之法益及對社會經濟影響較嚴重，應有提高刑罰之必要，並參考前述美國法例[22]，爰於本法第171條增訂第二項對嚴重金融犯罪者提高刑度，處七年以上有期徒刑，得併科新台幣二千五百萬元以上五億元以下罰金。

捌、內線交易案件之民事責任

一、損害賠償請求權人

　　凡發行公司內部人獲悉發行股票公司有重大影響其股票價格之消息時，在該消息未公開前，不得對該公司之上市股票或在證券商營業處所買賣之股票從事買入或賣出之行爲，故若有買進或賣出之行爲，無論其買進後是否賣出，或賣出後是否買進，其間是否獲利，涉嫌人一旦被查出有該項行爲，不論有無不法意圖或獲得不法利益，經法院判決確定，應對善意從事相反買賣之人，負損害賠償責任。故凡在該項內部消息發生時至初次公開之期間內，因內部人之短線交易行爲而善意從事相反買賣受有損害者，皆得向從事內線交易行爲之特定內部人請求損害賠償。所謂善意，指不知或非可得而知他方有利用內部消息而爲短線交易之情事。所謂善意從事相反買賣之人，係指在證券集中交易市場與店頭市場不知或非可得而知該公司內部人利用未經公開之內部消息，從事該公司之上市股票或上櫃股票買賣之事實，而於內部人買入時，其正逢賣出，或內部人賣出時，其正逢買入而受有損害之人，包括在此項消息公開後始買進而發生損害，或是在此項消息公開前賣出而產生價格差額損失之人。

　　另善意從事相反買賣者雖係委託經紀商以行紀名義買入或賣出者，亦視爲該善意從事相反買賣之人[23]；因證券經紀商不論於店頭市場或集中交易市場均係以行紀受託買賣，及買賣直接當事人爲證券經紀商，並非委託人，若因內部人交易而應行使損害賠償請求權時，委託人將不能逕向侵權

[22] 同前註。
[23] 證交法第157條之1準用同法第20條第4項。

行為人請求，而須透過證券經紀商輾轉向侵權行為人請求，致權利之行使程序，顯過於繁複，爰有此項規定之立法，惟實務上對所謂善意第三人舉證甚為困難，使此項損害賠償請求權形同虛設，不易發揮其求償之效用，建議增列規定，無論有無善意受損害人之告訴，或損害賠償金額之爭議，均得由金管會證期局視違規情節輕重，請求法院科以罰款。

二、損害賠償之主體

　　發行股票公司之內部人利用該公司未經公開有重大影響其股票價格之消息，從事買賣該公司上市或上櫃股票牟利，應對善意從事相反買賣者負損害賠償責任，賠償責任主體可分為下列數項：

　　(一)董事、監察人或經理人：若政府或法人為股東時，其依公司法第27條第1項、第2項規定當選董事、監察人者，則為該被指派之代表人或代表行使職務之自然人。

　　(二)持有該公司股份超過百分之十之股東：包括自然人股東及法人股東，法人股東應包括其代表人在內。

　　(三)基於職業或控制關係獲悉消息之人：基於職業或控制關係獲悉消息之人，亦稱內部關係人，所謂基於職業獲悉消息之人，指因其職業而與發行公司有業務往來者，諸如發行公司聘任之受雇人、律師、會計師及證券承銷商、證券交易所、證期局所屬人員、銀行之授信人員及於從事相關新聞工作人員等；所謂控制關係之人，指公司持有他公司有表決權之股份或出資額超過他公司已發行有表決權之股份總數或資本額百分之五十者，該公司即為控制公司。

　　(四)從前三項所列之人獲悉消息者：所謂從前三項所列之人獲悉消息者，係指從發行股票公司之董事、監察人、經理人，持有公司股份超過百分之十股東，或基於職業或控制關係獲悉消息之人等處取得公司未經公開有重大影響其股票價格之消息，從事內線交易之直接或間接受益所有人。本項賠償責任主體，對於上述之損害賠償，應與上述三項提供消息之人，負連帶賠償責任，上述三項提供消息之人有正當理由相信消息已公開者，

不賠償責任[24]。

三、損害賠償之範圍

　　關於民事損害賠償，原則上係以被害人所受損害之程度為範圍，損害賠償之目的，在於填補損害，不論是積極損害或消極損害均應予賠償，所稱積極損害，即民法第216條第1項之所受損害，而所稱消極損害，乃同條第1、2項之所失利益，即其利益確實應可獲得而未獲得者，然違反內部人交易者之損害賠償責任，並未採民法所受損害或所失利益，主要是因證券交易錯綜複雜，於買進之情況，在未賣出之前，並無法計算其利得或損失；在賣出之情況，可能與前面買進之價額有利得，但後面因價格上漲，在行買進時，可能有損失，且各個交易之時日並非一致，故無法以民法之實際利得或損失計算賠償之範圍。證券交易法規定賠償之範圍係在就消息未公開前其買入或賣出股票之價格，與消息公開後十個營業日收盤平均價格之差額限度內，換言之，其賠償之範圍係由法律予以推定，所稱消息未公開前其買入或賣出者，係指自消息發生之日起至消息首次公開之日間，違反內部人交易禁止規定者於集中交易市場或店頭市場申報買進或賣出之情形。

　　主張於該期間善意從事相反買賣之人，即賠償請求權人，應先算出其所相反買進（即違反者為賣出）或賣出（即違反者為買進）之股數占當日該股票賣出或買進之總股數之比例，再以之乘以買入或賣出價格與消息公開後十個營業日收盤平均價格之差額，即為應賠償之金額。惟法院如認為情節重大者，並得依善意從事相反買賣之人之請求，將該賠償責任限額提高至三倍，此種規定顯係針對情節重大之違反者，將其賠償責任擴及於懲罰性之損害賠償，所謂情節重大者，指內部人有以虛偽詐欺或其他足致他人誤信行為，或以股價操縱行為從事短線交易之情形[25]，然因法無明文規定如何情節方屬重大，原則上自得由法院斟酌案情以定。

　　另本法規定該善意從事相反買賣之人亦得向提供消息之公司內部人或

24　證交法第157條之1第3項。
25　證交法第20條、第155條。

準內部人請求原得向消息受領者請求之全部損失，但提供消息之人有正當理由相信消息已公開者，不負賠償責任[26]，其責任基礎則來自民法共同侵權行為中之幫助人應與行為人同負連帶責任之理念，惟渠等如欠缺幫助之故意，自得提出反證主張免責。

前項損害賠償請求權之消滅時效，自有請求權人知有得受賠償之原因時起二年間不行使而消滅，所謂知有得受賠償之原因時起，係須知其損害係由侵權行為而發生，如法院已對內部人短線交易之違反判定有罪者，自有侵權行為時起逾五年者亦同[27]。

四、民事損害賠償訴訟之實施

內線交易行為係侵害投資人財產法益之犯罪行為已如前述，既有侵害他人財產法益，即屬民事法上之侵權行為，因此證券交易法第157條之1第2項規定：「違反前項規定者，應就消息未公開前其買入或買出該股票之價格，與消息公開後十個營業日收盤平均價格之差額限度內，對善意從事相反買賣之人負損害賠償責任；其情節重大者，法院得依善意從事相反買賣之人之請求，將責任限額提高至三倍。」然實際上，一般投資大眾考量到提起民事損害賠償訴訟將面對龐大訴訟費用及冗長之裁判程序，因此寧可蒙受損失也不願進行民事訴追；另一般散戶投資人損害金額較小，欠缺提起損害賠償訴訟之意願，是故民事損害賠償訴訟在我國目前法制度下，尚無法取代刑事罰。然如將不特定多數投資者之損失總計，則損害賠償訴訟標的金額可能會非常驚人，如能夠獲得勝訴判決，則從事內線交易行為者將會蒙受極大損失，因此民事損害賠償訴訟亦有抑制內線交易行為的機能。然而，欲以民事損害賠償訴訟作為防制內線交易策略的一環，應先設立代表者訴訟或團體訴訟等制度，始能有效發揮其功能，例如對於違反證券交易法或公平交易法之行為，美國法制度上即容許損害賠償請求權人中之一人或數人代表全體起訴，而無論勝訴或敗訴，其判決效力均及全體請求權人。民國91年7月立法院通過「證券投資人及期貨交易人保

---

[26] 證交法第157條之1第3項。
[27] 證交法第21條。

護法」[28]，該法規定保護機關為維護公益，於其章程所定目的範圍內，對於造成多數證券投資人或期貨交易人受損害之同一證券、期貨事件，得由二十人以上證券投資人或期貨交易人授與訴訟或仲裁實施權後，以自己之名義，起訴或提付仲裁。證券投資人或期貨交易人得於言詞辯論終結前或詢問終結前，撤回訴訟或仲裁實施權之授與，並通知法院或仲裁庭[29]。

玖、內線交易案件之行政責任（證券商內線交易行為之處罰）

　　證券商因辦理證券業務，獲悉重大影響上市或在證券商營業處所買賣

---

[28] 91年6月政府鑒於以往諸多證券及期貨交易弊端，證券投資人及期貨交易人之保護，與證券市場及期貨市場之健全發展具有密切關係，尤其隨著制度開放及國際化、自由化腳步逐漸邁進，提供公平及安全之交易環境益形重要。然由於證券交易法規定，當證券商發生財務危機，證券投資人無法取得應得之有價證券或價款時，其僅能就違約證券商「交割結算基金」經台灣證券交易所居於第一順位求償後之餘額、營業保證金及剩餘財產進行求償，以致投資人可能無法獲得充分保護。此外，期貨市場雖有期貨結算機構擔保履約，以維護期貨交易安全，惟當期貨商發生財務危機，波及期貨交易人應得之保證金、權利金及結算得利時，在期貨商有限之營業保證金、剩餘財產下，期貨交易人亦可能無法獲得充分保障。而台灣證券交易所結合各證券相關單位共同集資成立之「證券投資人保護基金」，亦因其出資係出於各單位之意願，並無相關法令強制其認捐，又該基金係出於各單位之認捐，尚無固定來源，一旦用罄並無其他來源可資補足。另證券商因亦得兼營期貨，故就證券市場與期貨市場參與者之本質而言，幾乎是相同市場參與者進行不同市場之交易，其個別之風險絕對影響另一市場之正常運作。此外，我國證券投資人及期貨投資人以散戶居多，當其權益受損，必須耗費相當時間、金錢提起訴訟，故多裹足不前。為避免上述弊端，落實對於證券投資人及期或投資人權益之維護，並補充現行證券交易法、期貨交易法及相關法令對於證券投資人及期貨交易人保護之不足，爰參考美國證券投資人保護法之立法例，並引進國外團體訴訟制度之精神，擬具「證券投資人及期貨交易人保護法」，立法院於91年6月30日通過，並自92年1月1日起正式實施。該法授權只要是二十人以上的投資人，針對同一案件的損失行為向投保中心登記，投保中心即會幫投資人進行團體訴訟，不但可以節省龐大的訴訟費用負擔，更可以藉由依法設立的專業單位獲得及時而有效的協助。如此設計，將可有效突破以往證期會障礙及局限，而使保障證券及期貨市場投資大眾權益的政策目標完全落實。
[29] 證券投資人及期貨交易人保護法第28條。

之股票價格消息時，在該消息未公開前，不得買賣該股票或提供消息給客戶或他人。證券商經營業務，違反證券商管理規則之規定者，依證券交易法之規定處罰，亦即構成違反證券交易法或證期局依證券交易法授權所訂頒各項法令之規定者，主管機關得視情節之輕重爲下列處分[30]：

(一)警告。

(二)命令該證券商解除其董事、監察人或經理人職務。

(三)六個月以內之停業。

(四)營業許可之撤銷。

拾、內線交易規範之探討（代結論）

　　我國內線交易情形已司空見慣，加以規範欠週，主管機關與司法機關以及投資大眾之看法或認定標準不一，致無法明確論斷而難以有效處理。在我國大多數公司皆係由家族企業開始發展，股權集中，一旦經營達到一定之規模，決定提出上市申請時，基於資本額應在一定金額以上之規定，於是開始分年辦理增資，而在辦理增資過程中，常有將股權分散登記於親友或是較忠心之員工名下，實際上控制權仍掌握在經營者手中，另上市後，證券商、金主、營業員爲爭取生意，更提供眾多人頭戶供客戶使用，因此上市公司內部人如有心買賣自家公司股票，自己、配偶及未成年子女名義皆不使用，即可達其目的，證券主管機關實無法查核具體內線交易之案件，由於國情及交易制度之差異，內線交易被舉發之案例，在美國通常多於炒作案例，而在我國，涉及炒作案件則多於內線交易之案件，但此並不表示我國上市公司內部人，其道德水準高於外國人，也並非我國主管機關怠忽職守，實在是我國人頭文化盛行所致，因此人頭戶實是查核業務上之一大瓶頸，不過近年來對於利用人頭戶賣出之情形，證券交易所已規定各證券商應提出第一手或非第一手委託書，透過委託書之查核，近年來亦查出數家上市公司內部人，利用公司重大消息尚未曝光之際，以他人戶頭

---

[30] 證交法第66條。

出清股票之不道德行為，並移送主管機關偵辦，然此畢竟是少數，像前述於上市前即已分散股權之情況而言，上市公司內部人利用那些人頭戶買賣之行為，除非司法機關嚴力偵辦，否則甚難為外界發掘。

另主管機關目前對各上市公司內部人名單，雖已完成建檔工作並逐月更新，但資料來源係各上市公司向主管機關申報之內部人股權變動申報書，如申報書關於內部人資料不全，對於內線交易查核績效勢必大打折扣，以往於查核過程中常發現部分上市公司內部人僅有董事、監察人、大股東及少部分人之配偶及未成年子女之資料，而大部分內部人之配偶、未成年子女及經理人等資料則完全欠缺，不禁令人懷疑，難道國內大部分上市公司內部人係獨身或無子女，抑或有心隱瞞，此外，由於我國承認雙重國籍，部分上市公司內部人或基於商業行為需要，另外取得外國國籍，此等內部人中有部分人在證券商開戶時是以我國國民身分證開戶，可是在向主管機關申報之資料中，卻以外國人身分申報，致無法從電腦交易資料中獲得真實情況，此等情形實有賴主管機關全面清查，以建立正確之資料檔，始能提高內線交易之查核績效。

證券交易法第155條有關操縱股票之禁止行為，第157條之1內部人交易之禁止行為，其舉證和認定均極為不易，證期局固可依證券交易法第38條、第64條命令發行人、證券商提出財務、業務報告，或直接檢查財務、業務狀況，但被檢查之機構由於自知涉案情況，常有拒絕或妨礙檢查之情事，雖仍可移送偵辦，但對原檢查之案情往往已緩不濟急；因此，除授予證期局檢查權之外，建議有條件地再授予搜索權，俾真正落實內線交易之查核，建立公平、公正之交易秩序。

（本文2004年11月發表於銘傳大學法學論叢第3期，第177至206頁。）

第七章
證券交易法第171條有關內線交易罪「犯罪所得」金額計算相關問題之探討

壹、前言

　　民國91年前後，金融證券犯罪頻傳，其犯罪金額動輒數十億元，甚至數百億元，對整體經濟秩序及廣大投資人權益造成重大損失，嚴重影響我國資本市場之健全及穩定。然依當時刑罰規定審判結果，犯罪者犯罪所得往往大於其受懲代價，使得刑罰之客觀性與合理性迭遭社會質疑，各界反應對此重大證券犯罪行為，實有予以重懲重罰，使其不法行為得受相當之處罰，並應判處鉅額之罰金，避免犯罪者不當享有犯罪所得。當時主管機關財政部爰依據行政院金融改革專案小組積極預防金融犯罪相關具體改革建議，修正證券交易法（以下簡稱證交法）等金融七法相關罰則，提高刑期及罰金，延長易服勞役之期間，並對情節重大之犯罪行為加重其刑[1]。

　　該次修正為使證券犯罪行為得受相當之處罰，並處鉅額之罰金，避免犯罪者不當享有犯罪所得，爰提高證券相關犯罪行為之刑期及罰金，並修正處罰之範圍，增加對公司董監事、經理人或受雇人利用職務之便挪用公款或利用職權掏空公司資產行為之處罰，並對重大證券犯罪行為，以犯罪所得金額逾新台幣（以下同）一億元者為準，加重其刑為七年以上有期

---

[1] 金融證券犯罪案件多屬狡獪型犯罪，與一般犯罪案件相較，具有下列特性：複雜性、抽象性、專業性、損害性、傳染性、被害者眾多、隱匿性高、追訴困難及民眾對金融犯罪案件非難性較低等，使得金融犯罪影響深遠。鑑於其犯罪所得又往往大於犯罪受懲代價，財政部爰參考國際案例及國內外立法例，擬具「證券交易法」部分條文修正草案，以提高相關金融犯罪刑罰及易服勞役期間規定，並對於犯罪後自首或自白因而查獲其他共犯者免除或減輕其刑，以提高偵查之效率，終結集團犯罪行為。

徒刑，得併科新台幣兩千五百萬元以上五億元以下罰金[2]，此種透過刑事程序積極追訴，讓證券犯罪者無法享受不法所得利益，甚至科以高額財產重罰之作法，不僅符合社會公義及人民期待，亦可減弱金融證券犯罪之誘因，對於防制證券相關犯罪具有高度之嚇阻成效。

當時修法過程較為倉促，行政院一聲令下，主管機關財政部立即提出修正草案，行政院院會於91年底通過銀行法等金融七法修正案[3]，事隔一年立法院始順應民意於93年元月完成修法[4]。在證交法第171條增列第2項「犯前項之罪，其犯罪所得金額達新台幣一億元者，處七年以上有期徒刑，得併科新台幣兩千五百萬元以上五億元以下之罰金」[5]。本項條文看似簡單扼要，隨之而來產生若干技術性問題仍有待克服，加上本項之加重懲罰尚涉及證券詐欺、不實資訊、不法炒作、掏空公司、特殊背信與侵占等有關證券犯罪[6]，然立法理由中對犯罪所得金額之計算方法，僅提及對於內線交易可以行為人買賣之股數與消息公開後價格漲跌之變化幅度差額

---

[2]　有關重大證券犯罪之刑度，各國立法例並不一致，美國處二十年以下有期徒刑，或科或併科五百萬以下美元罰金，法人為兩千五百萬美金罰金（1934年證券交易法第32條）。英國為處七年以下有期徒刑或科或併科罰金（1993年犯罪審判法第61條及2000年金融服務及市場法第397條）；日本為處十年以下有期徒刑或科或併科一千萬以下日圓之罰金（2006年金融商品取引法第八章罰則第197條）。

[3]　行政院民國92年1月3日院臺財字第092008020號函請立法院審議「銀行法」、「金融控股公司法」、「票券金融管理法」、「信託業法」、「信用合作社法」、「保險法」、及「證券交易法」等法案部分條文修正草案。

[4]　立法院93年1月13日通過嗣經復議，於93年4月9日將證交法第171條條文修正通過，93年4月28日公布實施。

[5]　各種金融犯罪之危害程度有所不同，對於嚴重危害企業經營及金融秩序者，以犯罪所得金額逾一億元為標準，因其侵害之法益及對社會經濟影響較嚴重，應有提高刑罰之必要，並參考美國法例，爰增訂第2項對嚴重金融犯罪者提高刑度，處七年以上有期徒刑，得併科新台幣兩千五百萬元以上五億元以下罰金。

[6]　證券交易法第171條第2項：犯『前項之罪』其犯罪所得金額達新台幣一億元者，處七年以上有期徒刑，得併科新台幣兩千五百萬元以上五億元以下罰金。其犯『前項之罪』係包括違反第20條第1項（證券詐欺）第2項（發行人申報或公告之財務報告有虛偽不實之行為），155條第1項、第2項（不法炒作），157條之1第1項（內線交易），已依本法發行有價證券公司之董事、監察人、經理人或受僱人，以直接或間接方式，使其為不利益之交易，且不合營業常規，致公司遭受損害者（掏空公司）。及已依本法發行有價證券公司之董事、監察人或經理人，意圖為自己或第三人之利益，而違背職務之執行或侵占公司資產（特許背信與侵占）等各罪。

計算之，但是否適用其他不同類證券犯罪，法律適用上仍有若干疑義[7]。由於篇幅所限，本文僅就內線交易犯罪所得部分衍生出之相關法律疑義問題提出探討與分析。

貳、探討問題一：犯罪所得定義之探討

犯罪所得之產生係因行為人進行犯罪而獲得財產上之利益，行為人從事犯罪行為所獲得之利益與從事之犯罪行為間需具有因果關係，始稱之為犯罪所得。因之犯罪所得係指由於犯罪行為之實施而直接取得之利益而言。其是否具經濟上之價值並非所問，惟必以有體物為限，無形之利益並不在其列，例如賭博贏得之金錢、貪污受賄之金錢及受雇殺人而獲取之報酬等得均屬之。茲將犯罪所得依法規性質分述如下：

一、刑事法犯罪所得之相關規範

目前在我國刑事法規中提及犯罪所得利益之相關規範如下：

(一)刑法第38條（沒收物）

『下列之物沒收之：

1.違禁物。

2.供犯罪所用或犯罪預備之物。

3.因犯罪所生或所得之物。

前項第一款之物，不問屬於犯罪行為人與否，沒收之。

第一項第二款、第三款之物，以屬於犯罪行為人者為限，得沒收之。但有特別規定者，依其規定。』

---

[7]　參閱立法院議案關係文書院總第861號（政府提案第8974號）政第63至64頁「證交法第171條第2項所稱犯罪所得，其確定金額之認定，宜有明確之標準，俾法院適用時不致產生疑義，故對其計算犯罪所得時點，依照刑法理論，應以犯罪行為既遂或結果發生時該股票之市場交易價格，或當時該公司資產之市值為準。至於計算方法，可依據相關交易情形或帳戶資金進出情形或其他證據資料加以計算，例如對於內線交易可以行為人買賣之股數與消息公開後價格漲跌之變化幅度差額計算之。」

　　刑法上所謂因犯罪之物，係指因犯罪直接取得者而言，**變賣盜賊所得之價金，並非因犯罪直接所得之物**[8]。此外犯罪所得之物，須以屬於犯人者為限，始得沒收之，故於第三人對該物仍具所有權或得主張抵押權情況下，如犯竊盜罪所取得之動產，即不符屬於犯人者之要件，自不在得沒收之列。解釋上，所謂犯罪所得之物，係指因犯罪結果取得之物，如竊盜罪中之財務，至因犯罪之結果產生之物，如偽造文書罪中之假文書，如何沒收，並無明文規定。94年2月2日刑法修正案遂將刑法第38條第1項第3款增定為「因犯罪所生或所得之物」亦得沒收，以資明確。

(二)刑法第58條（罰金之酌量加重）

　　『科罰金時，除依前條規定外，並應審酌犯罪行為人之資力及犯罪所得之利益。如所得之利益超過罰金最多額時，得於所得利益之範圍內酌量加重。』

　　所謂「犯罪所得之利益」，司法院解字第4043號解釋[9]，刑法第58條所稱因犯罪所得之利益，係指犯罪行為時因犯罪所得之利益而言。

(三)刑法第131條（公務員圖利罪）

　　『公務員對於主管或監督之事務，明知違背命令，直接或間接圖自己或其他私人不法利益，因而獲得利益者，處一年以上七年以下有期徒刑，得併科七萬元以下罰金。犯前項之罪者，所得之利益沒收之。如全部或一部不能沒收時，追徵其價額。』

(四)貪汙治罪條例第10條（犯罪所得財物之處理）

　　『犯第四條至第六條之罪者，其所得財物，應予追繳，並依其情節分別沒收或發還被害人。

　　前項財物之全部或一部無法追繳時，應追徵其價額，或以其財產抵償之。

　　為保全前二項財物之追繳、價額之追徵或財產之抵償，必要時得酌量

---

[8]　司法院30年2月28日院解字第2140號解釋。
[9]　司法院37年6月22日院解字第4043號解釋。

扣押其財產。』

(五)刑法第349條（普通贓物罪）

　　『收受贓物者，處三年以下有期徒刑、拘役或五百元以下罰金。

　　搬運、寄藏、故買贓物或為牙保者，處五年以下有期徒刑、拘役或科或併科一千元以下罰金。因贓物變得之財物，以贓物論。』

　　贓物指實施財產上之犯罪所取得之財物而言[10]，被害人於法律上，尚有追回權者，動產或不動產均足當之，然不包括無體之權利或利益。倘係自己實施財產犯罪所得之物，或他人觸犯瀆職罪、妨害風化罪、偽造貨幣罪或賭博罪等而得之財物，或原財產犯罪之被害人於法律上已喪失追及獲回覆請求權者，該物即不得解為贓物；至於該實施財產不法行為之他人，是否具阻卻罪責事由或阻卻刑罰事由，例如欠缺責任能力或享有外交豁免權，則非所問。刑法第349條第3項所謂因贓物變得之財物，以贓物論，乃屬贓物罪所設之特別規定。

二、金融法犯罪所得之規範

　　在金融法規中出現犯罪所得之規範，始見於92年7月制定之「農業金融法」[11]，該法第39條規定『其犯罪所得達新台幣一億元以上者，處七年以上有期徒刑，得併科新台幣二千五百萬元以上五億元以下之罰金』。第40條規定『其犯罪所得達新台幣一億元以上者，處三年以上十年以下有期刑，得併科新台幣一千萬元以上二億元以下罰金。』

　　其後基於國內金融市場陸續發生多起重大舞弊事件，不僅造成國家整體金融環境衝擊，影響金融體系安定，其所造成之損害或謀取之不法利益，動輒數以億元計，甚至達數十億、上百億元，對此類重大金融犯罪行為，實有衡酌其影響層面，適度提高其刑責，以嚇阻違法之必要。有鑑於國內重大金融犯罪有日趨增加之趨勢，歸其主因與當時法規之刑罰及罰金

---

[10] 刑法第376條所謂贓物，指因財產上之犯罪所取得之財物而言，至侵害他人身體自由之犯罪，該被害人之身體縱在犯人支配力之下，亦不得謂為贓物（23年非字第37號）。

[11] 民國92年7月23日總統華總一義字第09200134520號令制定公布。

偏低不無關聯，尤其當犯罪所得遠大於其受懲代價時，無形中更增加其犯罪誘因。當時行政院為建構高紀律、公平正義之金融環境並健全金融市場之紀律與秩序，特仿照農業金融法體例，將銀行法、金融控股公司法、票券金融管理法、保險法、信託業法、信用合作社法及證券交易法等重大金融犯罪（即犯罪所得達一億元以上者）之刑罰，均提高為處七年以上有期徒刑，得併科新台幣二千五百萬元以上五億元以下罰金[12]。

　　茲將相關金融法規有關犯罪所得之規範分述如下：

(一)洗錢防制法第4條（因犯罪所得財物或財產上利益之意義）

　　『本法所稱因犯罪所得財物或財產上利益，指下列各款之一者：

　　一、因犯罪直接取得之財物或財產上利益。

　　二、因犯罪取得之報酬。

　　三、因前二款所列者變得之物或財產上利益。但第三人善意取得者，不在此限。』

(二)農業金融法第39條

　　『信用部或全國農業金庫負責人或職員，意圖為自己或第三人不法之利益，或損害信用部或全國農業金庫之利益，而為違背其職務之行為，致生損害於信用部或全國農業金庫之財產或其他利益者，處三年以上十年以下有期徒刑，得併科新台幣一千萬元以上二億元以下罰金。其犯罪所得達新台幣一億元以上者，處七年以上有期徒刑，得併科新台幣二千五百萬元以上五億元以下罰金。

　　信用部或全國農業金庫負責人或職員二人以上共同實施前項犯罪行為者，得加重其刑至二分之一。第一項之未遂犯罰之。』

　　鑒於信用部或全國農業金庫負責人或職員為背信行為，對信用部或全國農業金庫之財產或其他利益所侵害法益甚大，爰參照銀行法第125條之2處以三年以上十年以下有期徒刑，得併科新台幣一千萬元以上二億元以下罰金。其次，就其負責人或職員背信之金融犯罪而言，行為人犯罪所得愈高，對金融秩序危害通常愈大。爰規定犯罪所得達新台幣一億元以上

---

[12] 參閱註3。

者，處七年以上有期徒刑，得併科新台幣兩千五百萬元以上五億元以下罰金[13]。

(三)銀行法第125條（違反專業經營之處罰）

『違反第二十九條第一項規定者，處三年以上十年以下有期徒刑，得併科新台幣一千萬元以上二億元以下罰金。其犯罪所得達新臺幣一億元以上者，處七年以上有期徒刑，得併科新台幣二千五百萬元以上五億元以下罰金。經營銀行間資金移轉帳務清算之金融資訊服務事業，未經主管機關許可，而擅自營業者，依前項規定處罰。

法人犯前二項之罪者，處罰其行為負責人。』

鑒於非銀行違法吸金，除侵害人民財產法益外，並對於社會秩序之安定妨礙甚鉅，爰於93年金融七法修正時，提高罰金刑度為新台幣一千萬元以上兩億元以下罰金。其次，針對違法吸金、違法辦理匯兌業務之金融犯罪而言，行為人犯罪所得愈高，對金融秩序之危害通常愈大。爰於第1項後段增訂，如犯罪所得達新台幣一億元以上者，處七年以上有期徒刑，得併科新台幣兩千五百萬元以上五億元以下罰金[14]。

銀行法第125條之2（特殊背信罪）

『銀行負責人或職員，意圖為自己或第三人不法之利益[15]，或損害銀行之利益，而為違背其職務之行為，致生損害於銀行之財產或其他利益者，處三年以上十年以下有期徒刑，得併科新台幣一千萬元以上二億元以下罰金。其犯罪所得達新台幣一億元以上者，處七年以上有期徒刑，得併科新台幣兩千五百萬元以上五億元以下罰金。

---

[13] 立法院第五屆第二會期第七次會議議案關係文書院總第959號（政府提案第9390號之1）委83頁「農業金融法修正草案」。

[14] 立法院議案關係文書院總第861號（政府提案第9390號之1）審議「銀行法」、「金融控股公司法」、「票券金融管理法」、「信託業法」、「信用合作社法」、「保險法」、及「證券交易法」等法案部分條文修正草案（討第257至258頁）。

[15] 在刑法構成要件中，意圖犯除對基本客觀構成要件須具備故意之外，仍須具備特定之內在意向，多數財產犯罪類型中，其意圖即屬涉及所保護法益之侵害，有關本條之意圖亦屬之；其構成要件則包含特定之內在意向及故意，並有違背其職務之行為，以詐術或不正當之方法致生損害於金融機構或其他利益。

　　銀行負責人或職員兩人以上共同實施前項犯罪之行為者，得加重其刑至二分之一。』

　　鑑於銀行負責人或職員之背信行為，對銀行之財產或其他利益所侵害法益甚鉅，爰於93年金融七法修正時，提高罰金刑度為新台幣一千萬元以上二億元以下罰金。其次就銀行負責人或職員背信之金融犯罪而言，行為人犯罪所得愈高，對金融秩序之危害通常愈大。爰於第1項後段增訂，如犯罪所得達新台幣一億元以上者，處七年以上有期徒刑，得併科新台幣兩千五百萬元以上五億元以下罰金。

　　前述二條中所謂「犯罪所得」包括因犯罪直接取得之財物或財產上利益、因犯罪取得之報酬、前述變得之物或財產上利益等。至於犯罪所得之計算標準，例如：依犯罪時、犯罪地之市價、或當時有價證券（股票、債券等）之市值等，可作為法院適用時之參考[16]。

(四)金融控股公司法第57條之1（以詐術使金控公司為財產交付）

　　『意圖為自己或第三人不法之所有，以詐術使金融控股公司將金融控股公司或第三人之財物交付，或以不正方法將虛偽資料或不正指令輸入金融控股公司電腦或其相關設備，製作財產權之得喪、變更紀錄而取得他人財產，其犯罪所得達新台幣一億元以上者，處三年以上十年以下有期徒刑，得併科新台幣一千萬元以上二億元以下罰金。

　　以前項方法得財產上不法之利益或使第三人得之者，亦同。

　　前二項之未遂犯罰之。』

　　鑑於金融控股公司負責人或職員為背信行為，對金融控股公司之財產或其他利益所侵害法益甚大，93年金融七法修正時爰提高罰金刑度為新台幣一千萬元以上二億元以下罰金。其次，就金融控股公司負責人或職員背信之金融犯罪而言，行為人犯罪所得愈高，對金融秩序之危害通常愈大。爰於第1項後段增訂，如犯罪所得達新台幣一億元以上者，處七年以上有期徒刑，得併科新台幣兩千五百萬元以上五億元以下罰金。

　　本條所謂犯罪所得包括因犯罪直接取得之財物或財產上利益、因犯罪

---

[16] 同註14討258-259頁。

取得之報酬、前述變得之物或財產上利益等。至於犯罪所得之計算標準，例如：依犯罪時、犯罪地之市價、或當時有價證券（股票、債券等）之市值等，可作爲法院適用時之參考[17]。

(五)票券金融管理法第58條（罰則）

『票券金融公司負責人或職員，意圖爲自己或第三人不法之利益，或損害公司之利益，而爲違背其職務之行爲，致生損害於公司之財產或其他利益者，處三年以上十年以下有期徒刑，得併科新台幣一千萬元以上二億元以下罰金。其犯罪所得達新台幣一億元以上者，處七年以上有期徒刑，得併科新台幣二千五百萬元以上五億元以下罰金。

票券金融公司負責人或職員，二人以上共同實施前項犯罪之行爲者，得加重其刑至二分之一。

第一項之未遂犯罰之。』

鑑於票券金融公司負責人或職員爲背信行爲，對公司之財產或其他利益所侵害法益甚大，爰於93年金融七法修正時提高罰金刑度爲新台幣一千萬元以上二億元以下罰金。其次，就票券金融公司負責人或職員背信之金融犯罪而言，行爲人犯罪所得愈高，對金融秩序的危害通常愈大。爰於第1項後段增訂，如犯罪所得達新台幣一億元以上者，處七年以上有期徒刑，得併科新臺幣兩千五百萬元以上五億元以下罰金[18]。

(六)信託業法第48條（罰則）

『違反第三十三條規定者，處三年以上十年以下有期徒刑，得併科新台幣一千萬元以上二億元以下罰金。其犯罪所得達新臺幣一億元以上者，處七年以上有期徒刑，得併科新台幣二千五百萬元以上五億元以下罰金。法人犯前項之罪者，處罰其行爲負責人。』

本條第1項係參考前述銀行法第125條規定，對違法辦理不特定多數人委託經營信託業務之金融犯罪，其刑度由原一年以上七年以下，提高爲三年以上十年以下，並將罰金提高得併科一千萬元以上兩億元以下罰金；

---

[17] 同註14討第267至268頁「金融控股公司法部分條文修正草案條文對照表」。
[18] 同註14討第277至278頁「票券金融管理法部分條文修正草案條文對照表」。

並參照銀行法修正條文第125條增訂後段犯罪所得達一億元之加重處罰規定。

信託業法第48條之1（特殊背信罪）

『信託業負責人或職員，意圖為自己或第三人不法之利益，或損害信託業之利益，而為違背其職務之行為，致生損害於信託業之自有財產或其他利益者，處三年以上十年以下有期徒刑，得併科新臺幣一千萬元以上二億元以下罰金。其犯罪所得達新臺幣一億元以上者，處七年以上有期徒刑，得併科新台幣二千五百萬元以上五億元以下罰金。

信託業負責人或職員兩人以上共同實施前項犯罪之行為者，得加重其刑至二分之一。』

上述所謂犯罪所得包括因犯罪直接取得之財物或財產上利益、因犯罪取得之報酬、前述變得之物或財產上利益等。至、犯罪所得之計算標準，例如：依犯罪時、犯罪地之市價、或當時有價證券（股票、債券等）之市值等，俾法院適用時不生疑義[19]。

(七)信用合作社法第38條之2（罰則）

『信用合作社負責人或職員，意圖為自己或第三人不法之利益，或損害信用合作社之利益，而為違背其職務之行為，致生損害於信用合作社之財產或其他利益者，處三年以上十年以下有期徒刑，得併科新台幣一千萬元以上二億元以下罰金。其犯罪所得達新臺幣一億元以上者，處七年以上有期徒刑，得併科新台幣二千五百萬元以上五億元以下罰金。

信用合作社負責人或職員，二人以上共同實施前項犯罪之行為者，得加重其刑至二分之一。

第一項之未遂犯罰之。』

為防範信用合作社負責人或職員藉職務牟取不法利益，爰參考組織犯罪防制條例第3條第1項之制度，而訂定較刑法第342條背信罪加重之刑事責任。就金融機構負責人或職員背信之金融犯罪而言，行為人犯罪所得愈高，對金融秩序的危害通常愈大。爰於第1項後段，參酌銀行法第125條

---

[19] 同註14計第285至286頁「信託業法部分條文修正草案條文對照表」。

之2訂定，如犯罪所得達新台幣一億元以上者，處七年以上有期徒刑，得併科新台幣二千五百萬元以上五億元以下罰金。

　　為避免信用合作社負責人或職員二人以上共同實施第1項犯罪之行為，而嚴重損害信用合作社之財產或其他利益，爰明定得加重處罰，以收嚇阻之效[20]。

(八)保險法第167條（非保險業者營業之處罰）

　　『非保險業經營保險或類似保險業務者，處三年以上十年以下有期徒刑，得併科新台幣一千萬元以上二億元以下罰金。其犯罪所得達新臺幣一億元以上者，處七年以上有期徒刑，得併科新台幣二千五百萬元以上五億元以下罰金。

　　法人犯前項之罪者，處罰其行為負責人。』

　　鑑於非保險業經營保險或類似保險業務，對於社會及保險市場秩序之安定妨礙甚鉅，爰參考前述銀行法第125條規定，提高第1項之刑期並提高罰金刑度為新台幣一千萬元以上兩億元以下罰金。其次，行為人犯罪所得愈高，對金融秩序的危害通常愈大。爰於第1項後段增訂，其犯罪所得達新台幣一億元以上者，處七年以上有期徒刑，得併科新臺幣兩千五百萬元以上五億元以下罰金[21]。

(九)證券交易法第171條（罰責）

　　『有下列情事之一者，處三年以上十年以下有期徒刑，得併科新台幣一千萬元以上二億元以下罰金：

　　一、違反第二十條第一項、第二項、第一百五十五條第一項、第二項、第一百五十七條之一第一項或第二項規定。

　　二、已依本法發行有價證券公司之董事、監察人、經理人或受雇人，以直接或間接方式，使公司為不利益之交易，且不合營業常規，致公司遭受重大損害。

　　三、已依本法發行有價券公司之董事、監察人或經理人，意圖為自

---

[20] 同註14討第294至295頁「信用合作社法部分修正草案條文對照表」。
[21] 同註14討第305至306頁「保險法部分條文修正草案條文對照表」。

己或第三人之利益，而為違背其職務之行為或侵占公司資產。

犯前項之罪，其犯罪所得金額達新台幣一億元以上者，處七年以上有期徒刑，得併科新台幣二千五百萬元以上五億元以下罰金。

犯第一項或第二項之罪，於犯罪後自首，如有犯罪所得並自動繳交全部所得財物者，減輕或免除其刑；並因而查獲其他正犯或共犯者，免除其刑。

犯第一項或第二項之罪，在偵查中自白，如有犯罪所得並自動繳交全部所得財物者，減輕其刑；並因而查獲其他正犯或共犯者，減輕其刑至二分之一。

犯第一項或第二項之罪，其犯罪所得利益超過罰金最高額時，得於所得利益之範圍內加重罰金；如損及證券市場穩定者，加重其刑至二分之一。

犯第一項或第二項之罪者，其因犯罪所得財物或財產上利益，除應發還被害人、第三人或應負損害賠償金額者外，以屬於犯人者為限，沒收之。如全部或一部不能沒收時，追徵其價額或以其財產抵償之。』

本條所規定之證券犯罪均屬重大影響金融秩序，且常造成廣大投資人之重大損失，為使法益侵害與刑罰刑度間取得衡平，爰提高刑期為三年以上十年以下有期徒刑。此外鑒於此類證券犯罪多有藉機牟取鉅額不法利益情事，為避免犯罪者不當享有犯罪所得及嚇阻犯罪，爰提高罰金為新台幣一千萬元以上二億元以下。

至有關重大證券犯罪之刑度，各國立法例並不一致，美國1934年證券交易法規定為二十年以下有期徒刑，或科或併科五百萬以下美元罰金，法人為二千五百萬美元罰金。英國為處七年以下有期徒刑或科或併科罰金，日本為處十年以下有期徒刑或科或併科一千萬以下日圓之罰金[22]。各種金融犯罪之危害程度有所不同，對於嚴重危害企業經營及金融秩序者，以犯罪所得金額逾一億元為標準，因其侵害之法益及對社會經濟影響較嚴重，應有提高刑罰之必要，並參考前述美國法例，爰增訂第2項對嚴重金融犯罪其犯罪所得超過一億元者提高刑度，處七年以上有期徒刑，得併科

---

[22] 同註2。

新臺幣二千五百萬元以上五億元以下罰金。

　　本條第2項所稱犯罪所得，其確定金額之認定，宜有明確之標準，俾法院適用時不致產生疑義，故對其計算犯罪所得時點，依照刑法理論，應以犯罪行為既遂或結果發生時該股票之市場交易價格，或當時該公司資產之市值為準。至於計算方法，可依據相關交易情形或帳戶資金進出情形或其他證據資料加以計算。例如對於內線交易可以行為人買賣之股數與消息公開後價格漲跌之變化幅度差額計算之，不法炒作亦可以炒作行為期間股價與同性質同類股或大盤漲跌幅度比較乘以操縱股數，計算其差額[23]。

三、探討分析

　　(一)上述各類金融犯罪案件犯罪所得金額規範之犯罪態樣，主要係違法從事各相關金融特許業務相關人員之背信行為，上述犯罪類型除證券交易法外，其餘各種犯罪行為犯罪所得之範圍，皆於修正理由中規範為犯罪直接取得之財物或財產上利益、因犯罪取得之報酬及前述變得之物或財產上利益等。犯罪所得之計算標準，例如依犯罪時、犯罪地之市價、或當時有價證券（股票、債券等）之市值等，皆可作為法院適用時之參考。因之其犯罪所得基本上僅須依據犯罪行為人所取得之財務或財產上利益合計即可，此類犯罪所得之數額通常於行為時即已確定，事後亦不致有所變動。但證券犯罪情況有所不同，其中內線交易犯罪態樣本質亦不同於上述金融犯罪，行為人於消息未公開前買賣股票，究竟應如何計算其犯罪所得，法條文字及立法理由中並未明確說明，因之證券犯罪所得究竟所指為何？又其犯罪所得計算多寡因涉及刑度高低差異，實應有明確之規範，始符合罪刑法定之原則。

　　(二)此外在前述金融法規中皆明定各類金融業負責人或職員二人以上共同實施金融犯罪行為得加重處罰，以收嚇阻之效。但證交法中對此點共犯之犯罪態樣並未規範，是否因證券犯罪多係各別犯罪，各別投資自負盈虧，缺少共犯之觀念，由於證券犯罪所得金額涉及量刑之輕重，因之單獨計算或合併計算犯罪所得事涉共同被告之司法權益，然於證交法法條及立

---

[23] 同註14討第315至321頁。

法說明中皆未有規範，適用上已發生若干疑義。作者建議應於修法時增列或於施行細則中規範上述適用之疑點，俾減少法律適用之爭議，確保金融秩序之穩定。

參、探討問題二：證交法第171條第2項相關立法問題之探討

一、內線交易犯罪所得以一億元以上為加重處罰要件之規範是否合法？

刑事立法之核心在於其所保護之法益，刑法之任務在於法益之保護，無法益保護，無刑法可言；亦即無法益受到破壞或危險，則無刑罰之必要。法益係法律所保護之利益，亦為刑法存在之正當根據。對於法益造成侵害或危險之行為，始具有刑罰性，而得立法加以犯罪化，是為法益刑法之基本原則，亦稱為法益原則。法益本身依其價值評價之強度，而呈現法益位階；生命、身體、自由、名譽、財產五者，按其順序而高低位階化。生命法益最高，次為身體法益、自由法益、名譽法益，而財產法益最低。此五種傳統法益稱之為個人法益，與之相關者，在個人法益外尚有一般法益，即超個人法益，所謂超個人法益，係指超出個人以外之法益，其本質僅係多數個人法益之集合，即有所謂之國家法益及社會法益，經濟領域刑法即屬之[24]。

---

[24] 就刑法之觀點而言，所謂經濟犯罪乃指意圖謀取不法利益，利用法律交往與經濟交易所允許之經濟活動之方式，濫用經濟交易活動賴以為有之誠實信用原則，違反所有直接或間接規範經濟活動之有關法令，而足以危害正常之經濟活動，並干擾經濟生活秩序，甚至於破壞經濟結構或經濟制度之圖利犯罪。由於經濟犯罪所破壞之法益，除財產法益之外，尚有所謂之「超個人之財產法益」或「非物質法益」。易言之，經濟犯罪同時破壞個人或社會之財產法益，以及經濟社會之非財產性的公共法益。使正常之經濟交易活動、經濟生活秩序及整體經濟結構中之重要經濟制度均可能受到經濟犯罪之破壞。反之，傳統刑法規定處罰之財產犯罪，包括竊盜、竊占、搶奪、強盜、侵占、詐欺、背信、重利、恐嚇取財、擄人勒贖、贓物、毀損等罪，均以財產法益為其保護客體，故不屬於經濟犯罪之範疇。

　　國家對個人之刑罰，屬不得已之強制手段，選擇以刑罰處罰個人之反社會性行為，須刑事立法之目的具有正當性，施以刑罰有助於立法目的之達成，且別無其他侵害較小亦能達成相同目的之手段可資運用時，始得為之[25]。證交法第171條立法所保護之法益應可認為係多數人財產法益之集合，其所保護之法益實包括社會法益及國家法益在內，因之該項立法之本身因有保護法益之必要，應無疑義。人民身體之自由與生存權應予保障，固為憲法第8條、第15條所明定，惟國家刑罰權之實現，係對於特定事項而以特別刑法規定罪行之規範，亦即國家選擇以何種刑罰處罰個人之反社會性行為，乃立法自由形成之範圍，立法機關本於一定之目的，就特定事項以特別刑法規定特別罪刑，以別於普通刑法於犯罪及刑罰為一般性之規定，其若與憲法第23條所要求之目的正當性、手段必要性、限制妥當性符合；且該法規目的就社會現況予以觀察，若無違反國民期待，且與國民法律感情亦相契合，自難謂其非屬正當[26]；而其為此所採取之手段，即對於人民基本權利為必要之限制，乃補偏救弊所需，亦理所當為者。證交法第171條第2項制定之本身固有保護法益之必要，在法益保護之考量上，應有其立法之正當性，不能因部分學界及實務界個人之價值判斷，執以否定其立法之價值體系，作者個人認為為維護國家金融秩序及增進公共利益之必要，該項立法本身並無任何違反憲法規定之保護意旨，應予維持。

二、證交法第171條第2項規範採重刑是否合宜？

　　作者認為為有效遏止金融犯罪之發生，對於重大金融犯罪採取重刑之立法政策應無疑義，因經濟犯罪態樣推陳出新，重大金融犯罪多造成對經濟秩序與證券市場之嚴重破壞，其對社會之危害實不亞於暴力犯罪殺人放火。惟刑法科處行為人之刑罰種類或刑罰之輕重程度必須與行為人罪責程度相當，須具罪責相當性，此即刑罰相當原則[27]。因刑罰係以罪責為前

---

[25] 司法院大法官會議釋字第544號解釋。

[26] 司法院大法官會議釋字第476號解釋。

[27] 刑罰係以罪責為前提要件，具有罪責之行為始屬可罰行為，得科處刑罰，亦即行為人若不具罪責者，則不受刑罰之制裁，故罪責可謂刑法制裁之基礎，刑法科處行為人之刑罰種類或刑罰輕重程度必須與行為者罪責程度相當，而具罪責相當性，即稱之為罪

提要件，具有罪責之行為，始屬可罰行為，得科處刑罰。罪責原則謂唯有確認行為人係刑法上可責難，而具有罪責之時，始足以引致國家刑罰權的行使，而得對於行為人科處刑罰。此外，刑罰之輕重程度不得逾越罪責之高低度，逾越行為罪責程度之刑罰應予禁止，此即超量禁止原則[28]。證券交易法第171條第2項「犯罪所得」於解釋論上，自應以符合罪責相當原則、超量禁止原則等刑法理論之基本要求為前提，依照不同犯罪行為態樣而進行個別「犯罪所得」之認定標準，始能避免對行為人造成過度之處罰，又能兼顧新法嚇阻金融犯罪之發生與合理制裁之旨趣。

另作者亦強調刑法體系之價值判斷應從整體考量，自由刑涉及對人民身體自由之嚴重限制，除非必須對其採強制隔離施以矯治，方能維護社會秩序時，其科處始屬正當合理，而刑度之制定尤應顧及行為之侵害性與法

刑相當原則。換言之，刑罰輕重程度不得逾越罪責之高低度，逾越行為罪責程度之刑罰應予禁止。在過去『懲治盜匪條例』未廢止前，擄人勒贖罪不論有無殺害被害人，均處唯一死刑，此為最明顯之罪刑不相當之例，依當時案例擄人勒贖之行為人，大多將被害人殺害滅口，即為罪刑不相當所致之結果。罪刑相當原則係基於應報正義所生之最低底線，刑罰除有應報之外尚具有預防、矯治犯罪之目的，此類目的均可納入刑事政策加以考量，亦可能影響刑期之設定，但無論特定刑期對預防、矯治有何功效，都不能單獨為預防或矯治所需，而對行為人加諸與其行為實害不相當之刑罰。

依司法院釋字第551號解釋：「法律對於人民自由之處罰或剝奪其生存權……處罰程度與所欲達成目的間並應具備合理必要之關係。……（肅清煙毒條例誣告反坐之規定）未顧及行為人負擔刑事責任應以其行為本身之惡害程度予以非難評價……以所誣告罪名反坐，所採措施與欲達成目的及所需程度有失均衡；其責任與刑罰不相對應，罪刑未臻相當，與憲法第二十三條規定之比例原則未盡相符」。權衡法定刑有無違反罪刑相當原則難度甚高，何種行為處以何種刑度係屬過分嚴苛之處罰，倘若欠缺客觀、明確且有理論基礎之審查規範，易流於主觀之論斷。在此作者建議可參考美國聯邦最高法院Solem v. Helm（436 U.S. 277, at 290-291.）案，該院對於罪與刑間之比例性判斷，係透過系爭案件管轄區內，對其他犯罪科處之刑罰，及該司法官轄區外對系爭案件之刑罰比較決定之。

[28] 超量禁止原則亦稱為禁止過度原則，罪刑之程度應該與行為人之作為具備比例關係，例如抽象危險犯提前在行為人為法律規定的犯罪行為為處罰，事實上具體之犯罪結果尚未出現，若處罰過重，則刑罰之目的與行為人之作為違反比例原則，亦即違反超量禁止原則。依據罪責原則，無論在刑事立法或刑事司法，均須遵守罪刑相當原則或超量禁止原則。如此，一方面可以保障行為人基本權利或自由不受逾越其罪責程度之干預或剝奪；另方面可使行為人或社會大眾對於刑法法定刑或法官之宣告刑，均將有處罰之共識，透過刑事立法與刑事司法，以罪刑相當之公正刑罰，提昇人民之法律意識，而使刑罰能夠充分發揮其犯罪防制之功能。

益保護之重要性[29]。金融七法93年修正時增列犯罪所得超過一億元，處七年以上十五年以下之徒刑。從刑法體系整體比較而論，此項增列之系爭規定確實嚴峻，似有罪刑失衡之餘，在刑法體系中似未見有此先例可循。然在此我們必需瞭解刑法之目的所在，刑罰以其具有痛苦性之本質，來均衡具有不法本質之犯罪，藉以衡平行為人之罪責。因之以一億元作為犯罪處罰加重之規範，是否可達刑罰目的，使他人知所警惕，而不敢觸犯法律，有待實證。

　　另我們瞭解金融七法相對於刑法位階而言，可謂係輔助刑法之地位，輔助刑法有別於主刑法，其與特別刑法亦有不同。主刑法係犯罪與刑罰之核心刑法，輔助刑法是指刑法外之刑事單行法及分散規定於民法、行政法、財稅法等各種法律中之附屬刑法而言，主刑法與輔助刑法並無效力、適用順序上之先後之別，僅是因為立法技術考量而在體系上分列於不同法典，其與特別刑法在適用順序上優先於普通刑法，普通刑法與特別刑法均設有處罰規定時，須適用特別刑法定罪科刑，普通刑法即無適用餘地情形有所不同。[30]

　　證交法第171條其適用範圍有其特殊性，其刑度與一般刑法體系比較，顯然較為偏高，因之其立法是否有罪刑失衡之虞？其較嚴格加重之法定刑是否有剝奪法院個案之裁量空間？此種以「犯罪所得」一億元以上科以重刑之劃一處罰方式，是否會造成個案顯然過苛之處罰，於特殊案情將

---

[29] 刑法之主要任務在保護法益之安全，法律為最小限度之道德，在維持社會秩序之必要範圍內，使刑法對於社會倫理之維持，營運某種程度之機能，亦有其必要。因此，對於一項不法行為可否啟動刑法加以處罰，首先應考量其對於法益是否有產生侵害或危險，作為啟動刑法處罰犯罪之最大限。如已對於法益造成侵害或危險，再視其侵害該法益之行為態樣，是否違反社會秩序。倘亦違反社會倫理秩序時，該不法行為始具有處罰之必要性。按刑法之法律效果，將其作為犯罪，而處以一定之刑罰制裁，動輒剝奪犯人之生命、自由或財產，處罰極為嚴厲，而犯人本身亦受到極大的限制與不便。因此，如將一項不法行為規定為犯罪，並動用刑罰加以制裁時，務必慎重行事，非萬不得已，自不應為之。刑罰僅對於有特別重大法益之重大侵害，方可適用適當之科刑反映，具有最後手段性。特定行為之刑事處罰屬國家之最後不得已之反應，應顧及刑罰與犯罪行為之比例原則，因之刑法必須本於謙讓抑制之本旨，在必要及合理之最小限度範圍內，始可以適用。

[30] 林山田，刑法通論，作者自行出版，第46至48頁（10版2008年）。

無法兼顧其實質正義，其中是否有不符憲法比例原則之裁量情形等，皆值得吾人進一步探討。

三、證交法第171條第2項構成要件是否明確？

證交法第171條第2項規定「犯前項之罪，其犯罪所得金額達新台幣一億元以上者，處七年以上有期徒刑，得併科新台幣兩千五百萬元以上五億以下罰金。」其條文中並未規定內線交易罪「犯罪所得」應如何計算？各共犯「犯罪所得」是否應合併計算？目前審判實務亦各有不同見解。我們瞭解內線交易法所要保護的係整體經濟秩序安定與公正性之超個人法益，屬經濟刑法領域，而不同於以保護個人財產為主之傳統刑法。因之經濟刑法難免使用具較抽象性質之規範，要求在立法階段即具備明確與具體化之構成要件，確有其本質上之困難。美國證券交易法有關內線交易之規範亦多係不確定之法律概念，且頒布多項行政授權命令，最終仍需透過法院在個案判決中予以補充適用。一般法治國家對法律明確性之要求，非僅指法律文義具體詳盡之體例而言，立法者於立法制定時，衡酌法律所規範生活事實之複雜度及適用於個案之妥當性，適當運用不確定法律概念而為相應之規定。在罪刑法定之原則下，處罰犯罪必須依據法律為之，犯罪之法定性與犯罪構要件之明確性密不可分。有關受規範者之行為準則及處罰之立法使用抽象概念者，苟其意義非難以理解，且個案事實是否屬於法律所欲規範之對象，為一般受規範者所應得預見，並可經由司法審查加以認定及判斷者，始無違反法律明確性原則[31]。

由於本條規定犯罪所得超過一億元，刑度將大為加重，依憲法第8條之規定，國家公權力對人民身體自由之限制，於一定限度內，既為憲法保留之範圍，若涉及嚴重拘束人民身體自由而與刑罰無異之法律規定，其法定要件是否符合法律明確性原則，自應受較為嚴格之審查。然前述本條犯罪所得如何計算及共同正犯犯罪所得應否合併計算等要件皆未明確訂定，本條法律構成要件無法使受規範者事先能有所預見，再經司法審查得以確認，欠缺憲法法律授權明確性之基本原則，作者個人建議主管機關應予修

---

[31] 司法院大法官會議釋字第476號、第551號、第594號、第602號解釋。

正以資明確，否則該規範似有違憲之虞，未來很有可能會經由申請大法官會議解釋，而遭致無效，嚴重影響政府維持金融秩序之苦心。

肆、探討問題三：內線交易罪各被告「犯罪所得」金額應如何計算？

依照93年4月28日證交法第171條增訂第2項立法說明理由有關犯罪所得之計算方式可歸納為下列三項要點[32]：

一、第2項所稱犯罪所得，其確定金額之認定，宜有明確之標準，俾法院適用時不致產生疑義。

二、對其計算犯罪所得時點，依照刑法理論，應以犯罪行為既遂或結果發生時該股票之市場交易價格，或當時該公司資產之市值為準。

三、至於計算方法，可依據相關交易情況或帳戶資金進出情形或其他證據資料加以計算。例如對於內線交易可以行為人買賣之股數與消息公開後價格漲跌之變化幅度差額計算。

因之關於計算內線交易犯罪所得之金額，立法說明理由明確規定採「差額說」，即應扣除犯罪行為人之交易成本及買賣交易過程中之手續費及證券交易稅。又因內線交易係以犯罪所得之金額為刑度加重之要件，亦即以發生一定結果（即所得達一億元以上）為加重條件，則該立法說明所載「消息公開後價格漲跌之變化幅度差額計算」，當指計算內線交易之犯罪所得時點，必須該股票價格之變動與該重大消息之公開，其間有相當之關聯者為必要，此應為法理上之當然解釋[33]。

---

[32] 立法院議案關係文書總字第861號（政府提案第8974號）討第63至64頁。

[33] 法律解釋是一種以法律意旨為主導之思維過程，每種解釋方法各具功能，每種解釋方法之份量雖有不同，但須互相補足，始能獲得合理論證。法律文義有疑義時，得依法律體系關聯、立法資料予以澄清。證券交易法所規定內線交易刑罰如何解釋或其他法律問題產生疑義時，即應依公認之法律解釋方法，亦即文義解釋、體系解釋、歷史（立法）解釋、目的解釋及合憲性解釋等解釋方法加以認定。法律解釋學上所謂之立法意旨，係指立法者之意思，而所謂立法者之意思，係指在立法過程中之討論及認同之想法，尤以在立法草案中之修正理由，更需參酌。在司法審判中，司法造法之權限

綜言之，內線交易犯罪所得金額之計算，依立法說明應採扣除交易成本之差額說，且其計算時點須與該重大消息後股價漲跌幅具有因果關係，目前此差額說在理論及實務上已為大眾所認同[34]，在台開案中檢察官主張不扣除成本計算[35]，依據前述說明並非可取，亦未為法院所接納[36]。

由於證交法第171條第2項並未對內線交易犯罪所得金額之計算有明確規範，因之各級法院所採之計算公式亦大不相同，以往計算公式對內線交易犯罪並不重要，因犯罪所得多寡並不影響內線交易犯罪之量刑，然自93年4月28日起，內線交易係以犯罪所得之金額為刑度加重之要件，亦即以發生一定結果（所得達一億元以上）為加重條件，因之犯罪所得計算公式涉及內線交易罪刑度之重輕，始為各界所關切與重視。

以眾所矚目的台開公司趙建銘、趙玉柱、游世一及蔡清文等內線交易案為例，茲將各級法院有關內線交易犯罪所得所採計算方式見解分別整理分析如下：

一、台北地方法院見解[37]

該院認為現行證交法欠缺法定計算公式，必須透過經濟刑法之解釋方法予以確認。渠認為證券交易市場股價瞬息萬變，影響股價之因素眾多，除該股票發行公司經營狀況外，國內經濟表現、金融狀況、市場消息及國際間政經金融局勢變化等，均將影響該公司股價之表現，因之如依一般社會通念所採取交易所得計算方式，來計算犯罪者之犯罪所得金額，亦即將犯罪者每次賣出股票之價格與賣出股票之股數相乘，且逐一加總後，扣除購入成本、證券交易稅及交易手續費後而得之，將發生下列兩項問題。首先，證券交易市場影響股價之因素眾多已如前述，因之若犯罪者賣出股票

應僅具有次要之地位，應向立法者之優先立法權讓步，法律解釋最終目標只是探求法律在目前法律秩序之標準意義，只有考慮歷史上立法者之規定意向及其具體之規範想法，如此始能確定法律在整個法秩序之標準意義。

[34] 參閱93年台上字第2885號、95台上字第2916號、96年台上字第2453號判決。
[35] 台北地檢署95年度偵字第10909、10936、11560、12605、13000、13356號起訴書。
[36] 台灣高等法院96年矚上重訴字第17號判決（96年6月26日）。
[37] 台北地院95年度矚重訴字第1號判決（95年12月27日）。

之際，股價係因上揭因素而飛漲，非因涉案公司重大訊息之公開而上漲，以實際賣出價格來計算交易所得，對於犯罪者而言，顯屬不公。其次，若有犯罪者確實利用內線交易而購入股票，惟重大訊息公開後，因特定政經事件之發生，如我國921大地震、美國911攻擊事件，而使股價低於公開前之價格，致犯罪者賣出股票之價格低於買進股票之價格，若以前述方法計算交易所得，則犯罪者並無交易所得可言，又倘其根本未賣出股票或僅賣出部分股票，此時如何以前述方法來計算交易所得？如因此而認犯罪者並無交易所得，此對國家追訴內線交易而言，勢將成為一種妨礙。綜此，為衡平前述兩種情形，內線交易犯罪所得金額之計算，不宜依一般社會通念所採取交易所得計算方式，而必須有一套擬制性交易所得計算公式，此觀證券交易法第157條關於歸入權規定，其雖屬廣義內線交易之一環（歸入權不以獲悉內線消息後買賣股票為要件，與同法第157條之1所規定狹義之內線交易尚屬有別），且係針對民事損害賠償所為之規定，依照證券交易法施行細則第11條第2、3項規定，亦參酌美國司法實務之見解，採取「最高賣價減最低買價法」（the lowest-in highest-out rule）之擬制性交易所得計算公式，可見在影響股價之因素眾多，致股價瞬息萬變之證券交易場合，計算其犯罪所得金額必須採取擬制性交易所得計算公式始為合理。

　　該院認為本件擬制性交易所得之計算方式應為：「擬制性交易所得＝市場合理基準之交易價格X買進股數—購入成本—證券交易稅—交易手續費」。本案重大消息A、B於94年7月25日、8月25日公布後，十日平均價分別為4.60元、4.17元，則趙建銘與趙玉柱、蔡清文、游世一之犯罪所得，即均應以趙建銘、游世一、蔡清文在第一次三井宴中共同謀議，而事後在94年7月25日所買入之趙建銘五千張、游世一五千張、蔡清文二千一百張為計算基礎，亦即趙建銘與趙玉柱之犯罪所得為427萬7836元，蔡清文之犯罪所得為179萬6702元，游世一之犯罪所得為427萬7836元。又蔡清文在94年8月2日起、游世一自94年10月14日起又陸續買進之台開公司股票，既已在重大消息A或B公布後，即非基於內線交易而買入，且其買入價格均在上開十日平均價上，無論係從論理上或實際所得上，均無列入計算之必要。至於簡水綿所有另一帳號之證券交易帳戶，雖

在94年10月7日另行買入台開公司股票,惟該帳戶本非被告趙建銘、趙玉柱所共同用以購買五千張股票之帳戶,無從證明該日所買入之股票係被告趙建銘、趙玉柱所為,更因已在重大消息A或B公布後,亦非基於內線交易而買入,即無從列為計算之基礎。

二、台灣高等法院見解[38]

案經上訴台灣高等法院,該院與台北地方法院就內線交易犯罪所得之計算方式持不同見解,台灣高等法院認為台北地方法院所採擬制性交易所得公式計算,與實際被告犯罪所得差距甚大,應依據台灣證券交易所採實際所得計算之金額認定之,亦就被告趙建銘、趙玉柱、游世一等人陸續賣出之持股,於扣除手續費與證券交易稅後之金額為準。案經台灣證券交易所計算結果,扣除買進價格、手續費與證券交易稅結果,趙建銘、趙玉柱部分為29,529,401.62元(尚有1800張尚未賣出)蔡清文部分為4,849,135.20元、游世一部分為66,451,521.25元,合計趙建銘及趙玉柱(二人使用簡水棉名義)蔡清文、游世一等人因違反證券交易法第171條第1項第1款、第2項、第157條之1第1項第4款,犯罪所得之總金額應為100,830,058元。台灣高等法院認為台北地方法院判決依證交法第157條有關歸入權對民事損害賠償所為之規定,依證交法施行細則第11條規定,採取最高賣價減最低買價法之擬制性交易所得計算方式並無法據,該判決所為犯罪所得計算即非正確可採。

三、最高法院見解[39]

案經上訴最高法院,該院撤銷發回更審判決中僅認為內線交易買進之股票,縱尚未賣出,尚未賣出部分是否因消息公開後價格之變化而有加值之利益存在?因此認為原判決未究明,遽謂未賣出之持股不列入計算獲利,亦有調查職責未盡及判決適用法則不當之違背法令。至於對犯罪所得究採實際所得計算抑或以擬制性交易所得計算部分,並未於判決中明示高

---

[38] 台灣高等法院96年度囑上重訴字第17號判決(96年6月26日)。
[39] 最高法院96年台上字第7644號判決(96年12月28日)。

院採實際所得計算有所違誤，應可推知最高法院亦同意內線交易犯罪所得採實際所得計算，並不同意擬制性交易所得公式計算。

四、探討分析

(一)由前述各級法院判決得知內線交易各被告犯罪所得金額應如何計算，不僅立法理由未見說明，目前國內學界及實務見解亦多分歧，則該犯罪所得金額究應以何種方式計算，均屬未明。若不是因台開涉案人趙建銘為前總統陳水扁女婿，趙玉柱為前陳總統親家，該案為國人矚目之重大司法案件，且其犯罪所得為刑度加重案件，亦即以發生一定之結果（所得達一億元以上）為加重條件，各界始進行探討其規範。

(二)作者認為為有效遏止金融犯罪之發生，對於重大金融犯罪為採取重刑之立法政策應無疑義，經濟犯罪態樣推陳出新，重大金融犯罪多造成對經濟秩序與證券市場之嚴重破壞，其對社會之危害實不亞於殺人放火之暴力犯罪。惟刑法科處行為人之刑罰種類或刑罰之輕重程度必須與行為人罪責程度相當，需具罪則相當性，此即罰刑相當原則。因刑罰係以罪責為前提要件，具有罪責之行為，始屬可罰行為，得科處刑罰。罪責原則乃謂唯有確認行為人係刑法上可責難，而具有罪責之時，始足以引致國家刑罰權的行使，而得對於行為人科處刑罰。此外，刑罰之輕重程度不得逾越罪責之高低度，逾越行為罪責程度之刑罰應予禁止，此即超量禁止原則。證券交易法第171條第2項「犯罪所得」於解釋論上，自應以符合罪責相當原則、超量禁止原則等刑法理論之基本要求為前提，依照不同犯罪行為態樣而進行個別「犯罪所得」之認定標準，始能避免對行為人造成過度之處罰，又能兼顧新法嚇阻金融犯罪之發生與合理制裁之旨趣。

(三)關於內線交易犯罪所得金額之計算，依立法說明對於內線交易可以行為人買賣之股數與消息公開後價格漲跌之變化幅度差額計算。亦即內線交易犯罪所得金額之計算，依立法說明應採扣除交易成本之差額說，應無疑義。至於內線交易犯罪所得金額之計算方式，究以「實際所得」計算或以「擬制性交易所得」計算，證交法未有明確之規範，此為引起爭議之問題所在。一般而言，證券交易所得係指投資者將每次賣出股票之價格與賣出股票之股數相乘，逐一加總後，扣除購入成本、證券交易稅及交易手

續費後而得之金額為交易所得。在內線交易犯罪計算其犯罪所得時，如果內線交易行為人賣出股票時，其股價上漲之原因並非因其獲得重大訊息之公開而上漲，主要是證券交易市場受到國內外經濟因素之影響而全面大漲，此時如果以其賣出之價格扣除成本後之差額計算為其犯罪所得，對內線交易行為人似有不公平之處。反之，若行為人確實利用內線消息預先購入股票套利，然人算不如天算，其後發生重大天災或戰爭，使股價大幅滑落，行為人非但未獲利，反而產生鉅額損失，若以實際所得計算其犯罪所得，內線交易犯罪者並無交易所得，是否構成內線交易罪？因之如採用「實際所得」方式來計算其犯罪所得，對刑事追訴內線交易犯罪而論，勢將產生矛盾與障礙，因此內線交易犯罪所得金額之計算似乎不能利用一般證券交易計算交易所得之方式。

(四)台北地方法院在台開內線交易案中創設「擬制性交易所得」計算之公式，其理論係運用證交法第157條關於歸入權中對民事損害賠償所定之規定，依照證券交易法施行細則第11條第2、3項規定，參酌美國司法實務之見解，採取「最高賣價減最低買價法」（the lowest-in highest-out rule）之擬制性交易所得計算公式。證券交易法第157條關於歸入權規定，雖屬廣義內線交易之範疇，但歸入權並不以獲悉內線消息後買賣股票為要件，與同法第157條之1所規定狹義之內線交易尚屬有別，其主要係針對民事損害賠償所為之規定，因之擬制性交易所得計算方式是否可適用於刑事內線交易犯罪所得之計算，尚有爭議。

(五)計算內線交易犯罪所得金額如採擬制性交易所得計算方式，首需確定者為「市場合理基準之交易價格」，而證券交易法施行細則第11條雖有「最高賣價減最低買價法」之歸入權計算公式，惟因為其本質究與內線交易犯罪所得金額之計算性質有所不同，此部分有待研商，因之目前臺灣高等法院及最高法院並不採行，然由於證券市場股價之變化與一般商品交易確實不同，雖援引美國司法實務之見解，此外因證券交易法第171條第2項以犯罪金額達一定金額作為刑度之加重要素，係我國法規所為之獨特規定，較難以比較。其實證券交易法第157條之1第2項前段所規定：「違反前項規定者，對於當日善意從事相反買賣之人買入或賣出該證券之價格，與消息公開後十個營業日收盤平均價格之差額，負損害賠償責

任」，係針對內線交易之民事損害賠償額計算方式所為之規定，即採取擬制性交易所得計算公式，且以重大訊息公開後十日公司股票價格之均價，作為認定「市場合理基準之交易價格」。該規定之所以以十日均價作為計算標準，係因為自證券交易實務而言，倘有重大影響公開發行公司股票價格之訊息產生，該訊息對於公司股票價格之影響約在十個營業日左右，十個營業日過後公司股票價格之漲跌將回歸一般股票市場之常態，十日過後股價若仍有不正常之漲跌，其通常係由於其他因素，與該訊息本身並無因果關係。因之，該重大訊息公開後之十日均價，即為「市場合理基準之交易價格」，該院將擬制性交易所得之計算方式定為：「擬制性交易所得＝市場合理基準之交易價格×買進股數－購入成本－證券交易稅－交易手續費」。在目前法理及立法說明中對內線交易犯罪所得未有明確計算規範前，作者個人較贊同採擬制性交易所得方式計算內線交易犯罪所得，應不失為解決之道，建議未來仍需於法條或施行細則中明定計算方法始為正途。

伍、探討問題四：內線交易罪共同被告之「犯罪所得」是否應合併計算？

依證交法第171條第2項規定，犯內線交易罪，其犯罪金額達新台幣一億元以上者，處七年以上有期徒刑，得併科新台幣兩千五百萬元以上五億元以下罰金。但是上述條文並未規定如犯罪被告有二人以上，其犯罪所得係各被告分別計算其犯罪所得或合併計算其犯罪所得。經查93年4月證交法第171條修正理由：「第二項所稱犯罪所得，其確定金額之認定，宜有明確之標準。俾法院適用時不致產生疑義，故對其計算犯罪所得時點，依照刑法理論，應以犯罪行為既遂或結果發生時該股票之市場交易價格，或當時該公司資產之市價為準。至於計算方法，可依據相關交易情形或帳戶資金進出或其他證據資料加以計算。例如對於內線交易可以行為人買賣之股數與消息公開後價格漲跌之變化幅度差額計算之，不法炒作亦可以炒作行為期間股數與同性質同類股或大盤漲跌幅度比較乘以操縱股數，

計算其差額」。由於本項規定涉及犯罪行為人刑度之加重與否，犯罪所得金額超過一億元以上，將處七年以上十五年以下之有期徒刑，刑度不可謂不重，由世界各國內線交易犯罪刑度比較[40]，亦可謂係重度刑，因之犯罪所得之計算，在立法者未有明示之狀況下，尤應審慎，避免刑罰權之擴張，另在刑法從輕從新之原則下，應朝向對被告有利方面之認定，較符合刑法之謙抑思想理論[41]。

　　目前在實務上最為國人關切之案件—「台開公司內線交易案」，各級法院對共同被告之犯罪所得是否合併計算，出現大不相同之見解，茲將台開案各級法院對共同被告是否合併計算犯罪所得之理由分述如後：

一、台灣台北地方法院見解[42]

　　被告趙建銘以特定人方式自彰化銀行購入股票，依「擬制性交易所得」計算犯罪所得有427萬餘元，獲利比率達20%至30%間，仍屬暴利，更因利用權勢購買股票所造成社會大眾對於市場交易秩序公正性之疑慮，亦屬危害甚鉅；趙建銘於偵訊時雖已供出部分犯罪情節，惟於審理時仍未能全盤坦承犯行，僅辯稱「未注意自己身分，隨便與人吃飯」，顯見犯後仍毫無悔意之犯後態度等一切情狀，從重量處有期徒刑六年[43]，以昭炯戒。又趙建銘除前述「擬制性交易所得」外，趙建銘，趙玉柱以簡水綿名義買入之台開公司股票，賣出3,192張部分業已獲得二千九百餘萬元之處分利益，加計目前迄未賣出1,808張之股票，如以本件開始偵辦之95年5

---

[40] 參考註2。

[41] 刑法之主要任務在於保護法益之安全，因之對一項不法行為可否啟動刑法加以處罰，首先應視其對於法益有否侵害或危險，作為發動刑法處罰犯罪之首要依據。刑罰制裁動輒剝奪犯人之生命、自由或財產，處罰極為嚴苛，犯人本身亦受到極大人身限制。因此，將一個不法行為規定為犯罪，並動用刑罰加以制裁時，務必慎重行事，非萬不得已，自不應為之。因之刑法之處罰必須在必要及合理之最小限度範圍內予以規範，此即所謂刑法之謙抑思想，乃指刑法之處罰必須本於謙讓抑制之本旨。有關刑法之謙抑思想請參考甘添貴，刑法之謙抑思想，月旦法學別冊公法學篇1999第160至161頁。

[42] 同註37。

[43] 迄本件發生前為止，我國司法實務有關內線交易之科刑，最重者為台北地院94年度矚訴字第1號之判處有期徒刑3年10月。

月11日台開公司股票收盤價17.65元計算（審理時股票市價已達每股20餘元），扣除交易成本後，其獲利金額亦達二千五百餘萬元，顯見趙建銘、趙玉柱因此次內線交易實際獲利所得約為五千四百餘萬元，亦即二人平均計算實際獲利約為二千七百萬元，爰依證券交易法第171條第1項之立法意旨，並科趙建銘罰金三千萬元，並依修正前刑法第42條第3項規定，諭知罰金部分如易服勞役，以罰金總額與六個月之日數比例折算。至依「擬制性交易所得」計算之犯罪所得427萬7,863元，應依證券交易法第171條第6項規定沒收之，如全部或一部不能沒收時，追徵其價額或以其財產抵償之。

　　被告趙玉柱與趙建銘利用權勢獲取影響台開公司股價之重要訊息，以洽特定人買賣方式自彰化銀行購入股票，依「擬制性交易所得」計算犯罪所得為427萬餘元，獲利比率達20%至30%間，仍屬暴利，更因利用權勢購買股票所造成社會大眾對於市場交易秩序公正性之疑慮，亦屬典型之權貴犯罪類型，危害甚鉅。趙玉柱於偵訊審理時均矢口否認犯行，猶辯稱「台開案是三合一的人為陰謀，政治惡鬥下的傑作」，企圖以政客手法將自身之犯行導向政治惡鬥，顯見犯後態度惡劣，毫無悔意，就內線交易，公益侵占罪從重分別量處有期徒刑五年六月、三年，並依修正前刑法第51條第5款定其應執行刑八年四月，以昭炯戒。又因趙建銘、趙玉柱係共同出資以簡水綿名義買入，再分批陸續出售，應共同計算其犯罪所得，已如前述，因此關於趙玉柱並科罰金及沒收犯罪所得部分，均如前述趙建銘。

　　被告游世一在蘇德建告知重大消息A、B後，以特定人方式自彰化銀行購入股票，依「擬制性交易所得」計算犯罪所得有427萬餘元，造成社會大眾對於市場交易秩序公正性之疑慮，即屬危害甚鉅；游世一於偵訊及審理時均矢口否認犯行，甚至第一次偵訊時連參加三井宴之事都予以否認，顯見犯後態度不佳，從重量處有期徒刑四年三月，以資儆懲。又除前述「擬制性交易所得」外，游世一買入之五千張台開公司股票，於案發後賣出，扣除交易成本後，實際獲利金額達六千六百餘萬元，依證券交易法第171條第1項之立法意旨，並科游世一罰金六千萬元，並依證券交易法第180條之1之規定，諭知罰金部分如易服勞役，以罰金總額與二年之日

數比例折算。至依「擬制性交易所得」計算之犯罪所得427萬7,863元，應依證券交易法第171條第6項規定沒收之，如全部或一部不能沒收時，追徵其價額或以其財產抵償之。

被告蔡清文利用結交趙建銘、趙玉柱等權貴人士之機會，積極安排、促成趙建銘與蘇德建之會面，進而獲取影響台開公司股價之重大消息，且餐宴後從中協調、處理買方與賣方關於本件交易之一切接單等事宜，顯見係本件犯行之主要參與者；犯罪所造成之危害：蔡清文雖主導本件犯行，惟所購入股票數量最少，更係短線進出，相較於其他被告，實際獲利一七九萬元；犯後供出犯罪實情，因而查出其餘被告四人確實涉犯內線交易之犯行，並於審判中繳交不法所得與財團法人投資人保護中心，犯後態度良好，深有悔意，兼以為貫徹前述金融犯罪應採行「兩極化刑事政策」之立法意旨，依證券交易法第171條第4項規定減輕其刑，從輕量處有期徒刑二年，緩刑四年。又蔡清文已繳納全部犯罪所得，未因本件犯行而有任何獲益，即無需為併科罰金及沒收之諭知。

綜上所述，依刑法共同正犯之理論，共同正犯需共同負責之部分，限於有犯意聯絡及行為分擔部分，本案被告趙建銘與趙玉柱、游世一、蔡清文雖均因自被告蘇德建處得知重大消息A、B始共同買進台開公司股票，且在第一次三井宴中即就購買張數有所議定，因此就共同買進部分係共同正犯。惟實際上被告趙建銘等人係各自出資、自負盈虧，且何時賣出股票，悉依自己意思決定，亦即被告趙建銘等人就賣出股票部分並無犯意聯絡，亦即非共同正犯，既各行為人係各自出資自負盈虧，其對市場交易秩序之危害，仍未達一億元犯罪所得之情況，基於罪刑法定原則，自不得依證券交易法第171條第2項加重其刑。況相對於單獨正犯之固有犯罪類型，此種以「犯罪共同體」概念結合主觀及客觀要素之共同正犯結構，在本質上即為刑罰權之擴張，立法者如未有所明示，實不宜再以「共同實行犯罪合併計算其金額」作為加重刑度之要素。綜言之，該院認為本內線交易共同被告不應合併計算其犯罪所得金額。

二、台灣高等法院見解[44]

　　本案蘇德建、游世一、趙玉柱及趙建銘等四人,買入台開公司股票後,始由被告蘇德建以董事長名義具名公布附表編號25、27、31之重大影響台開股票價格之消息,其等所為,即與證券交易法第157條之1第1項第4款規範之構成要件相符,且有共同犯意聯絡行為分擔,屬於刑法第28條規定:「兩人以上共同實行犯罪之行為者,皆為正犯」。該院認為「共同收受之賄賂,沒收追繳均採共犯連帶說,司法院著有院字第2024號解釋可循[45]。上訴人等多人違背職務共同向人索取賄款三千六百元,如應論已因共同受賄而違背職務之罪,縱上訴人僅分得兩百元,亦應就賄款全部負連帶責任,殊無僅沒收追徵分得兩百元之餘地[46]」、「共同收受之賄賂,沒收追徵均採共犯連帶說[47]」。「共犯貪汙罪所得之財物應連帶沒收追繳,不得分別按個人分得金額諭知,亦不得就共同所得財物對共犯個別重複諭知[48]」、「按共同正犯之犯罪所得,因係合併計算,為避免執行時發生重複沒收之情形,故各共同正犯之間係採連帶沒收主義,對於裁判時僅諭知連帶沒收,不得就全體共同正犯之總所得,對各該共同正犯分別重複諭知沒收;此與罰金刑應分別諭知、分別執行者不同。原判決就上訴人等共同販賣毒品所得之七十萬元部分,並未採連帶沒收主義,對上訴人等諭知連帶沒收,而分別為沒收之諭知,亦有違誤[49]」。原判決認被告蘇德建、游世一、趙建銘、趙玉柱等人為共犯,但並未依據前述見解,就共犯犯罪所得採連帶沒收主義而分別沒為收之諭知,亦有違誤。亦即台灣高等法院認為共同正犯之犯罪所得應採合併計算。因之該院合議庭對原審認定被告四人共同違反證券交易法第157條之1第1項第4款、第171條第1項第

---

[44] 同註38。

[45] 追繳贓款,以屬於公有者為限。私人被勒索之款,如已被扣押者,應發還受害人。否則經受害人請求返還,不問其共犯(包括教唆犯、正犯、從犯。)朋分數額之多寡,對於贓款之全部,均負連帶返還之責任。其有未經獲案者,得由到案之他共犯負擔。(民國29年06月24日院字第2024號解釋)

[46] 70年台上字第1186號判例。

[47] 62年10月9日62年度第二次刑庭庭推總會決議、92年度台上字第2630號判決。

[48] 92年台上字第6997號判決。

[49] 95年度台上字第1781號判決。

1款規定之犯罪事實爲相同之認定，惟對於共同犯罪所得之財物則依台灣證券交易所之計算結果認定爲一億零八十三萬零五十八元，應依證券交易法第171條第2項：「犯前項之罪，其犯罪所得金額達新台幣一億元以上者，處七年以上有期徒刑，得併科新台幣兩千五百萬元以上五億元以下罰金。」規定論處，對被告蘇德建判處有期徒刑七年六月，併科罰金新台幣三千萬元。對被告游世一判處七年二月，併科罰金新台幣六千萬元，對被告趙建銘判處有期徒刑七年，併科罰金新台幣三千萬元。對被告趙玉柱判處有期徒刑七年，併科罰金新台幣三千萬元。

三、最高法院見解[50]

最高法院96年12月28日發回更審，該院僅於判決理由中指出證券交易法第171條第2項所稱之犯罪所得，參諸同條第6項規定之意旨，應包括因犯罪所得之財務及財產上之利益在內。犯內線交易罪而買進之股票，縱尚未賣出，然參照前揭證券交易法第171條第2項之立法理由，若「以犯罪行爲既遂或結果發生時」爲計算之時點，按「行爲買進之股數與消息公開後價格漲跌之變化幅度差額計算之」，而有正數之差額者，則其所加值之利益，仍屬內線交易之犯罪所得，應不待言。趙建銘等人共犯內線交易案，有一筆一千八百張台開股票並未賣出，該部分應計算

犯罪所得，二審卻未予計算，顯有違誤。其中關於計算內線交易所得之時點係93年4月28日修正公布時所增訂，其立法理由明示應以犯罪行爲既遂或結果發生時爲準，且例示可以行爲人買賣之股票數與消息公開後價格漲跌之變化幅度差額計算之。又因內線交易罪係以犯罪所得之金額爲刑度加重之要件，亦即以發生一定結果（所得達一億元以上）爲加重條件，則該立法理由所載消息公開後價格漲跌之變化幅度，當指計算內線交易之犯罪所得時點，必須該股票價格之變動與該重大消息之公開，其間有相當關聯者爲必要，此爲法理上之當然解釋。

該院判決理由指出原判決以台灣證券交易所就原審於96年3月6日函查事項函覆之計算結果，即以96年3月6日法院函查日作爲計算上訴人等

四人內線交易所得之時點，是否合於立法理由所揭示「計算犯罪所得」之意旨？仍有疑義。又因函查時間不同，影響股票之均價，致犯罪所得金額隨時發生變化，使內線交易罪加重條件之成就與否，係於不確定之因素，亦難謂允當。

至於犯罪所得應否就各被告之犯罪所得合併計算部分，判決理由中並未提及，顯係最高法院對台灣高等法院認為共同正犯之犯罪所得應合併計算之見解並未持不同意見。

四、探討分析

(一)共同正犯犯罪所得是否應合併計算之問題，我國實務界基於責任共同原則，採連帶沒收主義，其最主要的基礎係前述司法院2024號解釋，該解釋內容：「追繳贓款，以屬於公有者為限，私人被勒索之款，如已扣押者，應發還受害人，否則經受害人請求返還，不問其共犯（包括教唆犯、正犯、從犯）朋分數額之多寡，對於贓款之全部，均負連帶返還之責任，其有未經獲案者，得由到案之他共犯負擔」。其次為最高法院64年台上字第2613號判決，該判決係參照上述解釋，其後經選為判例，該判例內容：「共同正犯，應對犯罪之全部事實負責，原判決既認上訴人等為共同正犯，則就所得財物應合併計算，全部追繳沒收，方為適法。乃竟分別就各人所得加以追繳沒收，自非合法」。其後最高法院70台上字第1186號判例要旨：「共同收受之賄絡，沒收追繳均採共犯連帶說，司法院著有院字第2024號解釋可循。上訴人等多人違背職務共同向人勒索三千六百元，如應論以因共同受賄而違背職務之罪，縱上訴人僅分得二百元，亦應就賄款全部負連帶責任，殊無僅沒收追徵分得二百元之餘地。」

前述實務見解認為共同正犯應將犯罪所得財務合併計算，均負連帶返還責任及追繳沒收。事實上其主要目的在解決多數人參與犯罪時因個別犯罪所得計算困難，透過合併計算與連帶沒收以迴避各共同被告犯罪所得之舉證問題，此純係以沒收之便利，考量犯罪所得之計算，此與內線交易共同正犯間能否將犯罪所得合併計算以為加重量刑之考量，係完全不同之考量概念，在此應不可不作嚴格之區分。

(二)一般而言，司法實務上對共同正犯之犯罪所得合併計算之案件，

大部分係貪污或煙毒案件，舉例而言，依法務部公布之檢察機關辦理貪汙案件應行注意事項第7條規定：「連續犯本條例之罪者，其賄賂不正利益之數額，應合併計算各次數額之獲利。共同正犯應合併計算全體共同所得」。在刑事案件中，共同正犯係共同實施犯罪行為之人，在共同意思範圍內，各自分擔犯罪行為之一部分，相互利用他人之行為，以達其犯罪之目的，其成立不以全體均行參與實施犯罪構成要件之行為為要件，參與犯罪構成要件之行為者，固為共同正犯，以自己共同犯罪之意思，參與犯罪構成要件以外之行為，或以自己共同犯罪之意思，事先同謀而由其中一部分人實施犯罪之行為者，亦均應認為共同正犯，使之對於全部行為所發生之結果負其責任[51]。因之其共同被告間對於犯罪之成果具有共同得利之意圖；然證交法內線交易犯罪即使經由其他共同正犯之參與協助所獲得財產上之利益，本質上仍是個別被告自行決定投資與否，且需自負投資盈虧，欠缺上述刑法共同被告間對於犯罪成果具有共同得利之意圖，因之內線交易犯罪所得應否比照前述判決連帶沒收及責任共同原則採取合併計算方式，處以較重之刑度，值得吾人思考。

(三)再者證交法及刑法中未規範共同正犯之犯罪，必須全部連帶沒收，僅以前述最高法院第2613號判例等實務見解作為犯罪所得合併計算之主要依據，作者個人並不同意以前述判例意旨及司法院解釋作為內線交易犯罪所得計算之法律論據，作者認為有違罪刑法定原則及法律保留原則。因為以沒收作為處罰方式之目的在於剝奪犯罪所得，若將共同正犯視為連帶債務人，將使國家能對個別犯罪參與者剝奪超出其實際所得之財產利益，或使其在外部關係上為其他犯罪參與者之犯罪所得負有給付義務，此與犯罪所得沒收之目的不符。目前法院所採共犯連帶說，將所有被告所得合併計算，表示共犯連帶說是指沒收追繳不法所得時之計算法，雖可適用在貪污及毒品犯罪，但是否類推適用於各類證券犯罪，值得進一步探討，在未有定論前，由於目前證交法中並未明定內線交易犯罪不法所得計算方式，基於法律從輕從新之原則，應對被告為較有利之認定，依個別被告計算其不法所得，作者認為刑事犯罪所得之沒收亦應以犯罪參與者之犯

---

[51] 司法院大法官會議釋字第109號解釋。

罪所得為限，而個人犯罪所得之調查或許難度較高，然在立法者未有明示之情況下，為遵守罪刑法定原則，作者建議宜透過立法解決，以免造成刑罰權之擴張。

(四)另93年4月28日立法院修正通過之金融七法中，其他金融六法與證券交易法第171條第2項相同均有「犯罪所得金額達新臺幣一億元者，處七年以上有期徒刑，得併科新台幣二千五百萬元以上五億元以下罰金」之重刑規定，但銀行法第125條之2第2項、金融控股公司法第57條第2項、票券金融管理法第58條第2項、信託業法第48條之1第2項、信用合作社法第38條之2第2項及保險法第168條之2第2項，均另有「二人以上共同實施前項犯罪之行為者，得加重其刑至二分之一」規定，亦即犯罪所得金額達一億元時，如係二人共同實施上開法律所規定之金融犯罪，尚得加重其刑至二分之一。立法者所以作此規定，乃因該等加重規定大都適用於「相關金融機構之負責人或職員背信」之行為，其立法意旨在於嚇阻金融機構負責人與職員或其他關係人相互勾結舞弊。

相形比較之下，我們可知內線交易行為人通常係各自出資、自負盈虧，其對整體經濟秩序公正之危害性，並不會因二人以上共同謀議各自出資從事內線交易行為而提高，因此證券交易法並無類似前述其他金融六法有關「二人以上共同實施前項犯罪之行為者，得加重其刑至二分之一」之規定。而立法者既以犯罪金額是否達一億元作為刑度加重之要素，顯見立法者認定內線交易犯罪金額達一億元之情況時，行為人之犯罪行為對於市場交易秩序公正性所造成之危害，始有較一億元以下科以更高刑責之必要，如此規範當符合罪刑相當之原則，因該規定主要著重在犯罪所得金額愈高，對市場交易秩序危害愈大之認知，如各行為人係各自出資、自負盈虧，其對市場交易秩序之危害，如未達一億元犯罪所得之情況，基於刑法罪刑法定主義之原則，似不應依證券交易法第171條第2項加重其刑。依刑法理論而言，相對於單獨正犯之固有犯罪類型，此種以「犯罪共同體」概念結合主觀及客觀要素之共同正犯結構，在本質上即為刑罰權之擴張，立法者如未於立法說明中有所明示，執法者似不宜以共同實行犯罪合併計算其犯罪所得金額作為加重刑度之要件。刑事司法之運作需更加精緻與細膩，我國應盡速修正證交法，提供客觀標準俾利計算內線交易犯罪所得，

此外需改革量刑準則，並確定內線交易犯罪所得是否應合併計算等問題，始能提高全民對司法之信賴，避免金融證券犯罪行為人坐享鉅額暴利之不正義現象。

陸、結語

　　證交法罰則訂立之主要目的在阻嚇行為者不敢及不願從事有害證券市場經濟活動之不當行為，俾維護證券市場交易秩序，確保自由經濟市場之機能。然金融法規所立基之金融活動變化快速，為使法律規範配合經濟發展，不致成為金融進步之障礙，法律規範必須隨時修訂及增訂配合，俾使經濟活動能遵守配合，因之違法行為之規範務必明確，使行為者及執法機關都能事先或事後精準預測判斷其行為所將發生之法律效果，俾預知守法及不守法之交易成本。一般而言，人是理性的生物，其行為前探究法律，必然係其未來可獲取之利益高於法律成本，因之法律愈精確，從事不法行為需付出之代價亦愈高，進而阻卻從事不法行為亦愈見其成效，亦即由於法律明確性及精準度之提升，不法行為受罰機率將大大提升，使刑事處罰之嚇阻作用更加見效。

　　一般而言，法律規範之立法應不得過度規範，但亦不得規範不足，如何力求其衡平，由於法律規範其所基於社會事實不斷在變化，如何使法律不要成為進步之障礙，在法律之適用及解釋上必須與時俱進同步配合，英美法系遵守判決先例（stare decisis）之程度較強，因為法院可迅速透過判決修正先前判決，回應變化快速之社會事實，然在大陸法系國家即缺乏上述之彈性，因之任何法律規範，一定要具備規範明確之構成要件，產生清楚之法律效果，不使執法機關在不確定之法律概念中產生不同之價值判斷，最終使執法機關僅需判斷事實之認定即可。筆者期盼未來證券交易法修正或增訂相關規範時，首先要配合社會之動態，確切把握法律規範可預測之精準性，此外證券交易法規皆賦予強大之公權力效果，事涉民眾基本權利甚鉅，此外亦無法自外於合憲性之檢視。因之為發揮刑事處罰之真正功效，維護健全公平證券交易秩序，日後主管機關增訂、修正證券交易法

時，除以管理之必要性及有效性爲考量外，尙應切實兼顧法制之完善性，始可克竟全功。

（本文2010年12月發表於銘傳大學法學論叢第14期，第267至310頁。）

第八章
我國證券市場「不法炒作」操縱股價犯罪行為主觀構成要件意圖認定之探討

壹、前言

　　近年來我國證券市場「不法炒作」操縱股價案件數量大幅增加，試舉一年內較具知名度之案例，有中信金控插旗兆豐金控並從事影響股市交易價格之行為，中信金前財務長、法務長及中信銀行副總裁均遭判處七年以上之重刑[1]。立委傅崑萁勾結合機電線電纜上市公司負責人炒作股票，經台中地方法院，判處四年六個月之有期徒刑併科罰金五千萬元[2]。創投教父普訊公司董事長柯文昌涉及綠點上市公司內線交易弊案中，除獲取內線交易利益外，並炒股拉抬股價，案經法院審理後當事人遭收押禁見，目前正偵辦中[3]。另上櫃公司旺矽科技負責人葛長林等人因炒作股價遭判刑兩年[4]，上市公司秋雨印刷負責人林耕然等人涉嫌炒股遭起訴[5]，上櫃公司德律科技負責人黃堂傑涉嫌炒股而遭起訴[6]。上述不法炒作股票案件之數量、金額及不法事件均令人觸目驚心，為何我國在推行公司治理之際，卻同時又發生諸多公司經營者違法炒作自家股票，損害投資大眾投資權益之事件，究竟我國證券交易市場出現什麼樣的問題？投資人的權益究竟應如何保障？未來應如何運用現行法制，建立透明且有效之市場機制，才能確切防止公司經營階層之營運舞弊，實為我證券市場當前之重要課題。

　　一個理想之證券市場應如同經濟學上所稱之完全競爭市場（perfect

---

[1] 97年10月8日中國時報。

[2] 96年12月20日聯合報及97年2月6日中國時報。

[3] 96年10月25日聯合報及96年12月21日中國時報。

[4] 96年4月4日聯合報。

[5] 96年10月7日聯合報新聞網。

[6] 96年11月6日聯合報。

competition market），證券市場內股票價格之漲跌取決於市場之供需關係，由投資人自行決定買進或賣出，排除任何人為之干預，如有個別投資人或集團投資人以其個別之力抬高、壓低或維持股票，亦即有所謂操縱股價之情形，將會妨礙市場之公正性、公平性及投資人之信賴，影響整體經濟秩序之發展，自有明文禁止之必要。我國證券交易法第155條明文禁止有價證券操縱行為之規定，稱為『反操縱條款』。然而89年6月30日立法院諸公卻主動提案刪除證券交易法第155條第1項第2款處罰股價操縱行為之『沖洗買賣』之規範[7]，實務上，沖洗買賣之案例在股市操縱行為犯罪中佔有相當大的比例，上述規定刪除以後，股市炒手又少了一層障礙，對於整頓證券市場已產生重大之衝突，值得國人重視[8]。操縱行為除經由前述之虛偽交易外，尚可經由改變證券所有權之實際交易方式（不法炒作）達成，證券交易法第155條第1項第4款規定「意圖抬高或壓低集中交易市場某種有價證券之交易價格，自行或以他人名義，對該有價證券連續以高價買入或低價賣出者」，即稱之為「實際操縱股價類型之行為」，不同於證券交易法第155條第1項第2、3兩款之虛偽交易行為，本款之犯罪係以連續之買賣，製造交易熱絡之假象，造成一般投資人誤認行情之漲跌，因而跟進，故有加以規範之必要。在前述沖洗買賣之規範取消以後，近年來本款「不法炒作」之操縱行為已成為我國證券交易市場不法操縱股價行為之犯罪大宗，由前述所舉各實例已可看出目前情形之嚴重性。然本款之文義仍存在諸多「不確定法律概念」，均有待司法機關之判決形成先例，提供司法檢調單位蒐證調查及審理之依據。本章係專就證交法第155條第1項第4款「不法炒作」操縱股價犯罪行為主觀構成要件「意圖」認定部分進行研析，參照最高法院歷年判決加以分析比較，俾作為法律認定「不法

---

[7] 中華民國89年7月19日華總一義字第8900178720號總統令增訂證券交易法第18條之3、第28條之2至第28條之4及第38條之1條文；刪除第80條、第106條及第121條；並修正第3條、第6條、第8條、第15條、第18條之2、第28條之1、第41條、第43條、第53條、第54條、第56條、第66條、第75條、第80條、第126條、第128條、第138條、第155條、第157條、第171條至第175條、第177條、第177條之1及第178條條文。

[8] 李開遠，從證券交易法修正論刪除第一百五十五條有關處罰股價操縱行為——『沖洗買賣』規範之探討，銘傳大學新世紀新思維國際學術研討會論文，90年3月。

炒作」犯罪行為人主觀上是否具備有抬高或壓低集中交易市場特定有價證券交易價格之「意圖」，此為作者提出本章之緣起。

貳、不法炒作操縱行為之意圖與性質

　　所謂操縱行為，即係以人為方法使證券市場供需力量無法發揮其自然調節之作用，而將特定證券之價格控制於某一水準，操縱者即可按此價格出售或買進該種證券；通常其出售價格必高於正常供需所決定之價格，而其買進價格則必低於正常供需所決定之價格，操縱者故意扭曲市場價格機能坐收差額利益，造成新購進者被套牢或新售出者產生損失，正可謂損人利己。其為證券市場違法脫序行為之根源，嚴重影響一國經濟之正常發展，各國證券交易法規為維護證券市場之自由運作與證券市場應有之正常功能，皆明文禁止股價操縱行為，以維護證券市場交易秩序並保護大眾投資人。

　　操縱行為意義上脫不出人為干預範圍，但若僅以人為方式影響股價自然形成作為操縱之內涵，亦似嫌簡略，因市場價格之形成係藉由市場供需而定，股票不同於一般商品市場，主要因股價認定包含投資人主觀認知之因素，且此比例顯較其他商品市場為重，若僅以所謂以人為方式使股價脫離正常價值作為操縱行為之內涵，首先必遭遇何謂證券應有價值之難題，股市之分析非但指基本分析及技術分析，甚或投機因素均須一併評估，再者，因投資人主觀認定各有不同，如何在法律層面區分操縱性質之買賣及非屬操縱性質之投資，甚難解決，因之所謂以人為方式影響股價自然形成，雖係操縱行為本質之一，惟仍難涵跨全部之概念，此種矛盾，使得操縱行為之規範在實務運作上顯得高度不確定而且甚為難解，若偏重彈性化，則不但在刑法層面會出現罪刑法定主義接受挑戰之現象，也會因規範對象不知違法所在而引起民怨；若偏於安定性，則又無法規範操縱行為之彈性需要而脫離實情，對此衝突與矛盾，實需依賴主管機關與司法判決對操縱行為建立正確之共識，方能使證券交易法反操縱規範得以確實運作。

　　另操縱行為本質上亦係投資行為之一種，操縱行為與投資行為實不易

區分，二者均帶有追求價差利益目的之共通性，除非操縱行為本質上另具其他不法要素，否則操縱行為本身並不代表任何不法之意義，非必一概可認為係違法行為，亦即除非操縱行為已經構成過度投機而足以嚴重損害投資人權益及影響國家經濟體制者外，法律上實難加以禁止[9]。

參、不法炒作操縱行為立法禁止之理由

依經濟學供需法則，商品之公平價格取決於供給及需求之均衡點，同理股票之公平價格亦取決於證券市場之供需關係，然其公平價格之形成，應以證券市場健全運作為其基礎，一旦供需關係受到人為干預，則價格機能勢必受到扭曲，嚴重影響股票市場之公正性及公平性，因此必須立法明文予以禁止，俾保護一般善意投資大眾[10]，然此並非以防止投資人因證券交易所受之不利益，或確保其能獲得一定之利益為目的，證券投資本質上即具有投資風險，就投資人以其個人之判斷及承擔責任所進行之證券投資，證交法並非以保障其能獲取一定利益或填補其損失為目的，而係以確保投資人公平且公正為證券交易之機會，及排除妨礙投資人依其自由判斷及承擔責任為證券交易之不當行為為目的。證交法之保障投資，與銀行法所保證原本之返還及利息之支付之存款人保護，性質上有所不同[11]。

基於上述意旨，我國證券交易法於1968年制定當時，即參照美國1934年證券交易法（Securities Exchange Act of 1934）第9條第1項[12]及

9　李開遠，證券交易法第一五五條第一項第三款處罰股價操縱行為一『相對委託』刑事責任之探討，銘傳法學論叢第6期，95年6月。

10　陳峰富，關係企業與證券交易，五南圖書，94年5月，第111至113頁。

11　賴源河，證券法規，元照出版社，95年5月，第17至19頁。

12　美國1934年證券交易法第九條操縱證券價格之禁止：

一、任何直接或間接利用郵政或洲際通商之工具或媒介，或全國性證券交易所之設備，或全國性證券交易所之會員，為下列行為之一者，均屬違法：

(一)意圖使在全國性證券交易所登記有價證券，產生不真實或足以令人誤解其買賣達於活絡狀態，或對於該有價證券市場產生同樣誤解情形，而為下列行為之一者：

1.完成交易而不移轉該有價證券之真實所有權者。

1948年日本證券交易法第125條[13]及我國當時之交易所法第52條，證券商

2.購買或委託購買某種有價證券，明知同一人或他人同時以同數量同價格出售，或委託出售同一有價證券者。

3.出售或委託出售某種有價證券，明知同一人或他人於同時以同數量同價格購買或委託購買同一有價證券者。

(二)單獨或共同與他人對在全國性證券交易所登記之有價證券，作連續交易，以造成該有價證券交易活絡之表象，或抬高或壓低其價格，以遂其誘使他人購買或出售該有價證券之目的者。

(三)證券自營商或證券經紀商或他人，買賣會委託買賣在全國性證券交易所登記之有價證券，為誘使他人買賣該證券，透過通常業務關係散佈流言，以某人或某數人在市場之行為，足以影響該項證券價格之漲跌，以達成其企圖該證券價格上升或下降之目的者。

(四)證券自營商或證券經紀商或他人，買賣或委託買賣在全國證券交易所登記之有價證券，為誘使他人買賣而對事實真相做虛偽不實或足以令人誤解之陳述，且行為人明知會確信其陳述為虛偽不實或足以令人誤解者。

(五)證券自營商或證券經紀商或他人，買賣或委託買賣在全國性證券交易所登記之有價證券，為誘使他人買賣該證券，自該證券自營商或證券經紀商或他人處接受報酬而散佈流言，以某人或某數人在市場上之行為，足以影響該項證券價格之漲跌，而達成其企圖使該證券價格上升或下降目的者。

(六)單獨或與他人共同對在全國性證券交易所登記之有價證券作連續買賣，企圖盯住、固定或穩定該有價證券之價格，而其方法違反證券管理委員會為維護大眾利益及投資人權益所制定之各項命令及規則者。

[13] 日本證券交易法第125條：虛偽買賣、操縱行情等之禁止及安定操作之限制（1996年第125條刪除，現改列於第159條）：

一、無論何人不得以致使他人誤解證券交易所上市有價證券之買賣交易為繁榮，或以致他人誤解有價證券買賣交易狀況為目的，而為左列各款之行為：

(一)不移轉權利之虛偽買賣。

(二)預先以他人同謀，約定與自己出售之同時，由他人以同一價格購買該有價證券。

(三)預先以他人同謀，約定與自己買進之同時，由他人以同一價格出售該有價證券。

(四)前列各款之委託或受託。

二、無論任何人，不得以引誘他人在有價證券市場買賣有價證券為目的，而為左列各款之行為：

(一)單獨或與他人共同意圖使人誤解有價證券達於熱絡之情況，或意圖影響行情而連續買賣，或委託、受託買賣。

(二)散佈某種有價證券之行情，將因自己或他人之市場操作，而熱絡情況變動之流言。

(三)關於該有價證券之買賣交易，就其重要事項，作虛偽表示或故意作引人誤導之表示。

管理辦法第57、58條等規定訂定證交法第155條[14]，明文禁止股票市場之操縱行為，1988年證券交易法全盤修訂時，增訂第2項將本條適用範圍擴及店頭市場，及第3項增加行為人應負之民事責任。

　　股價操縱行為係一種常見之經濟犯罪型態，其特徵在行為人意圖謀取不法利益，利用法律與經濟交易所允許之經濟活動空間，濫用經濟秩序賴以存在之誠信原則，違反直接或間接規範經濟功能之有關法令，而產生足以危害正常經濟活動及干擾經濟生活秩序之違法行為。經濟犯罪本質上屬於專業刑法，通常規定於附屬刑法中，而不單獨另立刑事刑法，此乃其立法形式上之特色，我證券交易法第171條規定違反同法第155條第1項第2項之規定者，處三年以上十年以下有期徒刑，得併科新台幣一仟萬元以上二億元以下之罰金。其立法意旨[15]，主要保護法益為國家經濟秩序或整體經濟結構之安全以及參與經濟活動者個人之財產法益，目的在保護證券市場機能之健全，並保護投資人之利益。

肆、「不法炒作」操縱行為歸列抽象危險犯處罰評析

　　證券交易法第155條第1項第4款「意圖抬高或壓低集中交易市場某種有價證券之交易價格，自行或以他人名義，對該有價證券，連續以高價買出或以低價賣出者」之規定，主要係禁止在市場上之真實交易所進行之

　　三、無論何人，不得單獨或與他人共同違反政令之規定，意圖固定或安定有價證券之
　　　　行情，而在有價證券之市場連續買賣，或委託或受託連續買賣。

[14] 交易所法第52條「意圖變動交易所之市價，而散佈流言或行使詭計或施暴或加脅迫者，處二年以下之徒刑，或六千元以下之罰金。」；證券商管理辦法第57條「經紀人不得為自由或代理他人，作左列各款之行為：
　　一、無實際成交易事而空報價格
　　二、通謀不作實際交割之買賣
　　三、含有沖銷性之買賣
　　四、對某種證券部段以高價買入或以低價賣出，意圖造成利己之供求趨勢或價格變動
　　五、直接或間接參加其他有計畫之操縱壟斷行為。」；證券商管理辦法第五十八條
　　　　「經紀人不得散播謠言影響市場。」
[15] 李開遠，證券管理法規新論，五南圖書，96年9月，第23至24頁。

市場操縱行為。上述本法禁止之行為即為俗稱之「不法炒作」，係仿自美國1934年證券交易法第9條第1項[16]及日本證券交易法第125條第2項之規定[17]，惟本款規定並未如美、日法律將以誘使他人買賣有價證券之目的為其構成要件。其構成要件之主觀犯意，只要行為有影響市場「意圖」即可，並無同時需有誘使他人產生買賣之犯意，以此推論，本款處罰範圍過大，犯罪構成要件欠嚴謹，對證券投資者似有未妥，但本款之立法目的原為禁止藉連續買賣以抬高或壓低某種有價證券之價格，進而誘使他人買進或賣出之行為，故未來修法時，本款宜比照美、日立法例，增列誘使他人購買或買出之條件，方符合本款之立法真意。

　　本款「意圖」操縱交易價格而連續高買或低賣，立法意旨係因同時大量購入或出售為一般投資大眾所無法參與，為避免特定行為人以有限持股刻意營造物稀為貴或物多為賤之假象，哄抬或壓低股價，詐使不知情之投資大眾率予跟進跟出，遂立此禁例以防止引誘投資大眾作出此錯誤的決定，使操縱者無法從中謀取不法利益，避免影響證券交易市場之公平性。一般而言，不法炒作操縱行為係由犯罪行為人事先籌募大筆炒作資金，並鎖定某種具炒作潛力且易於操縱之特定股票，私下利用不同人頭帳戶在市場吸足籌碼，其後則配合各式炒作題材連續進場拉抬股價，製造多頭行情，以誘使投資人跟進追漲，使其股價一路飆漲攀升，偏離同時間同類股，大盤加權股價指數及走勢，俟股價上漲至一定高價時，暗中趁熱潮於高檔釋出持股，甚而同時融券放空賣出，此時交易量明顯放大，股價呈現劇烈震盪，行為人出清持股後，交易量迅速萎縮，股價喪失支撐旋即暴跌，操縱者俟股價回跌再趁低回補吃貨，作為再次炒作之籌碼，以此「養」、「殺」、「套」、「補」循環方式連續操縱股價，從上漲及下跌中，兩面獲利。

　　「不法炒作」從其行為模式及達成不法操縱目的之所需資源而論，皆出自持股較多之人，至於一般散戶追逐價格跟進跟出，依上述說明原屬本法條法律所欲保護之對象，倘不能積極證明其有抬高或壓低交易價格之

---

[16] 參閱註12。
[17] 參閱註13。

意圖，尚難僅依追高追低之外在交易事實遽行繩以不法操縱證券市場之罪行。

　　目前集中交易市場電腦撮合係採用時間優先、價格優先原則，而買賣報價又有漲跌停板之限制，且委託申報須採限價申報，禁止市價申報，致正當投資人本於正當理財決策，如欲取得優先買進或賣出成交之機會，即須以漲跌停板價格申報，此已成為證券交易市場上之交易習慣，因此只要投資人並無操縱價格之意圖，縱使股價因其正當連續大量高買低賣而漲跌，亦係交易制度所致，並非投資人之本意，如以此予以處罰，似有失公平。本款所禁止之行為，為目前證券主管機關移送法辦案件中最大比例者，由於制度設計之故，致投資人易誤觸本款規範，故外界對本款多所批評，甚至要求廢除。本法第155條立法目的在維護市場供需及價格形成之自由機能，故須其行為故意危害此一機能者，始應受處罰，然現行規定，不論其結果有無致使價格上漲、下跌或交易活絡均予處罰，似有未當，故本款宜將現行抽象危險犯改為結果犯[18]，同時對能證明其連續買進或賣出之交易有正當理由與必要者，排除在本款禁止行為之外，以免妨礙正當投資意願，影響正常經濟活動。

　　刑事法體系係以法益為其核心，法益乃法律所要保護之生活利益，亦為刑法所要保護之客體，刑法之本質乃在於法益之保護，若無法益受到

---

[18] 通說認為，所謂「抽象危險」與「具體危險」皆為「實害」之前行階段，也是一種將刑法處罰前置之立法技術，縱使行為尚未產生實害，因為該類型為具有高度之危險性，所以立法者將處罰提前，而「抽象危險犯」則是程度上比「具體危險犯」更前行之階段，也就是離實害之發生更遠。而學說將「抽象危險犯」定義為：「係由立法者依據生活經驗之大量觀察，認為某一類行為對於法益有一般危險性，故預定該行為有高度危險性，只要行為符合構成要件所描述之事實，即可認定有此危險而無待法官做具體認定」，亦即抽象危險犯之危險係抽象存在，無需具體認定。然「具體危險犯」是指將「危險狀態」作為「構成要件要素」之一，法官必須就個案逐一判斷有無危險，因個案不同故稱為「具體危險犯」，亦即危險不是抽象存在，而須就具體個案為判斷。「抽象危險犯」有先天性之嚴酷性格，縱使立法上規定為「抽象危險犯」，實務運作上也會在某些情況下做出具體危險之審查，目的是限制其處罰範圍，所以在概念運用上也有區分之必要。「抽象危險犯」之困境乃在於過於嚴苛而將人輕易入罪，是故以抽象危險犯之立法方式來保護各項法益，已成為刑事政策上有無必要之問題，其將視不同情形而定。

侵害或危險，即不應科以刑罰[19]，故研究操縱行爲之意義，自不能不顧及法益之問題。而其他操縱行爲刑事責任之相關問題，例如構成要件、阻卻違法及阻卻責任事由、規範之詮釋及量刑等問題，均與其所保護之法益有直接或間接之關係，惟能對反操縱條款之保護法益問題有徹底瞭解之前提下，才能以此作爲解決其他相關問題之基礎。證券交易法之立法目的在發展國民經濟，並保障投資，而反操縱條款係以自由市場爲理論基礎，故其保護法益乃在於維護證券市場機能之健全，俾維持證券交易秩序並保障投資人，換言之，保護之法益包含超越個人之社會公共利益及個人財產利益，先進國家如美、歐各國對證券管理之目的，常以「公共利益」與「投資人保護」相提併論[20]，然此所謂保障投資人，並非以防止投資人因證券交易而受損失，或確保其能獲得一定利爲目的，證券投資其本質上即具有投資風險，就投資人以其個人之判斷所進行之證券投資，證券交易法並非保障其能獲取一定利益或填補損失爲目的，而係以確保投資人能爲公平公正之證券交易機會，爲反操縱行爲規範之首要保護法益，投資人如缺乏適當之交易保障，則投資人之信心無從確立，證券市場之發展亦無從建立。

伍、主觀犯罪構件在刑事判決中之重要性

在現行刑法犯罪體系上，構成要件該當性之層次，除客觀構成要件該當以外，尚須具備主觀構成要件，在故意犯罪之型態中，主觀構成要件要素，包括構成要件的故意與意圖，即故意與意圖共同組成意圖犯中之主觀構成要件。故意是對構成要件所描述之情狀有所認識，並且有實現構成要件之意願，亦即行爲人對於實現客觀構成事實之認知，與實現不法構成要件之意欲，構成要件故意，依其對於犯罪事實的認知與意欲之強度，可以分爲直接故意與間接故意[21]。

---

[19] 林山田，刑法各篇論，作者自行出版，88年9月，第12-15頁。

[20] 余雪明，證券交易法，證基會，96年10月，第3至5頁。

[21] 直接故意是指行爲人對於構成要件該當結果之發生確有預見，並決意以其行爲促使預見結果之發生。刑法第13條第1項規定：「行爲人對於構成犯罪之事實。明知並有意使

意圖是指行為人內心上希求達到不法構成要件所明定之犯罪目的，而努力謀求客觀構成犯罪事實之實現。意圖係以目的為導向，而致力於構成要件所規定結果實現之一種內在傾向，是具有獨立性之主觀構成要件要素[22]，在刑法體系中，意圖屬於故意、過失以外另一種主觀構成要件要素，而構成要件故意，是故意犯中主觀構成要件之核心，一般主觀構成要件該當與否之問題，只要就故意部分作檢驗即可決定，只有在意圖犯之情形，才會另對意圖部分作審查，故可謂意圖是某些特別犯罪類型中必須額外檢驗之主觀構成要素，屬於特殊主觀構成要件部分。

故意與意圖雖同屬主觀構成要件要素，但兩者之概念卻不相同，在刑法構成要件上，意圖犯是一種主、客觀要件不一致之類型。換言之，是一種主觀要件多於客觀要件之類型。依多數學者看法[23]，故意是針對客觀事實之知與欲；意圖是指行為人所以故意實現客觀構成要件之目的，亦即是行為人以實現構成要件為手段，所欲達成之目的。換言之，意圖並非故意，而是一種有別於故意之主觀構成要件要素，其係故意以外之要素。在意圖犯之類型中，縱使行為人主觀上具有實現客觀犯罪事實之認知與願望，若欠缺要求之特定意圖，主觀構成要件仍不該當。但亦有學者認為意圖是一種高度之故意，是故意的第一種型態，再接續而來沒有爭執的是直接故意，也就是明知的故意[24]。

依刑事訴訟法規定，犯罪事實應依證據認定之，無證據不得推定其犯罪事實[25]。證券交易法第155條第1項第4款之不法操縱行為，係以意圖抬高或壓低集中交易市某種有價證券之交易價格，自行或以他人名義，對

其發生者，為故意。」即屬直接故意。間接故意指行為人主觀上，雖預見其行為有實現構成要件的之可能性，但竟不顧此危險行為之存在，而實施其行為，即使該行為果真實現法定構成要件，亦在所不惜，其知和欲的強度相當。刑法第13條第2項對間接故意的規定為：「行為人對於構成犯罪的事實，遇見其發生而其發生不違背其本意者，以故意論。」

[22] 參考張麗卿，刑法總則理論與運用，神州公司，2001年2版；林山田，刑法通論，作者自行出版，2005年9月9版。

[23] 參考鄭逸哲，法學三段論下的刑法與刑法基本句型，作者自行出版，2005年5月初版；柯耀程，變動中的刑法思想，元照公司，2001年9月2版。

[24] 黃榮堅，刑法問題與利益思考，台大法學叢刊，84年6月。

[25] 刑事訴訟法第154條。

該有價證券連續以高價買入或以低價賣出，而為其規範要件；違反者，始得依同法第171條之規定處罰。如行為人不具上述之意圖，或無操縱之故意，或其上述連續行為尚未至足以影響證券市場之公正性及投資人對其信賴度，或雖足以影響若干而有正當理由者，即與該罪之構成要件有異。認定被告有罪之事實應憑證據，且認定事實所憑之證據，其為訴訟上之證明，需達於通常一般人均不至有所懷疑，而得確信其為事實之程度者，始得據為有罪之認定。依最高法院判決為例，涉案被告投資該股票長達年餘，非止於該數日之短期操作，究與時下炒作股票以短期內暴漲暴跌之情形相較，尚無雷同之處。因之，被告之買賣行為尚不足以影響股市之公正性及投資人對其信賴度甚明，被告連續高價買入或低價賣出之行為，不足以影響股市之公正性及投資人對其信賴度，積極證據不足為不利被告事實之認定，自難認其有何違反證券交易法可言，原審諭知無罪之判決，經核尚無不合[26]。

　　由於刑事立法上並未將構成要件故意逐一明確規定於故意犯之不法構成要件之中，故在刑事司法審判實務中，判斷行為人之行為是否具有構成要件該當性之犯罪判斷上，法官往往忽略犯罪行為人主觀上是否具有構成要件故意之判斷，尤其是部分法院判決書理由欄中亦常缺少如何形成行為人主觀上具有不法構成要件故意心證之描述，僅憑行為在客觀可見之行為，即逕自推定其具有不法構成要件該當性，在操縱股價犯罪案件裁判書中，對於操縱行為主觀犯罪構成要件之認定，在推論上往往過於簡略，甚至部分判決未曾提起此部分。此等判決應屬不當之犯罪判斷，其判決屬於不載判決理由之當然違法判決，得提第三審上訴[27]。如此未經判斷構成要件故意，輕率形成有罪之心證而判決被告罪行之法官，實有觸犯枉法裁判罪或濫用處罰職權罪之嫌[28]，我各級審判法院應予重視，以免執法者觸犯刑責。

---

[26] 87年1月3日最高法院86上字第5941號。
[27] 刑事訴訟法第379條第1項第14款。
[28] 刑法第124、125條。

陸、「不法炒作」操縱股價犯罪行為主觀構成要件 「意圖」性質之探討

一、意圖與故意之區別

在刑法理論上，行為人客觀行為如與客觀不法構成要件所描述之全部構成要件相符，且行為人主觀心態上又與主觀不法構成要件相符者，則此不法行為即包攝在該不法構成要件之中，而具有構成要件該當性。此等具有構成要件該當性之不法行為，在犯罪判斷上即可稱為構成要件該當行為。行為人主觀必須出於構成要件故意，而且顯現於客觀可見之行為，又完全符合客觀不法構成要件者，則此故意之不法行為，始屬故意之構成要件該當行為。刑法規定之各種故意不法構成要件，均有其構成要件故意。例如殺人罪之殺害故意、傷害罪之傷害故意、竊盜罪之竊盜故意、強盜罪之強盜故意等。行為人如非出於構成要件故意，縱其所為之行為符合客觀不法構成要件之規範，亦不具有構成要件該當性，例如醫生為其病患開刀之醫療行為，雖然開刀行為係符合殺人罪或傷害罪之客觀不法構成要件，但依醫生主觀心態上係為病患治病，並非出於殺害或傷害故意，故不符殺人罪與傷害罪之主觀不法構成要件，因之，醫生之開刀醫療行為，即不具殺人罪或傷害罪之構成要件該當性。

由於刑法規定處罰之絕大多數犯罪行為，均屬故意之作為犯，故在刑事立法上，將此等絕大多數犯罪行為均須具備之主觀不法構成要件，僅於總則規定故意之定義，而未於分則中各個故意犯罪之不法構成要件中逐一加以規定，惟有在欲將構成要件故意限定於直接故意之情形下，始於不法構成要件中以「明知」等用語加以規範。例如刑法第213條公務員登載不實於公文書罪，第214條使公務員登載不實於公文書罪，第215條從事業務者登載不實事項於業務上文書罪，第254條販賣陳列輸入偽造商標之貨物，第125條濫用職權追訴處罰罪，第128條越權受理訴訟罪等之「明知」。

犯罪行為人除須具有主觀不法構成要件所描述之主觀心態外，尚需進

而實現客觀不法構成要件者，始有構成犯罪之可能，故意作為犯之主觀不法構成要件乃指行為人內心上故意實現客觀不法構成要件之心理情狀。故意之作為犯若屬意圖犯者，則其主觀不法構成要件，除構成要件故意外，尚包括不法意圖。例如刑法第234條「意圖供人觀賞」，第259條「意圖營利」，第335條「意圖為自己或第三人不法之所有」等各不相同之不法意圖，在刑事立法上，均須規定於各罪之不法構成要件之中。所謂意圖乃指行為出於特定犯罪目的，而努力謀求構成要件之實現，或希求構成要件所預定結果之發生，以達其犯罪目的之主觀心態。行為人只要在內心上希望達到不法構成要件所明定之犯罪目的，而著手實行客觀之構成犯罪事實者，即有意圖之存在，至於意圖終究能否實現，則在所不問。換言之，即行為人只要為達到不法構成要件所明定之犯罪目的，而努力追求構成要件之實現，即足以成罪。假如不法構成要件所預定之結果，果然因為行為人之努力而發生，縱然行為人並未因此所達成其所追求之犯罪目的，亦不影響犯罪之既遂，此外，意圖犯之特質乃在於行為人依其目的而支配其行為，且係在達成其犯罪目的之決意下而著手實行。至於行為人是否確信必定會有結果之發生，其犯罪目的必能得逞，抑或僅認為可能會發生構成要件所預定之結果，其犯罪目的亦有可能達成，則在所不問。

綜上故意與意圖之區別大致上可分為下列四項：

(一)「意圖」即期望，指行為人出於特定犯罪目的而努力謀求構成要件之實現，或期盼構成要件所預定之結果發生，以遂其犯罪終局目的之主觀心態，為犯罪之特別構成要件，學說上稱為主觀違法要素，即構成要件之特別主觀違法要素。而「故意」則為犯罪之一般主觀構成要件，學說上稱為責任要素，屬於犯罪之主因[29]。

(二)「故意」之認識對象為構成要件內容之外部事實，「意圖」則超過此外部事實。

(三)「故意」為責任條件；「意圖」為違法之要件。

(四)欠缺意圖，不成立意圖犯，但仍可能成立故意犯；欠缺故意，除過失犯外，不成立犯罪。

---

[29] 黃仲夫，刑法精義，元照出版社，2005年3月修正1版。

二、意圖與動機之區別

　　意圖與動機之概念亦不相同,我們在考量不法意圖時必須將其與動機之概念加以區分,以免造成判斷是否具有法定不法意圖存在時之誤導,一般而言,意圖乃意圖犯之主觀不法構成要件要素,故意犯在主觀上必須具備法定之特定心意趨向,才能成立意圖犯,故有無此等法定之不法意圖,事關犯罪成立與否之問題。綜言之,在侵害財產法益之意圖犯類型,主觀構成要件於故意之外,另設有特殊意圖要件,因主觀構成要件內涵之增加,相對使其可罰性之具體事實範圍限縮,因此,意圖屬於一種主觀處罰條件,其作用在於限縮構成要件之適用範圍,在意圖犯類型中,若欠缺所要求之特定意圖,縱使行為人對於客觀犯罪事實有非常強烈之知與欲,主觀構成要件依然不該當,該行為即不成立犯罪[30]。

　　動機係指引起外在行為之內在原因,係行為人主觀之心理事實,同一行為可能因不同動機所引起,不同之行為亦可能由同一動機所引致。每一故意均有其動機,例如因仇恨而殺人,或因愛生嫉而殺人,或為謀財而害命等,無論出於何種動機殺人,只要是出於殺害故意而為之殺害行為,即足以構成普通殺人罪,至係因仇恨或嫉妒而殺人,或為謀財而害命,均與殺人罪之成立無關。此等犯罪之動機僅係刑法量刑裁量上應行審酌之情狀,但對於構成要件該當與否之判斷並無影響,僅影響量刑而已。意圖則如前述屬於故意以外之一種主觀構成要件要素,在意圖犯之類型,若欠缺特定意圖,則不成立該類型之犯罪。

三、不法炒作意圖認定之基準

　　按證券交易法第155條第1項第4款之不法炒作操縱行為,係以意圖抬高或壓低集中交易市場某種有價證券之交易價格,自行或以他人名義,對該有價證券,連續以高價買或以低價賣出,而為其規範要件;違反者,始得依同法第171條之規定處罰。復按證券交易法第155條立法理由謂:本

---

[30] 李開遠,從證券交易法之修正論刪除第一五五條第一項第二款有關處罰股價操縱行為—「沖洗買賣」刑事責任之檢討,銘傳法學論叢創刊號,92年11月,第208至210頁。

條明文禁止操縱市場行情行為，目的在於維護證券市場機能健全，以維持證券交易秩序並保護投資人。而證券集中交易市場主要功能之一，在於形成公平價格，而公平價格之形成，繫於市場機能之健全，亦即須維護證券市場的自由運作。在自由市場中，有價證券之交易，係基於投資人對於證券價值之體認，形成一定之供需關係，並由供需關係決定其交易價格，而操縱市場行情之行為，將扭曲市場之價格機能，因此必須加以禁止，以避免由於人為操縱，創造虛偽交易狀況與價格假象，引人入甕，使投資大眾蒙受損害。

最高法院判決認為證券交易法第171條所定違反同法第155條第1項第4款規定對於在證券交易所上市之有價證券不得有意圖影響之行情，對於某種有價證券連續以高價買入或以低價賣出之罪，必須行為人主觀上有影響市場行情之意圖，客觀上有對於某種有價證券連續以高價買入或低價賣出之行為，始克成立[31]。又最高法院認為證券交易法第155條第1項第4款規定，係以意圖影響市場行情，對於某種有價證券連續以高價買入或低價賣出為其犯罪之構成要件[32]。因此依前述立法理由及最高法院判決之見解，於判斷是否有違反證券交易法第155條第1項第4款之操縱行為，非僅單純以買入及賣出股價之判斷標準，尚需判斷行為人主觀上是否有影響市場情之意圖，始該當構成要件。如行為人不具上述意圖，或無操縱之故意，或其上述連續交易行為尚未至足以影響證券市場之公正性或投資人對其之信賴度，或雖足以影響若干而有正當理由者，即與該罪之構成要件有異；至行為人主觀上是否有影響市場行情之意圖，又應衡諸客觀事實憑以認定。

我國股票市場係公開買賣市場，投資人在證券公司開戶，均可透過各該公司買賣已核准上市上櫃之股票，投資人所以買賣上市股票，在正常情形下，大抵皆經分析、研究後，認為獲利高或值得長期投資、可參與公司經營之股票可買，獲利低或不值得長期投資之股票則賣；如某股票獲利多，且該公司持續穩定發展前景看好，值得長期投資並進而參與公司經

---

[31] 最高法院74年台上字第5861判決。
[32] 最高法院75年台上字6215判決。

營,則當然大量買進。依我國目前交易制度,採價格優先、時間優先之電腦撮合原則,若欲大筆成交則需開盤交易前以漲停板價格掛進,始可優先成交,又為防止人為不當之炒作,乃有當日漲跌幅7%之限制,且每筆交易不得超過五百張(五十萬股),倘擬大量買進,唯有以漲停板之高價連續分筆買進,斯時勢必價量俱揚,並非必是行為人主觀上有影響市場行情之意圖。是故認定行為人主觀上是否有影響市場行情之意圖,尚需蒐集有關資料及配合各項有關行為始足當之。例如有某種上市股票突然有連續價量俱揚之情況,則應考究當時同類型股是否亦有同樣情況?整個交易市場大盤走勢是否亦同樣活絡?根據前財政部證券管理委員會函示[33],綜合目前學說及實務上關於個案中認定是否有該當於證券交易法第155條第1項第4款意圖抬高或壓低集中交易市場某種有價證券之交易價格,自行或以他人名義,對該有價證券連續以高價買入或低價賣出之見解,必須考量下列諸因素:

(一)股價之價、量變化是否背離集中市場走勢?

(二)股價之價、量變化是否背離同類股股票走勢?

(三)行為人是否有以高於平均買價、接近最高買價或以漲停價委託或以拉尾盤買入股票?

(四)行為人有無利用拉抬後之股票價格賣出系爭股票獲得巨額利益?亦即是否有造成交易暢旺,乘機出售圖利之客觀情事發生?

一般而言,證券投資自其行為態樣及達成不法操縱目的之所需資源而論,恆須出自持股較多之人,至於一般散戶追逐價格跟進跟出,原屬本條法律所欲保護之對象,倘不能積極證明其有抬高或壓低交易價格之意圖,不得僅憑追高殺低之外在交易事實遽行課以不法操縱證券市場之罪刑,但若無上訴人為原因,投資者認為值得投資之股票而大量連續買進所造成之價量俱揚,尚難遽認行為人主觀上具有影響市場之意圖,而該當證券交易法第155條第1項第4款之規定。

---

[33] 財政部證管會79年11月7日(79)台財證(二)第號函及81年1月(81)台財證(二)第00006號函。

四、司法審判對主觀意圖認定應行掌握之原則與理念

　　證券交易法第155條第1項第4款之立法意旨在規範藉連續買入或賣出以抬高或壓低某種有價證券之價格，進而誘使他人買進或賣出，其重點並非在於「高價」、「低價」如何認定，然由於證券交易法於主觀意圖上未設有美、日立法所訂之「誘使他人買賣之目的[34]」，立法失之過嚴，嚴重影響我國股市投資行為，且客觀行為上復為「高價」、「低價」等不確定法律概念所困擾，非僅投資人及證券商難以瞭解其規範意旨，即法律適用者，亦常見解分歧，莫衷一是，證券主管機關與司法機關認知不同亦常導因於此，致司法案件適用上爭議甚多，除有待修法解決外，解釋上於適用時仍應把握是否有誘使他人買賣意圖此一重點，尤以司法單位在偵辦「不法炒作」操縱行為時，多半太過於依賴台灣證券交易所為便於舉發移送股票交易違反證券交易法第155條第1項各款案件所訂立之「有價證券監視報告函送偵辦案件作業要點」中之內部相關數量化標準而推定是否構成犯罪[35]。

---

[34] 參閱註12，註13。

[35] 台灣高等法院90年8月31日89年度上重訴字第56號判決：
(一)證交所訂定之「有價證券監視報告函送偵辦案件作業要點」第2條固規定：「本公司依據實施股市監視制度辦法完成之監視報告，其事證達其左列標準者，直接函送檢調機關偵辦，並將副本抄陳主管機關：四、違反證券交易法第155條第1項第4款規定：「意圖抬高或壓低集中交易市場某種有價證券之交易價格，自行或以他人名義，或該有價證券連續以高價買入或低價賣出者。」之情事：(一)於一個月內該有價證券成交價至少有五日達本公司成交價異常標準。(二)投資人或可能相關投資集團於一個月內有五日以上成交買進或賣出之成交量均大於該股票各該日成交量之20%以上。(三)於一個月內有五日以上，且各日均連續多次之委託買進（賣出）價格高（低）於成交價或以漲停板價格委託，且對成交價有明顯之影響。」，然此僅係證交所所據證期會83年12月8日（八三）台財證(三)第02422號函而擬具經證期會核備而制訂，此觀該注意要點第1點自明。而該注意要點係為便於舉發移送股票交易違反證券交易法第155條第1項各款行為之案件而訂定，並未對一般交易大眾公佈，業據證交所人員張庭偉於本院審理中結證：「此要點是證期會與交易所間的內部規定，一般證券商從業人員不會知道有這個規定，證券商也不可以向交易所索閱此規定，是屬於機密」等語屬實，從而一般交易大眾尚無從得知，亦無遵守該要點限制為交易之義務。況投資人於集中市場均有自由買賣之權利，是以各投資人對於當日股票交易之全部成交量自無預見之可能，則投資人對其買賣某種股票之數量是否業已逾該股票當日成交量之20%，既無預見可能性，是以尚難因被告等買入股票之行為符合該作業要點規定之移送標準，即據

　　執法人員在基本觀念上必須要確切瞭解「不法炒作」之連續買賣皆為實際交易，本質上並無不法，其不同於證券交易法第155條第1項第2款之沖洗買賣（已廢除）及第3款之相對委託均為虛偽交易，其行為本身即足以作為認定主觀不法意圖之重要佐證。故主觀意圖之認定，即成為不法炒作之關鍵所在。由於一個人內心之想法，外人實無法得知，除在被告自白之情形下，擬藉由直接證據認定主觀意圖，通常是無法達成其效果，必須藉助間接證據加以推論[36]。最高法院判決亦認為認定犯罪事實所憑之證據，雖不以直接證據為限，間接證據亦包括在內，然而無論直接證據或間接證據，其為訴訟上之證明，須於通常一般人均不致有所懷疑，而得確信為真實之程度者，始得據為有罪之認定，倘其證明尚未到達此一程度，而有合理懷疑之存在時，即難遽採為不利被告之認定[37]。

　　換言之，意圖之認定係屬於主觀之認定，大致可依行為人之客觀行為來判斷其於為行為之初有無主觀犯罪意識，然最終之認定仍須由法院依據法則審定之，惟犯罪事實之認定，需憑積極證明之證據為之，此觀刑事訴訟法第154條所定甚明。若積極證據之內容與訴訟上待證之犯罪事實缺乏明顯而必然之關連，或具有其他客觀上不足以證明待證事實之情形存在，根據「罪證有疑，利歸被告」之無罪推定原則，即應儘先為對被告有利之判斷，不得任以「可能」、「並非無疑」等主觀推理之詞而予推測入罪。最高法院40年台上字第86號判例可稽。又無罪之推定係刑事司法程序上之基本原則，此種原則表現於刑事案件中，只是另一種形式表示負擔之法

以推定其主觀上有影響股票價格之意圖而成立犯罪，自尚應輔以其他積極證據認定被告之行為已超越合理之懷疑，即應證明被告有影響股票價格之意圖，方可為被告有罪之認定。

[36] 按犯罪事實應依證據認定之，無證據不得推定其犯罪事實；不能證明被告犯罪或其行為不罰者，應諭知無罪之判決，刑事訴訟法第154條、第301條第1項訂有明文。又認定不利於被告之事實，須依積極證據，苟積極證據不足為不利於被告事實之認定時，即應有利於被告之認定，更不必有何有利之證據，最高法院30年上字第816號判例亦有明文。而認定犯罪事實所憑證據，雖不以直接證據為限，間接證據亦包括在內；然而無論直接或間接證據，其為訴訟上之證明，需通常一般之人均不致有所懷疑，而得確信其為真實之程度者，始得據為有罪之認定最高法院76年台上字第4986號判例亦足資參照。

[37] 最高法院88年台上字第945號判決。

則。換言之，刑事案件之追訴必須提出證據（舉證負擔），並須說服致無合理懷疑之地步（證明負擔），始能認定被告有罪。又此處所謂合理的懷疑，係指在一切證據經過全部之比較或考慮後，審理事實之法官本於道義良知，對於該項證據仍感覺有可懷疑之理由，此時對於追訴之事實若不可信以為真，則應對被告作出無罪之判決。又合理之懷疑究竟應達到何種程度？原則上應依據民事訴訟與刑事訴訟之分別，而有不同之要求，以通俗之概念而言，民事訴訟乃錢債糾紛，刑事訴訟係人命犯罪，因之對於刑事案件之被告，用有罪之判決剝奪其生命、自由及名譽等法益，顯應需更為嚴謹之證據法則，罪刑愈重者，要求說服無合理懷疑之程度亦應愈高。在眾多民事案件之判決上，除證據優勢法則之外，尚需具備更強而有力並足使以人信服之證據，刑事上則應比民事要求程度更高，始得對被告為有罪之判決。

　　一般而言，可作為推論「不法炒作」意圖之間接事實基礎資料甚多，然必須綜合各項客觀證據資料加以判斷，大致可分為異常之交易方式、資金來源、利益歸屬及炒作題材之配合輔助等方面。就異常之交易方式而言，例如：一、高比例之交易量，其中尤以小型股為最；二、交易進行與該股漲跌之緊密結合；三、交易集中於開盤後或收盤前，且介入買賣後價格急遽變化，常以漲跌停鎖定價格，即所謂「拉尾盤」、「殺尾盤」等操作手法；四、緊隨市場連續下單，逐檔洗清浮額以刺激買盤；五、利用多數帳戶或人頭帳戶為交易以隱匿交易行為；六、以沖洗買賣或相對委託方式粉飾行情；七、故意違約不履行交割等。就資金來源及利益歸屬而言，例如：一、場外秘密買賣上市股票；二、接受墊款墊券而為交易；三、對價格變動有財產上利益，如增資、擔保借款等；四、公司營運及財務狀況不符投資效益，反而大量高價買進等；五、支付高利息從事短線進出交易。就炒作題材之配合輔助而言，例如：一、與其他持有大量股票之股東協議，使其暫不將持股出售；二、散發利多消息，製造多頭行情；三、提供損失保證及損失填補等不當勸誘；四、利用第四台傳播媒體大力推薦該股票等[38]。

---

[38] 參閱註30，第210至216頁。

　　作者認為執法人員在基本觀念上必須瞭解，股票價格在自由交易市場是依其供需情形所決定，投資人依各項因素及風險評估來決定委託買入或賣出之價格，進而由交易市場決定，當其委託價格及供需量為交易市場所接受，成交價量即有其存在性，雖其價量符合前述有價證券監視報告函送偵辦案件作業要點之規定[39]，然並非符合該規定即當然構成證券交易法第155條第1項第4款之罪，尚須依客觀情狀認為被告有抬高或壓低集中交易市場交易價格之「意圖」，始構成該罪，被告如無上開不法意圖，自不能令其負上開罪責。執法人員如能掌握此項立法精神，始可真正達到維持證券市場秩序之目的，同時亦可使證券市場投資人有明確之投資準則，以免誤觸法網。

柒、股市合法投資行為與違法操縱行為判斷之分際

　　一般而言，當股市低迷時，譬如近日來由於全球金融危機，導致各國證券市場大幅跌價，政府即不斷鼓勵投資人進場買進股票，甚至以行政指導方式強制要求自營商、投信法人加碼股票之持有，政府四大基金、國安基金亦不斷大量購買特定股票以維持股市免於崩盤，其中是否涉及操縱行為應正視之，股市透過市場交易應無分公私，政府應養成勿干涉股市之正確觀念，否則又如何禁止投資大眾不得有違法操縱股市之行為。

　　在股市中如連續對某種證券買入或賣出，雖可能對市價有影響，然行為人如認為該股目前價位偏低，基於投資之目的，看好公司資產及前景才買進投資等理由，究應如何分辨其係合法之投資行為或違法之操縱行為？因連續買入而無即時轉賣圖利之意時，即可謂其有正當理由，故某人如僅因投資之目的，而試圖取得大量之證券或試圖釋出大批手中持股，縱其主觀上得悉其行為或將影響市場價格，仍不得謂其該當證交法「不法炒作」之罪名。從而在實際案例中，欲區分合法之投資行為與違法之連續操縱買賣，作者認為應綜合一切情況證據，依投資行為之經驗法則，對被告

---

[39] 參閱註35。

所為連續買賣行為，進行反向推論，俾認定其主觀之操縱意圖。舉例而言，台北地方法院曾於判決中說明[40]，涉案被告等之持有股數超出賣出股票甚多，且購入股票後，屬長期持有，並無利用高價連續拉抬股票價格，進而利用拉抬後之股票價格賣出股票，獲取鉅額利益之情事，又被告並於該公司改選董監事後，任職董事長，且該公司在被告任職董事長後經營四個月即由虧損轉為獲利一億餘元等情事，而認為被告顯係以企業經營為目的的而購入該股票，非為「意圖」抬高集中交易市場該股票之交易價格，自行或以他人名義，連續以高價買入該股票，故被告等買入該公司股票之行為並不該當不法炒作犯罪行為之要件。另台灣高等法院亦曾於判決中說明[41]，被告以五萬股之持股獲選為該公司之常務董事，一年餘後，被告對該公司之持股非但未減少，反而增至七萬六千股，增加幅度達二分之一，並一直維持至三年任期屆滿始退出，此亦足證明被告購買該股票之目的確係在進入該公司董事會以掌握經營權，並非因拉抬股價不成而順勢競選董監事，更無拉抬該股價之意圖，而維持被告無罪之原審判決。

　　上述二例皆係綜合一切情況證據，依據證券市場投資經驗法則而認為被告連續購入股票之行為，並無主觀不法炒作操縱股價之「意圖」。此外另舉台北地方法院由各項情況證據反向推論被告有主觀操縱意圖之判例[42]。台北地院否定涉案被告僅係利用股價之變動、調節資金並配合長期持股之投資方式，未逢高出清，仍維持一定之持股，顯現取得經營權之意圖，而無操縱市場之犯意辯稱，台北地院判決認為縱欲持有更多之該公司股票以取得經營權，在投資求利之理念下，斷無不顧該公司之經營狀況及資產負債，遽為大量購入鉅額股票之理。……此外逢低買進，逢高賣出，乃一般投資人之必然行為，爭取該公司經營權者亦然，惟被告於四個交易日內購入達保固公司發行額數四分之一，另於三十七個交易日內，90%皆以當日之漲停板價格買入，實非爭取公司經營權之必要行為，尤其於尾盤抬高股價，益見其操縱股價之意圖與決心。

---

[40] 台灣高院91年上訴字第183號判決。
[41] 台灣高院91年上訴字第667號判決。
[42] 台北地院79年訴字第2553號判決。

　　由上述法院判決中，我們可以瞭解，欲對股市判斷係合法之投資行為亦或不法之炒作行為，須綜合連續買賣之一切情況證據，依據證券投資之經驗法則，探討推論其是否真正具有主觀操縱之不法意圖，無枉無縱，界定出投資者之義務範圍，明確劃分出投資行為與不法炒作法律不容許之風險界限。

捌、「不法炒作」操縱股價犯罪行為主觀構成要件案例分析

一、最高法院97年度台上字第1264號判決[43]

(一)事實摘要

　　被告甲○○明知股票市場不得有意圖抬高或壓低集中交易市場某種有價證券之交易價格，自行或以他人名義，對該有價證券連續以高價買入或低價賣出之行為，自民國84年4月起，明知當時股票集中交易市場大盤及紡織股呈下跌走勢，得知宏和精密紡織股份有限公司計畫投資生化科技，竟利用其自己及廖文雄等三十六個人頭帳戶，在菁英證券股份有限公司VIP室，委由不知情之營業員高東卿下單；被告另透過不知情之富順證券股份有限公司營業員李益民，向金主陳廷彰等人籌措資金，並由陳廷彰提供自己之帳戶及李正先、傅素珍、陳慶同、陳君榮五個人頭帳戶，連同前述三十六個帳戶，共計四十一個帳戶，於股票集中交易市場大量買進宏和公司股票，建立多頭部位，並於同年4月7日至6月13日間，因大量買進宏和公司股票結果，致在此期間五十六個營業日中，有二十三個營業日買賣宏和公司股票成交數量佔市場成交量20%以上，使宏和公司股票相對於股市大盤下跌走勢，仍呈現橫盤整理格局；迨於同年6月14日，再以宏和公司經營績效不彰為理由，自同日上午10時22分46秒起，當宏和公司股票

仍於新台幣47元價位時，被告率先使用朱正國帳戶，以跌停板43.5元價位摜壓賣出宏和公司股票九十張，再連續使用許榮春等人頭帳戶，以跌停板43.5元價位大量委託賣出宏和公司股票，致宏和公司股票當日股價以跌停板43.5元價位作收，另於同年6月15日至26日期間，被告均以相同手法，於開盤時即大量委託賣出宏和公司股票，致宏和公司股價於此期間內，每日均以跌停價位收盤，同年6月26日宏和公司股價僅剩21.4元。總計被告因於同年6月14日起至同年月26日止賣出宏和公司股票，使宏和公司股票價格共下跌56.09%，且均於開盤前即大量委託賣出，使宏和公司股票之開盤即收盤均為跌停價，或開盤至收盤止均維持在跌停價，致該十個營業日連續皆以跌停價收盤，明顯影響宏和公司股價及股票交易市場秩序等情。台北地方法院認定被告違反修正前證券交易法第155條第1項第4款之規定，應依同法第171條第1項第1款規定，判處被告有期徒刑兩年[44]。案經被告向台灣高等法院提起上訴，原判決撤銷，被告獲判無罪[45]。台灣高等法院檢察署檢察官不服台灣高等法院96年8月1日第二審判決提起上訴[46]，最高法院97年3月27日宣判原判決撤銷，發回台灣高等法院。

(二)判決要旨

1.台灣高等法院判決被告無罪，有關犯罪主觀構成要件部分[47]

證券交易法第155條第1項第4款規定，禁止「意圖抬高或壓低集中市場某種有價證券之交易價格，自行或以他人名義，對該有價證券連續以高價買入或以低價賣出者」之行為；違反該項禁止規定者，應依同法第171條第1款之規定論處。其目的係在使有價證券之價格能在自由市場正常供需競價下產生，避免遭受特定人操控，以維持證券價格之自由化，而維護投資大眾之利益。故必行為人主觀上有影響或操縱股票市場行情之意圖，客觀上有對於某種有價證券連續以高價買入或低價賣出之行為，始克成立。所謂「連續以高價買入」，固指於特定期間內，逐日以高於平均買

[44] 台北地方法院91年訴字629號刑事判決。
[45] 台灣高等法院94年上訴字第1383號判決。
[46] 台灣高等法院檢察署96年應偵字5469號。
[47] 參閱註45。

價、接近最高買價之價格，或以最高之價格買入而言。惟影響股票價格之因素甚眾，舉凡股票發行公司之產值、業績、發展潛力、經營者之能力、形象、配發股利之多寡、整體經濟景氣，及其他非經濟性之因素等，均足以影響股票之價格。且我國關於證券交易之法令，除每日有法定漲、跌停板限制及部分特殊規定外，並未限制每人每日買賣各類股票之數量及價格，亦無禁止投資人連續買賣股票之規定。而投資人買賣股票之目的，本在於謀取利潤，是其於交易市場中逢低買進，逢高賣出，應屬正常現象；縱有連續多日以高價買入或低價賣出之異常交易情形，亦未必絕對係出於故意炒作所致。況股票價格係受供給與需求平衡與否之影響，若需求大於供給或需求小於供給，必然造成價格之變動。若行為人純係基於上開經濟性因素之判斷，自認有利可圖，或為避免投資損失過大，而有連續高價買入股票或低價賣出之行為，縱因而獲有利益或虧損，致造成股票價格波動，若無積極證據證明行為人主觀上有故意操縱或炒作股票價格之意圖者，仍不能遽依上述規定論科。而所謂炒作行為，乃就證券集中市場建制之公平價格予以扭曲，藉由創造虛偽交易狀況與價格假象，使投資大眾受到損害，而達操縱股票交易市場之目的。故炒作行為人主觀上應有以造成交易活絡表象，對市場供需之自然形成加以人為干擾，藉資引誘他人買進或賣出，以利用股價落差圖謀不法利益之意圖。故成立本罪應就行為人主觀上是否具有造成股票集中交易市場活絡表象，以誘使他人購買或出賣上開股票謀利之企圖，詳加調查審認，以為判斷之準據[48]。證券市場自由化，投資人欲購買多少股票，厥屬自由權利，且其購買時尚未收盤，盤中如何知悉收盤後期買賣股票之百分比；而股票成交量差別性甚大，集中市場之某些大型股，因其股本龐大，每日成交量往往數萬千股（即數萬張），個別投資人買賣所佔百分比甚小，但若小型股或店頭市場之股票，因其股本小或交易量少，有時投資人單日買入數張，即佔百分之百，故客觀情形之單日買賣百分比評斷，應僅係供審酌行為人有無抬高或壓低交易市場價格「意圖」之參考，非可據為審斷其有操縱行為主觀違法要件之唯一依憑。蓋炒作行為乃就證券集中市場建制之公平價格機能予以扭曲，藉

[48]　參照台灣最高法院96年台上字第1044號判決。

由創造虛偽交易狀況與價格假象，使投資大眾受到損害，而達操縱股票交易市場目的。故炒作行為人主觀上應有以造成交易活絡表象，對市場供需之自然形成加以人為干擾，藉之引誘他人買進或賣出，以利用股價落差圖謀不法利益之「意圖」[49]。且任何人皆可在集中市場自由買賣股票，影響股票價格係取決於市場法則，尚非以少數人之力所能片面操控，且證券法令除每日有法定漲、跌停板限制及部分特殊規定外，並未規定每人每日在各股所能買賣之數量及價格，在自由經濟體制下，經由集中交易市場決定之交易價格，原則上即應推定為合法，除非有相當之證據證明其中有違背法令或不法之行為，否則自難以推測之方式認定某特定投資人之投資行為係屬違法。因此，以單日買賣百分比以評斷被告有炒作意圖，並非合理。從而公訴人以被告有二十五個營業日之買入數量超過宏和公司股票單日總成交量20%，據此而為不利被告之認定，亦非妥適。

　　至被告甲○○雖使用共計四十一個股票買賣帳戶買賣宏和公司股票，然查借用他人之名義開戶，及一人使用多個或多人之帳戶，以為股票之買賣，且均經被借用人同意使用，於我國證券市場所在多有，而證券交易法並無明文禁止以他人名義買賣股票，是以被告以他人名義開戶買賣股票並無不當，是自不能以被告借用他人名義買賣股票，即認被告有炒作股票之犯罪故意。綜上所述，本件依公訴人所舉證據，及高院調查認定，固足認被告於85年4月13日至6月26日之間，確有大量委託買賣宏和公司股票之行為，然依該期間宏和公司股價之走勢情形以觀，尚難認股價之漲跌係出於被告委託買賣所致，而被告辯稱伊係長期投資股票，後因需要資金而賣出股票，亦非全無可採，亦無確實證據足以證明被告委託買賣係出於拉抬或壓低宏和公司股價之意圖，尚難以客觀上較高價或跌停價格委託買賣股票及較其他投資人大量之事實，而推定其有主觀之犯意。此外，復查無其他積極確切之證據足資認定被告有何公訴人指訴之犯行，並使高院形成確信，揆諸前開說明，被告甲○○被訴違反證券交易法第171條第1項第1款、第155條第1項第4款之罪行，即屬不能證明犯罪，即應改諭知被告甲○○無罪。

---

[49] 參照台灣最高法院92年台上字4613號判決。

2.最高法院不同意高院見解而將原判決撤銷，有關犯罪主觀構成要件部分

　　證券交易法第155條第1項第4款規定，對於證券交易所上市之有價證券，不得有意圖抬高或壓低集中交易市場某種有價證券之交易價格，自行或以他人名義，對該有價證券連續以高價買入或以低價賣出，其目的在防止人為操作因素導致集中交易市場行情發生異常變動，影響市場秩序。故如行為人主觀上有拉抬或壓抑價格之意圖，就特定之有價證券連續以高價買進或以低價賣出，即屬違反該規定，而構成同法第171條之罪。依前開「該四十一名人頭集團於84年4月7日至7月5日每日買賣宏和公司股票之數量及相對成交情形表」載示，被告自84年4月7日起至同年7月5日止共七十四個營業日中，有五十三個營業日使用廖文雄等四十一個帳戶買進宏和公司股票計30,951千股，另有六十八個營業日則以上開帳戶賣出宏和公司股票共47,641千股，其中並有五十一個營業日係買進復賣出宏和公司股票，且被告於84年4月11日賣出203千股，於同年月12日又買進200千股；於同年月13日、14日分別買進423千股及636千股，於同年月14日又賣出1,006千股；於同年月18日買進590千股，同日又賣出650千股；於同年月24日、25日、26日分別賣出125千股、220千股、612千股，於同年月25日、26日又分別買進168千股及759千股；於同年月28日賣出252千股，於同月29日又買進288千股；於同年月29日又賣出357千股，於次一營業日即同年5月1日又買進356千股；於同年5月4日買進354千股，同日又賣出368千股；於同年5月15日、16日分別買進670千股，300千股，同年月16日又賣出970千股；於同年5月24日買進1,560千股，同日又賣出1,370千股；於同年5月31日買進418千股，同日又賣出419千股；於同年6月13日、14日分別買進563千股及200千股，該二日又分別賣出220千股及537千股，同年6月21日既買進3,000千股，同日又賣出2,702千股；於同年7月3日買進50千股，同日又賣出千股；於同年7月5日買進30千股，同日又賣出30千股，在同一或相近營業日所買進或賣出股票之成交量，竟有多次約略相近或相符，每一營業日之交易量又少則數千股，多則達數千千股。如亦屬實，則被告在買進與賣出宏和公司後，何以於同一營業日復行將之賣出或買進，且買賣成交量不少？被告於同一或相近營業日所買進、賣出之股票數量，何以有多次甚為相近或相同？其目的是否在製造該股票交易

熱絡之假象，以吸引不知情之投資人介入，達到其抬高或維持該股票成交量之意圖？再原判決援引為證據之證券交易法93年9月6日台證密字第0930021404號函稱：「84年間（股票）市場買賣撮合作業，悉以台灣證券交易所股份有限公司營業細則第五十八條之二規定為準據，及依價格優先，買進申報為較高優先於較低者，賣出申報為較低優先於較高者，同價位之申報係按時間優先，依輸入時序決定優先順序……」亦即謂於84年間賣出股票時，申報較低價者較申報較高價者將被優先撮合成立買賣。如果不虛，則本件被告使用廖文雄等四十一個帳戶，連續自84年6月14日起至同年月26日止之每一營業日，均以前一日之跌停收盤價開價大量委託賣出宏和公司股票，依前述說明，似已影響該股票之成交價格而使其股票因此呈現急遽下跌之趨勢，能否謂被告此項所為在主觀上並無炒作股票之意圖？即仍有深入研求之餘地。實情為何？為明真相，並維公平正義，自應詳予查明，乃原審未進一步究明，並於理由內為必要之說明，遽行判決，自嫌速斷。檢察官上訴意旨指摘原判決違法，非無理由，認應發回更審，期臻翔適。

(三)案例評析（主觀構成要件部分）

證交法第155條第1項明文對於在證券交易所上市之有價證券，不得有下列各款之行為，其中第4款規定「意圖抬高或壓低集中交易市場某種有價證券之交易價格，而自行或以他人名義對該有價證券，連續以高價買入或以低價賣出」。前述案例高院認為本件依公訴人所舉證據，及高院調查所得，固足認被告於85年4月13日至6月26日間，確有大量委託買賣宏和公司股票之行為，高院並不否認本案具備有「抬高或壓低集中交易市場某種有價證券之交易價格」之客觀不法構成要件，成立無誤。但高院認為被告自稱係長期投資股票，後因需要資金而賣出股票，亦非全無可採，此外亦無確實證據足以證明被告買賣係出於拉抬或壓低宏和公司股價之「意圖」，尚難以客觀上以較高價或跌停價格委託買賣股票及較其他投資人大量之事實，而推定其有主觀之犯意。高院如此的認定，似大有商榷之餘地，試問被告自84年4月7日起自同年7月5日止共七十四個營業日中，有五十三個營業日使用廖文雄等四十一個帳戶買進宏和公司股票計30,951千

股，另有六十八各營業日則以上開帳戶賣出宏和公司股票共47,641千股，其中並有五十一個營業日系買進復賣出宏和公司股票，這算是高院所稱被告係長期投資股票，因資金需求而賣出股票之情形嗎？一般人有資金需求而賣出股票，事屬當然，但本案被告於84年4月11日賣出203千股，於同年月12日又買進200千股；於同年月13日、14日分別買進423千股及636千股，於同年月14日又賣出1,006千股；於同年月18日買進590千股，同日又賣出650千股；於同年月24日、25日、26日分別賣出125千股、220千股、612千股，於同年月25日、26日又分別買進168千股及759千股；於同年月28日賣出252千股，於同月29日又買進288千股；於同年月29日又賣出357千股，於次一營業日即同年5月1日又買進356千股；於同年5月4日買進354千股，同日又賣出368千股；於同年5月15日、16日分別買進670千股，300千股，同年月16日又賣出970千股；於同年5月24日買進1,560千股，同日又賣出1,370千股；於同年5月31日買進418千股，同日又賣出419千股；於同年6月13日、14日分別買進563千股及200千股，該二日又分別賣出220千股及537千股，同年6月21日既買進3,000千股，同日又賣出2,702千股；於同年7月3日買進50千股，同日又賣出千股；於同年7月5日買進30千股，同日又賣出30千股，在同一或相近營業日所買進或賣出股票之成交量，竟有多次約略相近或相符，每一營業日之交易量少則數千股，多則達數千千股。

如此密集之交易行為高院卻認為尚無確實證據足以證明被告委託買賣係出於拉抬或壓低宏和公司股票之「意圖」，尚難以客觀上以較高價或跌停價格委託買賣股票及較其他投資人大量之事實，而推定其有主觀之犯意。筆者閱讀高院判決，心中無限感慨，高院判決似太違背證券投資經驗法則，究竟渠係採嚴格解釋還是欠缺資本市場投資常識？筆者著實不解，刑法向來採嚴格解釋，其文義範圍內做限縮性解釋是合法的，筆者亦表同意。一般為解決不法意圖屬於行為人內在事實難以證明之問題，如果行為人已認識到自己所實行之連續以高價買入或以低價賣出行為是有可能產生拉抬或壓低集中市場上該有價證券交易價格之結果而仍為之，應可作為認定行為人已經具備「意圖」抬高或壓低集中交易市場某種有價證券之交易價格之事實基礎。

　　本案最高法院認為本件被告使用廖文雄等四十一個人頭帳戶，連續自84年6月14日起至同年月26日止之每一營業日，均以前一日之跌停收盤價開價大量委託賣出宏和公司股票，依前述說明，似已影響該股票之成交價格而使其股價因此呈現急遽下跌之趨勢，能否謂被告此項所為在主觀上並無炒作股票之意圖？即仍有深入研討之餘地。實情為何？為明真相，並維公平正義，自應詳予查明，仍原審未進一步究明，並於理由內為必要之說明，遽行判決，自嫌速斷。檢察官上訴意旨指摘原判決違法，非無理由，認應發回更審，期臻翔適。

　　本案犯罪事實甚為明確，高院亦不否認本案具備有「抬高或壓低集中交易市場某種有價證券之交易價格」之客觀不法構成要件，僅認為無確切證據證明及推定被告確有炒作股價之意圖及主觀之犯意，高院將犯罪事實及主觀犯意如此切割，令筆者十分不解。

　　我刑法上對意圖之解釋，係指行為人從事該項犯罪行為所欲達成之終局目的，意圖犯之特質在於行為人依其目的觀而支配其行為，且係在達成其犯罪目的之決意下而著手實行；至於行為是否確信必定會有結果之發生，或其犯罪目的是否必能得逞，亦僅認為可能發生不法構成要件所預定之結果，而其犯罪目的是有達成等在所不問[50]。意圖犯又稱「目的犯」，是指主觀構成要件上，除了故意過失外，尚須具備一定之不法目的，始構成犯罪。而行為人主觀上只要具有此一不法目的即可，是否施行欲達此一目的之行為，或是否達成此一目的，並不影響犯罪之成立。意圖和故意係不同概念，所以可能會有意圖而沒有故意，或有故意，但是卻沒有意圖，在部分犯罪行為，行為人須具備故意外，尚需有意圖，始能成罪。意圖係指一定構成要件結果之發生所具有之目的意思，有時意圖會與行為動機分不開，不過不必然一致，在觀念上，意圖與動機必須要嚴格區分，因為意圖只是構成要件要素，而動機卻是量刑之罪責要素，二者不同不可不辨。

　　本案不法炒作股價舉證被告是否具有操縱不法意圖，本質上可謂艱難之任務，既無法直接解釋行為人之內心，則必須從其動機及有價證券交易

---

[50] 林山田，刑法通論，作者自行出版，85年10月五版，第135至137頁。

相關之交易行為等情況證據進行推論[51]，例如是否經常於開盤時或收盤前買進賣出股票、是否於有價證券集中市場買進而於店頭市場賣出股票、選擇連續買進大量股票之速率是否持續增加、是否散布利多消息或提供推薦該檔股票之訊息、及是否有異常買賣[52]及是否利用大量人頭進行交易等行為進行評估。綜上所述，判定不法炒作之操縱意圖，係指行為人若採取積極手段成功委託買進；而影響市場價格上漲，以獲取實質上、直接上之金錢利益，始可初步認定成立。

依刑法理論而言，行為人有指向一定構成要件結果之發生所具有之目的意思時，即可推定有此意圖，至於依行為人之計畫，該構成要件結果係行為人肯定一定發生或只是行為人認為有可能發生，並不重要；但如果構成要件結果之發生並不確定時，至少行為人必須確定其對實際整個事件之進行有控制或影響之可能性，始可認定具有操縱之意圖，至於意圖最後能否實現，並不影響意圖犯之成立。

作者認為本案不法炒作事證極為明確，被告主觀不法炒作「意圖」犯行真相甚明，並無任何須再深入探究之疑點，最高法院似可無須將本案撤銷發回更審，高院在對主觀上無炒作股票之意圖部分於判決理由中未有必要之說明，即逕判決被告無罪，此為違背法令之判決，但此部分並不影響事實之確定，最高法院應可自為裁判論罪科刑，如此將更能發揮法律速審速結之功效。

---

[51] William R. McLucas & Alma M. Angotti, Market Manipulation 22 Rev. Sec.& Commodities Reg.103, 107 (1989).

[52] U.S. v. Brown, 79 F.2d 321 (2d Cir.1935).

玖、最高法院歷年判決對不法炒作操縱股價犯罪「意圖」之認定

一、最高法院97年台上字第2171號刑事判決（97年5月23日）裁判要旨

行為人是否有抬高某種有價證券之意圖，除可參考是否以高價買進外，另可斟酌行為人買進價格是否使股價出現波動、成交造成股票交易活絡之假象、使用人頭戶等為佐證。證券集中交易市場上之股票交易係依電腦撮合，其撮合原則係「價格優先、時間優先」為原則，即限定價格時，以較高價格委託買進或以較低價格委託賣出者，可優先成交，為限定價格時，即以同一價格按輸入電腦時間之先後，決定何筆買入或賣出之委託可成交。故行為人如於開盤前以特定價格大量委託買進，可達到影響開盤價目的。本件新巨群集團買進聚亨公司股票，多係於開盤前利用多家投資公司名義大量委託買進，且聚亨公司股票之成交價、量，因此明顯異常，自足認定新巨群集團確有抬高集中聚亨公司股價交易價格之主觀「意圖」。證券交易法第155條第1項第4款規定，對於在證券交易所上市之有價證券，不得有「意圖」抬高或壓低集中交易市場某種有價證券之交易價格，自行或以他人名義，對該有價證券，連續以高價買入或以低價賣出。所謂連續以高價買入者，指於特定時間內，逐日以高於平均買價、接近最高買價之價格，或以當日最高之價格買入而言。且不以客觀上「因而致交易市場之該股票價格有急劇變化」為必要。故該條文所稱「連續」，係指多次而言；「高價」則指「在一段期間內，逐日以高於委託當時揭示價、接近當日漲停參考價價格或以當日漲停參考價之價格委託買進」而言，又該連續高價買入之認定，亦不應有無賣出股票而受影響。新巨群集團先後於87年2月12日、23日、3月7日、11日、12日、17日等六個營業日，以亞瑟、新巨群、新通產投資、怡群、亞群、德群、光群等公司名義，逐日多次大量，以漲停板或接近漲停版之高價買進聚亨公司股票，已該當證券交易法第155條第1項第4款之「連續以高價買入」之要件；再聚亨公司股票

與87年3月7日、11日、12日、17日經新巨群集團以高價委託買進後，股價變化均有明顯上揚之情；且聚亨公司股票於查核期間，其股票成交價、量，均明顯異常，上訴人等二人均有炒作違法情形之理由，所為之論斷，核與證據法則無違，亦無理由矛盾之違法。上訴意旨仍執已為原審指駁之陳詞，即原審取捨證據於自由判斷證據證明力之職權行使，再為單純事實上之爭執，顯非適法之第三審上訴理由。

二、最高法院96年台上字第1044號刑事判決（96年3月2日）裁判要旨

按證券交易法第155條第一項第四款規定，禁止「意圖抬高或壓低集中市場某種有價證券之交易價格，自行或以他人名義對該有價證券連續以高價買入或以低價賣出者」之行為；違反該項禁止規定者，應依同法第171條第1款之規定論處。其目的係在使有價證券之價格能在自由市場正常供需競價下產生，避免遭受特定人操控，以維持證券價格之自由化，而維護大眾之利益。故必行為人主觀上有影響或操縱股票市場行情之「意圖」，客觀上有對於某種有價證券連續以高價買入或低價賣出之行為，始克成立。所謂「連續以高價買入」，固指於特定期間內，逐日以高於平均買價、接近最高買價之價格，或以最高之價格買入而言。為影響股票市場價格之因素甚眾，舉凡股票發行公司之產值，業績、發展潛力、經營者之能力、形象、配發股利之多寡、整體經濟景氣，及其各種非經濟性之因素等，均足以影響股票之價格。且我國關於證券交易之法令，除每日有法定漲、跌停板限制及部分特殊規定外並未限制每人每日買賣各類股票數量及價格，亦無禁止投資人連續買賣股票之規定。而投資人買賣股票之目的，本在謀取利潤，是其於交易市場中逢低買進，逢高賣出，應屬正常現象，縱有連續多日以高價買入或低價賣出之異常交易情形，亦未必絕對係出於故意炒作所致。況股票價格係受供給與需求平衡與否之影響，若需求大於供給或需求小於供給，必然造成價格之變動。若行為人純係基於上開經濟性因素之判斷，自認有利可圖，或為避免投資損失過大，而有連續高價買入股票或低價賣出之行為，縱因而獲有利益或虧損，致造成股票價格波動，若無積極證據證明行為人主觀上有故意操縱或炒作股票價格之意圖

者，仍不能遽依上述規定論科。而所謂炒作行為，乃就證券集中市場建制之公平價格予以扭曲，藉由創造虛偽交易狀況與價格假象，使投資大眾受到損害，而達操縱股票交易市場目的。無故炒作行為人主觀上應有已造成交易活絡表現，對市場供需之自然形成加以人為干擾，藉資引誘他人買進或賣出，以利用股價落差圖謀不法利益之意圖。故成立本罪應就行為人主觀上是否具有造成股票集中交易市場活絡表象，以誘使他人購買或出賣上開股票謀利之意圖，詳加調查審認，以為判斷之準據。原判決並未審酌上訴人等是否具有此一「意圖」，徒以上訴人只要有抬高或壓低股價之「意圖」即構成本罪，有適用法則不當之違背法令。

三、最高法院96年台上字第3387號刑事判決（96年6月28日）裁判要旨

按證券交易法第155條第1項第4款，禁止「意圖」抬高或壓低集中市場某種有價證券之交易價格，自行或以他人名義，對該有價證券連續以高價買入或以低價賣出者之行為；行為人主觀上要有影響或操縱股票市場行情之「意圖」，客觀上有對於某種有價證券連續以高價買入或低價賣出之行為，始克成立。又所謂「連續以高價買入」，係指於特定期間內，逐日以高於平均買價、接近最高買價之價格，或以最高之價格買入而言。然依一般通念，行為人若要抬高某公司之股價，自須持續以高價買入，而非持續以低價賣出。雖間或有正常、甚至「低價」掛單之情形，但多為製造交易熱絡之表象，藉資引誘他人買進或賣出，並利用股價落差而圖謀不法利益，惟此仍難謂係持續以低價賣出股票之方式，藉以抬高公司之股價。

四、最高法院96年台上字第1119號刑事判決（96年3月8日）裁判要旨

證券交易法第155條第1項第4款：「對於在證券交易所上市之有價證券，不得有意圖抬高或壓低集中交易市場某種有價證券之交易價格，自行或以他人名義，對該有價證券，連續以高價買入或以低價賣出之行為」。係以行為人主觀上有抬高或壓低集中交易市場某種有價證券之交易之「意圖」，客觀上有自行或以他人名義，對該有價證券，連續以高價買入或以

低價賣出之行為，為成立要件。

五、最高法院94年台上字第1043號判決（94年3月10日）裁判要旨

　　按證券交易法第155條第1項第4款規定，禁止「意圖」抬高或壓低集中市場某種有價證券之交易價格，自行或以他人名義，對該有價證券連續以高價買入或以低價賣出者之行為；違反該項禁止規定者，應依同法第171條第1款之規定論科。其目的係在使有價證券之價格能在自由市場正常供需競價下產生，避免遭受特定人操控，以維持證券價格之自由化，而維護投資大眾之利益。故必行為人主觀上有影響或操縱股票市場行情之「意圖」，客觀上有對於某種有價證券連續以高價買入或低價賣出之行為，始克成立。所謂「連續以高價買入」，固指於特定期間內，逐日以高於平均買價、接近最高買價之價格，或以最高之價格買入而言。惟影響股票市場價格之因素甚眾，舉凡股票發行公司之產值、業績、發展潛力、經營者之能力、形象、配發股利之多寡、整體經濟景氣，及其他非經濟性之因素等，均足以影響股票之價格。且我國關於證券交易之法令，除每日有法定漲、跌停板限制及部分特殊規定外，並未限制每人每日買賣各類股票之數量及價格，亦無禁止投資人連續買賣股票之規定。而投資人買賣股票之目的，本在於謀取利潤，是其於交易市場中逢低買進，逢高賣出，應屬正常現象；縱有連續多日以高價買入或低價賣出之異常交易情形，亦未必絕對係出於故意炒作所致。況股票價格係受供給與需求平衡與否之影響，若需求大於供給或需求小於供給，必然造成價格之變動。若行為人純係基於上開經濟性因素之判斷，自認有利可圖，而有連續高價買入股票之行為，縱因而獲有利益，或造成股票價格上漲之情形，若無積極證據證明行為人主觀上有故意操縱或炒作股票價格之「意圖」者，仍不能遽依上述規定論科。

六、最高法院93年台上字第4296號刑事判決（93年8月19日）裁判要旨

　　原判決比較新舊法後，認77年1月29日修正公布日之證券交易法第

171條規定對上訴人較為有利，因而以上訴人違反該法第155條第1項第4款規定，依同法第171條規定論處上訴人罪行。又該法第155條第1項第4款規定，係對於在證券交易所上市之有價證券，有「意圖」抬高或壓低集中市場某種有價證券之交易價格，自行或以他人名義對該有價證券，連續以高價買進或以低價賣出為構成要件，則該條款犯罪之成立，除客觀上行為人有自行或以他人名義對某種在證券交易所上市有價證券，連續以高價買進或以低價賣出之行為外，於主觀上，仍須有抬高或壓低該有價證券交易價格之「意圖」，否則即難以違反該條款規定論罪。至於行為是否有抬高或壓低該有價證券交易價格之「意圖」，則須依據證據認定之。此外，有罪判決書之事實一欄，為判斷其適用法令當否之準據，法院應將依職權認定與論罪科刑有關之事實，翔實記載，然後於理由內逐一說明其憑以認定之證據，始足以資論罪科刑，其所載事實、理由與所宣告之主刑，尤需相互一致。

七、最高法院92年台上字第4613號判決（92年8月21日）裁判要旨

查「有價證券監視報告函送偵辦案件作業要點」第4條固有投資人或可能相關投資人集團於一個月內有五日以上成交買進或賣出之成交量均大於該股票各該日成交量之20%以上情事者，直接函送檢調機關偵辦之訂定，然該作業要點係83年12月8日始由台灣證券交易所訂定，並於84年3月10日經主管機關證券暨期貨管理委員會以台財證字第16113號函准予備查，上訴人為前揭股票之買賣時，該作業要點既尚未訂定，能否以成交量比例之限制資為上訴人有無抬高或壓低股票交易價格意圖之論斷依據，要非無疑。況證券市場自由化投資人欲購買多少股票，厥屬自由權利，且其購買時尚未收盤，盤中如何知悉收盤後期買賣股票之百分比；而股票成交量差別性甚大，集中市場之某些「飆股」或「大型股」，因其股本龐大，每日成交量往往數萬仟股（即數萬張），個別投資人買賣所佔百分比甚小，但若小型股或店頭市場之股票，因其股本小或交易量少，有時投資人單日買入數張，即佔百分之百，故客觀情形之單日買賣百分比評斷，應僅係供審酌行為人有無抬高或壓低交易市場價格「意圖」之參考，非可據為

審斷其有操縱行為主觀違法要件之唯一依憑。蓋炒作行為乃就證券集中市場建制之公平價格機能予以扭曲，藉由創造虛偽交易狀況與價格假象，使投資大眾受到損害，而達操縱股票交易市場目的。故炒作行為人主觀上應有以造成交易活絡表象，對市場供需之自然形成加以人為干擾，藉之引誘他人買進或賣出，以利用股價落差圖謀不法利益之「意圖」。原審未就上訴人主觀上是否具有造成股票集中交易市場交易活絡表象，以誘使他人購買或出賣上開股票謀利之意圖，詳加調查審認，遽以上訴人委託買進之成交數量，即認上訴人意圖影響各該股價，已難謂洽。

八、最高法院92年台上字第1690號刑事判決（92年4月3日）裁判要旨

　　證券交易法第155條第1項第4款所規定，對於在證券交易所上市之有價證券，不得有「意圖」抬高或壓低集中交易市場某種有價證券之交易價格，自行或以他人名義，對該有價證券，連續以高價買入或以低價賣出，其目的在防止人為操縱因素導致集中交易市場行情發生異常變動，影響市場秩序。故如行為人主觀上有拉抬或壓抑價格之「意圖」，就特定之有價證券連續以高價買進或以低價賣出，即屬違反該規定，而構成同法第171條之罪，又所謂「連續以高價買入」，係指於特定期間內，連續以高於平均買價、接近最高買價，或以當日最高價格買入而言，並不以「連續以漲停價買入」為必要。

拾、證券交易法第155條「不法炒作」操縱股價犯罪行為構成要件應行修正之方向（代結論）

　　所謂不法炒作行為，乃就證券集中市場建制之公平價格機能予以扭曲，藉由創造虛偽交易狀況與價格假象，使投資大眾受到損害，而達操縱股票交易市場之目的。故不法炒作行為人主觀上應有以造成證券市場交易活絡表象，對市場供需之自然形成加以人為干擾，藉茲引誘他人買進或賣出，以利用股價落差圖謀不法利益之意圖。

美國證券交易法第9條第1項第3款所禁止之連續交易須合乎下列三項要件[53]：

一、被告對在全國性證券交易所註冊之有價證券為連續交易。

二、造成該有價證券實際上或外觀上交易活絡或為抬高或壓低其價格。

三、意圖誘使他人買入或賣出於全國性交易所註冊之有價證券。

日本依據2007年實施之「日本金融商品交易法[54]」第159條第2項第1款規定；任何人從事有價證券買賣、市場衍生性交易或店頭衍生性交易，不得以引誘他人為目的，而為下列行為，使人誤解有價證券買賣等為活絡，或使於交易所金融商品市場之上市金融商品等，或店頭買賣有價證券市場之店頭買賣有價證券之行情發生變動，而連續為有價證券等之買賣或其申報、委託或受託等。另日本金融商品交易法第159條第3項規定，任何人不得違反政令所定，以釘住、固定或安定於交易所金融商品市場上市金融商品等或店頭買賣有價證券市場之店頭買賣有價證券之行情為目的，

---

[53] 參閱註12。

[54] 2004年日本政府以「金融服務立法」為宗旨進行第二階段之金融改革，具體措施之一即為「創立新的金融法律體系即具活力與效力金融市場」，提供國民多種選擇的金融商品。改革後的新金融體系將以保障投資者利益做為企業治理和金融監管的主軸。2005年7月日本金融廳參考英國「金融服務及市場法」及美國「金融服務現代化法」，提出「投資服務法」之基本架構與內容，並徵詢各方意見，在此法律架構下，將不再有傳統的銀行、證券、保險、信託等金融行業之區別，所有具備投資服務資格之企業皆可作為投資服務之主體，為投資者提供服務並對投資者負責。然2006年1月，日本爆發「活力門事件」，號稱民間股神之村上世彰因違反內線交易遭到逮捕，給日本當局當頭棒喝，警覺金融市場管理過於鬆散，也顯現出現行法制規範之諸多漏洞，日本政府為制止類似案件一再發生，加速進行全面檢討。2006年3月金融廳會整修定各方意見後，正式定名為「金融商品交易法」，日本參議院乃於2006年6月7日審議通過，並於同月14日正式公佈。日本金融商品交易法取代原有之證券交易法，對股票、債券、外匯存款等風險性金融產品進行一元化管理，以確實保護投資者利益。金融商品交易法制定之後，以下法規將因該法之制定同時廢止：

1. 金融期貨交易法

2. 投資顧問業法

3. 抵押擔保證券業法

4. 外國證券業法

此外，包跨證券交易法、銀行法、保險業法、信託業法、不動產特定共同事業法、商品交易所法等八十九個金融相關的法律，也同時配合進行修訂。

而連續為有價證券等之買賣或其委託或受託等行為。金融商品交易法第159條第2項第1款係禁止抬高或壓低上市有價證券及店頭買賣有價證券之連續交易行為；第3項係禁止違法維持上市有價證券行情及店頭買賣有價證券行情之行為。

綜上美、日例均規定有以誘使他人買賣有價證券之目的（"for the purpose of inducing the purchase or sale of such securiteies by others"）為不法炒作主觀構成要件。不法炒作不僅應有透過人為操縱而使股價變動之行為，尚需具有使投資人誤認股價係由市場之自然供需關係所形成，而引誘其進場買賣有價證券之目的，始為法律所禁止之市場操作行為。我國證交法卻未有相同或類似之規定，試問市場上某一中實戶，在股市不佳之情況下，因融資購買股票，為避免手中質押之股票，市價過低，以致被「斷頭」，渠客觀上確有連續高價買入或低價賣出之行為，主觀上亦確實有抬高或壓低股價之意圖，但其並無誘使他人進場買賣之「意圖」，是否該罰？由於我國證交法之文字僅使用「意圖」抬高或壓低，而未進一步規定須以誘使他人買賣有價證券為目的，因此本例仍可能成立不法炒作之犯罪行為。

另由前述第捌、玖章我們可以看出雖然目前我國證交法第155條第1項第4款中未有「誘使他人買賣有價證券」之意圖規定，但諸多最高法院判決中皆新增以誘使他人買賣有價證券為目的為主觀意圖要件，因之不法炒作股價之罪應就行為人主觀上是否具有造成股票集中交易市場交易活絡表象，以誘使他人購買或出賣上開股票謀利之企圖，詳加調查審認，以為判斷之準據，否則依最高法院之大多數判決見解，不當然構成「不法炒作」禁止之違反。個案審判中如原判決並未審酌上訴人等是否具有此一「意圖」，徒以上訴人只要有抬高或壓低股價之意圖即構成本罪，有明顯適用法則不當之違背法令[55]。

此外由本章第捌、玖節最高法院對不法炒作之判決中，我們深深體會

---

[55] 最高法院96年台上字第1044號判決。
　　最高法院96年台上字第3387號判決。
　　最高法院92年台上字第4613號判決。

最高法院在現行法律要件規範不足之情況下，仍能逕自發揮司法造法之功能，增加我國證交法欠缺之要件（意圖誘使他人買賣有價證券），補足法律之不足，做法值得肯定。但由於我國係成文法國家，且刑法係採罪刑法定主義，應透過修正證交法之立法方式，補充本項要件，使不法炒作之禁止規範更加明確，對我國證券市場健全發展及投資大眾權益之保障更為周延，真正達成我國證交法為發展國民經濟並保障投資之立法目的。

　　筆者認為在現行證交法規範上，影響證券不法交易查處績效最大者係意圖等主觀要件之規範，因犯罪事實必須應依證據認定，意圖乃為主觀之動機，其認定相當困難，證券不法交易如以意圖為成立要件之一，對於長年累月處於一般刑事案件之法官或檢察官而言，於決定起訴或判決有罪時，無形之心理阻礙必屬甚大，因此，如何明確界定其概念及認定法則實為加強不法交易查處而必須盡力解決之嚴肅課題之一。尤以證券交易法上之犯罪行為，性質上為經濟犯罪之類型，經濟犯罪之犯罪構成要件，特別是故意、意圖等主觀構成要件之認定較具客觀化色彩，與刑法上一般犯罪之此類概念，不盡相同，為免司法及證券主管機關認知之差異，從經濟犯罪原理立場，證券交易法令宜明確界定此類概念，以為適用之明確依據，誠屬重要。此外筆者亦認為證券交易法第155條立法目的旨在維護市場供需及價格形成之自由機能，故須其行為危害此一機能者始應處罰，股票價格在自由交易市場係依其供需情形所決定，投資人依各項因素及風險評估決定委託買入或賣出之價格，進而交由交易市場決定，當其委託價格及供需量為交易市場所接受，成交價量即有存在性，雖其價量符合財政部所定有價證券監視報告函送偵辦案件作業要點之規定，然並非符合該規定即當然構成證券交易法第155條第1項各款之罪，尚需依客觀情狀認為投資人有抬高或壓低集中交易市場之交易價格之意圖，始構成該罪，投資人如能證明連續買進賣出之正當理由與必要者，無上開不法意圖，自應予以排除在本款禁止行為之外，俾免阻礙正當投資意願。

（本文2008年12月發表於銘傳大學法學論叢第10期，第131至173頁。）

第九章
證券交易法第155條第1項第1款處罰股市「違約交割」刑事責任之探討

壹、前言

　　台灣證券市場自成立以來，大小違約交割事件屢見不鮮，遠者不論，近者如民國92年3月上市公司久津實業因資金一時調度不及，導致爆發股票違約交割，金額逾廿億元，扣除同一戶頭買賣相抵，違約交割金仍達14.08億元，總計十二個投資人違約。此為民國87年以來，最大之違約交割事件，富邦、倍利、台證與德信等四家證券商深受牽連。同年九月股票上櫃公司飛雅高科技爆發六仟萬元違約交割案，檢調循線查扣，幕後操盤主嫌係股市知名作手、綽號「小三」通緝犯鄒勝，檢調大舉搜索，意外查出近年來，鄒勝另涉嫌集資數億元，炒作其他六家上市公司股票。除上述案例外，近來更有利用網路下單違約交割之案例產生，為維護市場秩序，證券市場之交易制度顯得格外重要。我們觀察歐美市場少有類似我國違約不履行交割之情事，主要是由於其交易制度設計周全，預收款券保證金制度與有價證券借貸制度在歐美先進國家證券市場運行已久，違約不履行交割不易發生，我國制度上應如何控制單一投資人之部位、證券商內部控管及對客戶徵信等問題上，都須主管機關及業者予以重視，並及早謀求改善之道，俾導正我國證券市場交易秩序。

貳、股市操縱行為之意義與性質

　　所謂操縱行為，即係以人為方法使證券市場供需力量無法發揮其自然調節作用，而將某一證券之價格控制於某一水準，操縱者遂可按此價格出售或買進該種證券；且其出售價格必高於正常供需所決定之價格，而其買

進價格則必低於正常供需所決定之價格。操縱者扭曲市場價格機能坐收差額利益，造成新購進者被套牢或新售出者損失，損人利己，其爲證券市場違法脫序行爲之根源，嚴重影響一國經濟之正常發展，各國證券交易法規爲維護證券市場之自由運作與證券市場應有之正常功能，皆明文禁止股價操縱行爲，以維護證券市場交易秩序並保護大眾投資人。

操縱行爲字義上脫不出人爲干預之範圍，但若僅以人爲方式影響股價自然形成作爲操縱之內涵似嫌簡略，因市場價格之形成係藉由市場供需而定，股票不同於一般商品市場，主要係股價認定包含投資人主觀認知之因素，且此比例顯較其他商品市場爲重，若僅以所謂以人爲方式使股價脫離正常價值作爲操縱行爲之內涵，首先必遭遇何謂證券應有價值之難題，股市之分析非但指基本分析、技術分析，甚或投機因素均須一併評估，再者，因投資人主觀認定各有不同，如何在法律層面區別於操縱性質之買賣以及非屬操縱性質之買賣，甚難解決，因之所謂以人爲方式影響股價自然形成，雖係操縱行爲本質之一，惟仍難涵括全部之概念，此種矛盾，使得操縱行爲之規範在實務運作上顯得模糊而且難解，若偏重彈性化，則不但在刑法層面會出現罪刑法定主義接受挑戰之現象，也因規範對象不知違法所在而引起民怨，若偏於安定性，則又無法符合規範操縱行爲之彈性需要而脫離實情，對此衝突與矛盾，實須依賴主管機關與司法界對操縱行爲建立正確共識，方能使證券交易法反操縱規範得以確實運作。

另操縱行爲本質上亦係投機行爲之一種，操縱行爲與投機行爲不易區分，二者均帶有追求價差利益目的之共通性，除非操縱行爲本質上另具備其他不法要素，否則操縱行爲本身並不代表任何不法之意義，非必一概可認係違法行爲，亦即除非操縱行爲已構成過度投機而足以傷害國家經濟體制者外，法律尚難加禁止。

參、股市操縱行爲禁止之立法理由

依經濟學供需法則，商品之公平價格取決於供給及需求之均衡點，同理股票之公平價格亦取決於供需關係，然其公平價格之形成，應以市場健

全運作為基礎，一旦供需關係受到人為干預，則價格機能勢必受到扭曲，嚴重影響股票市場之公正性及公平性，因此必須立法明文予以禁止，俾保護一般善意投資大眾，基於上述意旨，我國證券交易法於民國57年制定當時，即參照美國1934年證券交易法（Securities Exchange Act of 1934）第9條第1項及1948年日本證券交易法第125條及我國當時之交易所法第52條證券商管理辦法第57、58條等規定[1]訂定本法第155條，明文禁止股票市場之操縱行為，77年證券交易法全盤修訂時，增訂第2項將本條適用範圍擴及店頭市場，及第3項增加行為人應負之民事責任。

　　股價操縱行為係一種常見之經濟犯罪行為，其特徵在行為人意圖謀取不法利益，利用法律與經濟交易所允許之經濟活動空間，濫用經濟秩序賴以存在之誠信原則，違反直接或間接規範經濟功能之有關法令，而產生足以危害正常經濟活動及干擾經濟生活秩序之違法行為。經濟犯罪本質上屬於專業刑法，通常規定於附屬刑法中，而不單獨另立刑事刑法，此乃其立法形式上之特色，證券交易法第171條規定違反同法第155條第1項、第2項之規定者，處三年以上十年以下有期徒刑，得併科新台幣一千萬元以上二億元以下罰金。其立法意旨，主要保護法益為國家經濟秩序或整體經濟結構之安全以及參與經濟活動者個人之財產法益，目的在保護證券市場機能之健全，並保護投資人之利益。

肆、股市操縱行為之類型分析

　　證券交易法第155條規定對於在證券交易所上市之有價證券，不得有下列各款之行為：

　　一、在集中交易市場報價，業經有人承諾接受而不實際成交者或不履

---

[1]　交易所法第52條「意圖變動交易所之市價，而散布流言或行使詭計或施暴行或加脅迫者，處二年以下之徒刑，或六千元以下之罰金。」證券商管理辦法第57條「經紀人不得為自己或代理他人，作左列各款之行為：一、無實際成交意思而空報價格；二、通謀不作實際交割之買賣；三、含有沖銷性之買賣；四、對某種證券不斷以高價買入或以低價賣出，意圖造成利己之供求趨勢或價格變動；五、直接或間接參加其他有計劃之操縱壟斷行為。」證券商管理辦法第58條「經紀人不得散播謠言，影響市場。」

行交割，足以影響市場秩序者。（違約交割）

二、在集中交易市場，不移轉證券所有權而僞作買賣者。（沖洗買賣）（89年6月30日證券交易法修正刪除）

三、意圖抬高或壓低集中交易市場某種有價證券之交易價格，與他人通謀，以約定價格於自己出售，或購買有價證券時，使約定人同時爲購買或出售之相對行爲者。（相對委託）

四、意圖抬高或壓低集中交易市場某種有價證券之交易價格，自行或以他人名義，對該有價證券，連續以高價買入或以低價賣出者。（不法炒作）

五、意圖影響集中市場有價證券交易價格，而散布流言或不實資料者。（散布流言）

六、直接或間接從事其他影響集中交易交場某種有價證券價格之操縱行爲者。（概括操縱行爲）

操縱股價行爲係證券交易法第155條之討論重點，惟該條對此操縱行爲並未加以定義，僅於第1項第1款至第5款採定型化之規定（第2款已刪除），第6款採概括之規定，俾涵蓋所有可能發生之操縱行爲，以免因採列舉規定而發生掛一漏萬之現象。本章謹就前述五款操縱行爲中之「違約交割」操縱行爲加以探討。

伍、股市「違約交割」犯罪行爲之意義與立法意旨

違約交割係指在股票交易成交後第二個營業日，買進股票之投資人應繳納股款，賣出股票之投資人應交出股票，若無法在限期日完成最終交割手續，則稱爲「違約交割」。違約交割通常在股價波動劇烈時較易出現，當買進股票後，價格突然重挫，買方後悔不願交割；或是股價突然飆漲，賣方又抽手不願出售股票之情形屬之。

依證交法第155條及第171條規定，在集中交易市場（上市）及證券商營業處所（上櫃）之有價證券，業經有人承諾接受而不實際成交或不履行交割，足以影響市場秩序者，處三年以上十年以下有期徒刑，得併科新

台幣一千萬元以上二億元以下罰金。此項處罰，通稱為「違約交割」之犯罪行為。

　　各國證券立法為維護市場之自由運作機能，皆訂有禁止操縱市場之規範（anti-manipulation provision），我國於民國57年亦參考美日立法例，於證交法中明定第155條各類操縱行為[2]。上述禁止操縱市場之規定，旨在於維護自由市場機能，使投資者本於其個人對證券價值之體認而為投資判斷，並據以正常之供需關係形成市場價格，因之第155條所禁止者，應係以人為不法操縱方法影響股價之行為。如僅單純不履行交割，而無藉此影響市場秩序之意圖者，應非屬禁止操縱市場之範疇。惟第155條第1項第1款增訂「違約交割」條款之立法當時，並未做此區分，亦未敘明其立法目的，因之在適用上，將所有違約交割情形一律適用本規定，皆歸類於操縱行為之不法範疇，而不論違約交割者係因臨時財務周轉困難或其它任何原因，一律以未交割即成立犯罪。此種規範與民國75年以前之票據犯類似，依當時票據法第141條規定，不論任何原因，支票發票人所簽發之支票經執票人提示不獲支付者，處三年以下有期徒刑。

　　上述二種情形之刑事處罰規範，如僅作為行政規則尚無可議之處，然作為一項刑事處罰，則需考量刑法之本質，我們瞭解刑罰係最嚴厲之制裁方法，由此衍生出最後手段之特質，要用刑法來處罰，必須有法益受侵害，且其不法程度已嚴重達非用刑罰不可之情況，不法程度之判斷，包括行為之不法程度與結果之不法程度，兩者皆須考慮在內，如僅屬單純民事違約行為，動用國家刑罰權加以處罰則非妥適。且由於我國證券市場人頭文化盛行，實務上真正違約交割者根本無需使用本人名義開戶買賣，依以往案例，操縱股價者其通常皆使用大量人頭戶，在同一證券經紀商或不同之證券經紀商委託買進，以製造該股票交易活絡之假象操縱股價，因之人頭戶之認定，係股市操縱行為犯罪規範主體適用之關鍵所在。

---

[2]　美國1934年證券交易法（Securities Exchange Act of 1934）第9條及日本1948年證券交易法第125條均其適例。1968年我國證券交易法制訂之時，亦仿美、日立法先例，於第155條明文禁止各項操縱行為。

陸、股市「違約交割」犯罪行為之犯罪主體與客體

一、犯罪主體

　　犯罪主體即犯罪行為人，違約交割犯罪行為之犯罪主體係指在集中交易市場委託買進或賣出有價證券之投資人。然在我國現行證券交易實務上，當有價證券上市後，上市有價證券之買賣，除法律所定之例外情形者，原則上應於證券交易所開設之有價證券集中交易市場為之[3]，一般於集中交易市場從事上市有價證券買賣者，僅限於與證券交易所訂立供給使用有價證券集中交易市場契約之證券經紀商或證券自營商[4]，一般投資人無法於集中交易市場買賣上市有價證券，必須委託與證券交易所訂立證券市場契約之證券經紀商為之。換言之，證券交易所證券買賣業務，皆採間接買賣方式進行，證券經紀商代表客戶買進與賣出，兼具代理與仲介之地位。而證券經紀商係指經主管機關之許可及發給許可證照，與證券交易所訂立供給使用有價證券集中交易市場契約，經營有價證券買賣之行紀或居間業務為目的事業之股份有限公司[5]。所稱行紀，謂以自己名義為他人計算，為動產之買賣或其他商業上之交易而受報酬之營業[6]。所稱居間，謂當事人約定，一方為他方報告訂約之機會，或為訂約之媒介，他方給付報酬之契約[7]。

　　由於前述行紀關係，證券之買賣既係採間接買賣方式進行，證券買賣應僅成立於受託之雙方經紀商之間，就學理上而言，一般投資人不能在證券集中市場買賣之報價，換言之，買賣關係存在於受託買進股票之證券經紀商與受託賣處股票之證券經紀商間，並非存在於委託買賣之投資人間，故本條款情形，其處罰之對象，應為證券經紀商而非投資人。然目前實務上我國現行證券交易法未曾考量行紀關係下買賣主體適用之問題，認為委

---

[3]　證券交易法第150條。
[4]　證券交易法第129條。
[5]　證券交易法第16、44、47及第158條。
[6]　民法第576條至588條。
[7]　民法第560條至575條。

託買進或賣出在證券集中交易市場報價者，雖爲證券經紀商，但實際委託報價者，則爲投資人，證券經紀商僅不過是被利用之工具而已。至報價後有人承諾接受，應實際辦理成交或不辦理成交者，應亦屬投資人。而刑罰之對象，應爲實際犯罪之人，故應依本法第171條處罰者，應爲證券投資人，而非證券經紀商。至如證券經紀商與投資人有犯意之聯絡時，應成立共犯，乃另一問題[8]。

以往司法實務上，對於違約不履行交割案件之審理，亦未有見對投資人所委託之經紀商予以科罰者，一般法律見解亦認爲投資人本人或利用他人名義（人頭戶）僞造買賣犯罪故意者，雖係透過經紀商以行紀之法律關係下單，其既係該委託經紀商爲買入承諾作成賣出要約之眞正投資人，則該投資人即構成本罪之行爲人，而經紀商僅可認定爲投資人所利用之工具，因之除經紀商明知而參與，另依共犯加以處罰外，本操縱行爲之犯罪主體仍應屬具有犯罪故意，而間接利用證券經紀商以實施犯罪構成要件之實際投資人[9]。

---

[8]　台灣高等法院刑事法律專題研究(八)第215-217頁，84年3月。

[9]　臺灣高等法院暨所屬法院79年刑事法律專題研習會經濟犯罪類第一號提案：
　　「法律問題」：證券交易法第155條第1項第1款所謂在集中交易市場報價，業經有人承諾接受而不實際成交行為，究指證券經紀商抑證券投資人？換言之，有本款情形者，依本法第171條處罰之對象為何？
　　「研討意見」：甲說：得為證券之報價者，限於證券經紀商與證券自營商，一般投資人不能在證券集中市場為買賣之報價（證交法151條），況投資人委託經紀商買賣股票，係基於行紀關係（證交法15條）。換言之，買賣關係存在於受託買進股票之證券經紀商與受託賣出股票之證券經紀商間，並非存在於委託買賣之投資人間。故本條款情形，其處罰之對象，應為證券經紀商而非投資人。至本條第四項規定「第二十條第四項之規定，於前項準用之」僅係民事賠償問題而已。
　　乙說：在證券集中交易市場報價者，雖為證券經紀商，但實際上委託報價者，則為投資人，證券經紀商不過一被利用之工具而已。至報價後有人承諾接受，應實際辦理成交或不辦理成交者，應亦為投資人。而刑罰之對象，應為實際犯罪之人，故應依本法第171條處罰者，為證券投資人，而非證券經紀商。至如證券經紀商與投資人有犯意之聯絡時，應成立共犯，乃另一問題。
　　「研討結論」：採乙說。
　　司法院刑事廳研究意見：研討結論採乙說，尚無不合。
　　最高法院82年度台非字第174號刑事判決（節錄）：
　　證券交易所，限於會員；在公司制證券交易所，限於訂有使用有價證券集中交易市場契約之證券自營商或證券經紀商。證券交易法第一百五十一條亦有明文規定。從

而同法第一百五十五條第一項第一款規定在集中交易市場報價，業經有人承諾接受而不實際成交或不履行交割足以影響市場秩序者，自以證券自營商或證券經紀商為限。本件事實審法院之判決均認定被告係『委託台北市和平東路一段六十三號太陽證券股份有限公司，以其設於太陽公司之二四七一一號帳戶，買入在證券交易所上市之中國化學股份有限公司股票三萬股……已在集中交易市場報價，業經有人承諾接受而不於翌日履行交割，致太陽公司受有損害，足以影響市場秩序』。則『在集中交易市場報價』者，係太陽證券股份有限公司而非被告，被告殊無違反該證券交易法第一百五十五條第一項第一款規定之可能。縱被告之行為為法所不許，因其係在證券商營業處所買賣股票，僅違反同法條第二項，應予準用第一項第一款之規定處罰而已。如認被告之行為仍係在集中市場報價，亦係利用不知情之太陽證券股份有限公司之間接正犯。各該判決遽逕認被告係係違反證券交易法第一百五十五條第一項第一款之規定，依該法第一百七十一條處斷，顯屬違法。原判決未予糾正，亦係違誤。案經確定，攸關法律之正確適用，爰依刑事訴訟法第四百四十一條、第四百四十三條提起非常上訴，以資糾正」云云。本院按上市有價證券之買賣，應於證券交易所開設之有價證券集中交易市場為之，證券交易法第一百五十五條前段定有明文。又證券交易法第一百五十五條第二項所謂於證券商營業處所買賣有價證券，係指不在集中交易市場以競價方式買賣有價證券之情形而言。此觀財政部證券管理委員會七十一年八月二十三日（七一）台財證四四字第一四二九號令頒之證券商營業處所買賣有價證券管理辦法第二條規定：「本辦法所稱證券商營業處所買賣有價證券，指有價證券不在集中交易市場以競價方式買賣，而在證券商專設櫃檯進行之交易行為，簡稱櫃檯買賣」及第四條規定：「櫃檯買賣之有價證券以依證券交易法公開發行未在集中交易市場買賣之股票及其他經本會指定之有價證券為限」自明。而非常上訴審為法律審，應以原判決確認之事實為基礎，以判斷其適用法律有無違誤。原確定判決係認定被告彭壽清於民國七十九年十一月二十七日委託台北市和平東路一段六十三號太陽證券股份有限公司（下稱太陽公司），以其設於太陽公司之帳戶，買入在證券交易所上市之中國化學股份有限公司股票三萬股，計新台幣一百九十九萬六千八百四十元，已在集中交易市場報價，業經有人承諾接受，而不於翌（二十八）日履行交割，致太陽公司受有損害，足以影響市場秩序等事實。依此認定之事實，本件既為上市之股票，又已在集中交易市場報價，自非於證券商營業處所買賣有價證券。從而，原判決以被告所為係違反證券交易法第一百五十五條第一項第一款之規定，適用同法第一百七十一條論處罪刑，自無適用法則不當之違法可言。上訴意旨，不依確定判決認定之事實，而自行認定縱被告之行為為法所不許，因其係在證券商營業處所買賣股票，僅違反證券交易法第一百五十五條第二項，應準用第一項第一款之規定處罰而已云云，已有誤會。又依原認定之事實，被告係委託太陽公司在證券交易所市場內買賣上市股票，則所謂「在集中交易市場報價」云云，實乃被告經由其委託之太陽公司（人員）向集中市場報價，況違約不履行交割者為被告，自難辭其刑責。上訴意旨謂證券交易法第一百五十五條第一項第一款之規定，以證券自營商或證券經紀商為限，在集中交易市場報價者為太陽公司，非被告，被告無違反第一百五十五條第一項第一款規定之可能云云，亦非足取。至被告是否利用不知情之太陽公司在集中市場報價，而成立間接正犯，因涉及事實認定之前提問題，不在非常上訴審所得審酌之範疇。

　　另對經營有價證券自行買賣之「證券自營商」，其如以前述在集中交易市場報價，業經有人承諾接受而不實際成交或不履行交割，亦得為本操縱行為之犯罪主體[10]。

　　為考量前述我國交易市場係採二階段交易，其包括投資人委託證券商買賣及證券商申報買賣，故不履行交割包括投資人對證券商不履行交割，以及證券商對市場不履行交割等二種態樣。然一般證券交易，證券商受託在集中市場買賣，係依行紀關係，以證券商自己名義為之，經證券交易所電腦撮合成交後，交易契約即於證券經紀商之間成立，縱委託人事後未向下單經紀商交付款券，僅生委託人對經紀商違約賠償問題，並無「不實際成交」之情形，上開規定在實際適用上仍有困難。筆者建議本法第155條第1項第1款宜修正為「在集中交易市場委託買賣或申報買賣，…」，如此對違約交割犯罪適用之適用主體較為明確，亦無庸再利用刑法間接正犯

---

[10] 「法律問題」：甲委託證券經紀商乙在臺灣證券交易所報價出售A上市公司之股票，經他人承諾其報價而成立證券買賣，惟甲事後違約不履行交割義務，甲之行為是否構成證券交易法第171條、第155條第1項第1款之刑責？（刑事法律問題研究第十一輯第237至242頁）

「討論意見」：甲說：肯定說。

甲經證券商乙在集中交易市場（臺灣證券交易所）報價出售證券，既經他人承諾接受，事後又不履行其交割義務，即違反證券交易法第一百五十五條第一項第一款之禁止規定，應依該法第171條處罰。

乙說：否定說。

依證券交易法第151條後段之規定，於公司制證券交易所之集中交易市場為證券買賣者，其買賣當事人限於證券自營商、證券經紀商；不包括委託證券商為證券買賣之客戶。臺灣證券交易所為公司制證券交易所，在此一集中交易市場從事證券買賣之當事人即限於前述證券商，證券交易法第155條第1項第1款所規範之對象應為本例之證券商乙，不及於委託乙從事上市公司證券買賣之客戶甲。

「審查意見」：在證券交易市場報價者，雖為證券自營商或證券經紀商，但實際上委託報價者，則為投資人，證券自營商或證券經紀商不過為被利用之工具而已，至報價後有人承諾接受，應履行交割義務者，應亦為投資人。而刑罰之對象，應為實際犯罪之人。故本題情形，應依證券交易法第171條處罰者，為證券投資人，即委託證券自營商之客戶甲，而非證券自營商乙。至如甲與乙有犯意之聯絡時，應成立共犯，乃另一問題。（參見高等法院暨所屬法院79年法律專題研習會彙編第101頁經濟犯罪類第一號及最高法院82年度台非字第174號判決）。擬採甲說。

「研討結果」：照審查意見通過。

「司法院刑事廳研究意見」：同意研討結果。

之理論推論，且可免於有違背罪刑法定主義之嫌。

二、犯罪客體

　　至違約交割犯罪行為之客體，即係指違約交割之標的，其包括在證券交易所集中交易市場上市買賣之有價證券，及在證券商營業處所買賣之有價證券。亦即目前所謂之上市、上櫃及興櫃股票皆包含在內。

柒、股市「違約交割」犯罪行為刑事責任之客觀不法構成要件

　　依證交法第155條第1項第1款規定，違約交割刑事責任構成要件可以分為三項，茲分別說明如下：

一、在集中交易市場報價

　　依證券市場之實際交易，投資人買賣股票應先於經紀商開戶，並委託經紀商向證交所報價；經紀商則以自己名義將受託買賣之股票種類、價格、數量等相關資料輸入證交所電腦主機，證交所再依一定程序與其他買賣委託撮合成交。

　　一般證券經紀商對已訂有受託契約之委託方式，依委託意思表示及報價之方法不同而有差異，一般可分為下列四種：

　　(一)當面委託：由委託人填寫委託書並簽章；委託人採款券劃撥辦理給付結算，並經委託人簽具同意書者，且非當面委託者，得免於委託書簽章，但證券商應於成交後迅即通知委託人買賣相關資料，並留存確認紀錄。委託書應依委託先後順序編號，其格式及應行記載事項，依主管機關之規定。已成交之委託書，併同其他業務憑證保存。未成交之委託書加蓋未成交戳記，無爭議者保存一週後自行銷毀。

　　(二)電話委託：由受託證券商之業務人員負責填製委託書，並由委託人於成交後交割時補行簽章；電話錄音紀錄視為交易憑證之一種，證券經

紀商不得有規避或拒絕檢查之情事。電話錄音紀錄，證券經紀商應至少保存二個月，但買賣委託有爭議者，應保存至該爭議消除為止。如證券經紀商發生錄音設備故障或作業疏漏時，應於事實發生之日起二日內將其原因事實及改善情形函報證交所。

(三)電報委託：委託人報價方式分為市價委託及限價委託。市價委託係指委託人不限定價格，委託證券經紀商為其申報買賣，其成交價格依競價程序決定之。限價委託，係指委託人限定價格，委託證券經紀商為其申報買賣，其成交價格，於買進時，得在其限價或限價之下之價格成交；於賣出時，得在其限價或限價以上之價格成交[11]。

(四)以IC卡、網際網路等電子式交易型態之委託：以IC卡、網際網路等電子式交易型態委託者，證券經紀商得免製作、代填委託書，但應依時序別即時列印買賣委託紀錄，並於收市後由經辦人員及部門主管簽章，委託紀錄應含客戶委託人姓名或帳號、委託時間、證券種類、股數或面額、限價、有效期間、受託買賣業務人員姓名或代碼及委託方式等。前開委託紀錄之內容，委託人以網際網路委託者，應記錄其網路位址（IP）及電子簽章；以語音委託時，應配合電信機構開放顯示發話端號碼之功能，記錄其來電號碼。但即時列印委託紀錄時得免列印上述項目。證券經紀商與採行IC卡、網際網路等電子式交易型態之委託人間，其有價證券買賣之委託、委託回報及成交回報等電子文件之傳輸，應使用憑證機構所簽發之電子簽章簽署，憑以辨識及確認。以IC卡、網際網路等電子式交易型態列印之買賣委託紀錄及電腦檔案委託紀錄，買賣無爭議者應至少保存五年，買賣有爭議者應保留至爭議消除為止。證券經紀商對電話委託應同步錄音，並將電話錄音紀錄置於營業處所。

買賣委託經成交後，即為交割及清算之程序，除經主管機關核定為全額交割之股票外，概採普通交割，而普通交割之買賣委託，證券經紀商應於接受委辦時或成交日後第一營業日上午十二時前，向委託人收取買進之價今或賣出之證券[12]。而證券商與交易所間接應收應付相抵後之餘額結

---

[11] 臺灣證券交易所股份有限公司營業細則第75條。
[12] 同前註第82條第1項。

算，證券商及證券金融事業應依交割清單所載有價證券及價金辦理交割。

通常證券商及證券金融事業對證交所款券之交割，依下列規定辦理[13]：

(一)有應付交割代價者，應於成交日後第二營業日上午十時前，匯入台灣證券交易所股份有限公司指定之銀行帳戶。在金融機購無法辦理匯撥時，得經該公司認可，以台支或現金存入該公司指定之銀行帳戶。

(二)有應付有價證券者，應於成交日後第一營業日下午六時前，向證券集中保管事業辦理帳簿劃撥手續。

因之投資人委託買進股票時，次日即需繳交股款，第三日拿到股票；反之，賣出股票時，次日即需繳交股票，而第三日始拿到股款。實務上常見之情形為投資人於交易次日未向經紀商繳交價款或股票，經紀商在通常情況則仍然向證券交易所辦理交割，同時將投資人未交付款券之情形向證券交易所申報，即為違約不履行交割[14]。

二、業經有人承諾接受而「不實際成交」或「不履行交割」

違約交割處罰規定立法之初，市場交易方式係採人工撮合方式進行，而目前交易已全面採用電腦自動化撮合，與人工交易市場時代之交易型態完全不同，投資人之委託一經證券商申報輸入電腦，除非取消申報，否則即依規定撮合成交，應無業經有人承諾接受而不實際成交之情形，故本要件之成立係專指不履行交割而言。現行條文「不實際成交」應予刪除，以符實際。

另在目前二段式交割作業方式之下，投資人於成交後應向受託之證券商完成交割義務，再由證券商統一向台灣證券交易所辦理交割工作，只要投資人未於規定時間前向證券商完成交割義務，即符合本款要件，即使證券商依本規定代為完成交割義務，亦不能免除其責。目前法務部即亦認為有價證券買賣之給付或交割，應以現款現貨為之，但已上市之有價證券買賣，其交割期間及預繳買賣證券金額得由主管機關以命令定之，乃證券交

---

[13] 同前註第104條。
[14] 同前註第91條。

易法第43條第1項所規定，某甲委託乙公司代購股票後不按期於次日提供現款辦理交割，不論原因如何，應依同法第171條規定，擔負刑責[15]。

　　事實上不履行交割係一般通稱之違約，但違約行為除非涉及詐欺或有操縱市場之行為，否則應屬民事之範圍，一律施以刑事處罰似有不當之處，另由於我國市場人頭文化盛行，往往鉅額違約案發生時，證券商所陳報之投資人幾乎千遍一律全為人頭戶，查核過程中無法查出幕後真正造成違約之主使者，易使一般投資大眾對於證券管理機關之監管能力失去信心。

三、足以影響市場秩序

　　所謂足以影響市場秩序，一般司法實務上係採視實際報價數量、金額之多寡，視具體個案情形分別認定[16]。此項足以影響市場秩序之構成犯罪事實，不僅應於判決書事實欄中明白認定，且須於理由內說明其所憑之依據，方足以資論罪判刑，如判決書中雖於事實欄記載上訴人不履行交割義務，足以影響市場秩序，但理由欄並未說明其憑以認定上訴人之行為足以影響市場秩序所憑之證據及認定之理由，自屬判決不載理由之違誤[17]。證交法第155條第1項第1款之情形，刑法上應歸為具體危險犯；換言之，一定要產生影響市場秩序，始構成犯罪，法官須就具體案件判斷，違約不交割之情形之有無影響到市場秩序？此立法方式使法官在實務認定上較為困

---

[15] 80年9月法務部公報第137期，74頁。

[16] 臺灣高等法院花蓮分院座談問題第廿三則，刑事法律專題研究(八)第291至292頁，84年3月。

[17] 86年度台上字第4992號判決，要旨：科刑之判決書，須將認定之犯罪事實詳記於事實欄，然後於理由內逐一說明其憑以認定之證據，使事實與理由兩相一致，方為合法，倘事實欄已有述及，而理由內未加說明，是為理由不備，自足構成撤銷之原因。按違反證券交易法第一百五十五條第一項第一款之規定，應依同法第一百七十一條處罰者，以對於在證券交易所上市之有價證券，在集中交易市場報價，業經有人承諾接受而不實際成交或不履行交割，足以影響市場秩序者，為構成要件，此項「足以影響市場秩序」之構成犯罪事實，不僅事實欄應明白認定，且須於理由內說明其所憑之依據，方足以資論罪科刑。原判決雖於事實欄記載上訴人不履行交割義務，足以影響市場秩序，但理由欄並未說明其憑以認定上訴人之行為足以影響市場秩序所憑之證據及認定之理由，自有判決不載理由之違誤。

難。

在「足以影響交易秩序」部分，以往亦有學者認為違約不履行交割，不論金額大小，均會波及市場交易秩序，應歸於經濟犯罪，屬經濟刑法之範疇，應將足以影響交易秩序定為抽象危險犯，其主要理由(一)可避免實害犯舉證上之困難(二)減輕追訴機關之負擔。另抽象危險構成要件也符合經濟刑法所要求之一般預防功能。因之解釋此等法條，應自抽象危險之角度加以觀察[18]。

筆者認為經濟刑法所保護之法益皆為超個人法益，俾維護整體經濟金融秩序，以抽象危險犯之構成要件對抗各類經濟金融犯罪，在刑事政策上確有其必要性，然我們瞭解違約不交割之行為會使證券商、交易相對人受到損害，但是否足以影響市場秩序，其評價仍有待商榷，我們從以往司法實務中看到，在具體案件中，只要有一次不交割，金額不滿五十萬，就認為影響到市場次序[19]，此在刑法解釋與事實認定上均係不妥，影響市場秩序構成要件是否實現，法官必須就具體個案事實判斷，必須此要素實現後，行為始得以成立犯罪。如認為未履行交割就「當然」成立犯罪，就刑法角度而言，並非正當法律，其刑罰不具有正當性基礎。

以往台灣證券交易所依據實施股市監測制度辦法所完成之監理報告，如發現達下列標準者，即直接函送檢調機關偵辦：

(一)單一有價證券違約金額在新台幣壹仟萬元以上，且於違約營業日之交易有下列情形之一者：

1.該有價證券之週轉率在5%以上。

---

[18] 溫祖德，證券交易法第一五五條「操縱股價」犯罪之研究，刑事法雜誌第46卷第1期，第38頁。

[19] 85年度訴字第719號，要旨：楊○仁於民國八十三年四月十四日，在統一綜合證券股份有限公司開立證券信用交易帳戶，進行買賣證券交易所上市之股票。其於八十三年四月廿六日委託統一證券公司，以信用交易資券相抵方式，先買後賣台苯股票四十九張、萬有股票九十六張、燁興股票八十六張（以上每張均為一千股），已在集中交易市場報價，均經有人承諾接受，成交後結算計虧損新台幣四十八萬二千五百九十一元。詎楊祿仁於八十三年四月廿八日未前往履行交割繳款義務，足以影響市場秩序。核被告所為，係違反證券交易法第一百五十五條第一項第一款之規定，應依同法第一百七十一條處斷。

2.該以價證券之成交量為過去六十日平均成交量達五倍以上。

3.單一證券商受託成交買進或賣出集中比率在20%以上。

(二)違約投資人或可能相關投資人集團在一個月內有三個營業日，其成交買進或賣出之數量達該有價證券各該日成交量之20%以上。

(三)該有價證券於違約申報後，其成交量或成交價明顯受影響者。

在此投資人必需瞭解證券市場上固有「實施股市監視制度辦法」之行政措施，於市場上發現有價證券之交易有異常情形達一定標準時，為提醒投資人注意，得將其名稱及交易資訊內容於市場公告，惟該項規定僅屬證券交易主管機關之行政措施，並非謂操縱市場之行為未達監視標準，即不足構成犯罪，亦即二者尚無必然之互為因果關係[20]，一般投資人不可不慎。

本款之立法目的既係為維護證券市場交易之秩序，筆者認為司法審理上似可將「足以影響市場秩序」犯罪構成要件作合理解釋，限於不履行交割行為所造成之危險性或實際損害程度較高時，方認其有礙市場交易秩序並危及投資大眾而課予刑責。至於違約不交割之情形，是否另構成詐欺，應就具體個案視有無施用詐欺之手段而定[21]，其本質上應為拒絕給付之民

---

[20] 85年度上訴字第1673號，要旨：證券市場上固有「實施股市監視制度辦法」之行政措施，於市場上發現有價證券之交易有異常情形達一定標準時，為提醒投資人注意，得將其名稱及交易資訊內容於市場公告，惟該項規定僅屬證券交易主管機關之行政措施，並非謂操縱市場之行為未達監視標準，即不足構成犯罪，亦即二者尚無必然之互為因果關係，至於證券投資信託基金管理辦理第十五條第一項第七款、第八款規定：證券投資信託事業運用證券投資信託基金，投資於任一上市或上櫃公司股票之總金額，不得超過該證券投資信託基金淨值資產價值之百分之十，且投資於任一上市或上櫃公司股票之股份總額，不得超過該公司已發行股份總數之百分之十。惟此乃證券交易主管機關依證券交易法第十八條之二第二項以作規範，證券投資信託基金之運用縱然符合該項規定，僅能認為尚無違反該項行政命令，並非即謂當然無違法操縱市場之行為。

[21] 84年度台上字第1127號，要旨：上訴人等如係相互勾結，共謀犯罪而推由胡訓誼利用上述票據交換之交割制度在股款收取時之交割間隙以詐騙前述世界證券公司簽發抵付股款之前述系爭支票兌現花用屬實，此種犯行，當屬違反證券交易法第二十條第一項之規定，應依同法第一百七十一條論處罪刑，始為合法，且該條項之罪，已包含詐欺取財罪質，自為刑法第三百三十九條第一項之特別規定，毋庸再論以刑法第三百三十九條第一項之詐欺取財罪名。

事債務不履行，而本款予以犯罪化，其與惡性違約不同，行爲本身並未含有詐欺成分[22]。

捌、股市「違約交割」犯罪行爲刑事責任之主觀不法構成要件

　　本款在美、日二國證券交易法並無類似條款，當初係沿襲自美證券商管理辦法第57條第1項第1款無實際成交意思而空報價格之規定而來，當爲我國證券交易法所獨創。惟本法在77年1月29日修正時，本款由原先在有價證券集中交易市場無實際成交意思，空報價格，業經有人承諾接受而不實際成交，足以影響市場者，修正爲在集中交易市場報價，業經有人承諾接受而不實際成交或不履行交割，足以影響市場秩序者，刪去無實際成

---

[22] 提案機關：臺灣高等法院

　法律問題：某甲在證券公司開户，委託證券公司於公開證券交易市場買賣股票，某日，某甲基於漲價則交割，跌價則違約不履行交割之犯意，報價委託證券公司向證券集中交易市場買進股票後，股市行情一路滑落，某甲乃違約不履行交割義務，致使證券公司損失不貲，足以影響證券市場之秩序，試問某甲之行爲除違反證券交易法第155條第1項第1款之規定，應依同法第171條論處外，是否尚觸犯刑法第339條第2項之詐欺得利罪？

　研討意見：甲説：某甲自始即基於跌價則違約不履行交割之犯意報價委託證券公司向證券集中交易市場買進股票，顯然係以欺罔方法使證券公司陷於錯誤而爲其買進股票，又結果股市行情滑落，而違約不履行交割，因而獲得財產上不法之利益，則某甲之行爲除違反證券交易法第155條第1項第1款之規定，應依同法第171條論處外，尚應構成刑法第339條第2項之詐欺得利罪，二罪之間，有方法結果之牽連關係，應從一重之違反證券交易法處斷。

　乙説：某甲買進股票係報價委託證券公司在證券集中交易市場爲之，應難認爲有施用詐術，又某甲違約不履行交割，證券公司既未將買進之股票交付某甲，且依臺灣證券交易所股份有限公司證券經紀商受託契約準則第十九條規定，得向某甲請求賠償因委託買賣關係或解除契約所生損害賠償之債務，可見某甲並未因上開買進股票違約不交割而得到任何財產上不法之利益，故某甲之行爲應僅違反證券交易法第155條第1項第1款之規定，依同法第171條論處，尚不另外構成刑法第339條第2項之詐欺得利罪。

　研討結論：採乙説。

　司法院第二廳研究意見：同意研討結論。

交意思及空報價格等要件，依該次修正理由說明，認為有本款之行為，即足以破壞市場交易秩序及公平，爰刪除無實際成交意思等要件，並增列不履行交割之情形。由於修正條文刪除行為人主觀意思要件，使得本款單純處罰違約不交割之情形，不論行為人係故意或過失，或是否有主觀上操縱市場之意圖，均一律予以處罰，此與刑法第12條第1項行為非出於故意或過失者不罰之規定不盡相符，似有違罪刑法定主義之原則，各界對其立法目的亦有若干討論，對本款存廢亦曾引發甚大爭議。

一般而言，犯罪事實應依證據認定之，無證據不得推定其犯罪事實，又不能證明被告犯罪者，應諭知無罪之判決，刑事訴訟法154條、第301條第1項分別定有明文。按刑法財產犯罪一般皆係以行為人於行為之初，即已意圖為自己不法之所有，為其主觀構成要件，又債務人於債之關係成立後，如有債務不履行之情形，在一般社會經驗上可能之原因甚多，縱令出於惡意而有遲延給付或不為給付之情事，苟無足以證明其在債之關係發生時自始故意藉此從事財產犯罪之積極證據，根據刑事訴訟法第154條之規定，仍不得僅以債信違反之客觀事態，推定債務人原有詐欺取財之犯意[23]。刑事犯罪原則上僅處罰故意，例外始處罰過失，刑法第12條規定「行為非出於故意或過失者，不罰。過失行為之處罰，以有特別規定為限。」；刑法第11條規定「本法總則於其他法令有刑罰之規定者，亦適用之。但其他法令有特別規定者，不在此限。」，然本款並未規定處罰過失行為，因此僅能成立故意犯應無疑問。檢調單位在偵辦類似案件時，應有犯罪行為人是否確有主觀犯意存在之考量，不能僅以不履行交割即認定為本款之犯罪行為。

在刑法上故意係針對犯罪構成事實之認識，行為人若對於客觀犯罪構成要件該當事實之全部或一部並未加以認識，即使其所實施之行為符合構成要件，仍應不能認為成立犯罪。就本犯罪而言，對「在集中交易市場報價，業經有人承諾接受而不實際成交或不履行交割，足以影響市場秩序」之客觀構成要件該當事實，自應全部加以認識始為已足。因此行為人自其委託時至整個交易完成時主觀上均應須具有故意之存在。然證券集中交易

---

[23] 台灣台南地方法院90年度訴字第157號判決。

市場之交易至少須三天方能全部完成。且不履行交割為客觀之債務不履行狀態，其形成原因甚多，並非全出於故意，縱係出於故意，產生故意之時點內容亦應有所區別，因之在探究行為人主觀不法意圖時，亦應有所分辨，本款罪名之成立，應以行為人於交易之初，即已存有不履行交割之故意為其主觀要件，投資人於證券買賣交易關係成立後，如有不履行交割之情形，應依一般社會經驗判斷，產生之原因甚多，縱令事後出於故意而有無力交割或拒絕交割之情事，苟無足以證明其在債之關係發生時自始故意不履行交割之積極證據，仍不得僅以債信違反之客觀狀態，推定投資人即原有不履行交割之故意。綜言之，本款行為人之主觀故意，須存在於交易行為當時，而非存在於結果發生之時，依事後故意論處罪刑，殊非妥適，適用時不可不辨。

玖、股市「違約交割」犯罪行為人頭戶之風險及法律責任分析

一、人頭戶之定義及風險

　　一般而言，股票投資人使用他人之名義，在證券商開立帳戶買賣股票之行為，有可能獲得帳戶名義人之同意，但亦有未獲得同意，而擅自使用他人名義者。惟無論何者，該戶頭之使用，均係由使用他人名義之實際股票投資人操作，盈虧亦由其自負，而不涉帳戶名義人，即一般通稱之「人頭戶」。

　　利用人頭戶買賣股票者動機不一而足，有僅為避免轉讓申報之煩，亦有為隱藏資金、降低稅負及規避身分關係之限制者，更嚴重者，則有藉之為炒作股票、內線交易及違約交割等足以嚴重影響股市交易秩序與投資人權益之不法行為。

　　人頭戶雖非我國特有之現象，惟氾濫情況卻屬我國特別嚴重，究其主因實與我國民風素不重法律，慣鑽法律漏洞有莫大關連，致人頭戶遂在我國大肆猖獗，影響股市之健全發展甚鉅。現今使用人頭戶者之所以如此猖

獗，原因之一係因人頭戶本人欠缺相關法律知識，不知將戶頭借與他人，一旦違約交易除涉及禁止交易影響票據信用外，同時亦可能成立刑事共同正犯、幫助犯或幫助逃漏稅捐之罪責。諸如此類嚴重之後遺症，皆因民眾法律知識之欠缺，以致有使自身陷於囹圄之虞而不自知。

二、人頭戶之法律責任

人頭戶本人同意將其「普通帳戶」或「信用交易帳戶」借與他人使用，或知悉其名義已被開立帳護使用而不予阻止時，則有可能擔負下列法律責任：

(一)民事責任

1.債務不履行責任

人頭戶被開立使用，若發生債務不履行之違約責任時，人頭本人即有可能因此須負擔契約責任。

2.禁止交易

依台灣證券交易所股份有限公司營業細則第76條規定，人頭本人因其帳戶證券交易違約，除非其案已結並滿三年期限，人頭本人即不得再開戶或委託買賣證券，且一旦因其帳戶借與他人，被主管機關通知停止買賣證券有案或曾被司法機關以違反證券交易法規定，判處有罪刑事判決確定時，非經結案五年期限亦不得開戶或委託買賣。

3.共同侵權之連帶賠償責任

由於我國民法對共同侵權行為人之定義係採廣義解釋，即舉凡意思有聯絡之人或行為有關連性之人，皆應依民法第185條規定共負共同侵權之連帶賠償責任。基此，一旦使用者涉及證券交易法第20條第3項、第155條第3項、第157條之1第3項之損害賠償責任時，人頭本人即有可能因知情將其帳戶借與他人使用而須共負共同侵權之連帶賠償責任。

(二)刑事責任

1.使用者使用人頭戶涉及刑事責任時,如違約交割、操縱炒作、內線交易或僞作買賣等不法行爲,就人頭本人而言,如人頭知悉借用者之使用目的或知情其借用者係股市之炒作股票老手或公司之董、監事、大股東,則其對借用者之不法行爲顯爲知情或具預見可能性存在,即應擔負刑事幫助罪責;更甚者人頭本人若與借用者間有犯意聯絡或構成要件行爲分擔之情事者,則應成立共同正犯,人頭即有可能依證券交易法第171條規定,被處三年以上十年以下有期徒刑,得併科新台幣一千萬元以上二億元以下罰金。

2.另前述之不法行爲,如涉及洗錢者,則人頭有可能依洗錢防制法第九條規定,被處五年以下有期徒刑,得併科新台幣三百萬元以下罰金;如其以洗錢爲常業者,則處一年以上七年以下有期徒刑,併科新台幣一百萬元以上一千萬元以下罰金。

(三)行政責任

人頭使用者如利用人頭名義從事股份收購,依照證券交易法第43條之1第1項規定,任何人單獨或與他人共同取得任一公開發行公司已發行股份總額超過百分之十股份者,應於取得後十日內向主管機關申報其取得股份之目的、資金來源及主管機關所規定應行申報之事項;申報事項如有變動時,應即補正之。因此人頭使用者如未依照該項規定辦理申報,則人頭本人即有可能依同法第178條規定,被處新台幣十二萬元以上二百四十萬元以下之罰金。

(四)信用損害

使用者使用人頭帳戶一旦違約時,人頭本人之帳戶即留有違約交割紀錄在案,此對人頭本人之債信而言,無疑是種長期信用損害。

(五)信用交易違約責任

投資人若將其信用帳戶借與他人使用,若使用者以信用交易方式買賣股票,當價格持續下跌,致使整戶維持率低於規定之比率時,經授信機構通知限期補繳差額,若其不予補繳時,授信機構即依法處分該擔保品。處

分後不足差額部分則由該授信機構依法向該信用交易戶之投資人追償。除蒙受嚴重財產損失外，尚須背負各項可能之法律責任，顯見提供信用交易帳戶供人使用之風險至鉅，不可不慎。

拾、如何建全證券市場交易制度俾有效防止「違約交割」案件

一、證券商加強控管信用風險

由於證券經紀商係從事有價證券買賣之行紀，而關於有價證券之買賣係為契約之當事人，若遇委託人違約交割時，依據證交所營業細則第91條、第113條之規定，其必須先履行交割之義務，再尋求責任之歸屬；甚而在其辦理融資融券之業務時，對於投資人未為確實之徵信，給予適當之信用交易，而增加違約交割之比例。因此，關於證券經紀商信用風險之管理，其首重之辦法在於客戶徵信之確實並慎選交易對象，亦即所謂之加強授信品質，證券商需能清楚客戶資金狀況，給予合理適當之授信，當可避免違約事件之發生。

二、全面防杜人頭戶交易

造成違約交割之發生，探其主要原因主要是我國特有「人頭戶」之助長，因之如何杜絕人頭戶氾濫是為重點，筆者建議似可仿照銀行業「聯合徵信中心」之作法，建立「證券聯合徵信系統」，券商以連線方式將證券交易者開戶情況及基本信用資料輸入系統中，讓各證券商透過此系統有效控管投資人開戶情形，俾提升徵信品質。

三、實施預收款券、保證金制度

美國目前已是先確定有錢放在證券商處才能購買股票，大陸亦同，我國應重視此一問題，要求購買股票時應圈存，即提供100%之違約保證

金，亦即所謂Cash in advance，俾確保一般交割及電子交易清算機制之安全。

四、縮短交割時間

　　證券交割通常分為二部分，首先為買賣當時須已預備好現金與金融商品，其次為成交後第二日（例如T+2）進行現金與金融商品之清算交割。就第一部分而言，目前我國採在第T日買證券時不必繳現款，而於T+2日交割時再行繳款，故常引發違約交割，在小規模交易中尚屬可行，然在大幅放寬漲跌幅限制下，交易規模擴大且市場波動增大，則違約交割之風險必然提高，以往每次我國遭逢經濟蕭條、金融風暴時都會有大型之金融交割風險案例。綜觀當今世界趨勢大都採行縮短交割週期，T+1已成為各市場主要目標，為減少國內證券交割風險及配合國際市場之交割慣例，提高我國與其他市場之合作機會，增加國際競爭力，我國亦應縮短交割期限。

　　金融交割系統的安全是金融市場現代化之必備條件，我國應以歐美先進國家為殷鑑，全面採行款券同時交割制度，並修正證券之交割機制以為因應，方能維持金融市場之秩序並提昇金融市場之效能。

五、司法機關對違約交割案件宜速審速判

　　我國司法程序冗長繁雜，費時甚長，從案件發生，全國震驚，及已最終判決確定，無人關切，審判時間久遠，對社會早已無法產生示範警惕之效果，因此司法機關速審速判實有其必要性，在此建議證券主管機關應加強與司法機關連繫配合，針對證券犯罪之預防、檢查、犯罪查緝、速偵、速審、速決全面協調整合，使證券犯罪者能儘速受到應有之制裁，俾符合社會公義及投資大眾之期待。

拾壹、股市「違約交割」現行規範之探討（代結論）

　　證交法第155條規範各類型操縱行為，然違約交割之行為人除須具有故意之犯意外，筆者認為應再加入操縱意圖，始足以列入本條之規範，否

則似不應列入反操縱條文中，以免滋生困擾。違約不履行交割爲我證交法上特有之規定，美、日立法例均無類似規定，以往一向都認爲該規範係將本質上爲民事上債務不履行行爲，基於特殊之公益，提升爲刑事不法，從刑法謙抑性思想及最後手段性之特質觀之，本款不法內涵甚低，似不宜有犯罪化之必要，其認爲維持證券市場秩序之方法，除刑事責任外，尚有民事責任、行政管理和業者之自律機能，應足以保障投資大眾及維護交易秩序之安全。然筆者認爲股票有價證券係顯示投資大眾所擁有公司股份權益之表彰證明，股票之性質與金錢之性質並無不同，因此違約交割、操縱股價、炒作股票、內線交易及利益輸送等不法行爲，將使得前述股票變成無價值之廢紙，或者嚴重減損投資者之權益。經由公開發行制度，公司從投資大眾募集資金，運用於商業行爲獲取利益，再由投資大眾共享，此系列行爲已不再是純粹屬於私法所規範之領域，因爲國家機關對於證券價格，雖不負保證責任，但對於公司經營者運用資金之情況，仍負有監督之義務，並應維持資訊公開，以確保投資大眾公平取得資訊、利益之機會，因之證券交易秩序已成爲一種超個人法益之金融秩序，自不能沿用傳統觀念認爲證券市場是純粹私法領域，此種金融法秩序的保護，當屬公法領域，亦爲刑事司法介入之正常領域，如果已經構成刑事犯罪行爲時，應尊重刑事法秩序之觀念，即有罪即應處罰。

平心而論，國內上市（櫃）公司仍有部分經營者認爲證券交易市場是家族企業吸收資金之場所，其認爲發行有價證券所募集之資金，即屬於該公司經營者之自有資金，對於透過證券交易市場所取得之資金應該認爲是投資大眾所有權之基本觀念完全不能體會，而認爲證券交易市場只是政府開設提供民間吸收資金之市場，此等嚴重錯誤之觀念實有待再教育。在以往公司法概念中，因沒有證券公開集中交易市場，故當時社會將公司法有關之行爲型態界定爲私法行爲，尚無可非議，然在有「證券公開集中交易市場」之後，開始有公開上市公司與非公開上市公司之區別，則對於公開上市公司之行爲應不能再認爲是純粹私法之領域，亦不宜認爲公司法是民法的特別法，公司既爲營利社團法人，基於私法人自治原則，因此也將證券交易市場上的行爲，亦視爲私法行爲。

如果爲維護金融秩序要將違約不履行交割行爲加入第155條反操縱條

文中，筆者建議在第155條第1項第1款增列「意圖影響某種有價證券交易價格」之主觀意圖要件，對單純違約交割而無操縱市場之意圖與行爲者，不受本款之規範，使單純民事責任不履行之行爲不受證交法第155條刑事制裁，以期公平並免過苛。亦即必須以不履行交割之手段達成行爲人操縱市場行情之目的始具可罰性，亦眞正符合本條之立法意旨，與其它各款操縱行爲共同列入證交法第155條，成爲名符其實的反操縱條款，似較爲週延。

綜合上述，筆者建議證交法第155條第1項第1款由現行「在集中交易市場報價，業經有人承諾接受而不實際成交或不履行交割，足以影響市場秩序者。」修改爲「意圖影響某種有價證券交易價格，在集中交易市場委託買賣或申報買賣，業經成立而不履行交割，足以影響市場秩序者。」，當可解決目前實務使用及司法審判上所面臨的難題。

（本文2005年6月發表於銘傳大學法學論叢第4期，第77至104頁。）

第十章
從證券交易法之修正論刪除第155條第1項第2款有關處罰股價操縱行為——「沖洗買賣」刑事責任之探討

壹、前言

　　歷經八年又一個月之漫長審議，立法院於89年6月30日三讀通過證券交易法修正案。本次修法時程冗長，立法院主導修法之強勢作為亦超越以往歷次法案修正之記錄，行政院於81年5月15日提出之證券交易法修正草案僅修正二十條條文，但立法院本次三讀通過修正之條文達三十五條，增加近乎一倍[1]。行政院草案中若干重要修正部分，如賦予證期會行政調查權，並未獲得通過，而立法院主動提案修正之條文，多為放寬證券業者之限制或減輕對相關人員之處罰，此種情形亦顯示立法機關及相關業者於修法過程中，扮演更為重要之角色；而投資人保護團體則並未發揮相同之影響力。

　　此次修正對所謂興利性之條文，例如開放投信、投顧辦理代客操作及放寬對證券業者之管制等皆獲得立法委員之大力支持，相對而言，所謂除弊性之條文，則受到較大之阻力，此次修正案以提高罰金四倍及罰鍰兩倍等措施，展示改善市場紀律之用意，但在打擊股市犯罪之關鍵問題上，卻顯然未竟全功，甚至留下諸多後遺症。

---

[1] 中華民國89年7月19日華總一義字第8900178720號總統令，增訂證券交易法第18條之3、第28條之2至第28條之4及第38條之1條文；刪除第80條、第106條及第131條；並修正第3條、第6條、第8條、第15條、第18條之2、第28條之1、第41條、第43條、第53條、第54條、第56條、第66條、第75條、第80條、第126條、第128條、第138條、第155條、第157條、第171條至第175條、第177條、第177條之1及第178條條文。

　　本次修正最爲可議之處即立委諸公主動提案刪除證交法第155條第1項第2款處罰炒作股價之行爲，按各國法律爲維護自由市場機能之及發揮，以形成公平價格，對於以不正當手法炒作股價者，均施以刑事制裁，證交法第155條第1項第2款明文禁止「在集中交易市場，不移轉證券所有權而僞作買賣」之行爲，此一規範即美國證交法所稱之「沖洗買賣」（Wash Sale）[2]，日本證券交易法亦予以明文規定禁止[3]。實務操作上，通常是由同一人分別在兩家證券經紀商開戶，並委託經紀商針對某種特定股票爲相反方向之買賣，一方委託買進，另一方委託賣出，藉以影響股票價格，並製造交易熱絡之假象，以誘人跟進買賣。立法委員認爲上述規定實務並無適用餘地，因爲投資人賣出股票後，即將股票交付證券商完成交割，所有權即告移轉，在買進股票後，由證券商取得股票，也完成第一次所有權之移轉，因此不可能有「不移轉證券所有權」之情形，此看法，就

---

[2]　美國1934年證券交易法（Securities Exchange Act of 1934）第9條第1項：任何人直接或間接利用郵政或州際通商之工具或媒介，或全國性證券交易所之設備，或全國性證券交易所之會員，爲下列行爲之一者，均屬違法：(一)意圖使在全國性證券交易所登記之有價證券，產生不真實或足以令人誤解其買賣達於活絡狀態，或對於該有價證券市場產生同樣誤解情形，而爲下列行爲之一者：1.完成交易而不移轉該有價證券之真實所有權者；2.購買或委託購買某種有價證券，明知同一人或他人於同時以同數量同價格出售，或委託出售同一有價證券者；3.出售或委託出售某種有價證券，明知同一人或他人於同時以同數量同價格購買，或委託購買同一有價證券者。

[3]　平成3年（1991年）10月通過，平成4年（1992年）1月1日施行之日本證券交易法。第159條第1項：一、無論何人均不得以致使他人誤解以爲證券交易所上市有價證券、有價證券指數或選擇權買賣交易繁榮，或以致使他人誤解有價證券買賣交易況狀爲目的，爲下列各款行爲：(一)對某種有價證券，不以權利移轉爲目的之假裝買賣。(二)對某種有價證券指數或有關該有價證券指數等之期貨交易，不以金錢授受爲目的之假裝買賣。(三)對某種有價證券選擇權交易，不以選擇權之授與取得爲目的之假裝買賣。(四)預先與他人通謀，約定於自己出售之同時，由他人以同一價格購買，而出售該當有價證券。(五)預先與他人通謀，約定於自己購買之同時，由他人以同一價格出售，而購買該當有價證券。(六)對某種有價證券指數或有關該有價證券之有價證券指數等期貨交易之申報提出之同時，在該交易之約定指數或與約定指數爲同一指數或約定數值上，預先與他人通謀成交易之相對人後，提出該交易之申報。(七)對某種有價證券選擇權之交易之申報提出之同時，在該交易之對價金額，預先與他人通謀成爲交易相對人後，提出該交易之申報。(八)前列各款行爲之委託或受託。
　　第197條「符合前列各款之一者，處三年以下之徒刑或科三百萬元以下罰金，或併罰之。」

文義解釋固然言之成理，但最高法院在若干判決中，已從「實質所有權」之觀點，認為在沖洗買賣之情形，左手賣出，右手買進，證券所有權實質上並未移轉，因此雖有形式上之交割行為，仍應構成犯罪，從而立委提案刪除本款理由並不成立。實務上，沖洗買賣之案例在證券犯罪中佔有相當大之比例，上項規定刪除後，股市炒手又少了一層障礙，對整頓證券市場將產生重大的衝突，值得國人重視，此為作者提出本章之緣起。

貳、股市操縱行為之意義與性質

所謂操縱行為，即係以人為方法使證券市場供需力量無法發揮其自然調節作用，而將某一證券之價格控制於某一水準，操縱者遂可按此價格出售或買進該種證券；且其出售價格必高於正常供需所決定之價格，而其買進價格則必低於正常供需所決定之價格。操縱者扭曲市場價格機能坐收差額利益，造成新購進者被套牢或新售出者損失，損人利己，其為證券市場違法脫序行為之根源，嚴重影響一國經濟之正常發展，各國證券法規為維護證券市場之自由運作與證券場應有之正常功能，皆明文禁止股價操縱行為，以維護證券市場交易秩序並保護大眾投資人。

操縱行為，字義上脫不出人為干預之範圍，但若僅以人為方式影響股價自然形成作為操縱之內涵似嫌簡略，因市場價格之形成係藉由市場供需而定，股票不同於一般商品市場，主要係股價認定包含投資人主觀認知之因素，且此比例顯較其他商品市場為重，若僅以所謂以人為方式使股價脫離正常價值作為操縱行為之內涵，首先必遭遇何謂證券應有價值之難題，股市之分析非但指基本分析、技術分析，甚或投機因素均須一併評估，再者，因投資人主觀認定各有不同，如何在法律層面區別屬於操縱性質之買賣以及非屬操縱性質之買賣甚難解決，因之所謂以人為方式影響股價自然形成，雖係操縱行為本質之一，惟仍難涵括操縱之全部概念，此種矛盾，使得操縱行為之規範在實務運作上顯得模糊而且難解，若偏重彈性化，則不但在刑法層面會出現罪刑法定主義接受挑戰之現象，也因規範對象無法預知違反所在而引起民怨，若偏於安定性，則又無法符合規範操縱

行為之彈性需要而脫離實情,對此衝突與矛盾,實須依賴主管機關與司法界對操縱行為建立正確共識,方能使證券交易法反操縱規定得以確實運作。

另操縱行為本質上亦係投機行為之一種,操縱行為與投機行為不易區分,二者均帶有追求價差利益目的之共通性,除非操縱行為本質上另具備其他不法要素,否則操縱行為本身並不代表任何不法之意義,非必一概可認係違法行為,亦即除非操縱行為已構成過度投機而足以傷害國家經濟體制者外,法律尚難加以禁止。

參、股市操縱行為禁止之立法理由

依經濟學供需法則,商品之公平價格取決於供給及需求之均衡點,同理股票之公平價格亦取決於供需關係,然其公平價格之形成,應以市場健全運作為基礎,一旦供需關係受到人為干預,則價格機能勢必受到扭曲,嚴重影響股票市場之公正性及公平性,因此必須立法明文予以禁止,俾保護一般善意投資大眾,基於上述意旨,我國證交法於民國57年施行當時,即參照美國1934年證券交易法(Securities Exchange Act of 1934)第9條第1項及日本證券交易法第159條及我國當時之交易所法第52條及證券商管理辦法第57、58條等規定[4]訂定本法第155條,明文禁止股票市場之操縱行為,77年證交法全盤修訂時,增訂第2項將本條適用範圍擴及店頭市場,及第3項增加行為人應負之民事責任。

股價操縱行為係一種常見之經濟犯罪行為,其特徵在行為人意圖謀取不法利益,利用法律與經濟交易所允許之經濟活動空間,濫用經濟秩序賴以存在之誠信原則,違反直接或間接規範經濟功能之有關法令,而產生足

---

[4] 交易所法第52條「意圖變動交易所之市價,而散布流言或行使詭計或施暴行或加脅迫者,處二年以下之徒刑,或六千元以下之罰金。」證券商管理辦法第57條「經紀人不得為自己或代理他人,作左列各款之行為:一、無實際成交意思而空報價格;二、通謀不作實際交割之買賣;三、含有沖銷性之買賣;四、對某種證券不斷以高價買入或以低價賣出,意圖造成利己之供求趨勢或價格變動;五、直接或間接參加其他有計劃之操縱壟斷行為。」證券商管理辦法第58條「經紀人不得散播謠言,影響市場。」

以危害正常經濟活動及干擾經濟生活秩序之違法行為。經濟犯罪本質上屬於專業刑法，通常規定於附屬刑法中，而不單獨另立刑事刑法，此乃其立法形式上之特色。證交法第171條規定違反同法第155條第1項、第2項之規定者，處七年以下有期徒刑、拘役或科或併科參佰萬元以下罰金。其立法要旨，主要保護法益為國家經濟秩序與整體經濟結構之安全以及參與經濟活動者個人之財產法益，目的在保護證券市場機能之健全，並保護投資人之利益。

肆、股市操縱行為之類型分析

修正前證交法第155條規定對於在證券交易所上市之有價證券，不得有下列各款之行為：

一、在集中交易市場報價，業經有人承諾接受而不實際成交或不履行交割，足以影響市場秩序者。（違約交割）

二、在集中交易市場，不移轉證券所有權而偽作買賣者。（沖洗買賣）（89年6月30日證交法修正刪除）

三、意圖抬高或壓低集中交易市場某種有價證券之交易價格，與他人通謀，以約定價格於自己出售，或購買有價證券時，使約定人同時購買或出售之相對行為者。（相對委託）

四、意圖抬高或壓低集中交易市場某種有價證券之交易價格，自行或以他人名義，對該有價證券，連續以高價買入或以低價賣出者。（不法炒作）

五、意圖影響集中市場有價證券交易價格，而散布流言或不實資料者。（散布流言）

六、直接或間接從事其他影響集中交易市場某種有價證券價格之操縱行為者。

操縱股價行為係證交法第155條之討論重點，惟該條對此操縱行為並未加以定義，僅於第1項第1款至第5款採定型化之規定，第6款採概括之規定，俾涵蓋所有可能發生之操縱行為，以免因採列舉規定而發生掛一漏

萬之現象。本文謹就前述六款操縱行爲中之「沖洗買賣」操縱行爲加以探討。

伍、沖洗買賣操縱行為之定義

　　證交法第155條第1項第2款規定「在集中交易市場，不移轉證券所有權而僞作買賣者」，即一般所稱之「沖洗買賣」或「沖洗交易」，在實際操作上，其指同一投資人在證券市場一面賣出又一面買入，以製造行情之欺騙性交易，亦即操縱行爲人在相同或不同證券經紀商，利用不同帳戶連續爲雙向買賣委託，利用互相轉帳沖銷方式進行交易，反覆「作價」，其買賣雙方之委託人皆同屬一人或同一集團所爲，亦即眞正買賣雙方當事人均屬實質同一委託人，形式上有移轉證券所有權之行爲，但其結果不變更此證券之實質所有權（Beneficial Ownership），其除向證券經紀商辦理交割手續，付出手續費及證券交易稅外，並非眞正實質之成交買賣，僅虛構成交量值之紀錄，由於此種沖洗買賣在市場上能夠製造交易活絡之假象，易使投資大眾對證券市場交易實況產生錯誤判斷，嚴重影響證券市場交易行情，違反之操縱行爲人，依證交法第171條規定，處七年以下有期徒刑、拘役或科或併科參佰萬元以下罰金。店頭市場亦適用相同規範。

陸、沖洗買賣操縱行為之犯罪主體及客體

　　犯罪主體即犯罪行爲人，沖洗買賣操縱行爲之犯罪主體係指在集中交易市場委託買進或賣出有價證券之投資人。在實務上一般常見之沖洗買賣操作法，係指操縱行爲人在相同或不同證券經紀商處開立二個以上帳戶，一個爲其眞實姓名，其他則爲利用其配偶、家屬或他人名義（俗稱人頭戶）開戶，並利用二個以上不同帳戶於大致相近之時間、價格與數量對某一特定有價證券，如欲哄抬市價時，則以高於市價之價格；如欲壓低市價時，則以低於市價之價格，委託證券經紀商爲雙向買賣，經證券經紀商申報買賣，由證券交易所電腦輔助交易撮合成交者。在現行證券交易實務

上，當有價證券上市後，上市有價證券之買賣，應於證券交易所開設之有價證券集中交易市場爲之[5]，一般於集中交易市場從事上市有價證券買賣者，僅限於與證券交易所訂立供給使用有價證券集中交易市場契約之證券經紀商或證券自營商[6]，一般投資人無法於集中交易市場買賣上市有價證券，必須委託與證券交易所訂立證券市場契約之證券經紀商爲之。換言之，證券交易所證券買賣業務，皆採間接買賣方式進行，證券經紀商代表客戶買進與賣出，兼具代理與仲介之地位。而證券經紀商係指經主管機關之許可及發給許可證照，與證券交易所訂立供給使用有價證券集中交易市場契約，經營有價證券買賣之行紀或居間業務爲目的事業之股份有限公司[7]。所稱行紀，謂以自己名義爲他人計算，爲動產之買賣或其他商業上之交易而受報酬之營業[8]。所稱居間，謂當事人約定，一方爲他方報告訂約之機會，或爲訂約之媒介，他方給付報酬之契約[9]。

由於前述行紀關係，證券之買賣既係採間接買賣方式進行，證券買賣應僅成立於受託之雙方經紀商之間，就學理上而言，應無僞作買賣之問題，我國現行證交法未曾考量行紀關係下買賣主體適用之問題，認爲委託買進或買出之投資人即爲本沖洗交易操縱行爲之行爲主體，此種認知與解釋似有未妥。

以往司法實務上，對於沖洗交易操縱行爲案件之審理，亦未有見對僞作買賣投資人所委託之經紀商予以科罰者，一般法律見解亦認爲投資人本人或利用他人名義（人頭戶）僞造買賣犯罪故意者，雖係透過經紀商以行紀之法律關係操作股票，其既係該委託經紀商爲買入承諾成賣出要約之眞正投資人，則該投資人即構成本罪之行爲人，而經紀商僅可認定爲投資人所利用之工具，因之除經紀商明知而參與，另依共犯加以處罰外，本操縱行爲之犯罪主體仍應屬具有犯罪故意，而間接利用證券經紀商以實施犯罪

[5] 證券交易法第150條。
[6] 證券交易法第129條。
[7] 證券交易法第16、44、47及第158條。
[8] 民法第576條至588條。
[9] 民法第560條至575條。

構成要件之實際投資人**10**。

---

10 臺灣高等法院暨所屬法院79年刑事法律專題研習會經濟犯罪類第1號提案：

「法律問題」：證券交易法第155條第1項第1款所謂在集中交易市場報價，業經有人承諾接受而不實際成交行為，究指證券經紀商抑證券投資人？換言之，有本款情形者，依本法第171條處罰之對象為何？

「研討意見」：甲說：得為證券之報價者，限於證券經紀商與證券自營商，一般投資人不能在證券集中市場為買賣之報價（證交法151條），況投資人委託經紀商買賣股票，係基於行紀關係（證交法15條）。換言之，買賣關係存在於受託買進股票之證券經紀商與受託賣出股票之證券經紀商間，並非存在於委託買賣之投資人間。故本條款情形，其處罰之對象，應為證券經紀商而非投資人。至本條第4項規定「第二十條第四項之規定，於前項準用之」僅係民事賠償問題而已。

乙說：在證券集中交易市場報價者，雖為證券經紀商，但實際上委託報價者，則為投資人，證券經紀商不過一被利用之工具而已。至報價後有人承諾接受，應實際辦理成交或不辦理成交者，應亦為投資人。而刑罰之對象，應為實際犯罪之人，故應依本法第171條處罰者，為證券投資人，而非證券經紀商。至如證券經紀商與投資人有犯意之聯絡時，應成立共犯，乃另一問題。

「研討結論」：採乙說。

司法院刑事廳研究意見：研討結論採乙說，尚無不合。

最高法院82年度台非字第174號刑事判決（節錄）：

證券交易所，限於會員；在公司制證券交易所，限於訂有使用有價證券集中交易市場契約之證券自營商或證券經紀商。證券交易法第一百五十一條亦有明文規定。從而同法第一百五十五條第一項第一款規定在集中交易市場報價，業經有人承諾接受而不實際成交或不履行交割足以影響市場秩序者，自以證券自營商或證券經紀商為限。本件事實審法院之判決均認定被告係『委託台北市和平東路一段六十三號太陽證券股份有限公司，以其設於太陽公司之二四七一一一號帳戶，買入在證券交易所上市之中國化學股份有限公司股票三萬股……已在集中交易市場報價，業經有人承諾接受而不於翌日履行交割，致太陽公司受有損害，足以影響市場秩序』。則『在集中交易市場報價』者，係太陽證券股份有限公司而非被告，被告殊無違反該證券交易法第一百五十五條第一項第一款規定之可能。縱被告之行為為法所不許，因其係在證券商營業處所買賣股票，僅違反同法條第二項，應予準用第一項第一款之規定處罰而已。如認被告之行為仍係在集中市場報價，亦係利用不知情之太陽證券股份有限公司之間接正犯。各該判決遽逕認被告係違反證券交易法第一百五十五條第一項第一款之規定，依該法第一百七十一條處斷，顯屬違法。原判決未予糾正，亦係違誤。案經確定，倚關法律之正確適用，爰依刑事訴訟法第四百四十一條、第四百四十三條提起非常上訴，以資糾正』云云。本院按上市有價證券之買賣，應於證券交易所開設之有價證券集中交易市場為之，證券交易法第一百五十五條前段定有明文。又證券交易法第一百五十五條第二項所謂於證券商營業處所買賣有價證券，係指不在集中交易市場以競價方式買賣有價證券之情形而言。此觀財政部證券管理委員會七十一年八月二十三日（七一）台財證四四字第一四二九號令頒之證券商營業處所買賣有價證券管理辦法第二條規定：「本辦法所稱證券商營業處所買賣有價證券，指有價證券不在集中

　　另對經營有價證券自行買賣之「證券自營商」，其如以前述在集中交易市場，不移轉證券所有權，而偽作買賣者，亦得為本操縱行為之犯罪主體[11]。

交易市場以競價方式買賣，而在證券商專設櫃檯進行之交易行為，簡稱櫃檯買賣」及第四條規定：「櫃檯買賣之有價證券以依證券交易法公開發行未在集中交易市場買賣之股票及其他經本會指定之有價證券為限」自明。而非常上訴審為法律審，應以原判決確認之事實為基礎，以判斷其適用法律有無違誤。原確定判決係認定被告彭雲清於民國七十九年十一月二十七日委託台北市和平東路一段六十三號太陽證券股份有限公司（下稱太陽公司），以其設於太陽公司之帳戶，買入在證券交易所上市之中國化學股份有限公司股票三萬股，計新台幣一百九十九萬六千八百四十元，已在集中交易市場報價，業經有人承諾接受，而不於翌（二十八）日履行交割，致太陽公司受有損害，足以影響市場秩序等事實。依此認定之事實，本件既為上市之股票，又已在集中交易市場報價，自非於證券商營業處所買賣有價證券。從而，原判決以被告所為係違反證券交易法第一百五十五條第一項第一款之規定，適用同法第一百七十一條論處罪刑，自無適用法則不當之違法可言。上訴意旨，不依確定判決認定之事實，而自行認定縱被告之行為為法所不許，因其係在證券商營業處所買賣股票，僅違反證券交易法第一百五十五條第二項，應準用第一項第一款之規定處罰而已云云，已有誤會。又依原認定之事實，被告係委託太陽公司在證券交易所市場內買賣上市股票，則所謂「在集中交易市場報價」云云，實乃被告經由其委託之太陽公司（人員）向集中交易市場報價，況違約不履行交割者為被告，自難辭其刑責。上訴意旨謂證券交易法第一百五十五條第一項第一款之規定，以證券自營商或證券經紀商為限，在集中交易市場報價者為太陽公司，非被告，被告無違反第一百五十五條第一項第一款規定之可能云云，亦非足取。至被告是否利用不知情之太陽公司在集中市場報價，而成立間接正犯，因涉及事實認定之前提問題，不在非常上訴審所得審酌之範疇。

[11] 「法律問題」：甲委託證券自營商乙在臺灣證券交易所報價出售A上市公司之股票，經他人承諾其報價而成立證券買賣，惟甲事後違約不履行交割義務，甲之行為是否構成證券交易法第171條、第155條第1項第1款之刑責？（刑事法律問題研究第十一輯第237至241頁）
　　「討論意見」：甲說：肯定說。
　　甲經證券商乙在集中交易市場（臺灣證券交易所）報價出售證券，既經他人承諾接受，事後又不履行其交割義務，即違反證券交易法第155條第1項第1款之禁止規定，應依該法第171條處罰。
　　乙說：否定說。
　　依證券交易法第151條後段之規定，於公司制證券交易所之集中交易市場為證券買賣者，其買賣當事人限於證券自營商、證券經紀商；不包括委託證券商為證券買賣之客戶。臺灣證券交易所為公司制證券交易所，在此一集中交易市場從事證券買賣之當事人即限於前述證券商，證券交易法第155條第1項第1款所規範之對象應為本例之證券商乙，不及於委託乙從事上市公司證券買賣之客戶甲。
　　「審查意見」：在證券交易市場報價者，雖為證券自營商或證券經紀商，但實際上委

　　為澄清上述法律關係，在此可參考日本證券交易法之規範，即可明瞭我證交法前述問題之存在，日本證交法第159條（市場操縱行為之禁止）第1項第1款「對某種有價證券，不以權利移轉為目的之假裝買賣」[12]與本法修正前沖洗交易法條文義完全相同，但其於同條第1項第8款另有「前列各款行為之委託或受託」之規定，將委託人（證券投資人）與受託人（經紀商）之責任分別論述，亦即同法第159條第1項第1款「不以權利移轉之假裝買賣」，適用之主體限定於集中交易市場之會員，即證券買賣契約之主體（經紀商及自營商），另證券投資客戶對經紀商之買入、賣出委託則適用同條項第8款之買賣委託規定[13]，此一主體適用之情形，我國證交法第155條未來修正時應予增列以資明確。

　　由於我國證券市場人頭文化盛行，實務上真正利用沖洗交易操縱行為之行為人根本無需使用本人名義開戶買賣，依以往案例，其通常皆使用大量人頭戶在同一證券經紀商或不同之證券經紀商，同時或相近時間委託買進及賣出，以製造該股票交易活絡之假象，因之人頭戶之認定，係沖洗交易操縱行為犯罪規範主體適用之關鍵所在。

　　目前我司法機關偵辦沖洗買賣操縱行為大都係向證券商調閱投資人之相關交易憑證，並追查投資人之資金來源及去向，俾係取得投資人彼此間有相互關連之證據，以推定其為「實質同一委託人」，司法審判實務上對行為人以人頭戶進行沖洗買賣之操縱行為者，行為人應負證交法之刑事責任外，對於人頭戶則視其知情與否而論其不同責任，如人頭戶與行為人有犯意聯絡及行為分擔，則應視為共同正犯，如人頭戶知情但僅係提供自己

託報價者，則為投資人，證券自營商或證券經紀商不過為被利用之工具而已，至報價後有人承諾接受，應履行交割義務者，應亦為投資人。而刑罰之對象，應為實際犯罪之人。故本題情形，應依證券交易法第171條處罰者，為證券投資人，即委託證券自營商之客戶甲，而非證券自營商乙。至如甲與乙有犯意之聯絡時，應成立共犯，乃另一問題。（參見高等法院暨所屬法院79年法律專題研習會彙編第101頁經濟犯罪類第一號及最高法院82年度台非字第174號判決）。擬採甲說。
「研討結果」：照審查意見通過。
「司法院刑事廳研究意見」：同意研討結果。
[12] 參考註3。
[13] 參考註3。

帳戶供行為人使用而無犯意聯絡及行為負擔，則視為幫助犯，如人頭戶係被盜用，完全不知情，通常皆不予起訴。

至沖洗買賣操縱行為之客體，即係指交易之標的，其包括集中交易市場上市買賣之有價證券，及在證券商營業處所買賣（店頭市場）之有價證券。

柒、沖洗買賣操縱行為刑事責任之主觀不法構成要件

一、沖洗買賣操縱行為是否需具備主觀不法意圖

修正前證交法第155條第1項第2款所禁止之沖洗買賣行為，其立法係仿自美國1934年證交法第9條第1項第1款完成交易而不移轉該有價證券之真實所有權者而來[14]。本款雖仿自美國，但於77年證交法修正時卻將美法中之「意圖影響市場行情」之主觀不法構成要件予以刪除，而僅存其客觀不法構成要件[15]。以往部分實務界及學者論及從已刪除之條文觀之，沖洗交易似其構成要件僅需行為人有沖洗買賣之行為即可構成，而不需論其是否有操縱股價影響市場行情之主觀意圖存在。事實上本款修正雖然係將意圖影響市場行情之主觀不法構成要件去除，但此種立法例在刑法中亦屬常態，無須明定，只要行為人確有影響市場價格之動機，亦有沖洗買賣之行為，依刑事訴訟法之證據法則，即可推定被告有此意圖，換言之，沖洗買賣行為本身，即足以認定行為人具有操縱行為主觀意圖之重要佐證，無需於條文中逐一明定，亦自當適用。

在刑法理論上，行為人之客觀行為如與客觀不法構成要件所描述之全部構成要件相符，且行為人之主觀心態上又與主觀不法構成要件相符者，則此不法行為即包攝（Subsumtion）在該不法構成要件之中，而具有構成要件該當性。此等具有構成要件該當性之不法行為，在犯罪判斷上即可稱為構成要件該當行為。行為人主觀上必須出於構成要件故意，而且顯現

---

[14] 參考註2。
[15] 蘇松欽，證券交易法修正評論，77年5月版，附錄一，第39頁。

於客觀可見之行為，又完全符合客觀不法構成要件之構成要件者，則此故意之不法行為，始屬故意之構成要件該當行為。刑法規定之各種故意不法構成要件，均有其構成要件故意。例如例如殺人罪之殺害故意、傷害罪之傷害故意、竊盜罪之竊盜故意、強盜罪之強盜故意等。行為人如非出於構成要件故意，縱其所為之行為符合客觀不法構成要件之規範，亦不具有構成要件該當性，例如醫生為其病患開刀之醫療行為，雖然開刀行為符合殺人罪或傷害罪之客觀不法構成要件，但因醫生主觀心態上係為病患治病，並非出於殺害或傷害之故意，故不符殺人罪或傷害罪之主觀不法構成要件，因之，醫生之開刀醫療行為，即不具殺人罪或傷害罪之構成要件該當性。

由於刑法規定處罰之絕大多數犯罪行為，均屬故意之作為犯，故在刑事立法上，將此等絕大多數之犯罪行為均須具備之主觀不法構成要件，僅於總則之中規定故意之定義，而未於分則各個故意犯罪之不法構成要件中逐一加以規定，唯有在欲將構成要件故意限定於直接故意之情形下，始於不法構成要件中以「明知」等用語加以規範。例如刑法第213條公務員登載不實於公文書罪，第214條使公務員登載不實於公文書罪，第215條從事業務者登載不實事項於業務上文書罪，第254條販賣陳列輸入偽造商標之貨物，第125條濫用職權追訴處罰罪，第128條越權受理訴訟罪等之「明知」。

故意之作為犯若屬意圖犯者，則其主觀不法構成要件，除構成要件故意外，尚包括不法意圖。例如刑法第234條「意圖供人觀賞」，第259條「意圖營利」，第335條「意圖為自己或第三人不法之所有」等各不相同之不法意圖，在刑事立法上，均規定於各罪之不法構成要件中。所謂意圖乃指行為人出於特定之犯罪目的，而努力謀求構成要件之實現，或希求構成要件所預定結果之發生，以達其犯罪目的之主觀心態。行為人只要在內心上希求達到不法構成要件所明定之犯罪目的，而著手實行客觀之構成犯罪事實者，即有意圖在存在。至於意圖終究能否實現，則在所不問。易言之，即行為人只要為達到不法構成要件所明定之犯罪目的，而努力追求構成要件之實現，即足以成罪。假如不法構成要件所預定之結果，果然因為行為人之努力而發生，縱然行為人並未因此而達成其所追求之犯罪目的，

亦不影響犯罪之既遂。此外，意圖犯之特質乃在於行為人依其目的而支配其行為，且係在達成其犯罪目的之決意下而著手實行。至於行為人是否確信必定會有結果之發生，而其犯罪目的必能得逞，抑僅認為可能發生構成要件所預定之結果，而其犯罪目的似有可能達到，則在所不問。

　　另我們在考量不法意圖時必需將其與動機之概念加以區分，以免造成判斷是否有法定不法意圖之存在時之誤導，一般而言，意圖乃意圖犯之主觀不法構成要件要素，故意犯在主觀上必須具備法定之特定心意趨向，始能成立意圖犯，故有無此等法定之不法意圖，則事關犯罪成立與否之問題。動機則指引致外在行為之內在原因，同一行為可能係由各不相同之動機所引起，不同之行為亦可能係由同一動機所引致。每一故意均有其動機，例如因仇恨而殺人，或因愛生嫉而殺人，或為謀財而害命等等。無論是出於何種動機而殺人，只要是出於殺害故意而為之殺害行為，即足以構成普通殺人罪。至於係因仇恨或因嫉妒而殺人，或為謀財而害命，均與殺人罪之成立無關。此等犯罪之動機只是刑罰裁量上應行審酌之情狀，並不影響犯罪之成立，而只影響量刑而已。

　　由於前述刑事立法上並未將構成要件故意逐一明確規定於故意犯之不法構成要件之中，故在刑事司法審判實務中，判斷行為人之行為是否具有構成要件該當性之犯罪判斷上，法官往往忽略犯罪行為人主觀上是否具有構成要件故意之判斷，判決書理由欄中亦常缺少如何形成行為人主觀上具有不法構成要件故意心證之描述，僅憑行為人在客觀可見之行為，即推定其具有不法構成要件該當性，此屬不當之犯罪判斷，其判決應屬於不載判決理由之當然違法，得提第三審上訴。如此未經判斷構成要件故意，輕率形成有罪之心證而判決被告罪刑之法官，實有觸犯枉法裁判罪或濫用處罰權罪之嫌，實應予注意，以免觸犯刑責。

二、沖洗買賣操縱行為主觀意圖之內涵

　　沖洗買賣主觀意圖之內容除前述影響證券市場行情之意圖外，是否須再具備誘使他人買賣之意圖始足當之？就資本利得之目的而言，如現已合法純為追求價差利益或避免損失擴大所為之當日沖銷或就稅捐之目的為

避稅節稅[16]等目的所爲之交易，行爲人並無影響市場行情之意圖，是否應構成沖洗買賣之操縱行爲，由於本款文字未盡週延，需就證交法規範之內涵妥爲解釋，始較能發揮其效用，亦無礙正常之經濟活動，在此提出美、日立法例，可供參考，美國1934年證交法第9條規定須有「意圖使在全國性證券交易所登記之有價證券，產生不眞實或足以令人誤解其買賣達於活絡狀態，或對於該有價證券市場產生同樣誤解情形」[17]，日本證券交易法第159條亦規範須有「無論何人均不得以致使他人誤解證券交易所上市有價證券之買賣交易繁榮，或以致他人誤解有價證券買賣交易狀況爲目的……」[18]美、日二國立法例對沖洗買賣之主觀意圖均著重於是否具有誘使他人爲該有價證券買賣而不當操縱市場行情之意圖。

由於以往我證交法規範未盡週延，筆者認爲我國亦應爲相同解釋，但如能證明行爲人係純基於稅捐節稅、資本利得或其他金融之目的而賣出證券後再行買入，或買入後再行賣出等形式上之沖洗行爲，無操縱市場之惡性，應不構成沖洗買賣之操縱行爲。

三、沖洗買賣操縱行爲之保護法益

證券交易法之立法目的在發展國民經濟，並保障投資，而反操縱條款係以自由市場爲理論基礎，故其保護法益乃維護證券市場機能之健全，以維持證券交易秩序並保障投資人。否則一切變動證券價格之行爲或投資都成爲操縱之手段，殊非妥適，影響證券價格變動之因素甚爲複雜，隨時空環境變化迅速，故欲探求以人爲方式影響證券價格之操縱行爲，實屬不可知，故操縱行爲可謂係一假設性之概念，況就證券市場價格之形成及價格之認定，本即含有投資人主觀判斷之因素在內，而各投資人之主觀認定亦因人而異，如單純以刑事法之概念推定何者屬於人爲方式操縱性質之買賣或非操縱性質之買賣，非屬易事，且證券投資其本質上本具有投資風險，

---

[16] 台灣高等法院72年上訴字第1919號判決即持此見解，該判決及其評述請參閱賴英照，證券交易法逐條釋義（第三冊），第414至418頁。

[17] 參考註2。

[18] 參考註3。

就投資人以其自己之判斷及責任所進行之證券投資，證交法並非保障其能獲取一定利益或填補其損失爲目的，而是以確保投資人公平且公正爲證券交易之機會，及排除妨礙投資人依其自由判斷及責任爲證券交易之影響證券價格自然形成之行爲。刑事法體系以法益爲核心，其目的即在保護法益，若法益未受到侵占或危險，即不應課以刑罰，故在研究沖洗買賣之操縱行爲時，自不能不先研究法益之問題，亦只有在對沖洗買賣之保護法益問題作詳細瞭解之前提下，始能作爲解決相關問題之基礎。

捌、沖洗買賣操縱行爲刑事責任之客觀不法構成要件

　　本罪之行爲乃行爲人在集中交易市場，不移轉證券所有權而僞作買賣，製造某特定股票之交易活絡假象，使股票交易價格受到人爲操縱，嚴重影響股市之公平性。

一、現行交割制度與沖洗買賣操縱不法行爲之衝突

　　在現行交割制度之下，賣出部分，投資人於成交次日須將賣出證券交付證券商；買進部分，則俟成交後第三日始可領取，故投資人縱有當日買進及賣出同種證券之行爲，除有違法沖銷者外，其證券所有權必因上述交割方式而有二次移轉，且其時差相隔二日，故不移轉所有權，除非明定爲不移轉「實質所有權」，否則在現行交割制度下並無發生之可能，即使投資人交付予證券商之證券及自證券商取回之證券係同一張證券，其亦係因證券商與交易所採用總額交割制度所致，可謂係券商收付分配之偶發結果，並非表示投資人與證券商間未依規定辦理交割，並完成證券所有權之移轉。另且自84年2月4日起已全面實施款券劃撥制度，證券之交割僅係集中保管帳戶爲數量增減之登載，並無證券字號之記載，故個別股票之所有權有無實際移轉已無從辨認，因此本款如未刪除或修正，徒增現行交割制度適法性之困擾。

　　此外依目前股票之交易制度，以價格優先，時間優先之電腦撮合交易原則下，投資人下單委由券商輸入集中交易市場之電腦內，爲買進或賣

出，究能否撮合成交，撮合之筆數如何，撮合之價格如何？何時得撮合？投資人事前均無從預知，且開盤時間，數百萬戶之股票投資人均可隨時下單進入集中交易市場電腦撮合系統進行撮合買賣，是買賣股票，既均由電腦撮合，則非任何人所可左右，被告於上開時間買賣興農股票，縱有交互買賣情形，亦屬巧合，不能據此而推測係不移轉所有權之偽作買賣[19]。修正前本款之觀念仍停留於人工撮合時代之定義，嚴重影響沖洗買賣操縱行為審理不法構成要件之適用。

二、實質所有權（Beneficial Ownership）觀念之建立

修正前證交法第155條第1項第2款僅規定「在集中交易市場，不移轉「證券所有權」而偽作買賣者」，並無『實質所有權』之用語，違反者依同法第171條處七年以下有期徒刑、拘役或科或併科二十五萬元以下罰金，為證交法罰則中最重之規定，依罪刑法定主義禁止超越文義可能了解意義之不利於被告之類推及刑法最後手段性之考量，以我國刑法理論上似仍不得將本款之證券所有權解為證券實質所有權之概念。

以往司法單位偵辦沖洗買賣案件多係依據證券主管機關移送之監視報告，查證相關操縱者同一營業日相近時間內委託買進又賣出等相關交易資料，向證券商調閱投資人之相關交易憑證，追查投資人之資金來源及流向，以證明其彼此間係有關聯，推定其為「實質同一委託人」。以往證券主管機關證期會之見解，認為所有權之移轉行為，依民法第761條規定有簡易交付、占有改定與指示交付等，行為人雖外表上有上述讓與之行為，甚至有價證券之履行過戶程序，但實質所有權仍未改變，例如對利用戶頭為移轉所有權行為，實際上所有權並未改變，即屬於不移轉證券所有權，其因而造成市場活絡之假象，即已構成。其對本款所謂證券所有權，認定以實質之所有權人為主體，但對於移轉於現配偶、未成年子女或以他人名義為戶頭，仍以不移轉所有權同視[20]。

實質所有權（beneficial ownership）係源自美國1934年證券交易法

---

[19] 台灣高等法院85年度上訴字第2349號判決。
[20] 證管會，證券交易法違法案件查核作業手冊，79年6月。

第9條第1項第1款(a)之規範而來，該款(a)之規定「完成交易而不移轉該有價證券之實質所有權」，所稱實質所有權，依美國Litigation & Practical訴訟規則第10條b-5之規定，在美國凡有權以證券之所得收益用以支付費用及對股票之買賣乃代表權之行使有控制能力者，於現在或不久之將來得將股票變更自己名義下者，即被可視為實質所有權人（beneficial owner）[21]。另配偶或未成年子女名義持有之有價證券，通常另一方配偶或其父母亦會被認定係實質所有權人[22]。

　　依據上述規定我國證期會於77年制定證券交易法施行細則時，亦曾參照美國相關法規及案例，從購買股票之資金來源、股票之控制權及處分股票之損益歸屬三點作為實質所有權認定之標準。證交法施行細則第2條規定：「本法第二十二條之二第三項所定利用他人名義持有股票，係指具備左列要件：一、直接或間接提供股票予他人或提供資金與他人購買股票。二、對該他人所持有之股票，具有管理、使用或處分之權益。三、該他人所持有股票之利益或損失全部或一部歸屬於本人」。以配合證交法第22條第2項「第一項之人持有之股票，包括其配偶、未成年子女及利他人名義持有者」之規定。

　　綜上可謂我國證券交易法所規定之證券所有權概念，除形式所有權外，尚包括利用配偶、未成年子女或他人名義持有之「實質所有權」之觀念在內，證交法第155條所稱不移轉證券所有權，若僅解釋為形式所有權，則此一禁止規定，即形同具文，幾無適用之餘地，有違證交法立法之本旨。

　　最高法院近期之見解亦認為凡有不移轉形式或實質所有權之偽作買賣行為，即合於修正前證交法第155條第1項第2款之規定，應依同法第171條之規定論處[23]。亦即目前司法實務上大致已確立認沖洗買賣罪責是否成立，仍以實質上之所有權是否移轉為斷，即令形式上之所有權因交割而移轉，然只要實質上仍屬同一人或同一集團所有，則自仍無解於本罪之成

[21] 林光祥，證券市場操縱價格之法律防制，台大碩士論文，77年6月。
[22] Louis Loss, Fundamental of Securities Regulation, Boston: Brown, 1988.
[23] 最高法院87年度台上字第2461號判決。

立。然筆者仍建議有關實質所有權之概念宜明訂於條文中，俾減少疑義及詭辯，避免一般投資大罪陷於不智與無知的過度投機活動。

三、沖洗買賣是否需時間、價格及數量完全一致

沖洗買賣係同一投資人就不同帳戶為相反之買賣，在犯罪認定上是否要求買賣在時間、價格、數量上均需完全相符，如不要求完全一致，則其認定標準何在？就虛偽交易中沖洗買賣與相對委託加以比較，後者係由二人通謀為相反之買賣，勢必有少許之出入，當須考慮時間、價格、數量同一性之問題，反之，沖洗買賣既為同一人所為之相反買賣，從理論上而言，其時間、價格、數量自應須完全相符，故學者通常僅於相對委託中討論時間、價格、數量同一性之問題，然由於集中市場市場競價撮合成交之交易型態及漲跌停之限制等市場因素，縱同一自然人於同一時間就同一數量、價格之特定證券所為之買賣委託，仍難免存有少許之差距，故解釋上，於時間及價格上仍容許少許之差距存在。惟在數量上，仍須堅守數量上完全相同方符沖洗買賣目的在製造紀錄上交易之本質。然於以往查核實務上，沖洗買賣行為之認定，通常係指在「相近」時間內以高價委託買進並以低價委託賣出的行為，所謂「相近」之時點並未有固定規範，因在同一營業日內，投資人原本看好某一有價證券而委託買進，但盤中可能因有壞消息又再委託賣出，如此一來實無法將其歸為沖洗買賣，委託買賣時間如果極為接近，則投資人就較難自圓其說，然多久內才算是相近時間，法律亦無明文規定。

玖、未來對沖洗買賣操縱行為案件偵辦之探討

為維護證券交易市場之公正性，台灣證券交易所對各上市股票皆實施股市監測制度，如於市場上發現有價證券之交易有異常情形達一定標準時，為提醒投資人注意，得將其名稱及交易資訊內容於市場公告，另為防止股市操縱行為之發生，亦對證交法第155條各種操縱行為訂定函送檢調機關偵辦監視標準。以沖洗交易操縱行為而言，依以往各級法院之判決可

推知其移送偵辦標準為一個月內投資人或實質同一投資人有連續二日以上，每日在連續接近之時間內買進、賣出之成交量佔該有價證券各該日成交量之百分之二十以上；或投資人在同一營業日成交買進自己賣出之該有價證券，其數量佔該有價證券當日總成交量百分之五以上且超過五十個交易單位為認定標準[24]。

　　一般而言我國股票市場係一公開買賣市場，投資人在證券公司開戶，均可透過各券商買賣已核准上市之股票，投資人買賣股票，在正常情況下，大皆以分析研究後，認為獲利高之股票則買，獲利低之股票則賣，如某股票獲利且穩定則繼續大量買進，依我國目前交易制度，以同時價格優先成交，又為防止人為不當炒作，且有當日漲幅百分之七之限制，且每筆交易不得超過五百張（五十萬股），倘擬大量買進，唯有以漲停板之高價連續分筆買進，斯時必是價量俱揚，因而價量齊揚，並非即可認定係操縱炒作，認定是否操縱炒作，尚須蒐集有關資料及配合各有關行為始足當之。若某種上市股票突然有連續價量齊揚之情況，則應探究，當時同類型股是否有同樣之情況？整體交易市場是否同樣活絡（大盤走勢）？再需探究該上市公司之董監事是否洩漏有關公司重大營運之利多消息而從事內線交易？上市公司之股票其數量甚眾，為符合投資大眾化，若無前述人為因素，投資者認獲利高之股票而大量連續買進所造之價量齊揚，尚難遽認係操縱炒作。股票交易本有漲跌之起伏，依目前台灣證券交易所為防止人為炒作實施之股票監視制度，就股票交易異常予以警示標準乃以「最近六個營業日累積收盤價漲百分比超過百分之廿八」，「最近三十個營業日起，迄兩個營業日之收盤價漲跌百分比超過百分之七十五」為股價是否異常而為監視股票有為「異常交易」狀況，此點部分法院認定上亦有不同[25]，其認為證券市場上固有「實施股市監視制度辦法」之行政措施，於市場上發現有價證券之交易有異常情形達一定標準時，為提醒投資人注意，得將其

---

[24]　一、台北地院84年訴字第1840號判決。
　　　二、台北地院85年訴字第141號判決。
　　　三、台灣高等法院84年度上訴第2312號判決。
　　　四、台灣高等法院85年度上訴第2349號判決。
[25]　台灣高等法院85年度上訴字第1673號判決。

名稱及交易資訊內容於市場公告，惟該項規定僅屬證券交易主管機關之行政措施，並非謂操縱市場之行為未達監視標準，即不足構成犯罪，亦即二者尚無必然之互為因果關係。

因之在偵辦股市沖洗交易操縱行為案例中，除參考前述移送標準外，尚需就各案是係計劃性長期間持續鉅量買賣系爭股票，致使該股價嚴重受人為扭曲而逆勢上揚，如行為人係採當天買進，隔日即賣出之方式，賺取短線之價差，尚無「逐日連續」以高價買入或低價賣出之行為，如其買入之價格，皆低於當日交易市場最高之價格，而賣出股票之價格又高於當日交易市場最低之價格，且其每日買入或賣出股票之股數，皆僅佔市場總交易量之比率甚低，當可確定其無影響市場上交易之價格之情勢，否則似乎一切變動證券價格之行為或作法皆為操縱行為之手段，殊非妥適。

就證券市場價格之形成而言，證券價格之認定多係投資人主觀判斷之因素，而各投資人之主觀認定因人而異，是故甚難在法律層面區別屬於操縱性質之買賣抑或非操縱性質之買賣，故操縱行為之偵辦尚需從前述刑事法法益及行為之概念予以研討，俾真正掌握操縱行為與投機行為之關係。

拾、結論

由前述探討我們可得知所謂操縱行為係指人為控制價格，其目的在於迫使股票價格脫離依自然之市場供需所應形成之價格，操縱者藉由其創造之價格，以投資人之代價獲取利益，沖洗買賣即為態之一，惟實際上操縱行為亦並非全係非法行為，例如安定操作即屬於合法之操縱行為，因之在研討操縱行為與投機行為時，需考慮下列各因素：一、投機行為不應全盤禁止，應以合理、公平性之觀念管理；二、操縱行為本質上係投機行為，除非具備不法要素或有過度投機之情形，尚難遽予禁止；三、因法律之消極態度，應使從事投機行為人不受法律之保護。

89年6月30日證交法修正時，部分立法委員基於目前我國民法並無實質所有權之概念，另目前證券交易皆透過電腦進行，相關買賣資料均有建檔，應無沖洗買賣之顧慮為由，以本款規定不符現實，爰予主動刪除沖洗

買賣操縱行為之刑事處罰，此舉對改善證券市場紀律，打擊股市犯罪勢將產生重大障礙，亦與世界先進國家資本市場之法則有違，根本之道日後當予修正後恢復，在未恢復前應予適用第155條第1項第6款之規定，即直接或間接從事其他影響集中交易市場某種有價證券交易價格之操縱行為者。惟此款規定係概括規定，欠缺較為明確犯罪構成要件，適用時難度較高，在罪刑法定主義之下不易為多數司法人員一致認同，因之如何規範沖洗交易之操縱行為，證券主管機關似應擬具配套措施。

　　然除前述證交法外，司法機關在偵辦沖洗交易之操縱行為時，亦可從刑法詐欺罪著手，因操縱行為之本質，屬於影響市價之投機行為，多半含有詐欺因素，雖然操縱行為是否必須包含詐欺要素，歷年來已為學者所爭議，然此問題並非可由純邏輯推演即可求出其答案，此一問題之探討，應由分析我國法律欲對反操縱行為規定賦予何種使命，即應朝立法政策方面著手，方能依價值判斷而決定操縱行為之內涵。

　　此次修法在立法院強勢主導，行政部門未能有妥善因應之情況下，對於重振市場紀律，維護投資人權益，非但毫無助益，且可能衍生新的難題，主管當局必須體認，新法公布施行之日，亦將是新挑戰開始之時，作者在此特對沖洗交易之規範再行提出深入探討，期盼財政部證期會及立法委員們能未雨綢繆，審慎研擬對策，以保護證券市場之公正性及公義性。否則若運作失當，輕則企業或投資人權益受損，重則可使用國家經濟空虛，因資本市場運作失靈產生停滯，其關係不可謂不重，值得國人深思。

（本文2003年11月發表於銘傳大學法學論叢創刊號，第197至219頁。）

第十一章
證券交易法第155條第1項第3款處罰股價操縱行為——「相對委託」刑事責任之探討

壹、股價操縱行為之意義與性質

所謂操縱行為,即係以人為方法使證券市場供需力量無法發揮其自然調節作用,而將某一證券之價格控制於某一水準,操縱者逐可按此價格出售或買進該種證券;且其出售價格必高於正常供需所決定之價格,其買進價格則必低於正常供需所決定之價格。操縱者扭曲市場價格機能,坐收差額利益,造成新購進者被套牢或新售出者損失,損人利己,其為證券市場違法脫序行為之根源,嚴重影響一國經濟之正常發展,各國證券法規為維護證券市場之自由運作與證券市場應有之正常功能,皆明文禁止股價操縱行為,其目的即在使價格之形成,基於市場之正常供需關係,避免人為之操縱影響,破壞自由市場運作之機能,損及投資大眾權益,此即反操縱規範之理論基礎。

操縱行為,字義上脫不出人為干預之範圍,但若僅以人為方式影響股價自然形成作為操縱之內涵似嫌簡略,因市場價格之形成係藉由市場供需而定,股票不同於一般商品市場,主要係股價認定包含投資人主觀認知之因素,且此比例顯較其它商品市場為重,若僅以所謂以人為方式使股價脫離正常價值作為操縱行為之內涵,首先必遭遇何謂證券應有價值之難題,股市之分析非但指基本分析、技術分析,甚或投機因素均須一併評估,再者,因投資人主觀認定各有不同,如何在法律層面區別屬於操縱性質之買賣以及非屬操縱性質之買賣甚難解決,因之所謂以人為方式影響股價自然形成,雖係操縱行為本質之一,惟仍難涵括操縱之全部概念,此種矛盾,使得操縱行為之規範在實務運作上顯得模糊而且難解,若偏重彈性化,則不但在刑法層面會出現罪刑法定主義接受挑戰之現象,也因規範對象無法預知違法所在而引起民怨,若偏於安定性,則又無法符合規範操縱行為之

彈性需要而脫離實情，對此衝突與矛盾，實須依賴主管機關與司法界對操縱行為建立正確共識，方能使證券交易法反操縱相關規定得以確實運作。

另操縱行為本質上亦係投機行為之一種，操縱行為與投機行為不易區分，二者均帶有追求價差利益目的之共通性，除非操縱行為本質上另具備其它不法要素，否則操縱行為本身並不代表任何不法之意義，非必一概可認係違法行為，亦即除非操縱行為已構成過度投機，而足以傷害國家經濟體制者外，法律尚難加以禁止。

貳、股價操縱行為禁止之立法理由及保護之法益

依經濟學供需法則，商品之公平價格取決於供給及需求之均衡點，同理股票之公平價格亦取決於供需關係，然其公平價格之形成，應以市場健全運作為基礎，一旦供需關係受到人為干預，則價格機能勢必受到扭曲，嚴重影響股票市場之公正性及公義性，因此必須立法明文予以禁止，俾保護一般善意投資大眾，基於上述意旨，我國證交法於民國57年施行當時，即參照美國1934年證交法（Securities Exchange Act of 1934）第9條第1項及日本修正前證券交易法第125條（現行第159條）及我國當時之交易所法第52條及證券商管理辦法第57、58條等規定（現均已廢止）訂定本法第155條，明文禁止股票市場之違法操縱行為，民國77年我國證交法全盤修訂時，增訂第2項將本條適用範圍擴及店頭市場，及第3項增加行為人應負之民事責任。

股價操縱行為，係一種常見之經濟犯罪行為，其特徵在行為人意圖謀取不法利益，利用法律與經濟交易所允許之經濟活動空間，濫用經濟秩序賴以存在之誠信原則，違反直接或間接規範經濟功能之有關法令，而產生足以危害正常經濟活動及干擾經濟生活秩序之違法行為。經濟犯罪本質上屬於專業刑法，通常規定於附屬刑法中，而不單獨另立刑事刑法，此乃其立法形式上之特色。證交法第171條規定違反同法第155條第1項、第2項之規定者，處三年以上十年以下有期徒刑、拘役或科或併科新台幣一千萬元以上二億元以下之罰金。其立法要旨，主要保護法益為國家經濟秩序與

整體經濟結構之安全，以及參與經濟活動者個人之財產法益，目的在保護證券市場機能機健全，並保護投資人之利益。換言之，其保護之法益實包含社會公共法益及個人財產法益集合而成之超個人法益。

參、股價操縱行為之類型分析

證交法第155條規定對於在證券交易所上市之有價證券，不得有下列各款之行為：

一、在集中交易市場委託買賣或申報買賣，業經成交而不履行交割，足以影響市場秩序者。[1]

二、在集中交易市場，不移轉證券所有權而偽作買賣者（89年7月刪除）[2]。

三、意圖抬高或壓低集中交易市場某種有價證券之交易價格，與他人通謀，以約定價格於自己出售，或購買有價證券時，使約定人同時為購買或出售之相對行為者。

四、意圖抬高或壓低集中交易市場某種有價證券之交易價格，自行或以他人名義，對該有價證券，連續以高價買入或以低價賣出者。

五、意圖造成集中交易市場某種有價證券交易活絡之表象，自行或以他人之名義，連續委託買賣或申報買賣而相對成交（95年1月新增）[3]。

六、意圖影響集中交易市場有價證券交易價格，而散布流言或不實資料者。

七、直接或間接從事其他影響集中交易市場有價證券交易價格之操縱行為者。

操縱股價行為係證交法第155條之討論重點，惟該條對操縱行為並

---

[1] 中華民國95年1月11日總統華總一義字第09500002801號令修正公布第155條。

[2] 中華民國89年7月19日總統（89）華總(一)義字第8900178720號令修正公布第155條。

[3] 95年元月證交法修正時，基於操縱股價者經常以製造某種有價證券交易活絡之表象，藉以誘使他人參與買賣，屬操縱手法之一，經參考美、日等國立法例，爰增訂第5款，將該等操縱行為之態樣予以明定，以資明確。

未加以定義，僅於第1項第1款至第6款採定型化之規定，第7款採概括規定，俾涵蓋所有可能發生之操縱行為，以免因採列舉規定而發生掛一漏萬之現象。本章謹就前述七款操縱行為中之「相對委託」操縱行為加以探討。

肆、「相對委託」操縱行為之定義

證交法第155條第1項第3款規定「意圖抬高或壓低集中交易市場某種有價證券之交易價格，與他人通謀，以約定價格於自己出售，或購買有價證券時，使約定人同時為購買或出售之相對行為者」。即一般所稱之「相對委託」（matched order），或稱「對敲」行為。

「相對委託」與已刪除之「沖洗買賣」均同屬虛偽之買賣，惟沖洗買賣係同一人以本身為對象，自為虛偽買賣之意思表示，而「相對委託」則係二人間通謀而為買賣之意思表示。其目的主要在利用虛假之交易行為，創造某種有價證券交易熱絡之假象，使投資大眾產生誤解而跟進。

「相對委託」操縱行為之產生，一般常見之手法，係由二個以上當事人共謀預先約定，對某一種特定股票作一個或數個買賣相對委託之行為，在實務操作上，通常係由二個以上之自然人投資人或法人投資人，在同一個或二個以上證券經紀商開戶，約定於大致相同時間、數量、價格，對某一種特定股票為相對買賣委託行為，以拉距方式，一進一出，相互作價，進而與證券商相互勾結對作，其目的在藉由此虛偽之交易行為，製造交投活絡之假象，誘使投資大眾盲目跟進或殺出，製造有利於操縱者之股價趨勢，趁股市高檔出現後，以高價出脫，或拋空攤壓，於股市低檔時，逢低承接，操縱行為人在操作手法上與已刪除之沖洗買賣行為類似，均係利用虛偽交易行為，創造某種有價證券熱絡之假象，俾誘使投資大眾盲目跟進。

證交法本款之規定係參考美國1934年證券交易法第9條第1項第1款第2目：「購買或委託購買某種有價證券，明知同一人或他人於同時以同數量同價格出售，或委託出售同一有價證券者」、第3目：「出售或委託出

售某種有價證券，明知同一人或他人於同時以同數量同價格購買，或委託購買同一有價證券者」[4]，及日本證券交易法第159條第1項第4款：「事先與他人同謀，在自己賣出之同時，使其以同樣的價格購進該股票」、第5款：「事先與他人同謀，在自己買進的同時，使其以同樣的價格賣出該股票」[5]而制定。

---

[4] 美國1934年證券交易法第9條第1項（Section 9(a)(1)）"It shall be unlawful for any person, directly or indirectly, by the use of the mails or any means or instrumentality of interstate commerce, or of any facility of any national securities exchange, or for any member of a national securities exchange...(B) to enter an order or orders for the purchase of such security with the knowledge that an order or orders of substantially the same size, at substantially the same time and at substantially the same price, for the sale of any such security, has been or will be entered by or for the same or different parties, or (C) to enter any order or orders for the sale of any such security with the knowledge that an order or orders of substantially the same size, at substantially the same time, and at substantially the same price, for the purchase of such security, has been or will be entered by or for the same or different parties."

[5] 日本證券交易法（昭和23年4月13日法律第二十五號，平成8年6月21日法律第九十四號修改）第159條：

一、任何人不得以使他人就證券交易所上市的有價證券、有價證券指數或期權，產生有價證券的買賣交易情況良好的誤解，或使他人對該有價證券的買賣交易產生誤解為目的，進行下列行為：

(一)就該有價證券，不以權利的轉移為目的，進行虛假交易；

(二)就該有價證券指數或有關該有價證券的有價證券指數等期貨交易，不以金錢的授受為目的進行虛假交易；

(三)就有關該期權的有價證券期權交易，不以該期權的取得或付與為目的進行虛假交易；

(四)事先與他人同謀，在自己賣出的同時，使其以同樣的價格收購進該股票；

(五)事先與他人同謀，在自己買進的同時，使其以同樣的價格賣出該股票；

(六)事先與他人同謀，在就該有價證券指數或有關該有價證券的有價證券指數等期貨交易要約的同時，以與該交易的約定指數或約定數值同樣的約定指數或約定數值，作為該交易的相對方進行該交易的要約；

(七)事先與他人同謀，在就關於該期權的有價證券期權交易進行要約的同時，以與該交易的對價額同樣的對價額，作為該交易的相對方進行該交易的要約；

(八)前面各款所列行為的委託或受託。

二、任何人不得就證券交易所上市的有價證券，以招攬有價證券市場的有價證券買賣交易等為目的，進行下列行為：

(一)單獨或與他人共謀，使人誤解該有價證券的買賣交易等情況良好，或為使該有價證券等的行情變動進行一致的買賣交易等或其委託或受託；

(二)散布流言稱該有價證券等的行情依自己或他人的操縱而變動；

伍、「相對委託」操縱行為之犯罪主體及客體

　　犯罪主體即犯罪行為人，「相對委託」操縱行為之犯罪主體係指在集中交易市場或店頭市場委託買進或賣出有價證券之投資人。實務上一般常見「相對委託」之操作手法係由二個以上之操縱行為人在相同或不同證券經紀商開戶，約定於大致相近之時間、價格與數量，對某一特定之有價證券為相對買賣委託行為。「相對委託」犯罪主體與已刪除之「沖洗交易」所不同者，在於「沖洗交易」係同一人或實質所有權人所為[6]，而本「相

　　(三)就進行該有價證券等的買賣交易，故意作重要事項中有虛假情況或使人產生誤解的表示。

三、任何人不得單獨或與他人共謀，違反政令規定，以凍結、固定或穩定有價證券等的行情為目的，在有價證券市場進行一致的有價證券的買賣交易等或其委託或受託。

[6]　實質所有權（beneficial ownership）係源自美國1934年證券交易法第9條第1項第1款(a)之規範而來，該款(a)之規定「完成交易而不移轉該有價證券之實質所有權」，所稱實質所有權，依美國Litigation & Practial訴訟規則第10條b-5之規定，在美國凡有權以證券之所得收益，用以支付費用及對股票之買賣，乃表示其對代表權之行使有控制能力者，於現在或不久之將來得將股票變更自己名義下者，即被可視為實質所有權人（beneficial owner）。另配偶或未成年子女名義持有之有價證券，通常另一方配偶或其父母亦會被認定係實質所有權人。

依據上述規定前財政部證期局於77年制定證券交易法施行細則時，亦曾參照美國相關法規及案例，從購買股票之資金來源、股票之控制權及處分股票之損益歸屬三點作為實質所有權認定之標準。證券交易法施行細則第2條規定：第22條之2第3項所定利用他人名義持有股票，係指具備下列要件：

一、直接或間接提供股票予他人或提供資金與他人購買股票。

二、對該他人所持有之股票，具有管理、使用或處分之權益。

三、該他人所持有股票之利益或損失全部或一部歸屬於本人。

綜上可謂我國證券交易法所規定之證券所有權概念，除形式所有權外，尚包括利用配偶、未成年子女或他人名義持有之「實質所有權」之觀念在內，證券交易法第155條所稱不移轉證券所有權，若僅解釋為形式所有權，則此一禁止規定，即形同具文，幾無適用之餘地，有違證券交易法立法之本旨。

另最高法院87年度臺上字第2461號判決之見解亦認為凡有不移轉形式或實質所有權之偽作買賣行為，即合於修正前證券交易法第155條第1項第2款之規定，應依同法第171條之規定論處。亦即目前司法實務上大致已確立，認為沖洗買賣罪責是否成立，仍以實質上之所有權是否移轉為斷，即令形式上之所有權因交割而移轉，然只要實質上仍屬同一人或同一集團所有，則自仍無解於本罪之成立。然筆者仍建議有關實質所有權之概念宜明定於條文中，俾減少疑義及詭辯，避免一般投資大眾陷於不智與無知的過度投機活動。

對委託」之操作則係由二人通謀為相對行為以完成虛假之交易，因此二人間必須有犯意之連絡，其為絕對必要共犯[7]，必須相對委託之買方與賣方共同構成犯罪，如有利用配偶、親屬或他人之戶頭為相對買賣者，當以該被利用之人是否有犯意聯絡為準，如有，則為相對委託，否則僅利用人成立相對委託。

　　事實上台灣證券市場上人頭戶盛行，本「相對委託」操縱行為實際上亦常由一人或同一實質所有權人所為，與已刪除之「沖洗交易」操縱行為極為類似，故以往實際偵辦虛偽交易之操縱行為案件，大部分都集中在沖洗交易，適用相對委託之案件甚少。

　　「相對委託」操縱行為所為之證券交易，雙方皆須透過證券經紀商申報買賣，由證券交易所電腦輔助交易撮合成交，在現行證券交易實務上，當有價證券上市後，上市有價證券之買賣，應於證券交易所開設之有價證券集中交易市場為之[8]，一般於集中交易市場從事上市有價證券買賣者，僅限於與證券交易所訂立供給使用有價證券集中交易市場契約之證券經紀商或證券自營商[9]，一般投資人無法於集中交易市場買賣上市有價證券，必須委託與證券交易所訂立證券市場經紀商為之。換言之，證券交易所證券買賣業務，皆採間接買賣方式進行，證券經紀商代表客戶買進與賣出，兼具代理與仲介之地位。而證券經紀商係指經主管機關之許可及發給許可證照，與證券交易所訂立供給使用有價證券集中交易市場契約，經營有價證券買賣之行紀或居間業務為目的事業之股份有限公司[10]。所稱行紀，謂以自己名義為他人之計算，為動產之買賣或其他商業上之交易而受報酬之營業。所稱居間，謂當事人約定，一方為他方報告訂約之機會，或為訂約

---

[7]　所謂共犯，係指二人以上共同參加一定之犯罪者而言。包括正犯、教唆犯及幫助犯在內。我國刑法第四章自第28條至第31條，即為此三種犯罪之規定。共犯有必要的共犯與任意的共犯之分。所謂必要共犯，係指刑法分則乃至特別刑法中規定，凡構成犯罪之事實，必須由多數人共同實行者，為必要共犯，例如賭博罪、收受賄賂罪、內亂罪、輪姦罪等。構成犯罪之事實可由多數人共同實行，亦可由一人單獨實行者，為任意共犯，例如共犯傷害罪、共謀殺人罪等。

[8]　證券交易法第150條。

[9]　證券交易法第129條。

[10]　證券交易法第16、44、47、158條。

之媒介，他方給付報酬之契約。

　　由於前述行紀關係，證券之買賣既係採間接買賣方式進行，證券買賣應僅成立於受託之雙方經紀商之間，就學理而言，應無偽作買賣之問題。我國現行證交法未曾考量行紀關係下買賣主體之適用問題，認為委託買進或賣出之投資人即為相對委託操縱行為之行為主體，此種認知與解釋似有未盡週延。

　　目前司法實務上，對於「相對委託」操縱行為案件之審理，亦未曾見對偽作買賣投資人所委託之經紀商予以科罰者，一般法律見解多認為投資人本人或利用他人名義（人頭戶）為犯罪之故意者，雖係透過經紀商以行紀之法律關係操作股票，其既係該委託經紀商為買入承諾或賣出要約之真正投資人，則該投資人即構成本罪之行為人，而經紀商僅可認定為投資人所利用之工具，因之除經紀商明知而參與，另依共犯加以處罰外，本操縱行為之犯罪主體仍應以屬具有犯罪故意，而間接利用證券經紀商以實施犯罪構成要件之投資人。另對經營有價證券自行買賣之證券自營商，其如以前述集中交易市場，與他人為虛偽之相對買賣委託，亦得為本操縱行為之犯罪主體。

　　95年1月本法修正時，在修正本法第155條第1項第1款「違約交割」時，考量目前我交易市場係採二階段交易，包括投資人委託證券商買賣及證券商申報買賣，故不履行交割包括投資人對證券商不履行交割，以及證券商對市場不履行交割等二種態樣，爰將「在集中交易市場報價，業經有人承諾接受而不實際成交或不履行交割，足以影響市場秩序者」修正為「在集中交易市場委託買賣或申報買賣，業經成交而不履行交割，足以影響市場秩序者」以資明確[11]。但其修正甚為遺憾之處，乃未將本法第155條第1項其他操縱行為交易情形亦一律改為行為人在集中交易市場委託買賣或申報買賣，因之對其他操縱行為犯罪主體之適用仍將延用行紀關係，未來證交法修正時當注意本問題。

　　在此我們可參考日本證券交易法第159條第1項第8款規定「前述各款

---

[11] 95年1月11日證券交易法部分條文修正草案總說明。

所列行為之委託或受託」[12]，即將委託人（證券投資人）與受託人（證券經紀商）之責任分別論述，證券投資人委託證券經紀商之買入、賣出委託，及視為各項操縱行為之犯罪主體，未來本法修正時亦當比照日本證交法增列前述規範，以資明確。

此外我國證券交易市場人頭交易極為盛行，實務上真正利用相對委託操縱股市之行為人，根本無需使用行為人本人名義開戶交易，依以往案例顯示，操縱行為人通常皆使用大量人頭戶，在同一或數個證券經紀商，同時或相近時間以極為接近之價格委託買進及賣出，主要目的在製造該股票交易活絡之假象，因之人頭戶之認定係「相對委託」操縱行為犯罪主體適用之關鍵所在。

目前我司法機關偵辦之「相對委託」操縱行為案件，大都係向證券商調閱投資人之相關交易憑證，並追查投資人之資金來源及流向，俾取得投資人相互間之關聯證據，以推定其為「實質同一委託人」[13]。司法審判實務上對行為人以人頭戶進行相對委託之操縱行為，行為者應負證交法之刑事責任外，對於人頭戶則視其知情與否而論其不同之責任，如人頭戶與行為人有犯意聯絡及行為負擔，則應視為共同正犯；如人頭戶知情但僅係提供自己帳戶，供行為人使用，而無犯意聯絡及行為負擔，則視為幫助犯；如人頭戶係被盜用，其完全不知情，通常傾向不予起訴。

至相對委託操縱行為之客體，係指交易之標的，其包括集中交易市場上市買賣之有價證券，及在證券商營業處所買賣（店頭市場）之有價證券。所稱有價證券謂政府公司債、公司股票、公司債券及經主管機關核定之其他有價證券。另新股認購權利證書、新股權利證書及前項各種有價證券之價款繳納憑證或表明其權利之證書亦視為有價證券[14]。

---

[12] 同註5。
[13] 同註6。
[14] 證交法第6條。

陸、「相對委託」操縱行為刑事責任之客觀不法構成要件

　　證券交易法第155條第1項第3款規定，對於在證券交易所上市之有價證券，不得有意圖抬高或壓低集中交易市場某種有價證券之交易價格，與他人通謀，以約定價格於自己出售，或購買有價證券時，使約定人同時為購買或出售之相對行為者。其目的在維持證券價格之自由化，亦即為使又價證券之價格，能在自由市場正常供需競價下產生，以保護一般投資大眾，所作對特定人經濟之限制，故必行為人主觀上有影響市場行情之意圖，客觀上有對於某種有價證券具備「通謀」、「時間同一性」、「價格同一性」之要件，但並未要求「數量上」之同一性。因此通謀之內容為何？時間、價格同一性之範圍如何？是否要求任何數量之委託等始可構成相對委託操縱行為，茲分述如後：

一、通謀之成立及內容

　　本款之犯罪行為首先須探討者，乃相對委託之成立是否須在通謀者間有買賣合意之約定，如果「相對委託」操縱行為之成立，解釋上共謀者間需有買賣合意之成立，在現行集中交易市場之交易型態下，共謀者所買進與賣出之證券如屬完全相同，幾乎是不太可能發生的事，那是需要超乎偶然始可能發生。若要解釋為一定要共謀者間之買賣合意成立始可論罪，則本款條文勢將無需規定通謀者分別在同時以相同價格出售或購買之要件。因之我證交法對相對委託罪之成立，僅須基於通謀主觀意圖之基礎下使買賣成立即可，其並不要求通謀者買賣成立之確實性，因此就通謀之範圍，係採取較寬鬆之認定方式，就通謀之行為態樣、類型及時期，並無任何限制，就買賣交易之全部內容通謀雖屬之，僅就部分內容為默示時，亦包含之，且不以通謀者全部實現通謀契約為必要。至於通謀時間點之提出，不以事前通謀為限，於透過證券商向市場報價後始與他方通謀，皆可構成相對委託之通謀買賣。

　　相對委託操縱行為與沖洗買賣不同，然二者均係操縱行為人對某特定有價證券從事製造虛假行情，引誘投資人盲目跟從，製造有利於自己的股

價趨勢方面完全相同。二者均屬製造交易紀錄之虛偽交易，故相對委託亦無實質所有權之移轉，相異之處，沖洗買賣係以同一投資人在同一證券經紀商同時分別利用二個以上帳戶，以大致相同之數量價格時間上，對某有價證券爲「雙向委託」買賣，因而買賣雙方當事人均屬同一委託人，僅對同一證券商辦理交割手續，實際上並無移轉證券所有權。相對委託係由二個投資人通謀對某特定有價證券爲一個或數個買賣之相對委託，該行爲僅有通謀買賣，實際上並無買賣證券之意思，但仍須辦理交割手續及移轉證券所有權，但由外表看來，仍似一般之正常交易，但事實上爲假性買賣操縱市場價格之行爲。

相對委託操縱行爲行爲人以一次或數次之買賣某種有價證券時，其以明示之約定或默示之承諾與他人爲相對之委託買賣行爲，因此與相對人間必須有犯意上之連絡，故應爲絕對之必要共犯，必須相對委託之買方與賣方共同構成犯罪。但相對委託不以市場行情確因相對委託而受實際影響，故亦爲抽象危險犯。

二、如何界定行爲人與他人通謀「同時」爲購買及出售之相對交易？

依目前實務作法，相對委託之構成要件以行爲人與他人共謀而同時爲相對委託之買賣，所共謀者爲價格及時間，並進行相反之交易，至於數量是否須相同則非所問，以所成交之數量範圍內構成本款之行爲。以時間而論，時間限於當日內所進行之共謀爲限，且委託買賣撮合成交行爲，以限於當日，隔日之委託應重新委託[15]；但並非無可能以一定概括之犯意，先就時間約定何時進行相對委託。

關於相對委託之禁止規範，源自美國1934年證券交易法第9條第1項第1款（Section 9(a)(1)）之規定，美國證交法規定必須具備「實質上相同時間」（at substantially the same time）、「實質上相同價格」（at substantially the same price）、「實質上相同數量」（an order or orders

---

[15] 台灣證券交易所股份有限公司營業細則第58條第1項規定：電腦自動交易之買賣申報，限當日有效。

of substantially the same size），但我證交法並未具相同之規範，只要具有通謀及委託之事實，縱使時間、數量或價格相差甚鉅，仍可構成本罪。

因之在我國就「同一時間」而論，所謂「同時」，並非要求時間完全相同，時間可限於交易當日內所進行之共謀交易，但在此時間的差距中，買賣之申報仍需有效存在，亦即只要共謀雙方之申報在市場上有相對成交可能性之時間存在即可，同一證券之賣出申報與買進申報在不同時間出現市場，一方之申報無法發現共謀之對方，在市場之交易委託繼續有效存在時間內，他方之申報與其相對應，即構成違法之相對委託。持平而論，我證交法對時間之同一性而言，在交易當日內即可謂之同時，似過於嚴格，與美國證交法「實質上相同時間」相較，較不具嚴謹性，「同時」與「同交易日」在時間之概念上大不相同，更不具有實質上相同時間之概念，未來修法時宜將「同時」修正為較嚴謹之法律要件。

三、約定價格範圍是否必須具備相同性？

所謂「約定價格」係指行為人與他人雙方之委託，有相對可能成立接近相約價格之可能範圍即可。目前我國證券集中交易市場證券經紀商接受委託買賣，以限價為之。限價委託無特約有效期限者，視為當日有效之委託[16]。所謂限價委託，係指委託人限定價格，委託證券經紀商為其申報買賣，其成交價格，於買進時，得在其限價或限價以下之價格成交；於賣出時，得在其限價或限價以上之價格成交[17]。

目前國外主要證券市場多依其市場特性及投資人接受度選擇適合之委託種類，採行之委託除市價及限價委託外，尚有其他多種委託提供投資人使用，相較之下，我國證券市場提供投資大眾可選擇執行委託種類似較不足，目前我國市場僅有限價委託，除未符合國際主要市場至少均有提供市價及限價委託之標準外，投資人在價格、時間優先之競價原則下，為搶成交先機，勢必於買進時委託較高價格；賣出時委託較低價格，若頻繁使

---

[16] 台灣證券交易所營業細則第58條第1項規定「電腦自動交易之買賣申報，限當日有效」，收盤後未成交之委託即失效。

[17] 台灣證券交易所股份有限公司施行細則第79條。

用確會對股價之形成造成影響，甚至可能引起股價過度波動現象，我國市場限價委託，投資人已使用習慣，若驟然新增過多委託類型，散戶投資人一時恐無法適應，然為降低限價委託對市場之影響，並追求國際接軌，推動改善我國市場委託種類以滿足投資人更多下單策略之需求，筆者認為未來我國市場擬增加委託種類時，宜採漸進方式推動，鑑於市價委託及限價委託已屬國外證券市場基本委託型態，我國市場新增種類時，市價委託應屬首選項目，至於其他由市價及限價委託附加他種交易條件所形成之種類中，例如「全數成交或取消委託」、「立即成交或取消委託」、「限價委託盤中未成交收盤時轉為市價委託」、「市價委託於成交後未成交部分轉為該成交價之限價委託」「開、收盤委託」及「均價委託」等較複雜之類型，目前尚不宜提供投資人使用。

在討論相對委託價格相同性之問題時，應特別注意掌握相對委託本於虛偽交易之特質，行為人透過虛偽之交易紀錄以造成交易活絡之假象來間接影響價格，而非直接介入增加市場之供給或需求。因之有關約定價格部分，並非指共同謀議相同價格，因以相同價格委託買進或賣出，反而不易成交，故此所謂之約定係指在促成成交之情況下所為之委託買價及賣價之約定，至於真正成交價格只要與約定價格差距非過大，即可認定為相對委託操縱行為之約定價格，至其具體之認定標準仍須綜合一切情形作個案判斷。

美國1934年證券交易法第9條第1項第1款（Section 9(a)(1)）規定，相對委託必須具備「實質上相同價格」（at substantially the same price），換言之，相對委託之構成要件以行為人與他人共謀而為相對委託之買賣，所共通謀議者主要為價格及時間，並進行相反之交易，至於數量是否須相同則非所問。價格部分並非指共同謀議相同價格，因以相同價格委託買進或賣出，反而不易成交，故在美國法上所稱之約定係指在促成成交之情況下所為之委託買價及賣價之約定，上述認定標準可作為我國在個案綜合判斷是否具價格同一性時之參考。

四、約定同時買進、賣出之數量是否必須完全相同？

依我證券交易法第155條第1項第3款規定：「意圖抬高或壓低集中市

場某種有價證券之交易價格，與他人通謀，以約定價格於自己出售，或購買有價證券時，該約定人同時爲購買或出售之相對行爲者」，相對委託操縱行爲就交易數量要件而言，前述法規中並未提及，相對委託操縱行爲僅要求時間與價格之相同性，關於此點，我證交法與日本證交法相同，並未對交易數量規範，但在解釋上應認爲係包括與該有價證券之價格形成，有關之一切買賣交易，具體而言，只要係指交易量。美國1934年證券交易法第9條第1項第1款（Section 9(a)(1)）規定，相對委託操縱行爲必須具備「實質上相同數量」（an order or orders of substantially the same size）要件[18]。

就數量之相同性而言，一般實務及學者論著多認爲委託數量，如相差不多，似應構成相對委託[19]，另日本學者田中誠二及堀口亙諸人亦持相同見解[20]，基於證券市場價格及時間優先原則，有時無法就買進、賣出申報之全部數量成交，一般實務上認爲買進和賣出數量大致相近之範圍內即可成立相對委託。綜言之，相對委託之構成要件以行爲人與他人共謀而爲相對委託之買賣，所共通謀議者主要爲價格及時間，並進行相反之交易，數量是否須完全相同則非所問，以其所成交之大致相近數量範圍內即可構成相對委託操縱行爲。

柒、「相對委託」操縱行爲刑事責任之主觀不法構成要件

證交法第155條第1項第3款規定：「意圖抬高或壓低集中市場某種有價證券之交易價格，與他人通謀，以約定價格於自己出售，或購買有價證券時，該約定人同時爲購買或出售之相對行爲者」。此即一般所稱之相對委託。一般而言，刑法之構成要件通常係主、客觀要件相符，亦即主觀要件所要求之內容與客觀要件所規範之事實相當，主觀要件之要求以故意爲已足，而該構成要件該當之先決條件必須主觀要件涵蓋所有之客觀事實情

---

[18] 同註4。

[19] 林光祥，證券市場操縱證券價格之法律防制，台大碩士論文，77年6月。

[20] 田中誠二、堀口亙，證券取引法，1990年1月全訂版，勁草書房，549頁。

狀。相對委託操縱行為，行為人在主觀上需具備「抬高或壓低集中交易市場某種有價證券之交易價格」之意圖，始足構成本款之犯罪。抬高或壓低價格，在概念上，主要在使他人對關於該有價證券之買賣交易等狀況發生誤解，進而使他人誤以為該有價證券之買賣交易為真正熱絡，一般而言，意圖鎖定有價證券價格或使之波動等，使價格有人為之變動或不變動，即符合本款之主觀目的；此外只要行為人刻意針對某種有價證券之交易價格為人為拉抬或壓低為已足，並非對整體市場價格拉抬或壓低為必要。至價格之高低，應指在自由市場機能供需競價產生之合理市場價位而言，並非指有價證券公司之淨值價位。

至上述主觀要件應如何認定，亦即行為人是否具備此主觀目的，其為相對委託操縱行為是否得以成立之關鍵，學說上認為非以此目的而為虛偽買賣者，應無成立之可能，因為在舉證上，意圖較無法直接證明，一般皆從情況證據加以推定。只要能證明虛假買賣之客觀行為，即足已推斷行為人具有該主觀目的，如行為人否認其非以本目的而為假性之買賣，渠即有提出反證之義務。此外，如能推定行為人有使他人對關於該有價證券之買賣交易等狀況發生誤解之主觀目的，則行為人行為時是否有其他目的併存，併存目的間之主從關係、行為人主觀上是否認識到該行為之違法性，應不影響本罪之成立。

在現行刑法犯罪體系上，構成要件該當性之層次，除客觀構成要件該當之外，尚須具備主觀構成要件，在故意犯罪之型態中，主觀構成要件要素，包括構成要件的故意與意圖，即故意與意圖共同組成意圖犯中之主觀構成要件。故意係對於構成要件所描述之情狀有所認識，並且有實現構成要件之意願，亦即行為人對於實現客觀構成事實的認知，與實現不法構成要件的意欲，構成要件故意，依其對於犯罪事實認知與意欲的強度，可以分成直接故意與間接故意[21]。

---

[21] 直接故意是指，行為人對於構成要件該當結果之發生，確有預見，並決意以其行為，促使預見結果之發生。刑法第13條第1項規定：「行為人對於構成犯罪之事實，明知並有意使其發生者，為故意。」即屬直接故意。間接故意指行為人主觀上，雖預見其行為有實現構成要件之可能性，但竟不顧此危險性之存在，而實施其行為，即使該行為果真實現法定構成要件，亦在所不惜，其知和欲的強度相當。刑法第13條第2項對間接

　　意圖是指行為人內心上希求達到不法構成要件所明定之犯罪目的，而著手於客觀構成犯罪事實之實現。意圖係以目導向，而致力於構成要件所規定結果實現之一種內在傾向，是具有獨立性之主觀構成要件要素[22]，在刑法體系中，意圖屬於故意、過失以外另一種主觀構成要件要素，而構成要件故意，是故意犯中主觀構成要件之核心，一般主觀構成要件該當與否問題，只要就故意做檢驗即可決定，只有在意圖犯之情形，才會對意圖作審查，故可謂意圖是某些特別犯罪類型中必須額外檢驗之主觀構成要素，屬於特殊主觀構成要素。

　　故意與意圖雖同屬主觀構成要件要素，但二者之概念卻不相同，在刑法構成要件上，意圖犯是一種主、客觀要件不一致之類型。換言之，是一種主觀要件多於客觀要件之類型。依多數學者看法[23]，故意是針對客觀構成事實之知與欲；意圖則是指行為人所以故意實現客觀構成要件之目的，亦即是行為人以實現構成要件為手段，所欲達成之目的。換言之，意圖並非故意，而是一種有別於故意之主觀構成要件要素，它是故意以外之要素。在意圖犯之類型中，縱使行為人主觀上具有實現客觀犯罪事實之認知與願望，若欠缺所要求之特定意圖，主觀構成要件仍不該當。

　　此外意圖與動機之概念亦不相同，動機是指引起外在行為之內在原因，係一種行為人主觀上之心理事實，動機屬於量刑上之參考依據[24]，但對於構成要件該當與否的判斷並無影響。意圖則如前述屬於故意以外的一種主觀構成要件要素，在意圖犯之類型，若欠缺特定意圖，則不成立該類型之犯罪。綜言之，在侵害財產法益的意圖犯類型，主觀構成要件於故意之外，另設有特殊意圖要件，因主觀構成要件內涵之增加，相對使其可罰性之具體事實範圍限縮，因此，意圖屬於一種主觀處罰條件，其作用在於限縮構成要件之適用範圍，在意圖犯類型中，若欠缺所要求之特定意圖，

　　故意規定為：「行為人對於構成犯罪之事實，預見其發生而其發生不違背其本意者，以故意論。」

[22] 參考張麗卿，刑法總則理論與運用，神州公司，2001年二版；林山田，刑法通論，作者自行出版，2005年9月九版。

[23] 參考鄭逸哲，法學三段論下的刑法與刑法基本句型，自行出版，2005年5月初版；柯耀程，變動中的刑法思想，元照公司，2001年9月二版。

[24] 刑法第57條第1款。

縱使行為人對於客觀犯罪事實，有非常強烈之知與欲，主觀構成要件依然不該當，該行為不成立犯罪。

在實務上，如有投資人因相互轉讓之必要，不違反證券交易法第150條所謂場外交易之規定，得經由上市證券鉅額買賣[25]及盤後定價交易買賣[26]，經由證券集中交易市場分別申報買賣證券鉅額買賣並不影響該證券在集中市場之行情變動，因為依據上市證券鉅額買賣辦法第12條規定，申報及成交之證券價格均不作為當日之開盤、收盤價格，亦不得作為最高、最低行情之紀錄依據，同時又能滿足大額轉帳之需求，亦提供投資人參與鉅額買賣之機會，提高投資人操作之靈活度。至盤後定價交易買賣，係於交易日當日下午二時三十分採電腦自動交易，並以申報當日收盤價格為成交價格，對市場之行情毫無影響。上述二種方式之交易，因皆無意圖影響市場之主觀犯罪目的，故不成立本罪。

捌、「相對委託」操縱行為之刑事處罰

依我證交法規定，觸犯證交法第155條第1項、第2項各款操縱行為（含相對委託）者，處三年以上十年以下有期徒刑，得併科新台幣一千萬元以上二億元以下罰金。另犯前述之罪，如其犯罪所得金額達新台幣一億元以上者，處七年以上有期徒刑，得併科新台幣二千五百萬元以上五億元

---

[25] 鉅額買賣依臺灣證券交易所股份有限公司上市證券鉅額買賣辦法（民國94年01月28日修正）第2條規定係指：一、單一證券鉅額買賣，係指一次申報買進或賣出同一上市證券數量達五百交易單位以上者。二、股票組合鉅額買賣，係指一次申報買進或賣出上市股票種類達五種以上，且總金額達一千五百萬元以上者。
未達前述第一款之情形而其一次申報買進或賣出總金額達一千五百萬元以上者，亦得為單一證券鉅額買賣。

[26] 盤後定價交易依臺灣證券交易所股份有限公司盤後定價交易買賣辦法（民國91年05月08日修正）規定，盤後定價交易由證券商受託或自行買賣，於下午二時起至二時三十分止申報，限當日有效。盤後定價交易買賣申報之數量，應為一交易單位或其整倍數；一次買賣同一有價證券之數量，不得超過四百九十九交易單位。盤後定價交易買賣申報之撮合成交，係於當日下午二時三十分採電腦自動交易，並以申報當日收盤價格為成交價格。

以下罰金。此外，於犯罪後自首，如有犯罪所得並自動繳交全部所得財物者，減輕或免除其刑，並因而查獲其他共犯者，免除其刑。另在偵查中自白，如有犯罪所得並自動繳交全部所得財物者，減輕其刑；並因而查獲其他共犯者，減輕其刑至二分之一。至其犯罪所得利益如超過罰金最高額時，除得於所得利益之範圍內加重罰金外，如損及證券市場之穩定者，更得加重其刑至二分之一。此外其因犯罪所得財物或財產上利益，除應發還被害人、第三人或應負損害賠償金額者外，以屬於犯人者為限，沒收之。如全部或一部不能沒收時，追徵其價額或以其財產抵償之[27]。

---

[27] 93年行政院鑒於國內金融市場陸續發生重大舞弊案件，不僅造成國家整體金融環境衝擊，影響金融體系安定，其所造成之損害或謀取之不法利益，動輒數以億元計，甚至達數十億、上百億元，對此類重大金融犯罪行為，實有衡酌其影響層面，適度提高其刑責，以嚇阻違法之必要。有鑑於國內重大金融犯罪有日趨增加之趨勢，歸其主因與現行法規之刑罰及罰金偏低不無關聯，尤其當犯罪所得遠大於其受懲代價時，無形中更增加了犯罪之誘因。此外，依刑法第42條之規定，無力完納罰金者，得易服勞役，而依其規定，易服勞役之期限不得逾六個月，致形成犯罪之人縱被科處巨額罰金，如無力完納時，也只需易服勞役六個月的不公平現象，刑罰之客觀性與合理性也迭遭社會質疑。

為建構高紀律、公平正義之金融環境並健全金融市場之紀律與秩序，依據行政院金融改革小組積極預防金融犯罪相關具體改革建議，乃全方位研修各金融法規之相關罰則，包括提高刑罰及罰金，延長易服勞役之期間，並對重大之犯罪行為加重其刑等，茲將該次有關證券交易法修正重點分述如下，俾便讀者瞭解何以操縱行為刑處如此嚴屬：

一、增訂對犯罪所得達新台幣一億元以上之重大金融犯罪案件提高刑責：（修正條文§171 II）銀行法、金融控股公司法、票券金融管理法、保險法、信託業法、信用合作社法及證券交易法，對前開重大金融犯罪之刑罰，均提高為處七年以上有期徒刑，得併科新台幣二千五百萬元以上五億元以下罰金。

二、考量罰責之衡平性，前開七項金融作用法均依下列原則，修法提高刑責：（修正條文§171）
　(一)刑期三年以上十年以下者，罰金上限訂為新台幣二億元，下限訂為新台幣一千萬元。
　(二)刑期七年以上者，罰金上限訂為新台幣五億元，下限訂為新台幣二千五百萬元。

三、前開七項金融法規均增訂於犯罪後自首，如有所得並自動繳交全部所得財物者，減輕或免除其刑，因而查獲其他共犯者，免除其刑；在偵查中自白，如有所得並自動繳交全部所得財物者，減輕其刑，因而查獲其他共犯者，減輕或免除其刑之規定。（修正條文§171 IV）

四、前開七項金融法規均增訂因犯罪所得財物或財產上利益，除應發還被害人或得請

玖、「相對委託」操縱行為案例研討

相對委託之案例在實務上甚少見，民國81年9月發生之厚生公司鉅額違約及炒作案，其中有部分之行爲涉及相對委託，茲簡述如下：

一、犯罪事實

81年5月間雷伯龍經某證券公司副總經理馬○○及顧問周○○居間介紹認識厚生公司董事長徐正冠，董事徐正新、徐正材、徐正群、徐正己、徐正泰，由於厚生公司股票上市後股價下跌，該公司股東護盤致有鉅額虧損，當時該公司正準備辦理增資，如其股票價格跌至承銷價五十八元以下，則增資案將無法通過，該公司爲抬高厚生股票價格，遂由徐正新代表於81年5月15日及19日二度與雷伯龍見面，通謀約定徐正新出售厚生股票時，雷伯龍同時以約定價格爲購買之相對行爲。81年5月16日徐正新依約在證券交易公開市場使用其人頭戶林某等人之帳戶，以每股七十二元股價賣出厚生股票二千張，由雷某以其在國華證券公司人頭戶王某名義買入一千五百張，再以漲停價買入一千張。另同日，徐正新又以每股六十二元，未經集中交易市場，私下轉讓二千張，同月19日再以每股七十元，未經集中交易市場，私下轉讓四千張，由雷伯龍開立支票支付股款，經提示兌現後存入徐正冠、徐正新等人帳戶。經分析81年5月1日至9月8日厚生股票價量變化，及被告雷伯龍於國華等證券公司人頭戶之交易情形，發現厚生股價於5月1日至5月15日期間，約在70至75.5元之價格波動，平均日成交量爲一四三六張，五月十六日起，該股價則自74.5大幅上漲，至9

求損害賠償之人外，屬於犯人者，沒收之；如全部或一部不能沒收時，追徵其價額或以其財產抵償之規定。（修正條文§171Ⅵ）

五、前開七項金融法規均增訂規定：所科罰金達新台幣五千萬元以上而無力完納者，易服勞役期間爲三年以下，其折算標準以罰金總額與三年之日數比例折算；所科罰金達新台幣一億元以上而無力完納者，易服勞役期間爲五年以下，其折算標準以罰金總額與五年之日數比例折算。（增訂條文§180-1）

六、修正證券交易法增訂企業相關人員及會計師出具不實財務報告或簽證報告，處一年以上七年以下有期徒刑，得併科新台幣二千萬元以下罰金及主管機關對會計師得予以停止執行簽證工作。（修正條文§174）

月8日且高達370元，漲幅為承銷價格58元之5.3倍。另依相關資料證實雷伯龍與徐正新確有通謀以約定價格於自己出售或購買有價證券時，使約定人同時為購買，或出售之相對委託行為。

　　檢察官認為被告雷伯龍、徐正新意圖抬高股價，通謀以約定之特定價格、數量，在同一日內透過集中交易市場相對買賣或未經集中交易市場，私下轉讓上市厚生公司股票，違反證交法第155條第1項第3款、第150條之規定，犯有同法第171條、第177條第1項第1款罪嫌。被告周○○幫助雷伯龍、徐正新以約定價格、數量、日期為相對買賣股票及未經集中交易市場買賣股票，為幫助犯。

　　厚生公司股票之炒作，係經周○○居間，由雷伯龍與徐正新共同謀議後進行，被告徐正冠、徐正材、徐正群、徐正己、徐正泰五人與徐正新雖係兄弟關係，但兄弟各分別經營不同公司，本案買賣之厚生公司股票屬風和投資公司所有，而該公司乃屬徐正新所掌理之業務範圍，由徐正新擔任總經理，全權處理該公司經營之證券及其他投資事業，其他兄弟僅掛名董事長或董監事職務，本於分業經營及充分授權，未加過問股票交易事宜，被告徐正冠等五人未參與共謀，縱徐正新將賣股票所得價款分為支票十二張，交給風和投資公司之股東即家族十二成員，尚難推定取得支票即可認定其中五成員即被告徐正冠、徐正材、徐正群、徐正己、徐正泰五人共犯證交法第155條第1項第3款罪嫌，因而對徐正新以外之其餘兄弟為不起訴處分[28]。

二、雷伯龍與徐正新間之交易是否為「相對委託」之探討？

　　相對委託與沖洗交易皆為虛偽交易，相對委託主要目的是要製造交易紀錄而非買賣證券，故其為相對委託之雙方所持有之證券種類、數量均不變。但是本案徐正新81年5月16日在集中交易市場賣出二千張，雖然雙方約定之時間、價格、交易數量均相同，但雷伯龍取得股票後，係將其作為炒作籌碼，未再透過集中交易市場或私下直接再將同數量之厚生公司股票賣還徐正新，雷伯龍手中持有厚生公司股票二千張，而支出一億四千四百

---

[28]　台北地檢署81年偵字第22964號。

萬元買賣款，徐正新減少二千張厚生公司股票，而獲得一億四千四百萬元價金，二人所持有之證券數量已因買賣而互消長，事實上應為實際交易，並非虛偽交易，既然非虛偽交易，自不符相對委託之構成要件，應論以證交法第155條第1項第4款之共同正犯。此外，當時在認定上如將雷伯龍與徐正新二人認定為同一實質所有權人，則可能認定係不移轉實質所有權而認定為虛偽交易中之沖洗買賣（目前已廢止）。然依本案認定之事實觀之，雷伯龍與徐正新二人顯非同一實質所有人，應無沖洗買賣之嫌。

　　本案主管機關函送檢調單位偵辦時，均未精準掌握相對委託應無證券實質所有權移轉之本質。徐正新於81年5月16日，在集中交易市場，以約定價格每股七十二元出售二千張厚生公司股票，雷伯龍則以他人名義為買入之相對行為，其交易均為真正交易，並非虛偽交易，其犯罪行為與相對委託操縱行為無關，因之厚生案纏訟十餘年後，最高法院於94年2月僅將雷伯龍等人違約交割案判決讞，違約交割判處徒刑一年[29]，至徐正新等炒作厚生股價部分，仍發回高院更審中。

三、股票私下轉讓是否構成相對委託操縱行為？

　　目前市場上主力炒作股票，多事先向特定上市公司之董、監事、經理人或大股東轉帳取得大量該公司股票，藉以操作市場供需。轉帳可分為檯面上及檯面下，前者係透過集中交易市場，約定時間、價格及數量為相對買賣，此為證交法所禁止行為；後者係未經集中交易市場而私下轉讓之行為，於直接、私人間之交易，非如集中交易市場，係間接、非私人間之交易。股票私下轉讓本身並不能在集中交易市場創造交易紀錄，縱私人間主觀上有操縱之意圖，然股票私下轉讓之本身非虛偽交易，尚不符相對委託之要件。

　　股票私下轉讓與相對委託間實具有密切不可分之關係，二人間透過

---

[29] 厚生炒股案有關違約交割部分，最高法院於94年2月24日駁回雷伯龍等人的上訴，依雷伯龍在台灣高等法院更三審的判決，違約交割判處徒刑一年，檢方發出傳票，傳喚雷伯龍於4月8日到案執行。雷伯龍91年2月以四百萬元交保赴美一直未歸，檢方於94年6月10日對雷伯龍發布通緝，並聲請沒入四百萬保釋金。

集中交易市場之某筆交易，隨即以同數額反向私下轉讓，此時該二人所持有股數仍維持不變，亦即實質所有權不變，自可認定該二人在集中交易市場之交易為相對委託，此時雙方持有股數不變，卻達到製造虛偽交易之效果，因之無論是先私下轉讓，再經集中交易市場為反向之買賣，或先經集中交易市場買賣，再私下返還，如二人各自擁有之證券種類及數量不變，應仍可成立相對委託。

拾、證券管理法規制定應有之立論基礎（代結論）

　　證券市場之公平性[30]與效率性一直是各國證券管理機關努力追求之目標。隨著金融市場整合性、波動性與複雜性之提升，以及投資人不理性行為之不斷產生，致使各國證券管理機關不斷地制定與修正各型市場機制，俾尋求一公平性與效率性之動態平衡；惟相關管理法規對於公平性與效率性之意義，常因市場投資者立場與角度不同存有若干爭議，一般而言，若投資者真如傳統經濟或財務模型中假設之理性投資人，即使其偶有不理性行為，亦是危機發生，或可經由市場價格機制之動態調整，而使股價不致有長期偏離基本內在價值之演出，則在此模型奠基之效率市場下，是否仍需增加限制市場機制之規範，常令人有破壞證券市場效率性之疑慮。證券市場之公平性應使證券交易出於自願而非欺詐，且交易仰賴之資訊應非虛假，故所有投資人應有相同之資訊，俾免於認知偏誤，因之為保護較不具專業性與資訊優勢，又常缺乏理性與自我控制力之弱勢散戶投資人，避免

---

[30] Shefrin, Hersh, and Meir Statman, "Ethics, Fairness and Efficiency in Financial Markets" Financial Analysts Journal, 1993, pp.21-29.

公平性（Fairness）泛指使投資人之權益免於受侵犯，其應包括下列各項：

1.免於誘騙與欺詐（free from coercion）

2.免於代表性偏誤（free from misrepresentation）

3.相等的資訊（equal information）

4.相等的交易與資訊處理能力（equal processing power）

5.免於衝動（free from impulse）

6.效率的價格（efficient price）

7.相等的議價能力（equal bargaining power）

其隨股市劇烈震盪而面臨較高的風險與損失，相關證券管理規範順勢而產生，長久以來，證券市場之公平性、公正性與效率性，誠爲各國證券主管機關竭力追求，卻極難平衡與達成之目標，惟藉由上述目標的達成，始可增進投資人對市場之信心，並擴大市場之廣度與深度，進而減少股市之波動性與風險性。然一般投資人畢竟多僅有有限之理性與控制力，常無法理性判斷市場資訊與有效地執行投資策略，故基於人性常具不理性行爲之考量，遂衍生出相關管理措施，期藉嚴謹之法規，維護投資人應有之公平性權益，降低資訊不對稱問題，並可使資訊之傳遞與揭露具正確性與即時性，提升市場之效率性。然繁瑣法規衍生之市場公平性與效率性之爭議，常需依不同市場參與模式、發展程度、不同國情與制度之迭變，而隨時應有新的動態調整方向，如此證券市場始可日臻健全與成熟，國家始具國際金融競爭力。

　　作者在此期盼未來我主管機關在制定或修訂證券市場相關管理規範時，爲達成證券市場公平性與效率性之目的，必須以投資人多具不理行爲之行爲財務學爲基礎，進而闡釋證券市場管理法規制定及修訂之動機，以期爲證券管理法規之設立提供一完整且具有學理性之立論基礎。

（本文2006年6月發表於銘傳大學法學論叢第6期，第1至26頁。）

第十二章
證券交易法第155條第1項第4款處罰股價操縱行為——「不法炒作」刑事責任之探討

壹、前言

　　一個理想之證券市場應如經濟學上所稱之完全競爭市場（perfect competition market），證券市場內股票價格之漲跌取決於市場之供需關係，由投資人自行決定買進或賣出，排除任何人為之干預，如有個別投資人或集團投資人以其個別之力抬高、壓低或維持股票，亦即有所謂操縱股價，將妨礙市場之公正性、公平性及投資人之信賴，影響整體經濟秩序之發展，自有明文禁止之必要。我國證券交易法第155條明文禁止有價證券操縱行為之規定，稱為「反操縱條款」。

　　然89年6月30日立法院諸公卻主動提案刪除證券交易法第155條第1項第2款處罰股價操縱行為「沖洗買賣」之規範[1]，實務上，沖洗買賣之案例在股市操縱行為犯罪中占有相當大之比例，上述規定刪除後，股市炒手又少了一層障礙，對整頓證券市場將產生重大之衝突，值得國人重視[2]。操縱行為除經由前述之虛偽交易外，尚可經由改變證券所有權之實際交易方式（不法炒作）達成，證券交易法第155條第1項第4款規定「意圖抬高或壓低集中交易市場某種有價證券之交易價格，自行或以他人名義，對該有價證券，連續以高價買入或低價賣出者」，即稱之為「實際操縱股價類型

---

[1] 中華民國89年7月19日華總一義字第8900178720號總統令增訂證券交易法第18條之3、第28條之2至第28條之4及第38條之1條文；刪除第80條、第106條及第121條；並修正第3條、第6條、第8條、第15條、第18條之2、第28條之1、第41條、第43條、第53條、第54條、第56條、第66條、第75條、第80條、第126條、第128條、第138條、第155條、第157條、第171條至175條、第177條、第177條之1及第178條條文。

[2] 李開遠，從證券交易法修正論刪除第一五五條有關處罰股價操縱行為—「沖洗買賣」規範之探討銘傳大學新世紀新思維國際學術研討會論文90年3月。

之行為」，不同於證券交易法第155條第2、3兩款之虛偽交易行為，本款之犯罪係以連續之買賣，製造交易熱絡之假象，造成一般投資人誤認行情之漲跌，因而跟進，故有加以規範之必要。在前述沖洗買賣之規範取消後，未來本款「不法炒作」之操縱行為將成為我國證券市場操縱行為犯罪之大宗，然本款文義仍存在諸多「不確定法律概念」，均有待司法機關之判決形成先例，供司法檢調單位蒐證調查及審理之依據。本章專就證券交易法第155條第4款不法炒作之構成要件進行研析，並參考各級法院之判決及檢方之起訴或不起訴處分之實務見解，加以探討，俾對維護證券市場交易秩序有所助益，此為作者提出本章之緣起。

貳、股市操縱行為之意義與性質

所謂操縱行為，即係以人為方法使證券市場供需力量無法發揮其自然調節作用，而將某一證券之價格控制於某一水準，操縱者遂可按此價格出售或買進該種證券；且其出售價格必高於正常供需所決定之價格，而其買進價格則必低於正常供需所決定之價格。操縱者扭曲市場價格機能坐收差額利益，造成新購進者被套牢或新售出者損失，損人利己，其為證券市場違法脫序行為之根源，嚴重影響一國經濟之正常發展，各國證券交易法規為維護證券市場之自由運作與證券市場應有之正常功能，皆明文禁止股價操縱行為，以維護證券市場交易秩序並保護大眾投資人。

操縱行為，字義上脫不出人為干預之範圍，但若僅以人為方式影響股價自然形成作為操縱之內涵似嫌簡略，因市場價格之形成係藉由市場供需而定，股票不同於一般商品市場，主要係股價認定包含投資人主觀認知之因素，且此比例顯較其他商品市場為重，若僅以所謂以人為方式使股價脫離正常價值作為操縱行為之內涵，首先必遭遇何謂證券應有價值之難題，股市之分析非但指基本分析、技術分析，甚或投機因素均須一併評估，再者，因投資人主觀認定各有不同，如何在法律層面區別於操縱性質之買賣以及非屬操縱性質之買賣甚難解決，因之所謂以人為方式影響股價自然形成，雖係操縱行為本質之一，惟仍難涵括全部之概念，此種矛盾，使得操

縱行為之規範在實務運作上顯得模糊而且難解，若偏重彈性化，則不但在刑法層面會出現罪刑法定主義接受挑戰之現象，也因規範對象不知違法所在而引起民怨，若偏於安定性，則又無法符合規範操縱行為之彈性需要而脫離實情，對此衝突與矛盾，實須依賴主管機關與司法界對操縱行為建立正確共識，方能使證券交易法反操縱規範得以確實運作。

另操縱行為本質上亦係投機行為之一種，操縱行為與投機行為不易區分，二者均帶有追求價差利益目的之共通性，除非操縱行為本質上另具備其他不法要素，否則操縱行為本身並不代表任何不法之意義，非必一概可認係違法行為，亦即除非操縱行為已構成過度投機而足以傷害國家經濟體制者外，法律尚難加禁止。

參、股市操縱行為禁止之立法理由

依經濟學供需法則，商品之公平價格取決於供給及需求之均衡點，同理股票之公平價格亦取決於供需關係，然其公平價格之形成，應以市場健全運作為基礎，一旦供需關係受到人為干預，則價格機能勢必受到扭曲，嚴重影響股票市場之公正性及公平性，因此必須立法明文予以禁止，俾保護一般善意投資大眾，基於上述意旨，我國證券交易法於民國57年制定當時，即參照美國1934年證券交易法（Securities Exchange Act of 1934）第9條第1項[3]及1948年日本證券交易法第125條[4]及我國當時之交易所法第

---

[3] 美國1934年證券交易法

第9條　操縱證券價格之禁止

一、任何人直接或間接利用郵政或州際通商之工具或媒介，或全國性證券交易所之設備，或全國性證券交易所之會員，為下列行為之一者，均屬違法：

　(一)意圖使在全國性證券交易所登記之有價證券，產生不真實或足以令人誤解其買賣達於活絡狀態，或對於該有價證券市場產生同樣誤解情形，而為下列行為之一者：

　　1.完成交易而不移轉該有價證券之真實所有權者。

　　2.購買或委託購買某種有價證券，明知同一人或他人於同時以同數量同價格出售，或委託出售同一有價證券者。

　　3.出售或委託出售某種有價證券，明知同一人或他人於同時以同數量同價格購

買，或委託購買同一有價證券者。

(二)單獨或共同與他人對在全國性證券交易所登記之有價證券，作連續交易，以造成該有價證券交易活絡之表象，或抬高或壓低其價格，以遂其誘使他人購買或出售該有價證券之目的者。

(三)證券自營商或證券經紀商或他人，買賣或委託買賣在全國性證券交易所登記之有價證券，為誘使他人買賣該證券，透過通常業務關係散布流言，以某人或某數人在市場上之行為，足以影響該項證券價格之漲跌，而達成其企圖該證券價格上升或下降之目的者。

(四)證券自營商或證券經紀商或他人，買賣或委託買賣在全國性證券交易所登記之有價證券，為誘使他人買賣該有價證券而對事實真象作虛偽不實或足以令人誤解之陳述，且行為人明知或確信其陳述為虛偽不實或足以令人誤解者。

(五)證券自營商或證券經紀商或他人，買賣或委託買賣在全國性證券交易所登記之有價證券，為誘使他人買賣該有價證券，自該證券自營商或證券經紀商或他人處接受報酬而散布流言，以某人或某數人在市場上之行為，足以影響該項證券價格之漲跌，而達成其企圖該證券價格上升或下降之目的者。

(六)單獨或與他人共同對在全國性證券交易所登記之有價證券作連續買賣，企圖釘住、固定或穩定該有價證券之價格，而其方法違反證券管理委員會為維護大眾利益及投資人權益所制訂之各項命令及規則者。

4　日本證券交易法

第125條　虛偽買賣、操縱行情等之禁止及安定操作之限制（1996年第125條刪除，現改列於第159條）

一、無論何人不得以致使他人誤解證券交易所上市有價證券之買賣交易為繁榮，或以致他人誤解有價證券買賣交易狀況為目的，而為左列各款之行為：

(一)不移轉權利之虛偽買賣。

(二)預先與他人通謀，約定於自己出售之同時，由他人以同一價格購買該有價證券。

(三)預先與他人通謀，約定於自己買進之同時，由他人以同一價格購出售有價證券。

(四)前列各款之委託或受託。

二、無論何人，不得以引誘他人在有價證券市場買賣有價證券為目的，而為左列各款之行為：

(一)單獨或與他人共同意圖使人誤解有價證券之買賣交易達於熱絡情況，或意圖影響行情而連續買賣，或委託受託買賣。

(二)散布某種有價證券之行情，將因自己或他人之市場操作，而熱絡情況變動之流言。

(三)關於該有價證券之買賣交易，就其重要事項，作虛偽表示或故意作引人誤導之表示。

三、無論何人，不得單獨或與他人共同違反政令之規定，意圖故定或安定有價證券之行情，而在有價證券市場連續買賣，或委託或受託連續買賣。

52條證券商管理辦法第57、58條等規定訂定本法第155條[5]，明文禁止股票市場之操縱行為，77年證券交易法全盤修訂時，增訂第2項將本條適用範圍擴及店頭市場，及第三項增加行為人應負之民事責任。

　　股價操縱行為係一種常見之經濟犯罪行為，其特徵在行為人意圖謀取不法利益，利用法律與經濟交易所允許之經濟活動空間，濫用經濟秩序賴以存在之誠信原則，違反直接或間接規範經濟功能之有關法令，而產生足以危害正常經濟活動及干擾經濟生活秩序之違法行為。經濟犯罪本質上屬於專業刑法，通常規定於附屬刑法中，而不單獨另立刑事刑法，此乃其立法形式上之特色，證券交易法第171條規定違反同法第155條第1項第2項之規定者，處三年以上十年以下有期徒刑，得併科新台幣一千萬元以上二億元以下罰金。其立法意旨，主要保護法益為國家經濟秩序或整體經濟結構之安全以及參與經濟活動者個人之財產法益，目的在保護證券市場機能之健全，並保護投資人之利益。

肆、股市操縱行為之類型分析

　　證券交易法第155條規定對於在證券交易所上市之有價證券，不得有下列各款之行為：

　　一、在集中交易市場報價，業經有人承諾接受而不實際成交者或不履行交割，足以影響市場秩序者。（違約交割）

　　二、在集中交易市場，不移轉證券所有權而偽作買賣者。（沖洗買賣）（89年6月30日證券交易法修正刪除）

　　三、意圖抬高或壓低集中交易市場某種有價證券之交易價格，與他人

---

[5]　交易所法第52條「意圖變動交易所之市價，而散布流言或行使詭計或施暴或加脅迫者，處二年以下之徒刑，或六千元以下之罰金。」；證券商管理辦法第五十七條「經紀人不得為自由或代理他人，作左列各款之行為：一、無實際成交意思而空報價格；二、通謀不作實際交割之買賣；三、含有沖銷性之買賣；四、對某種證券不斷以高價買入或以低價賣出，意圖造成利己之供求趨勢或價格變動；五、直接或間接參加其他有計劃之操縱壟斷行為。」；證券商管理辦法第58條「經紀人不得散播謠言，影響市場。」

通謀，以約定價格於自己出售，或購買有價證券時，使約定人同時為購買或出售之相對行為者。（相對委託）

　　四、意圖抬高或壓低集中交易市場某種有價證券之交易價格，自行或以他人名義，對該有價證券，連續以高價買入或以低價賣出者。（不法炒作）

　　五、意圖影響集中市場有價證券交易價格，而散布流言或不實資料者。（散布流言）

　　六、直接或間接從事其他影響集中交易交場某種有價證券價格之操縱行為者。（概括操縱行為）

　　操縱股價行為係證券交易法第155條之討論重點，惟該條對此操縱行為並未加以定義，僅於第1項第1款至第5款採定型化之規定，第6款採概括之規定涵蓋所有可能發生之操縱行為，以免因採列舉規定而發生掛一漏萬之現象。本章謹就前述6款操縱行為中之「不法炒作」操縱行為加以探討。

伍、「不法炒作」操縱行為之定義與立法意旨

　　證券交易法第155條第1項第4款「意圖抬高或壓低集中交易市場某種有價證券之交易價格，自行或以他人名義，對該有價證券，連續以高價買入或以低價賣出者」之規定，主要係禁止在市場上之真實交易所進行之市場操縱行為。上述本款所禁止之行為即俗稱之不法炒作，係仿自美國1934年證券交易法第9條第1項[6]及日本證券交易法第125條第2項之規定[7]，惟本款規定並未如美、日法律將以誘使他人買賣有價證券之目的為其構成要件。其構成要件之主觀犯意，只要行為人有影響市場之意圖即可，並無同時須有誘使他人產生買賣之犯意，以此推論，本款處罰範圍過大，犯罪構成要件有欠嚴謹，對證券投資者似有未妥，但本款之立法目的原為禁止藉連續買賣以抬高或壓低某種有價證券之價格，進而誘使他人買進或賣出

6　參考註3。
7　參考註4。

之行為，故未來修法時，本款宜比照美、日立法例，增列誘使他人購買或賣出之條件，俾符合本款之真意。

　　本款意圖操縱交易價格而連續高買或低賣，立法意旨係因同時大量購入或出售為一般投資大眾所無法參與，為避免特定行為人以有限持股刻意營造物稀為貴或物多為賤之假象哄抬或壓低股價，詐使不知情之投資大眾率予跟進跟出，遂懸此禁例以防止引誘投資大眾作出錯誤決定從中牟利，影響證券交易市場。一般而言，不法炒作操縱行為係由犯罪行為人事先籌備大筆炒作金，並鎖定某種具炒作潛力且易於操作之特定股票，暗中利用不同帳戶在市場吸足籌碼，其後則配合各式炒作題材連續進場拉抬股價，製造多頭行情，以誘使投資人跟進追漲，使其股價一路飆漲攀升，偏離同時間同類股，大盤加權股價指數及走勢，俟股價上漲至一定高價時，暗中趁熱潮於高檔釋出持股，甚而融券賣出放空，此時交易量明顯放大，股價呈現劇烈震盪，行為人出清持股後，交易量萎縮，股價喪失支撐旋即暴跌，等股價回跌再趁低回補吃貨，以為下次炒作之籌碼，以此「養」、「殺」、「套」、「補」循環方式操縱股價，從上漲及下跌中，兩面獲利。

　　不法炒作自其行為態樣及達成不法操縱目的之所需資源而論，恆須出自持股較多之人，至於一般散戶追逐價格跟進跟出，依上述說明原屬本法條法律所欲保護之對象，倘不能積極證明其有抬高或壓低交易價格之意圖，尚難徒憑追高追低之外在交易事實遽行繩以不法操縱證券市場之罪刑。

　　目前集中交易市場電腦撮合採用價格優先原則，而買賣報價又有漲跌停板之限制，且委託申報須採限價申報，禁止市價申報，致正當投資人本於正當理財決策，如欲取得優先買進或賣出成交之機會，即須以漲跌停板價格申報，此已成為證券交易市場上之交易習慣，因此只要投資人並無操縱價格之意圖，縱使股價因其正當連續大量高買低賣而漲跌，亦係交易制度所致，並非投資人之本意，以此予以處罰，似有失公平。本款所禁止之行為，為目前證券主管機關移送法辦案件中最大比例者，由於制度設計之故，致投資人易誤觸本款規範，故外界對本款多所批評，甚至要求廢除。本法第155條立法目的在維護市場供需及價格形成之自由機能，故須其行

為故意危害此一機能者，始應受處罰，然現行規定，不論其結果有無致使價格上漲、下跌或交易活絡均予處罰，似有未當，故本款宜將現行抽象危險犯改為結果犯[8]，同時對能證明其連續買進或賣出之交易有正當理由與必要者排除在本款禁止行為之外，以免阻礙正當投資意願，影響經濟活動。

　　刑事法體系係以法益為其核心，其目的即在保護法益，若無法益受到侵害或危險，即不應課以刑罰，故研究操縱行為之意義，自不能不顧及法益之問題。而其他操縱行為刑事責任之相關問題，例如構成要件、阻卻違法及阻卻責任事由、規範之詮釋、量刑等問題，均和其所保護之法益有直接或間接之關係，惟能夠對反操縱條款之保護法益問題有徹底瞭解之前提下，才能以此作為解決其他相關問題之基礎。證券交易法之立法目的在發展國民經濟，並保障投資，而反操縱條款係以自由市場為理論基礎，故其保護法益乃在維護證券市場機能之健全，俾維持證券交易秩序並保障投資人，換言之，保護之法益包含超個人之社會公共利益及個人之財產利益。然此所謂保障投資人，並非以防止投資人因證券交易而受損失，或確保其能獲得一定利益為目的，證券投資其本質上即具有投資風險，就投資人以其個人之判斷所進行之證券投資，證券交易法並非保障其能獲取一定利益或填補損失為目的，而是以確保投資人能為公平證券交易之機會。保障投資人為反操縱刑事規範之首要保護法益，投資人如缺乏適當之保障，則投

---

[8] 通說認為，所謂「抽象危險」與「具體危險」皆為「實害」之前階段，也是一種將刑法處罰前置的立法技術，縱使行為尚未產生實害，因為該類行為具有高度危險性，所以立法者將處罰提前，而「抽象危險犯」則是程度上比「具體危險犯」更前階段，也就是離實害之發生更遠。而學說將「抽象危險犯」定義為：「係由立法者依據生活經驗之大量觀察，認為某一類行為對於法益有一般之危險性，故預定該行為有高度危險性，只要行為符合構成要件所描述的事實，即可認定有此危險而無待法官作具體認定，故謂『抽象危險犯』（危險是抽象存在，成為立法理由，而不須具體認定）」，而「具體危險犯」是指「將『危險狀態』作為『構成要件要素』之一，法官必須就個案逐一判斷有無危險，因個案不同故曰『具體危險犯』（危險不是抽象存在，而需要具體個案的判斷）」，「抽象危險犯」有先天性之嚴酷性格，縱使立法上規定為抽象危險犯，實務運作上也會在某些情況下作具體危險審查，為的是限制其處罰範圍，所以在概念運用上也有區分之必要。「抽象危險犯」之困境乃在過於嚴苛而將人輕易入罪，是故以抽象危險犯之立法方式來保護各項法益，已成為刑事政策上有無必要之問題，其將視不同情形而定。

資人之信心無從確立，證券市場之發展亦無從建立。

陸、不法炒作操縱行為之犯罪主體與客體

一、犯罪主體

　　不法炒作之行為主體，無論買方或賣方，其委託證券經紀商為買賣者，若符合不法炒作構成要件者皆可成立[9]，又除行為人外，如利用他人名義買賣者亦可構成，行為主體並無身分之限制，此外，若與他人聯合為連續抬高或壓低價格之操縱者，亦可構成共同正犯或其他共犯型態。在第155條各類操縱行為態樣中，只有本款於77年修正時曾增列「自行或其他人名義」之犯罪主體要件，使得本款之適用更為周延，且使本款之犯罪主體，不致如第155條其餘各款之規定，受制於行紀關係之限制，遇有利用人頭戶等他人名義之情形，亦無須再推論適用間接正犯、共犯等身分理論，且可免於有違背罪刑法定主義之嫌[10]。

---

[9]　91台上字第5205號判決：

按因身分或其他特定關係，而為犯罪構成要件者，固屬刑法第31條所稱之身分犯，惟此應指此類犯罪，以該身分或其他特定關係為其可罰性之基礎而言，否則即無成立之餘地。再依證券交易法第150條前段及第151條之規定，得於有價證券集中交易市場上為上市股票之買賣者，限於訂有使用有價證券集中交易市場契約之證券自營商或證券經紀商，轉向集中交易市場報價，經有人承諾而不履行交割，足以影響市場秩序者，係成立同法第171條之罪之間接正犯。

90台上字第6962號判決：

證券交易法第151條規定，在證券集中交易市場，得為有價證券買賣之報價者，雖限於證券經紀商及證券自營商，為如一般投資人利用證券經紀商在集中市場報價買賣股票，嗣又故意不履行交割義務，而足以影響證券交易市場之秩序，違反證券交易法第155條第1款之規定者，自非不得成立同法第171條之罪之間接正犯。

[10]　現行證券交易法第155條第1項各款條文中，很具體指出在證券集中交易市場為各項交易之行為，換言之，其應罰的行為係在集中交易市場上交易的行為，但在現行的制度下，依證券交易法第151條，真正在集中市場上交易者係證券自營商或經紀商，投資人須透過券商以行紀關係從事證券買賣，從法律外觀關係觀之，在證券市場上從事交易者係證券商，非一般投資人，一般投資人並非直接在證券集中交易市場上為交易之當事人，因之在形式上似無法將投資人納入第155條規範，目前係以刑法上之間接正犯之

二、法人（投信基金、自營商、投信投顧客代客操作）是否可成爲犯罪主體

　　至於法人諸如證券投資信託公司之基金經理人、綜合券商自營部或投信投顧代客操作等實際買賣股票操作之負責人是否亦有「不法炒作」行爲之適用，前述基金經理人或自營部股票操作負責人及代客操作之經理人所爲皆係以公司名義所爲，刑法上犯罪，其行爲之法律上效果應歸屬於犯罪行爲之主體，因犯罪主體應與刑罰主體一致之故，刑法上本不認因他人之行爲而令其負刑事責任，即所謂刑法上個人責任之原則，惟刑法上仍不乏因他人之行爲而負刑事責任之規定，法人之刑事責任即爲其例。法人究竟可否成爲犯罪主體？有無犯罪能力？應否負刑事責任？刑法之目的何在，其處罰之根據爲何，重在責任，亦重在目的，一直是刑法學界爭論之焦點[11]。我國實例向認法人除法律設有處罰之規定外，在實體法上不認爲其有犯罪能力，自不負刑事責任；在程序法上亦不認其具有刑事訴訟當事人能力，即不得以之爲刑事被告，對其提起刑事訴訟。如以法人爲被告起訴，其起訴程序即屬違背規定，應論之不受理判決。因之法人除有處罰之特別規定外，尚難認爲有犯罪能力，即不得爲刑事被告，例如上訴人對某銀行提起自訴，該銀行既屬法人，而所訴之犯罪行爲，法律上又無對於法人處罰之特別規定外，尚難認爲有犯罪能力，即不得爲刑事被告，例如上訴人對於某銀行提起自訴，該銀行既屬法人，而所訴之犯罪行爲，法律上又無對法人處罰之特別規定，第一審不就程序上諭知不受理，進而爲實體上審判，並將銀行之到案經理諭知無罪，顯屬違法[12]。

　　另法人爲刑事被告，除有明文規定外，在實體法上不認其有犯罪能力，在程序法上不認其有當事人能力。故以法人爲刑事被告而起訴，其程序則屬違背規定，應依刑事訴訟法第303條第1款諭知不受理之判決，與

　　概念，證券商僅接受委託而從事買賣，其僅爲投資人利用之工具，其本身並非犯罪行爲人，因之投資人並無法排除責任，證券交易由投資人自行對其行爲負責。

[11] 參考陳樸生，法人刑事責任與我國立法趨勢，刑事法雜誌21卷2期，66年4月。陳樸生，企業犯罪與組織責任，軍法專刊25卷1期，68年1月。林山田，論法人或人合團體之違法制裁，法令月刊，24卷4期，72年3月。

[12] 29年上字第89號判決。

案件不得提起自訴之情形迥異，不容相混[13]。

　　在普通刑法上不設關於法人處罰之規定，因爲刑事犯以處罰其倫理的非難可能性爲前提，法人既欠缺此項可能性，故不承認其具有此類犯罪能力。然對於所謂「行政刑法」領域中，則大都承認法人得爲犯罪之主體，其無非均以違犯行政刑法爲行政犯，倫理色彩淡薄，只要有違反行政規定之違法狀態發生，即應受非難，而將此種非難歸屬於法人。因之在許多行政法規中設有兩罰規定，而對於法人科以罰金刑，實質上已無異承認法人之犯罪能力。但在目前行政犯維持不因他人之行爲而令法人負刑事責任之原則，採個人主義，其處罰對象依現行法規大致可分下列三種：

(一)專罰其行爲人

　　1.證券交易法第179條：法人違反本法之規定者依本章各條之規定處罰其爲行爲之負責人。

　　2.銀行法第125條：違反第29條第1項之規定者處三年以上十年以下有期徒刑得並科新台幣一千萬元以上二億元以下罰金。法人犯前項之罪者處罰其行爲負責人。

　　3.銀行法第126條：股份有限公司違反其依第30條所爲之承諾者，其參與決定此項違反承諾行爲之董事及行爲人，處三年以下有期徒刑，拘役或科或並科新台幣一百八十萬元以下罰金。

　　4.信用合作社法第39條：信用合作社違反第37條準用銀行法第32條，第33條或第33條之2或準用第33條之4第1項有違反規定者，其行爲負責人處三年以下有期徒刑、拘役或科或併科新台幣五百萬元以上二千五百萬元以下罰金。

　　5.信用合作社法第40條：違反中央主管機關依第37條準用銀行法第62條第1項所爲之處置，足以生損害於公眾或他人者，其行爲負責人處一年以上七年以下有期徒刑，得併科新台幣二千萬元以下罰金。

　　前述各金融法規對相關金融機構法人違反各有關規定者，皆處罰其爲該行爲之負責人，而不再對該法人予以處罰，因金融機構業務種類甚多，

---

[13] 54年台上字第1894號判決。

分支機構數龐大，依分工負責權責論處實際行為負責人較為合理，俾免影響金融企業之正常運作。

(二)罰其行為人及法人（兩罰規定）

工廠法第68條至71條、電信法第64條、藥事法第87條、食品衛生管理法第32條、環境用藥管理法第41條、毒性化學物質管理法第31條、野生動物保育法第44條、漁業法第63條、農藥管理法第47條、著作權法第101條等皆規定法人之代表人、法人或自然人之代理人、受僱人或其他從業人員因執行業務犯罪者，除處罰行為人外，對於法人或自然人並課以罰金。

(三)專罰負責人

空氣污染防治法第45條、水污染防治法第36條及工廠法第71條皆規定事業不遵行主管機關依各該法所為停工或停業之命令，處負責人一年以下有期徒刑，拘役或科或並科罰金。

三、法人犯罪主體之認定及範圍

綜合前述，可知在現行刑法理論體系上，仍無法承認法人及其他人合團體之犯罪主體性，因企業犯罪之刑事責任主體即限於從事企業活動之各自然人，然現代企業活動係由多數人相互協力始得進行，因企業活動而產生之犯罪行為，若欲追究刑責，則企業之全體成員，上至企業負責人，下至企業從業人員，均可能涉及，因此在追究企業犯罪責任之主體時，即應先設定適當之範圍，而其界限應定於何處、依據為何及責任主體間是否有共犯關係，均是實際上論究刑責時必須面臨之問題。

就企業組織理論而言，企業政策是透過組織結構而達成，由企業之最高決策者公司負責人領導，經由分層負責，賦予企業主要職員如總經理副總經理等一定權限，使企業為有效之運作。因此，除企業決策人員外，其餘成員參加企業活動，如係基於決策者之命令為之，實際上為企業經營者執行企業政策之工具，故其行為並非出於本人之意思決定，即使客觀上已實現犯罪構成要件之結果，亦與刑法上行為概念不合，應無法成為刑法

評價之對象。此種情況在高度分工之企業中更爲明顯，因此，企業決定權者以外之成員，就企業犯罪之結果，查無構成正犯或共犯之餘地，亦即其並非企業犯罪之行爲人。惟實務上在認定時，仍須就具體案件判斷，依其企業組織架構及權責之劃分，加以判定責任主體之範圍。至企業中之有決策權者，究係何種職位之人，須就個別企業組織之型態認定，非可一概而論，其可能是一人或數人，企業政策經決定後，即交由企業各單位分工執行，決策者本身雖未親自實行行爲，然整個企業活動係依據同一意思決定之企業政策而進行，實際上由企業決策者之意思活動所支配，故企業犯罪結果之實現，亦即企業決策者基於意思決定所爲之犯罪行爲。在有多數人共同決策之場合，因彼此有犯意聯絡及行爲分擔，應成立共同正犯。

在企業活動過程中之違法行爲，如已很明確可認定係某特定個人所爲時，就該違法行爲，即可直接追究該特定行爲人之刑事責任。舉例而言在投信公司如各基金經理人（操盤人）個人有不法炒作操縱行爲，在證券自營商其操盤個人有不法炒作操縱行爲，雖亦可認定其係法人違反法律規定，但因很明確可認定係特定個人所爲，即可依證券交易法第179條規定法人違反本法之規定者，處罰其爲行爲之負責人，亦即可追究該基金操盤人或自營商實際喊盤下單之操盤人，此即該條處罰其爲該行爲之負責人，此處所謂負責人非公司負責人（公司董事長），而係實際爲不法炒作之執行負責者，因之在追究企業法人犯罪之責任主體時，執法者須先就個別案件，依該法人組織結構及權責分工之實際情形，確實掌握企業法人之犯罪特性，明確處罰犯罪行爲人，追究該特定行爲人之刑事責任，而儘量減少干預企業正常運作。

四、犯罪客體

至不法炒作操縱行爲之客體，即係指交易之標的，其包括集中交易市場上市買賣之有價證券，及在證券商營業處所買賣（店頭市場）之有價證券。所稱有價證券，依本法規定係指政府債券、公司股票、公司債券及經財政部核定之其他有價證券。新股認購權利證書、新股權利證書及前項各種有價證券之價款繳納憑證或表明其權利之證書，視爲有價證券。另前

述之有價證券，其未印製表示其權利之實體有價證券者，亦視爲有價證券[14]。

柒、「不法炒作」操縱行為刑事責任之客觀不法構成要件

　　證券交易法第155條第1項第4款規定，對於在證券交易所上市之有價證券不得有意圖影響市場行情，對於某種有價證券連續以高價買入或以低價賣出之罪，目的在維持證券價格之自由化，亦即爲使有價證券之價格，能在自由市場正常供需競價下產生，以保護一般投資大眾，所作對特定人經濟權之限制，故必行爲人主觀上有影響市場行情之意圖，客觀上有對於某種有價證券連續以高價買入或低價賣出之行爲，始克成立。因之在實現不法構成要件方面，我們必須探討(一)何謂連續？(二)何謂高價買入或低價賣出？(三)台灣證券交易所股份有限公司訂定之「有價證券監視報告函送偵辦案件作業要點」之適法性如何？茲分別說明如下：

一、何謂連續

　　首先必須探討連續之交易概念，究竟須有幾次始構成連續之要件，一般學者認爲只要兩次以上即構成連續[15]；美國證管會在Kidder, Peabody & Co一案中認爲實際三個買進行爲，且全部成交時，即已構成一連串之交易（a series of transactions）[16]，在時間上此數次以上之交易是否須直接相連，其間介入第三者之交易或是在不同交易日所爲，是否有礙其連續性之認定均值得探討。我國實務上對究竟有幾次才夠成所謂之連續亦缺乏探討，惟由集中交易市場之實際運作觀察，僅有少數幾次交易實尚難查緝發覺，連續交易往往持續一段相當之時間方可得知，故實務案例多以日數爲計算標準，惟不可因此而誤認連續二日以上之買進或賣出即該當連續交

---

[14] 證券交易法第6條。

[15] Louis Loss, Fundamentals of Sceurities Regulation, (Boston: Little, Brown and Company, 1983) p992.

[16] Kidder, Peabody & Co., 18 SEC 559, 568 (1945).

易之要件[17]。此外本款既係以「連續以高價買入或以低價賣出」為構成要件，犯罪本身即有連續多次買入或買出股票之性質，其與刑法第56條規定之連續犯有別，自毋庸再依刑法第56條規定論以連續犯[18]。

事實上此「連續」亦為不明確之概念用詞，刑法對於犯罪行為法律要件之規定應力求明確，避免使用可擴張或模稜兩可而不明確之構成要件要素。目前台灣證券交易所訂定之「有價證券監視報告函送偵辦案件作業要點」[19]，皆訂一個月內有五日以上買賣股票之數量、金額超過某標準時即構成不法炒作，該要點並未規範連續之定義，僅以一個月內有五日以上之買賣情形視為連續之定義，以確定之法律概念而言，此種規定似不符連續之定義，應不得認為連續之構成要件，否則即應於證交法第155條中明確定義連續之標準，俾免投資人誤觸法律。

二、何謂高價買入或低價賣出

對於在證券交易所上市之有價證券不得有意圖影響市場行情，對於某種有價證券以高價買入或低價賣出之罪，目的在維持證券價格之自由化，亦即為使有價證券之價格，能在自由市場，正常供需競價下產生，以保護一般投資大眾，所作對特定人經濟權之限制，故必需行為人主觀上有影響市場行情之意圖，客觀上有對於某種有價證券連續以高價買入或低價賣出之行為，始克成立。然一般在偵查實務上，對所謂「高價買入」或「低價賣出」之標準實在難以拿捏，「高價」與「低價」是相對性之概念，必有客觀之比較始能知其高低，且股票市場為自由競價市場，漲跌以供需為準，何價願買，何價願賣，繫於個人之判斷，故價格之高低，除依客觀標準評價外尚含有個人主觀之因素在內。

投資人於有價證券交易中市場中逢低買進，逢高賣出，本屬投資行為之準則，投資人買入或賣出股票之目的，本在圖利，未有聽聞買賣股票其

---

[17] 台北地檢署71年偵字第11912號不起訴處分書。
[18] 最高法院75年台上字第6315號判決，最高法院85年台上字第329號判決，最高法院87年台上字2678號判決。
[19] 台灣高等法院89年上重訴字第56號判決（90年8月14日）。

目的在虧本。任何人皆可自由在集中市場買賣股票，而影響股票價格之因素完全取決於市場法則，尚非少數人所能操控，我國關於證券交易之法令除每日有法定漲、跌停板限制及部分特殊規定外，並未規定每人每日在各股所能買賣之數量及價格，亦無禁止股市投資人連續買賣股票之規定。況在有價證券集中交易市場中，買賣價格係受供給需求平衡與否之影響，若需求大於供給或需求小於供給，必然造成價格之變動，即使是價格上有劇烈變動，亦不能逕行認定其中涉及不法情事。

所謂「連續以高價買入或低價賣出」之意義？美國1934年證券交易法第9條第1項第2款[20]及日本證券交易法第159條第2項第1款[21]均無類似本款「以高價買入或低價賣出」之用語，而係以行為人作連續買賣，以抬高或壓低證券價格或造成交易活絡之現象為要件，因此重點在於連續買賣所造成抬高或壓低價格之結果，並非在於『高價』、『低價』如何認定。近年來之司法實務案例均未對『高價』、『低價』多作說明，法院多將重點置於行為人主觀意圖之認定。為確切符合罪刑法定主義及杜絕爭議，當從修法著手，即將本款『高價』及『低價』二詞刪除以資明確，其在認定標準上將較為具體而客觀。

近年來各法院判決所謂『連續以高價買入』，係指在特定期間內，逐日以高於平均買價或接近最高買價或以最高買價，連續買入而言[22]。至於能影響某上市公司股票市場價格之因素甚多，如該公司之業績、發展潛力、配發股利之多寡、經營者形象、整體經濟景氣情況、非經濟因素等等均足以影響該股票之價格，故行為人如基於上述市場因素而有連續高價買入某股股票之行為，但並無操縱該股股價之意圖，則不構成該犯罪[23]。

---

[20] 同註3。

[21] 同註4。

[22] 最高法院74年台上字第5861號判決：
證券交易法第171條所定違反同法第155條第4款規定對於在證券交易所上市之有價證券不得有意圖影響市場行情，對於某種有價證券連續以高價買入或連續以低價賣出之罪，必須行為人主觀上有影響市場行情之意圖，客觀上有對於某種有價證券連續以高價買入或低價賣出之行為，始克成立。所謂『連續以高價買入』，係指於特定期間內，逐日以高於平均買價，接近最高買價之價格或以最高之價格買入而言。

[23] 台灣高等法院89年度上重字第56號判決。

　　證期會認爲所謂抬高或壓低之行爲，即連續以高價買進或低價賣出；而高低價之衡量標準，由於我國目前股市，每日成交有漲跌幅之限制，所以其委託掛進掛出之價額，應以成交日漲跌之最高限度爲準，或以成交價格爲參考價位，我國集中交易市場設有漲跌幅限制以及禁止場外交易情形下，上述法院判決認爲『最高買價』乃指漲停價，而『平均買價』則指委託時之市場成交價格。依現行集中交易市場僅有之限價委託方式言之，如買進委託所限定之最高價較委託時之市場成交價高之情形（包括限定最高價爲漲停價），即爲『以高於平均買價或接近最高買價或以最高買價』，因之如以市場成交價委託買進，依該等實例之見解，則尚與本款所定『高價買入』之構成要件行爲不同。

　　83年台灣證券交易所股份有限公司對證券交易法第155條第4款『不法炒作』操縱行爲案件以83年12月8日台財證(三)第02422號函訂有『有價證券監視報告函送偵辦案件作業要點』[24]。依該作業要點規定：『台灣證

---

[24] 台灣高等法院89年度上重訴字第56號判決（90年8月31日）。
　　四(一)證期會所訂定之「有價證券監視報告函送偵辦案件作業要點」第2條固規定：「本公司依據實施股市監視制度辦法完成之監視報告，其事證達左列標準者，直接函送檢調機關偵辦，並將副本抄陳主管機關：……四、違反證券交易法第一百五十五條第一項第四款規定：『意圖抬高或壓低集中交易市場某種有價證券之交易價格，自行或以他人名義，對該有價證券連續以高價買入或低價賣出者。』之情事：(一)於一個月內該有價證券成交價至少有五日達本公司成交價異常標準。(二)投資人或可能相關投資人集團於一個月內有五日以上成交買進或賣出之成交量均大於該股票各該日成交量之百分之二十以上。(三)於一個月內有五日以上，且各日均連續多次之委託買進（賣出）價格高（低）於成交價或以漲停板價格委託，且對成交價有明顯之影響。」，然此僅係證交所依據證期會83年12月8日（83）台財證(三)第02422號函而擬具經證期會核備而制訂，此觀該注意要點第1條自明。而該注意要點係爲便於舉發移送股票交易違反證券交易法第155條第1項各款行爲之案件而訂定，並未對一般交易大眾公布，業據證交所人員張庭偉於本院審理中結證：「此要點是證期會與交易所間的內部規定，一般證券商從業人員不會知道有這個規定，證券商也不可以向交易所索閱此規定，是屬於機密」等語屬實，從而一般交易大眾尚無從得知，亦無遵守該要點限制爲交易之義務。況投資人於集中市場均有自由買賣之權利，是以各投資人對於當日股票交易之全部成交量自無預見之可能，則投資人對其買賣某種股票之數量是否業已逾該股票當日成交量之百分之二十，既無預見可能性，是以尚難因被告等買入股票之行爲符合該作業要點規定之移送標準，即據以推定其主觀上有影響股票價格之意圖而成立犯罪，自尚應輔以其他積極證據認定被告之行爲已超越合理之懷疑，即應證明被告有影響股票價格之意圖，方可爲被告有罪之認定。

券交易所股份公司依據實施股市監視制度辦法完成之監視報告，其事證達左列標準者，直接函送檢調機關偵辦，並將副本抄陳主管機關：……四、違反證券交易法第一百五十五條第一項第四款規定：『意圖抬高或壓低集中交易市場某種有價證券之交易價格，自行或以他人名義，對該有價證券連續以高價買入或低價賣出者。』之情事：(一)於一個月內該有價證券成交價至少有五日達本公司成交價異常標準。(二)投資人或可能相關投資人集團於一個月內有五日以上成交買進或賣出之成交量均大於該股票各該日成交量之百分之二十以上。(三)於一個月內有五日以上，且各日均連續多次之委託買進（賣出）價格高（低）於成交價或以漲停板價格委託，且對成交價有明顯之影響。』上述要點所列之標準係目前司法單位偵辦『不法炒作』操縱行為客觀構成要件之重要參考指標，茲將上述標準分述如後：

(一)在一個月內該有價證券成交價至少有五日達台灣證交所成交價異常標準

為維護證券市場交易秩序，確保交易公平，財政部證期會於75年10月，督促台灣證券交易所訂定股市監視制度辦法，期以利用先前之預警及處置，防範證券市場弊端之擴大，依照現行股市監視制度辦法之規定，台灣證券交易所於交易內部設置監視小組，專責執行本辦法[25]，經該小組發現集中交易市場有價證券之異常交易；以及證券商之異常買賣達一定標準時，得予以警示處置，並於當日透過媒體報導公告，次日於交易資訊畫面揭露，供投資人參考[26]。如異常情形有嚴重影響市場秩序之虞時，得予證券商受託買賣有價證券時，應先收足款券，降低有價證券融資比率或提高融券保證金、暫停融資融券並採分盤交易、暫停有價證券交易、以及調整證券商輸入委託申報總金額對可動用資金淨額之倍數等處置[27]。

上述所謂異常情形依『台灣證券交易所股份有限公司公布或通知注意

---

[25] 台灣證券交易所股份有限公司實施股市監視制度辦法第2條（民國88年4月21日財政部證券暨期貨管理委員會（88）台財證(三)字第79942號函核備；民國88年5月21日台灣證券交易所股份有限公司（88）台證監字第1515號公告修正發布）

[26] 同前註第3條。

[27] 同前註第4條。

交易資訊處置作業要點』第2、3、4條規定如下[28]：(1)台灣證券交易所股份有限公司於所設之證券集中交易市場每日交易時間內，分析股票、受益憑證、轉換公司債、附認股權公司債、附認股權特別股、存託憑證、認購（售）權證及其他有價證券之交易，發現有下列情形之一時，即依台灣證券交易所股份有限公司實施股市監視制度辦法將其名稱及其交易資訊之內容於市場公告[29]：

1.當日盤中成交價振幅超過百分之九，且與交易所發行量加權股價指數振幅之差幅在百分之五以上，且成交量達三千交易單位以上者。

2.當日盤中成交價漲跌百分比超過百分之六，且與交易所發行量加權股價指數漲跌百分比之差幅在百分之四以上，且其成交量達三千交易單位以上者。

3.當日盤中周轉率超過百分之十，且成交量達三千交易單位以上者，但轉換公司債、附認股權公司債、附認股權特別股、債券換股權利證書、存託憑證及認購〈售〉權證不適用之。

證券市場上固有「實施股市監視制度辦法」之行政措施，於市場上發現有價證券之交易有異常情形達一定標準時，為提醒投資人注意，得將其名稱及交易資訊內容於市場公告，惟該項規定僅屬證券交易主管機關之行政措施，並非謂操縱市場之行為未達監視標準，即不足構成犯罪，亦即二者尚無必然之互為因果關係，此點必需要注要[30]。

---

[28] 台灣證券交易所股份有限公司公布或通知注意交易資訊暨處置作業要點（民國90年9月4日財政部證券暨期貨管理委員會（90）台財證(三)字第129024號函核備；民國90年9月12日台灣證券交易所股份有限公司（88）台財證監字第024301號公告修正發布）

[29] 同註25第3條。有異常情形達一定標準時，為提醒投資人注意，得將其名稱及交易資訊之內容於市場公告。

[30] 台灣高等法院85年上訴字第1673號判決：
證券市場上固有「實施股市監視制度辦法」之行政措施，於上場上發現有價證券之交易有異常情形達一定標準時，為提醒投資人注意，得將其名稱及交易資訊內容於市場公告，惟該項規定僅屬證券交易主管機關之行政措施，並非謂操縱市場之行為未達監視標準，即不足構成犯罪，亦即二者尚無必然之互為因果關係，至於證券投資信託基金管理辦法第十五條第一項第七款、第八款規定：證券投資信託事業運用證券投資信託基金，投資於任一上市或上櫃公司股票之總金額，不得超過該證券投資信託基金淨值資產價值之百分之十，且投資於任一上市或上櫃公司股票之股份總額，不得超過該公司已發行股份總數之百分之十。惟此乃證券交易主管機關依證券交易法第十八條之

1.台灣證券交易所股份有限公司分析發現證券當日受託買賣前條所列之有價證券有下列情形之一時，即於收盤後以書面通知該證券商經理人員請其注意，以確保證券交割安全[31]：

(1)投資人於該證券商委託買賣該有價證券之差額超過新台幣三億元並超過該證券淨值一倍，且其委託買進（賣出）金額占該有價證券總委託買進（賣出）金額百分之二十以上。

(2)證券商受託買賣該有價證券之差額超過新台幣五億元並超過該證券商淨值一‧五倍，且其受託買進（賣出）金額占該有價證券總委託買進（賣出）金額百分之四十以上。

(3)投資人於該證券商成交買賣該有價證券之差額超過新台幣一億元並超過該證券商淨值之○‧三倍，且其成交買進或賣出金額占該有價證券總成交金額之百分之十以上。

(4)證券商成交買賣該有價證券之差額超過新台幣二億元並超過該證券商淨值之一倍，且其成交買進或賣出金額占該有價證券成交金額之百分之二十以上。

2.台灣證券交易所股份有限公司於每日收盤後，即分析股票、受益憑證、轉換公司債、附認股債、附認股權特別股、存託憑證及認購（售）權證等有價證券之交易，發現有下列情形之一時，公告其交易資訊（漲跌幅度、成交量、周轉率、集中度、本益比、股價淨值比等）[32]

(1)最近一段期間累積之收盤價漲跌百分比異常者

本款指有價證券最近六個營業日（含當日）累積之收盤價漲跌百分比超過百分之二十八，且其漲跌百分比與全體有價證券及同類股有價證券依本款規定計算之平均值的差幅均在百分之二十以上者[33]。

二第二項以作規範，證券投資信託基金之運用縱然符合該項規定，僅能認為尚無違反該項行政命令，並非即謂當然無違法操縱市場之行為。

[31] 臺灣證券交易所股份有限公司公布或通知注意交易資訊暨處置作業要點第三條。

[32] 同註31第4條。

[33] 臺灣證券交易所股份有限公司公布或通知注意交易資訊暨處置作業要點第四條異常標準之詳細數據及除外情形（中華民國90年9月4日財政部證券暨期貨管理委員會（90）台財證(三)字第129024號函備查；中華民國90年9月12日臺灣證券交易所股份有限公司（90）台證監字第024301號公告修正發布）。

除外情形：

A.新上市之有價證券開始掛牌買賣時，前五個營業日之收盤價漲跌百分比不納入本項標準之計算。

B.政府公債、一般公司債、外國債券不適用本項標準。

C.有價證券在計算本項標準期間內如有因非交易之原因（如除權、除息等）造成價格變動，則於計算收盤價漲跌百分比時，將此項變動因素予以排除。

D.有價證券當日收盤價未滿五元者不適用本項標準。

E.同類股有價證券未達十種者不適用本項有關類股之規定。

F.有價證券本益比為負值或達八十倍以上者不適用本項有關類股之規定。

(2)最近一段期間起、迄兩個營業日之收盤價漲跌百分比異常者本款指有價證券當日達下列各款情事之一者[34]：

A.有價證券最近三十個營業日（含當日）起、迄兩個營業日之收盤價漲跌百分比超過百分之六十，且符合下列二項條件之一：

(A)其漲幅百分比與全體有價證券及同類股有價證券依本款規定計算之平均值的差幅均在百分之五十以上，及當日收盤價須大於當日開盤參考價者。

(B)其跌幅百分比與全體有價證券及同類股有價證券依本款規定計算之平均值的差幅均在百分之五十以上，及當日收盤價須小於當日開盤參考價者。

B.有價證券最近六十個營業日（含當日）起、迄兩個營業日之收盤價漲跌百分比超過百分之九十，且符合下列二項條件之一：

(A)其漲幅百分比與全體有價證券及同類股有價證券依本款規定計算之平均值的差幅均在百分之五十以上，及當日收盤價須大於當日開盤參考價者。

(B)其跌幅百分比與全體有價證券及同類股有價證券依本款規定計算之平均值的差幅均在百分之五十以上，及當日收盤價須小於當日開盤參考

[34] 同前註。

價者。

　　C.有價證券最近九十個營業日（含當日）起、迄兩個營業日之收盤價價漲跌百分比超過百分之一百二十，且符合下列二項條件之一：

　　(A)其漲幅百分比與全體有價證券及同類股有價證券依本款規定計算之平均值的差幅均在百分之五十以上，及當日收盤價須大於當日開盤參考價者。

　　(B)其跌幅百分比與全體有價證券及同類股有價證券依本款規定計算之平均值的差幅均在百分之五十以上，及當日收盤價須小於當日開盤參考價者。

　　除外情形：

　　A.新上市之有價證券開始掛牌買賣時，前五個營業日之收盤價漲跌百分比不納入本項標準之計算。

　　B.政府公債、一般公司債、外國債券、認購（售）權證不適用本項標準。

　　C.有價證券最近三十個營業日（含當日）內，已依第4條第1項第1款公布注意交易資訊，且其最近六個營業日（含當日）累積之收盤價漲跌百分比達下列各款情事之一者，不適用本項標準：

　　(A)未達百分之二十一。

　　(B)超過百分之二十一，且其漲跌百分比與全體有價證券及同類股有價證券依最近六個營業日（含當日）累積之收盤價漲跌百分比計算之平均值的差幅均未達百分之十五以上。

　　(C)與本項標準漲跌之方向相反。

　　D.有價證券在計算本項標準期間內如有因非交易之原因（如除權、除息等）造成價格變動，則於計算收盤價漲跌百分比時，將此項變動因素予以排除。

　　E.有價證券當日收盤價未滿五元者不適用本項標準。

　　F.同類股有價證券未達十種者不適用本項有關類股之規定。

　　G.有價證券本益比為負值或達八十倍以上者不適用本項有關類股之規定。

　　(3)最近一段期間累積之收盤價漲跌百分比異常，且其當日之成交量

較最近一段期間之日平均成交量異常放大者

本款指有價證券當日同時達下列各款情事者[35]：

A.最近六個營業日（含當日）累積之收盤價漲跌百分比超過百分之二十一，且其漲跌百分比與全體有價證券及同類股有價證券依本款規定計算之平均值的差幅，均在百分之十五以上。

B.當日之成交量較最近六十個營業日（含當日）之日平均成交量放大爲六倍以上，且其放大倍數與全體有價證券依本款規定計算之平均值相差五倍以上。

除外情形：

A.新上市之有價證券開始掛牌買賣時，前五個營業日之收盤價漲跌百分比、日成交量，不納入本項標準之計算。

B.政府公債、一般公司債、轉換公司債、附認股權公司債、附認股權特別股、外國債券、債券換股權利證書、存託憑證、認購（售）權證不適用本項標準。

C.有價證券在計算本項標準期間內，如有因非交易之原因（如除權、除息等）造成價格變動，則於計算收盤漲跌百分比時，將此項變動因素予以排除。

D.有價證券當日週轉率未達千分之一以上，或成交量未達五百交易單位以上者，不適用本項標準。

E.同類股有價證券未達十種者，不適用本項有關類股之規定。

F.有價證券本益比爲負值或達八十倍以上者，不適用本項有關類股之規定。

(4)最近一段期間累積之收盤價漲跌百分比異常，且其當日之週轉率過高者

本款指有價證券當日同時達下列各款情事者[36]：

A.最近六個營業日（含當日）累積之收盤價漲跌百分比超過百分之二十一，且其漲跌百分比與全體有價證券及同類股有價證券依本款規定計

---

[35] 同前註。

[36] 同前註。

算之平均值的差幅，均在百分之十五以上。

B.當日週轉率百分之六以上，且其週轉率與全體有價證券依本款規定計算之平均值的差幅在百分之五以上。

除外情形：

A.新上市之有價證券開始掛牌買賣時，前五個營業日之收盤價漲跌百分比，不納入本項標準之計算。

B.政府公債、一般公司債、轉換公司債、附認股權公司債、附認股權特別股、外國債券、債券換股權利證書、存託憑證、認購（售）權證不適用本項標準。

C.有價證券在計算本項標準期間內，如有因非交易之原因（如除權、除息等）造成價格變動，則於計算收盤漲跌百分比時，將此項變動因素予以排除。

D.同類股有價證券未達十種者，不適用本項有關類股之規定。

E.有價證券本益比為負值或達八十倍以上者，不適用本項有關類股之規定。

(5)最近一段期間累積之收盤價漲跌百分比異常，且證券商當日受託買賣該有價證券之成交買進或賣出數量，占當日該有價證券總成交量比率過高者

本款指有價證券當日同時達下列各款情事者[37]：

A.最近六個營業日（含當日）累積之收盤價漲跌百分比超過百分之二十一，且其漲跌百分比與全體有價證券及同類股有價證券依本款規定計算之平均值的差幅，均在百分之十五以上。

B.證券商當日受託買賣該有價證券之成交買進或賣出數量，占當日該有價證券總成交量比率超過百分之二十（其設有分支機構者，每一分支機構得另增加百分之一，合計不得超逾百分之三十），並逾五百交易單位以上者。

除外情形：

A.新上市之有價證券開始掛牌買賣時，前五個營業日之收盤價漲跌

---

[37] 同前註。

百分比，不納入本項標準之計算。

B.政府公債、一般公司債、轉換公司債、附認股權公司債、附認股權特別股、外國債券及債券換股權利證書不適用本項標準。

C.有價證券在計算本項標準期間內，如有因非交易之原因（如除權、除息等）造成價格變動，則於計算收盤漲跌百分比時，將此項變動因素予以排除。

D.同類股有價證券未達十種者，不適用本項有關類股之規定。

E.有價證券本益比為負值或達八十倍以上者，不適用本項有關類股之規定。

(6)當日及最近數日之日平均成交量較最近一段期間之日平均成交量明顯放大者

本款指有價證券當日同時達下列各款情事者[38]：

A.最近六個營業日（含當日）之日平均成交量較最近六十個營業日（含當日）之日平均成交量放大為六倍以上，且其放大倍數與全體有價證券依本款規定計算之平均值相差五倍以上。

B.當日之成交量較最近六十個營業日（含當日）之日平均成交量放大為六倍以上，且其放大倍數與全體有價證券依本款規定計算之平均值相差五倍以上。

除外情形：

A.新上市之有價證券開始掛牌買賣時，前五個營業日之日成交量，不納入本項標準之計算。

B.政府公債、一般公司債、轉換公司債、附認股權公司債、附認股權特別股、外國債券、債券換股權利證書、存託憑證、認購（售）權證不適用本項標準。

C.在最近六個營業日（含當日）內，已依第四條第一項第三款公布注意交易資訊之有價證券，不適用本項標準。

D.有價證券當日週轉率未達千分之一以上，或成交量未達五百交易單為以上者，不適用本項標準。

---

[38] 同前註。

(7)最近一段期間之累積週轉率明顯過高者

本款指有價證券當日同時達下列各款情事者[39]：

A.最近六個營業日（含當日）之累積週轉率超過百分之八十，且其累積週轉率與全體有價證券依本款規定計算之平均值的差幅在百分之五十以上。

B.當日週轉率百分之六以上，且其週轉率與全體有價證券依本款規定計算之平均值的差幅在百分之五以上。

除外情形：

A.新上市之有價證券開始掛牌買賣時，前五個營業日之日週轉率，不納入本項標準之計算。

B.政府公債、一般公司債、轉換公司債、附認股權公司債、附認股權特別股、外國債券、債券換股權利證書、存託憑證、認購（售）權證不適用本項標準。

C.在最近六個營業日（含當日）內，已公布注意交易資訊之有價證券，不適用本項標準。

(8)本益比及股價淨值比異常，且符合包括當日週轉率過高、較其所屬產業類別股價淨值比偏高、任一證券商當日成交買進或賣出金額占當日該有價證券總成交金額比率過高或任一投資人當日成交買進或賣出金額占當日該有價證券成交金額比率過高等四種情形之任二者

本款指有價證券當日同時達下列各款情事者[40]：

A.本益比為負值，或達八十倍以上且超過全體有價證券當日依發行單位數加權計算之本益比平均值二倍以上。

B.股價淨值比達八倍以上，且超過全體有價證券當日依發行單位數加權計算之股價淨值比平均值二倍以上。

C.符合下列四種情形之任二者：

(A)當日週轉率百分之五以上，且成交數量達三千交易單位以上。

(B)股價淨值比達其所屬產業類別全體有價證券當日依發行單位數加

---

[39] 同前註。
[40] 同前註。

權計算之股價淨值比平均值四倍以上。

(C)證券商（含總、分公司）當日買進或賣出（含受託買賣及自行買賣）該有價證券之成交金額，占當日該有價證券之總成交金額百分之十以上，且達新台幣一億元以上。

(D)任一投資人當日買進或賣出該有價證券之成交金額，占當日該有價證券之總成交金額百分之十以上，且達新台幣一億元以上。

除外情形：

A.新上市之有價證券開始掛牌買賣時，前五個營業日之日週轉率，不納入本項標準之計算。

B.政府公債、一般公司債、轉換公司債、附認股權公司債、附認股權特別股、外國債券、特別股、債券換股權利證書、受益憑證、存託憑證、認購（售）權證不適用本項標準。

C.有價證券依證券交易所鉅額證券買賣辦法規定辦理者，於計算本項第(C)款第a.c.d.目標準時，將其中成交部分予以扣除。

(9)其他交易情形異常經監視業務督導會報決議者

(二)投資人或可能相關投資人集團於一個月內有五日以上成交買進或賣出之成交量均大於該股票各該日成交量之百分之二十以上

本項標準係以買進或賣出之「成交量」為衡量是否有不法炒作之行為，在投資實務及學理上論似較不合理，查證券交易法令對上市、上櫃股票，除有每日漲跌停幅之限制外，並無投資人所能買進或賣出股票數量及連續買賣之限制，投資人於集中市場均有自由買賣之權利，各投資人對於當日某種股票之總成交量為何，並無法於當日收盤前預先得知，遑論其於盤中預知其所買賣股票之數量，是否逾越當日總成交量之百分之二十以上；投資人既無可預見可能性，於法自亦不得以其買進之數量而推定投資人於買賣股票時，即有逾越當日總成交量百分之二十之預見可能性。而證券交易集中市場係依價格優先及時間優先之原則撮合成交，此亦明定於台灣證券交易所交易公司營業細則[41]，是任何投資人自得於法定限制之內，

---

[41] 台灣證券交易所營業細則第58條之3。

以其認為妥適之價格買進或賣出，是以尚難因投資人買入股票之行為符合該作業要點規定之移送標準，即據以推定投資人主觀上有影響股票價格之意圖而成立犯罪，自尚應輔以其他積極證據認定投資人之行為已超越合理之懷疑，方可為投資人有罪之認定。

(三)於一個月內有五日以上，且各日均連續多次之委託買進（賣出）價格高（低）於成交價或以漲停板價格委託，且對成交價有明顯之影響

本項標準係以買進或賣出之「成交價」為衡量是否有不法炒作之行為，且委託買進或賣出必須對成交價有明顯之影響始足當之，茲分析如下：

1.一個月內有五日以上之委託買（賣）之紀錄

2.上述五日內每日均有連續買（賣）之委託

3.上述各日內委託買進（賣出）價格高（低）於成交價或以漲停板價格委託買進

4.上述買進或賣出之委託需對該股票成交價有明顯影響之情事

上述四項要件必須同時具備始符合本項之衡量標準。

我國目前股票之交易制度，採價格優先、時間優先之電腦撮合原則，即同一時間內，申報買進價格最高者（或賣出價格最低者）優先成交；同一價格申報者，申報時間最早者優先成交，關於此點我們可以參考台灣證券交易所股份有限公司營業細則第58條之2規定：「撮合依價格優先及時間優先原則成交，買賣申報之優先順序依左列原則決定：(1)價格優先原則：較高買進申報優先於較低買進申報，較低賣出申報優先於較高賣出申報。同價位之申報，依時間優先原則決定優先順序。(2)時間優先原則：開市前輸入之申報，依電腦隨機排列方式決定優先順序；開市後輸入之申報，依輸入時序決定優先順序。」

又集中市場以漲跌停價買進股票係因上述目前證券交易市場交易系統撮合買賣制度使然，即該系統以出價最高或最低者決定優先成交之順序，惟成交價不一定是該最高價或最低價，蓋每一盤（對一定時間內股票買賣雙方之撮合，約數十秒一次，一次即為一盤）之成交價，係依能夠滿足買賣張數最大量之價格決定之，此部分我們亦可參考台灣證券交易所營業細

則第58條之3規定：「買賣申報之競價方式，分集合競價與連續競價。開盤得以集合競價方式為之，其成交價格依下列原則決定：(1)滿足最大成交量成交，高於決定價格之買進申報與低於決定價格之賣出申報須全部滿足。(2)決定價格之買進申報與賣出申報至少一方須全部滿足。(3)合乎前二款原則之價位有二個以上時，採接近前一日收盤價格之價位。連續競價成交價格決定原則如下：(1)有買進及賣出揭示價格時，於揭示範圍內以最大成交量成交。(2)僅有買進揭示價格時，於買進揭示價格及其上二個升降單位範圍內，以最大成交量成交。僅有賣出揭示價格時，於賣出揭示價格及其下二個升降單位範圍內，以最大成交量成交。(3)無買進及賣出揭示價格時，以當市最近一次成交價格上下二個升降單位範圍內，以最大成交量成交。(4)合乎前三款原則之價位有二個以上時，採最接近當市最近一次成交價格或當時揭示價格之價位。」

　　由以上交易制度我們可以得知股市成交價甚至有可能比昨日收盤價更低成交，依此而言，所謂以漲停價掛進只不過是可以優先成交而已，與成交價並無太大關係。況依價格優先、時間優先之電腦撮合交易原則下，投資人下單委託證券商輸入集中交易市場之電腦內，為買進或賣出，究能否撮合成交，撮合之筆數如何？何時得撮合？投資人事前均無預知，且開盤時間數百萬戶之股票投資人均可隨時下單進入集中交易市場電腦撮合系統進行撮合買賣，是買賣股票，既均由電腦撮合，則非單一任何人所可操縱，任何一投資人買賣股票，縱使造成該股票價格之上漲，亦無從推測係投資人意圖抬高該股票之價格所致。更進一步言，投資人以漲停價申報買賣以取得優先成交之機會，在其所欲成交之股票數量被完全滿足前，投資人可以取消全部或一部股票買賣之委託，故投資人為確保以一定價格買到該股票，得先以漲停價委託，取得優先成交之順位，而能以市場當時該股票之最低出價買到股票，惟如當時市場最低價高出其預期，則仍可及時將委託取消，故投資人成交價為何，實際上仍須視市場中其他投資人出售所持有股票或欲購入股票之價格及數量而定，即視市場供需情形而定，並非完全能由投資人控制操作所致，司法單位在偵辦不法炒作事件時必需先對現行交易制度有正確之認知，不可單以本項之標準而逕行認定投資人有炒作股票之證據，因為這標準與證交法第155條第1項第4款所定之構成委件

尚屬有間。

三、台灣證券交易所股份有限公司訂定之「有價證券監視報告函送偵辦案件作業要點」適法性之探討

　　「有價證券監視報告函送偵辦案件作業要點」係台灣證券交易所股份有限公司為便於舉發移送股票交易違反證券交易法第155條第1項各款行為之案件，所擬定之內部相關數量化標準，該要點並非司法機關就當事人有無違反證券交易法第155條第1項各款之行為，而據以移送、起訴或判決有罪之唯一當然指標，當事人有無違反證券交易法第155條第1項各款之行為，司法機關自應依法調查證據，方足為被告確有違反證券交易法第155條第1項各款行為不利之認定，於法尚不得謂當事人之行為合於前述作業要點之標準，即遽為當事人有違反證券交易法第155條第1項各款規定之認定，此必須首先澄清之觀念。

　　另上述作業要點係證交所依據證期會83年12月8日（83）台財證字第02422號函而擬具經證期會核備而制訂，該注意要點係為便於舉發移送股票交易違反證券交易法第155條第1項各款行為之案件而訂定，並未對一般交易大眾公布，係屬於交易所及證期會內部參考機密作業規定，從而一般投資大眾無從得知，依法而論投資人自亦無接受該要點限制為交易之義務[42]。依罪刑法定主義之精神，罪刑法定原則乃謂犯罪之法律要件及其法律效果，均須以法律明確加以規定，法律若未明文規定處罰者，即無犯罪與刑罰可言。換言之，何種不法行為為犯罪行為，對於此等犯罪行為應科處何種刑罰或保安處分，科處刑罰又可至何刑度等，必須於行為之前預先以法律明確加以規定；否則，行為若無法律明文之處罰規定，則不致構成犯罪，而受刑罰之制裁。易言之，行為時若無刑法條款以明確將該不法行為規定為犯罪行為，並規定科以一定之刑罰者，則該不法行為雖然惡性重大，而為社會大眾所厭惡，亦不得認定為犯罪行為而科以刑罰或保安處分。罪刑法定原則乃大陸法系國家經歷長期之歷史演進而建立之重要刑法原則，由於此一原則之存在，使刑法能夠具有法確實安定性，一方面因明

---

[42] 參考註24。

確規定罪與刑，使人民預知何種不法行為為犯罪，若未能自制，誤蹈法網而犯罪，則會受何等刑罰之制裁，而產生刑罰威嚇功能。另方面則因明確規定國家刑罰權之範圍，而足以保障人權，使刑法產生保障功能。因此，罪行法定原則乃成為民主法治國家中一個極為重要之憲法原則或刑法原則。

　　前述台灣證券交易所股份有限公司為便於舉發移送股票交易違反證券交易法第155條第1項各款行為所訂定之「有價證券監視報告函送偵辦案件作業要點」，在性質上亦屬於證交所受託管理證券集中市場之行為監督及行政制裁，此種具有濃厚高權強制性之行政檢查業務，除須應具有法律授權之依據外，尚必須符合「明確性原則」之要求，處罰人民之法規構成要件必須十分明確，並且對於人民受罰之不當行為尚須有詳細說明。司法院大法官85年1月5日釋字第394號理由書明文指出：「對於人民違反行政法上義務之行為科處裁罰性之行政處分，涉及人民權利之限制，其處罰之構成要件及法律效果，應由法律定之。若法律就其構成要件，授權以命令為補充規定者，授權之內容及範圍應具體明確，然後據以發布命令，始符憲法第二十三條，以法律限制人民權利之意旨」。

　　證交所制定之「有價證券監視報告函送偵辦案件作業要點」除係以密件方式處理外，一般投資人於投資證券當時根本不得預知何種投資行為為不法犯罪行為，台灣證券交易所純以成交買進或賣出之成交量大於該股票當日成交量百分之二十以上或委託買進（賣出）價格高（低）於成交價或以漲停板價格委託買進等即屬於不法炒作，實有欠於犯罪要件明確性之原則，投資人投資當日如何能事先認知該股票當日成交量及成交價為何？投資人根本無預見之可能性，如何加以非難，另依行政程序第5條規定行政行為的內容應明確，上述要點以買賣數量、價格高於當日成交量及成交價之列舉即屬不法炒作，行為人投資前無法明確得知何謂違法行為，顯然不符合法律「明確性原則」之規定。

　　另在罪刑法定原則下之刑法及刑法特別法所規定之犯罪與刑罰，必須盡量求其明確，包括構成要件之明確與法律效果之明確。前者係指刑法對於犯罪行為之法律要件規定應力求明確，避免使用可擴張或模稜兩可而不明確之概念或用詞作為構成要件。後者則指刑法對於犯罪行為之法律效

果之規定必須力求明確，科處刑罰或保安處分之種類必須確定，法定刑之高低度間差距不可過大，且不得使用絕對不定期刑之規定。惟有符合明確原則而規定之犯罪構成要件及其法律效果，始能使立法意旨以及刑罰權之界限，明確地顯現出來，而使刑法具備保證之功能。舉例而言，89年7月19日證券交易法修正時將該法第177條第1項第3款「違反主管機關其他依本法所為禁止、停止或限制之命令者處一年以下有期徒刑、拘役或科或併科罰十萬元之以下罰金」之規定刪除，其主要理由即上述第3款之存在，對人民之權益侵害甚鉅，犯罪構成要件不明確，有違反罪刑法定主義之疑慮，爰此予以刪除。

此外，證交所係依公司法所成立之股份有限公司，法律性質上係「私法人」，則證交所憑何法律依據管理甚而處罰同屬私法人之證券商及上市公司？證交所欲行使此類高權、單方、片面及強制性之證券集中市場公權力管理之權限，依行政程序法第16條第1項：「行政機關得『以法規』將其權限之一部分，委託民間團體或個人辦理」；國家公權力事務須有法律之依據或法律之授權方得委託私人行駛。即非經主管機關及財政部證期會依法委託不可，然遍查證券交易法第93、98、102、133、134條等相關條文均無授權財政部證期會委託證交所管理有價證券集中市場之法源依據。另再查證交所制定之「證交所管理規則」第1條所示之法源依據，證券交易法第93條及第99條係關於營業保證金，第102條則是有關證期會對於證券交易所業務及人員之管理監督，並非證交所對於集中市場中證券商之管理及監督；第137條係證券交易法相關條文之準用，所準用者亦均未涉及管理有價證券集中市場之委託；第154條係關於賠償準備金及優先受償權之順序。綜言之，證券交易法並無任何授權證交所為行政檢查行為或暫停證券商買賣等行為之規定，證交所管理規則並無證券交易法或其他法律授權，顯然有違反法律保留原則之委託容許性，因此現行實務上證交所賴以管理證券集中市場之重要法令「證交所管理規則」，僅係主管機關財政部證期會自行公布，而未經法律授權之行政命令。至於管理規則中第三章關於「管理與監督」之規定，內容涵蓋範圍無限，非但涉及證期會對證交所之管理與監督，亦涉及證交所對證券集中市場中證券商之管理與監督，其均無明確之法律依據，嚴重影響人民財產權益，實有違憲及違法之

虞。

　　另證券交易法第155條並非空白刑法，並未將構成要件中之禁止內容委之於其他法律或行政規章，由證交所制定經證期會核定之「營業係則」、「證交所管理規則」及在市場監視方面所發布之「台灣證券交易所股份有限公司實施股市監視制度辦法」、「櫃檯買賣公布或通知注意交易資訊暨處置作業要點第四點異常標準之詳細數據及除外情形」、「櫃檯買賣有價證券監視制度辦法」、「台灣證券交易所股份有限公司防範證券自營商與證券投資信託事業聯合炒作有價證券監視作業程序」、「台灣證券交易所股份有限公司公布或通知注意交易資訊暨處置作業要點」、「台灣證券交易所股份有限公司公布或通知注意交易資訊暨處置作業要點第四條異常標準之詳細數據及除外情形」、「財團法人中華民國證券櫃檯買賣中心櫃檯買賣公布或通知注意交易資訊暨處置作業要點」、「櫃檯買賣公布或通知注意交易資訊暨處置作業要點第四點異常標準之詳細數據及除外情形」、「財團法人中華民國證券櫃檯買賣中心證券市場不法案件檢舉獎勵辦法」、「防範證券自營商與證券投資信託事業聯合炒作櫃檯買賣有價證券監視作業程序」等規定探討得知，不是證券交易法規定中根本未授權財政部證期會訂定委託證交所管理證券集中市場事宜，就是授權欠缺明確性。而主管機關財政部常交由證交所率以未經法律授權之行政命令為依據，實施具有濃厚高權強制性意味之各項行政檢查業務，顯有違反法律保留原則之意旨。且證交所動輒限制甚或剝奪證券商之財產權或工作權、職業自由、營業自由等權利之「行政制裁」，其訂定並無證券交易法或其他法律明確授權，僅依未經法律授權之行政命令——營業細則加以處罰，顯有違司法院大法官釋字第394及第402號等解釋所闡明法律保留原則之意旨[43]，同理上述證交所為限制人民財產權之行使所訂定之作業要點係密

---

[43] 釋字第394號解釋（85.01.05）
　　建築法第15條第2項規定：「營造業之管理規則，由內政部定之」，概括授權訂定營造業管理規則。此項授權條款雖未授權之內容與範圍為明確之規定，惟依法律整體解釋，應可推知立法者有意授權主管機關，就營造業登記之要件、營造業及其從業人原之行為準則、主管機關之考核管理等事項，依其行政專業之考量，訂定法規命令，以資規範。至於對營造業者所為裁罰性之行政處分，固與上開事項有關，但究涉及人民權利之限制，其處罰之構成要件與法律效果，應由法律定之；法律若授權行政機關訂

件，明顯欠缺正當法律授權，不符罪刑法定原則，違法違憲應屬無效之規範。

前開作業要點係由財政部證券暨期貨管理委員會，依多年管理經驗及專業知識所定訂，一旦發現違反該項標準之客觀情狀，即認定為有異常交易發生，實已明顯逾越交易自由之界線。財政部證券主管機關及司法單位對上述作業要點之適法性應予特別重視，否則一切變動證券價格之行為或依法投資行為卻被認定為操縱行為之手段，殊非妥適，有違民主法治國家與依法行政之原則。

捌、「不法炒作」操縱行為刑事責任之主觀不法構成要件

一、「不法炒作」操縱行為現行規範之探討

證券交易法第155條第1項第4款之意圖操縱交易價格而連續高買或低

定法規命令予以規範，亦須為具體明確之規定；始符憲法第23條法律保留原則之意旨。營造業管理規則第31條第1項第9款，關於「連續三年內違反本規則或建築法規規定達三次以上者，由省（市）主管機關報請中央主管機關核准後撤銷其登記證書，並刊登公報」之規定部分，及內政部中華民國74年12月17日（74）台內營字第357429號關於「營造業依營造業管理規則所置之主（專）任技師，因出國或其他原因不能執行職務，超過一個月，其狀況已消失者，應予警告處分」之函釋，未經法律具體明確授權，而逕行訂定對營造業者裁罰性行政處分之構成要件及法律效果，與憲法保障人民權利之意旨不符，自本解釋公布之日起，應停止適用。
釋字第402號解釋（85.05.10）
對人民違反行政法上義務之行為予以裁罰性之行政處分，涉及人民權利之限制，其處分之構成要件與法律效果，應由法律定之，法律雖得賦權以命令為補充規定，惟授權之目的、範圍及內容必須具體明確，然後據以發布命令，方符憲法第23條之意旨。保險法第177條規定：「代理人、經紀人、公證人及保險業務員管理規則，由財政部另訂定」，主管機關固得依此訂定法規命令，對該等從業人員之行為為必要之規範，惟保險法並未就上述人員違反義務應予處罰之構成要件與法律效果為具體明確之授權，則其依據上開法條訂定發布之保險代理人經紀人公證人管理規則第48條第1項第11款，對於保險代理人、經紀人及公證人等從業人員違反義務之行為，訂定得予裁罰性之行政處分，顯與首開憲法保障人民權利之意旨不符，應自本解釋公布日起，至遲於屆滿一年時，失其效力。

賣，立法意旨係因同時大量購入或出售爲投資大眾所無法參與，爲避免行爲人以有限持股刻意營造物稀爲貴或物多而賤之假象哄抬或壓低股價，詐使不知情之投資大眾率予跟進跟出，遂懸此禁例以防止引誘投資大眾作出錯誤決定從中牟利，影響證券市場秩序。

　　本款「意圖」之內容爲「抬高或壓低集中交易市場某種有價證券之交易價格」，未如美、日立法以「誘使他人買賣有價證券之目的」而爲連續買賣其主觀構成要件[44]，因之在行爲人之主觀犯罪意思，似僅須有抬高或壓低證券價格之意圖即可，至於是否有誘使其他投資人買賣之意圖則可不論。但是如此之推論，有違本款當初立法原意，77年證交法修正時因立法之疏漏，而使本款缺少「誘使他人買賣之意圖」之主觀構成要件，如此使本款之適用過廣，且使合法之證券交易與違法之連續買賣操縱無區別之標準，故本款在適用上，從刑事法而論並不禁止有利投資人類推之觀點，解釋上仍應嚴格參照美、日立法例，認爲主觀上仍須有誘使他人買賣之操縱意圖方爲適當，如行爲人不具上述操縱意圖，或無操縱之故意，或其上述連續行爲尚未至足以影響證券市場之公正及投資人對其信賴度，或雖足以影響若干而有正當理由者，即與本罪之構成要件有異，尚確認爲其行爲有違反證券交易法可言[45]，否則本款之處罰失之過嚴有違立法原旨，此純係當初立法設計之疏漏與錯誤。

---

[44]　參考註3。

[45]　台灣高等法院86年上訴字第5941號判決

　　按犯罪事實應依證據認定之，無證據不得推定其犯罪事實，刑事訴訟法第一百五十四條定有明文。次按證券交易法第一百五十五條第一項第四款之連續交易操縱行爲，係以意圖抬高或壓低集中交易市場某種有價證券之交易價格，自行或以他人名義，對該有價證券，連續以高價買入或以低價賣出，而爲其規範要件；違反之者，始得依同法第一百七十一條之規定處罰。如行爲人不具上述意圖，或無操縱之故意，或其上述連續行爲尚未至足以影響證券市場之公正性及投資人對其信賴度，或雖足以影響若干而有正當理由者，即與該罪之構成要件有異。復按認定被告有罪之事實應憑證據，且認定事實所憑之證據，其爲訴訟上之證明，須達於通常一般人均不致據爲不足爲不利於被告之事實之認定時，此爲當然之法理。今被告投資該股票長達一年有餘，非止於該數日之短期操作，究與時下炒作股票以短期內暴漲暴跌爲常尚無雷同之處。準此，被告之買賣行爲尚不足以影響股市之公正性及投資人對其信賴度甚明。被告連續高價買入或低價賣出之行爲，不足以影響股市之公正性及投資人對其信賴度，自難認其有何違反證券交易法何言。原審諭知無罪之判決，經核尚無不合。

　　從證券投資角度而言，提高或降低證券價格本身並非一項犯罪行為，美國證券交易法之立法報告中曾提出，如果某人僅想取得大額股票投資，或僅希望處分其大批持股，即使渠等瞭解如此行為將會影響市場價格，亦不能認其行為違法，因大量之證券買進或賣出必定造成市場價格之變動，如行為人僅基於投資獲取董事席位、變更原持有證券或為獲得投機性利得等其他目的而大量買賣證券，並非皆認其該當連續交易操縱之主觀構成要件。因此美、日證券交易法均認為其行為須基於以引誘他人在證券市場買賣證券之目的而進行方可，換言之，以誘使他人從事買賣之目的為連續買賣不法炒作操縱行為構成之先決要件，證券買賣者對自己之買賣可造成市場價格變動之單純認識則尚有未足，因本款之目的並非禁止可能增高或壓低市價之買賣，但如買入時情況確定顯示買者有增高市價之期盼，事實上市價亦因而增高，而此項購買之目的確在使他人於此時以較高之價格層次購入者，如確有此項目的，始構成違法行為，至於促使他人依此較高價格購入之目的是否達到，或其本人相信此股票應有更高之售價，則非所問[46]。

二、主觀意圖法律性質之探討

　　犯罪行為人須出於主觀不法構成要件所描述之主觀心態，進而實現客觀不法構成要件者，始有構成犯罪之可能，故意作為犯之主觀不法構成要件乃指行為人內心上故意實現客觀不法構成要件之心理情狀。故意之作為犯若屬意圖犯者，則其主觀不法構成要件，除構成要件故意外，尚包括不法意圖。例如刑法第195條之「意圖供行使之用」、231條之「意圖營利」，此等不相同之不法意圖，在刑事立法上，均逐項規定於各罪不法構成要件之中。所謂意圖乃指行為人出於特定之犯罪目的，而努力謀求構成要件之實現，或希求構成要件所預定結果之發生，以達其犯罪目的之主觀心態。行為人只要在內心上希求達到不法構成要件所明定之犯罪目的，而著手實行客觀之構成犯罪事實者，即有意圖之存在。至於意圖終究能否實現，則不在所問。易言之，即行為人只要為達到不法構成要件所明定之犯

<hr />

[46] 余雪明，證券管理，77年6月台二版，441至442頁。

罪目的，而努力追求構成要件之實現，即足以成罪。

　　本款「不法炒作」之意圖內容除影響證券價格之意圖外，解釋上仍須具備誘使他人買賣之意圖，因之行為人只要在內心上希求以影響證券價格達到誘使他人買賣之目的，而在集中交易市場著手實行連續買賣行為者，即具有本款之意圖。

　　「不法炒作」之連續買賣皆為實際交易，本質上並無不法，非若證券交易法第155條第1項第2款之沖洗買賣（已廢止）及第3款之相對委託為虛偽交易，其行為本身即足以作為認定主觀意圖之重要佐證。故主觀意圖之認定，即成為本款之關鍵所在。由於一個人內心之想法，外人實無法得知，除在被告自白之情形下，擬藉由直接證據認定主觀意圖，通常是無法達成，必須藉助間接證據加以推論[47]。

　　最高法院88年台上字第945號判決亦認「認定犯罪事實所憑之證據，雖不以直接證據為限，間接證據亦包括在內，然而無論直接證據或間接證據，其為訴訟上之證明，須於通常一般人均不致有所懷疑，而得確信為真實之程度者，始得據為有罪之認定，倘其證明尚未到達此一程度，而有合理之懷疑存在時，即難遽採為不利被告之認定」，即採此一見解。

　　換言之，意圖之認定，是屬於主觀之認定，大致可依行為人客觀行為來判斷其於為行為之初有無主觀意識，最終之認定須由法院依據法則審定之，惟犯罪事實之認定，須憑適於就其犯罪構成要件為積極證明之證據為之，此觀刑事訴訟法第154條所定甚明。若積極證據之內容與訴訟上待證之犯罪事實缺乏明顯而必然之關連，或具有其他客觀上不足以證明待證事實之情形存在，根據「罪證有疑，利歸被告」之無罪推定原則，即應儘先為對被告有利之判斷，不得任以「可能」、「並非無疑」等等主觀理想

---

[47] 按犯罪事實應依證據認定之，無證據不得推定其犯罪事實；不能證明被告犯罪或其行為不罰者，應論知無罪之判決，刑事訴訟法第154條、第301條第1項定有明文。又認定不利於被告之事實，須依積極證據，苟積極證據不足為不利於被告事實之認定時，即應為有利被告之認定，更不必有何有利之證據，最高法院30年上字第816號判例亦有明文。而認定犯罪事實所憑證據，雖不以直接證據為限，間接證據亦包括在內；然而無論直接或間接證據，其為訴訟上之證明，須於通常一般之人均不致有所懷疑，而得確信其為真實之程度者，始得據為有罪之認定，最高法院76年台上字第4986號判例亦足資參照。

之詞而予推測入罪。最高法院40年台上字第86號著有判例可稽。又「無辜之推定」及刑事司法程序上之基本原則，此種原則表現在刑事案件中，只是另一種形式表示負擔之法則。易言之，刑事案件之追訴「必須提出證據〈舉證負擔〉，並須說服至無合理懷疑之地步〈證明負擔〉，始能謂被告有罪」。又此處所謂「合理的懷疑」是指在一切證據經過全部之比較或考慮後，審理事實之法官本於道義良知，對於該項證據仍感覺有可懷疑之理由，此時對於追訴之事實即不可信以為真，應對被告作出無罪之判決。又該項「合理懷疑」〈證明之負擔〉應到達何種程度，一般原則上應依民事訴訟與刑事訴訟之分別，而有不同之要求，以淺顯易懂之概念而言，前者〈民事訴訟〉乃錢債細故，後者〈刑事訴訟〉係人命關天。對於刑事案件之被告，用有罪之判決剝奪其生命、自由和名譽等法益，顯應需要更為嚴謹之法則，甚至罪刑愈重者，應該要求說服〈無合理懷疑〉之程度也愈高。在許多民事案件之判例上，除了證據優勢（PREPONDERANCE）法則之外，還要更進而有明白、強而有力、足使人信服之證據，刑事上應比前開要求更高，始得對被告為有罪之判決。

　　一般而言，可作為推論「不法炒作」意圖之間接事實基礎資料甚多，必須綜合客觀證據資料加以判斷，大致可分為異常之交易方式、資金來源及利益歸屬及炒作題材之配合輔助等方面。就異常之交易方式而言，例如(一)高比例之交易量，其中尤以小型股為最；(二)交易進行與該股漲跌之緊密結合；(三)交易集中於開盤後或收盤前，且介入買賣後價格急劇變化，常以漲跌停鎖定價格，即「拉尾盤」、「殺尾盤」等操作手法；(四)緊隨市場連續下單，逐檔洗清浮額以刺激買盤；(五)利用多數帳戶或人頭戶為交易以隱匿交易行為；(六)以沖洗買賣或相對委託式粉飾行情表；(七)違約不履行交割等。

　　就資金來源及利益歸屬而言，例如(一)場外秘密買賣上市股票；(二)接受墊款墊券而為交易；(三)對價格變動有財產上利益，如增資、擔保借款等；(四)公司營運及財務狀況並不符投資效益反而大量高價買進等；(五)支付高利息從事短線進出交易。

　　就炒作題材之配合輔助而言，例如(一)與其他持有大量股票之股東協議，使其暫不將持股出售；(二)散發利多消息，製造多頭行情；(三)提供

損失保證及損失塡補不當勸誘；(四)利用第四台傳播媒體大力推薦該股票等。

三、主觀意圖認定之基準

按證券交易法第155條第1項第4款之連續交易操縱行為，係以意圖抬高或壓低集中交易市場某種有價證券之交易價格，自行或以他人名義，對該有價證券，連續以高價買入或以低價賣出，而為其規範要件；違反者，始得依同法第171條之規定處罰。復按證券交易法第155條立法理由謂：本條明文禁止操縱市場行情行為，目的在於維護證券市場機能之健全，以維持證券交易秩序並保護投資人。而證券集中交易市場主要功能之一，在於形成公平價格，而公平價格之形成，繫於市場機能之健全，亦即須維護證券市場的自由運作。在自由市場中，有價證券之交易，係基於投資人對於證券價值之體認，形成一定之供需關係，並由供需關係決定其交易價格，而操縱市場行情之行為，將扭曲市場之價格機能，因此必須加以禁止，以避免由於人為操縱，創造虛偽交易狀況與價格假象，引人入甕，使投資大眾受到損害。

最高法院74年台上字第5861號判決認為：證券交易法第171條所定違反同法第155條第1項第4款規定對於在證券交易所上市之有價證券不得有意圖影響市場行情，對於某種有價證券連續以高價買入或以低價賣出之罪，必須行為人主觀上有影響市場行情之意圖，客觀上有對於某種有價證券連續以高價買入或低價賣出之行為，始克成立。又最高法院75年台上字第6315號判決認為：證券交易法第155條第1項第4款之規定，原以意圖影響市場行情，對於某種有價證券連續以高價買入或以低價賣出為其犯罪之構成要件。因此依前述立法理由及最高法院判決之見解，於判斷是否有違反證券交易法第155條之行為，非僅單純以買入，賣出股價之判斷標準，尚須判斷行為人主觀上是否有影響市場行情之意圖，始該當構成要件。如行為人不具上述意圖，或無操縱之故意，或其上述連續行為尚未至足以影響證券市場之公正性及投資人對其信賴度，或雖足以影響若干而有正當理由者，即與該罪之構成要件有異；至行為人主觀上是否有影響市場行情之意圖，又應衡諸客觀事實憑以認定。

　　我國股票市場係公開買賣市場，投資人在證券公司開戶，均可透過各該公司買賣已核准上市上櫃之股票，投資人所以買賣上市股票，在正當情形下，大抵皆以經分析、研究後，認獲利高或值得長期投資、可參與公司經營之股票則買，獲利低或不值得長期投資之股票則賣；如某股票獲利多且該公司持續穩定發展、前景看好、值得長期投資並進而參與公司經營則當然大量買進。依我國目前交易制度，以同時價格優先為原則，若欲大筆成交則需開盤交易前以漲停板價格掛進，始可優先成交，又為防止人為不當之炒作，乃有當日漲跌幅百分之七之限制，且每筆交易不得超過五百張〈五十萬股〉，倘擬大量買進，唯有以漲停板之高價連續分筆買進，斯時勢必價量俱揚，並非必是行為人主觀上有影響市場行情之意圖。是故認定行為人主觀上是否有影響市場行情之意圖，尚須蒐集有關資料及配合各項有關行為始足當之。例如，若有某種上市股票突有連續價量俱揚情況，則應考究當時同類型股是否有同樣情況？整個交易市場大盤走勢是否同樣活絡？

　　而根據財政部證券及期貨管理委員會79年11月7日（79）台財證(二)第03181號函及證期會81年1月4日（81）台財證(三)第00006號函及綜合目前學說及實務上於個案中認定是否有該當於證券交易法第155條第1項第4款意圖抬高或壓低集中交易市場某種有價證券之交易價格，自行或以他人名義，對該有價證券連續以高價買入或低價賣出之見解，則必須考量下列各因素：

　　(一)股價之價、量變化是否背離集中市場走勢？

　　(二)股價之價、量變化是否背離同類股股票走勢？

　　(三)行為人是否有以高於平均買價、接近最高買價或以漲停價委託或以拉尾盤方式買入股票？

　　(四)行為人有無利用拉抬後之股票價格賣出系爭股票獲得鉅額利益？亦即是否有造成交易暢旺，乘機出售圖利之客觀情事？

　　一般而言，證券投資自其行為態樣及達成不法操縱目的之所需資源而論，恆需出自持股較多之人，至於一般散戶追逐價格跟進跟出，原屬本條法律所欲保護之對象，倘不能積極證明其有抬高或壓低交易價格之意圖，不得徒憑追高追低之外在交易事實遽行繩以不法操縱證券市場之罪刑，但

若無上述人為原因，投資者認值得投資之股票而大量連續買進所造成之價量俱揚，亦難遽認行為人主觀上有影響市場之意圖，而該當證券交易法第174條第1項第4款之規定。

四、合法投資行為與違法操縱行為之分際

　　一般而言，當股市低迷時，政府不斷鼓勵投資人進場買進股票，甚至以行政指導方式強制要求自營商、投信法人加碼股票之持有，政府四大基金、國安基金亦不斷大量購買特定股票以維持股市免於崩盤，其中是否涉及操縱行為應正視之，股市透過市場交易應無分公私，政府應養成勿干涉股市之正確觀念，否則又如何禁止投資大眾不得有違法操縱股市之行為。

　　在股市中如連續對某種證券買入或賣出，雖可能對市價有影響，然行為人如以為該股目前價位偏低，基於投資之目的看好公司之資產及前景才買進投資等理由，究應如何分辨合法之投資行為與違法之操縱行為？因連續買入而無及時轉賣圖利之意時，即可謂其有正當理由，故某人如僅因投資之目的而試圖取得大量之證券或試圖釋出大批手中持股，縱其主觀上得悉其行為將影響市場價格，仍不得謂其該當本款『不法炒作』之罪名。從而在實際案例中，欲區分合法之投資行為與違法之連續操縱買賣，應綜合一切情況證據，依投資行為之經驗法則，對被告所為連續買賣行為，進行反向推論，裨認定其主觀之操縱意圖。舉例而言，在保固公司案中，被告以『僅利用股價之變動、調節資金並配合長期持股之投資方式，未逢高出清，仍維持一定之持股，顯現取得經營權之意圖，而無操縱市場之犯意』辯稱，台北地院判決認為『縱欲持有更多之該公司股票以取得經營權，在投資求利之理念下，斷無不顧該公司之經營狀況及資產負債，逕為大量購入鉅額股票之理。……此外逢低買進，逢高賣出，乃一般投資人之必然行為，爭取該公司經營權者亦然，惟被告於四個交易日內購入達保固公司發行額數四分之一，由於三十七個交易日內百分之九十以當日之漲停板價格買入，實非爭取公司經營權之必要行為，尤於尾盤抬高股價，益見其操縱股價之意圖與決心』[48]，此即為由各項情況證據反向推論被告有主觀操縱

[48] 台北地方法院79年度訴字第2553號判決。

意圖之適例。

五、主觀意圖認定應掌握之原則

　　證券交易法第155條第1項第4款立法意旨在規範藉連續買入或賣出以抬高或壓低某種有價證券之交易價格，進而誘使他人買進或賣出，其重點並非在於『高價』、『低價』如何認定，然由於證券交易法於主觀意圖未有美、日立法所定之『誘使他人買賣之目的』，失之過嚴，嚴重影響股市投資行為。且客觀行為上復為『高價』、『低價』等不確定法律概念所困擾，不僅投資人、證券商難以瞭解其規範意旨，即法律適用者，亦常見解分歧，莫衷一是，證券主管機關與司法檢調人員認知之不同，亦常導因於此，致適用上爭議甚多，除有待修法解決外，解釋上於適用時仍當把握是否有誘使他人買賣意圖此一重點，尤以司法單位在偵辦『不法炒作』操縱行為時，多半太過於依賴台灣證券交易所為便於舉發移送股票交易違反證券交易法第155條第1項各款案件所訂立『有價證券監視報告函送偵辦案件作業要點』中之內部相關數量化標準而推定是否構成犯罪[49]，執法人員在基本觀念上必須瞭解，股票價格在自由交易市場是依其供需情形所決定，投資人依各項因素及風險評估來決定委託買入或賣出之價格，進而由交易市場決定，當其委託價格及供需量為交易市場所接受，成交價量即有其存在性，雖其價量符合前述有價證券監視報告函送偵辦案件作業要點之規定，然並非符合該規定即當然構成證券交易法第155條第1項第4款之罪，尚須依客觀情狀認被告有抬高或壓低集中交易市場之交易價格之意圖，始構成該罪，被告如無上開不法意圖，自不能令負上開罪責。執法人員如能掌握此立法精神，始可真正達到維持證券市場秩序之目的，同時亦可使證券市場投資人有明確之投資準則，俾免誤觸法網。

---

[49] 參考註24。

玖、結論

　　筆者認爲在現行證交法規範上，影響證券不法交易查處績效最大者係意圖等主觀要件之規範，因犯罪事實必需應依證據認定，意圖乃爲主觀之動機，其認定相當困難，證券不法交易如以意圖爲成立要件之一，對於長年累月處於一般刑事案件之法官或檢察官而言，於決定起訴或判決有罪時，無形之心理阻礙必屬甚大，因此，如何明確界定其概念及認定法則實爲加強不法交易查處而必須盡力解決之嚴肅課題之一。尤以證券交易法上之犯罪行爲，性質上爲經濟犯罪之類型，經濟犯罪之犯罪構成要件，特別是故意、意圖等主觀構成要件之認定，較具客觀化色彩，與刑法上一般犯罪之此類概念，不盡相同，爲免司法及證券主管機關認知之差異，從經濟犯罪原理，於證券交易法令上宜明確界定此類概念，以爲適用之明確依據，誠屬重要。

　　此外筆者亦認爲證券交易法第155條立法目的旨在維護市場供需及價格形成之自由機能，故須其行爲危害此一機能者始應處罰，股票價格在自由交易市場係依其供需情形所決定，投資人依各項因素及風險評估決定委託買入或賣出之價格，進而交由交易市場決定，當其委託價格及供需量爲交易市場所接受，成交價量即有其存在性，雖其價量符合財政部所訂有價證券監視報告函送偵辦案件作業要點之規定，然並非符合該規定即當然構成證券交易法第155條第1項第4款之罪，尚須依客觀情狀認爲投資人有抬高或壓低集中交易市場之交易價格之意圖，始構成該罪，投資人如能證明連續買進賣出之正當理由與必要者，其無上開不法意圖，自應予以排除在本款禁止行爲之外，俾免阻礙正當投資意願。

（本文2004年6月發表於銘傳大學法學論叢第2期，第171至218頁。）

第十三章
會計師專業倫理與財務報表
審計簽證法律責任之研究

壹、前言

　　近年來國內外若干知名大企業相繼發生多起財務危機，使公司債權人、往來廠商及廣大股票投資人蒙受鉅額損失，在此地雷股頻傳之同時，社會大眾不斷質疑上述這些問題公司其所公布之財務報表難道是假的嗎？這些長期在財報上查核簽證之會計師是否失職？為何未見司法單位追究其違法失職之刑事責任？九二一地震後，凡建築物倒塌者，司法單位立刻追究建商及建築師之失職及刑責，此為我社會大眾有目共睹之實例，為何在社會重大經濟犯罪案件中未見追究會計師刑事責任之案件，值得有關單位及社會大眾之重視。

　　會計師於公開發行公司之會計監理，扮演不可或缺之驗證者角色，2002年起美國發生一連串之會計及企業醜聞案例，導致如恩隆公司（Enron）、世界通訊（WorldCom）、泰可國際（Tyco）、安達信（Arthur Andersen）及其他公司等財務崩潰，當時美國資本市場幾乎每天都會發出令投資大眾震撼及不知所措之企業財務不穩定、報表重編、盈餘虛增、負債漏列等負面消息，這些醜聞不但攪亂整個美國資本市場秩序，也對美國會計專業信譽有相當負面之影響，而投資大眾對各大企業平日所發佈之財務報表資訊品質與誠信之信賴更是毀之殆盡。

　　為重拾大眾對資本市場、財務資訊報導品質之信任，美國國會於2002年通過沙賓法案（the Sarbanes-Oxley Act）[1]。此法案主要目的在加

---

[1]　The Sarbanes-Oxley Act of 2002 (Pub. L. No. 107-204, 116 Stat. 745), also known as the Public Company Accounting Reform and Investor Protection Act of 2002 and commonly called SOX or Sarbox；is a United States federal law enacted on July 30, 2002 in response to a number of major corporate and accounting scandals including those affecting Enron,

強各種法規，俾便管理在美國資本市場上扮演一定角色之個人與公司，對涉及財務報表有關人員犯罪者加重罰鍰與刑責。在該法案中，其對會計師之管理，由自律傾向他律[2]，會計師係著重名譽及獨立公正之專門職業，其存在之價值即在於公正獨立，以及絕大多數從業人員之自律，因之對於會計師之管理是否因少數個案，即需以他律規範嚴格限制，值得吾人深思。以下僅先就近年來國內外重大企業經濟犯罪案例中，涉及會計師違反專業倫理及應行承擔之相關法律民事、刑事及行政責任做為本研究探討之引言。

貳、國內外會計師涉及企業醜聞弊案案例探討

一、力霸集團掏空案簽證會計師遭撤銷簽證之核准處

2006年12月29日力霸與嘉食化上市公司向法院申請重整，30日力霸集團負責人王又曾夫婦畏罪潛逃，2007年1月5日中華銀行遭擠兌，由行政院金融重建基金接管，力霸集團掏空弊案旋即引爆，受牽連關係人不計其數，相關單位承辦人亦遭追究。1月8日臺北地檢署接手偵辦；3月8日將王又曾夫婦、其子女、親友、幹部等百人，以涉嫌掏空與詐貸資產及內線交易，違反證交法、商業會計法、洗錢防制法、票據金融管理法、刑法背信、偽造文書等多項罪嫌提起公訴，王又曾被具體求刑三十年有期徒

Tyco International, Adelphia, Peregrine Systems and WorldCom. These scandals, which cost investors billions of dollars when the share prices of the affected companies collapsed, shook public confidence in the nation'ssecurities markets. Named after sponsors Senator Paul Sarbanes (D-MD) and Representative Michael G. Oxley (R-OH), the Act was approved by the House by a vote of 423-3 and by the Senate 99-0. President George W. Bush signed it into law, stating it included "the most far-reaching reforms of American business practices since the time of Franklin D. Roosevelt."

[2] TITLE Ⅱ External Auditor independence, which consists of nine sections, establishes standards for external auditor independence, to limit conflicts of interest.　It also addresses new auditor approval requirements. Section 201 of this title restricts auditing companies from doing other kinds of business apart from auditing with same clients.

刑、王金世英二十八年，其他王家親友子女各六年以上有期徒刑，力霸幹部亦有輕重不等之求刑，本案創下司法史上多項紀錄，起訴書達九百四十頁，起訴被告一百零七人，詐貸金額新台幣731億元，羈押總人數達十三人之多等[3]，全案目前正在司法審理中。

　　力霸弊案簽證會計師廣信益群會計師事務所郝麗麗、單思達會計師於2007年1月被行政院金管會因對力霸公司及嘉食化公司2005年及2006年上半年度財務報告之查核有重大疏失，違反證交法第37條第3項第3款規定撤銷辦理公開發行公司財務報告簽證之核准[4]，即該二位會計師終身不得辦理公開發行公司財報審計簽證，此項處分極為嚴重，幾乎可謂終止會計師之職業生涯。

二、日本四大會計師事務所「中央青山監察法人」因假帳案件遭停止審計業務處分案

　　2006年5月日本四大會計師事務所之一的「中央青山監察法人」（Chuo Aoyama PwC）因旗下會計師為具有118年歷史的佳麗寶公司（Kanebo）串謀作假帳，案發當時該所有四位會計師遭檢察官逮捕，2006年5月10日被日本金融廳責令從2006年7月1日起2個月內停止對上市公司及資本額超過5億日圓（456萬美元）企業所有法定審計業務，影響約2300家企業客戶[5]。由於「中央青山」會計事務所是全球規模最大的國際會計師事務所「普華永道」（PwC）的日本分公司，此次事件是日本史無前例之嚴厲處罰，引起日本甚至歐美會計業界之震動，日本股市在2006年2月活力門案件衝擊後，在次遭逢嚴重巨變，由於恰逢全球股市下跌和日圓急劇走高；日經股價在2006年5月10日起之7個交易日內累積跌幅超過7%。

　　在日本中央青山代理審計業務之公司多達5000家以上，例如

---

[3]　96年3月8日臺北地檢署新聞稿。

[4]　行政院金管會96年1月18日金管證六字第096003938、0960003939（郝麗麗部分）、0960003940、0960003941（單思達部分）裁處書。

[5]　中央社東京2006年5月13日法新電。

TOYOTA、SONY、新日鐵等世界一流企業，由於總公司普華永道打算在日本成立新公司，在加上市場普遍對日本會計師倫理充滿質疑，「日本公認會計師協會」（Japanese Institute of Certified Public Accountants）會長藤沼亞起號召旗下成員向「中央青山」伸出援手，並警告稱，如果有那家公司試圖從這家身陷困境的公司挖走客戶或員工，該協會將採取嚴厲措施。此舉明顯是要挽救「中央青山」，以免該公司遭致類似美國恩隆（Enron）案的後續效應，使「安達信（Arthur Andersen）」會計師事務所結束營業。當時日本資生堂（Shiseido）是第一家捨棄中央青山之大企業，渠將業務改由其他會計師事務所負責，因為涉嫌醜聞之「佳麗寶」亦為化妝品公司，使資生堂不得不快刀斬亂麻，以免影響公司股價。在此同時，本身人員編制不足的其他會計師事務所亦無法接受臨時移轉大量業務，更使得整個會計行業陷入空前的緊張[6]。

當時日本金融審議會考慮新增對會計師事務所之刑事處罰條例，但「日本公認會計師協會」會長藤沼亞起對此感到擔憂，他在2006年5月12日召開之日本眾議院財務金融委員會上表示，對會計師事務所定刑事處罰，實質上是斷絕其生存之路，他並指出問題出在會計師從接受審計之企業收取報酬之制度，並對會計師之獨立性提出質疑。在本案中，中央青山理事長奧山章雄因曾擔任日本公認會計師協會會長，動員業界團體人脈聲援也並不令人意外，奧山本人已於2006年5月底辭職，其在早稻田大學講授之「會計師的專業倫理」課程也已暫停，改由其他老師授課，缺乏專業倫理的公司老闆卻曾開課講授會計師專業倫理，實在是非常諷刺的現象，令人不勝感慨。

6　參考資料http：//www.e-economic.com。

三、美國規模最大安達信會計師事務所[7]因捲入恩隆（Enron）公司舞弊案[8]導致解散關閉案

2002年全美排名第7大之企業恩隆（Enron）公司破產醜聞震驚全球，恩隆案雖未直接對美國股市造成重大衝擊，但本案爆發出公司管理階層內線交易，安達信簽證會計師事務所喪失超然獨立之審計立場，美國財務會計準則出現漏洞，華爾街證券分析師判斷失誤，導致投資人信心大受打擊。我們不禁要問如此大規模的公司、全美排行第七大企業，並於1996年至2000年間連續6年度財經媒體評為最具創意、最菁英、最具權威，看起來最安全，獲利不錯之公司，竟也發生作假帳、欺騙投資人與其他公司掛勾從事不正當之交易，使全球約二萬八千五百客戶及二萬一千多名員工受影響。其股價從八十三美元跌至二毛六，使美國到全球投資人對證券市場之信心大受打擊。

案發當時負責恩隆公司外部審計工作之安達信會計師事務所受到外界質疑，因該事務所不僅一直負責恩隆公司之審計工作，而且提供該公司諮

---

[7]　Arthur Andersen（簡稱AA）原為世界最大之會計師事務所，其後因捲入恩隆案解散，目前美國會計師事務所Big-4分別為Deloitte & Touche、KPMG、PricewaterhouseCoopers、Ernst & Young。AA原本在台灣事務所名稱為「勤業會計師事務所」，恩隆案AA解散後，勤業便與原Deloitte Touche & Tohmstsu（簡稱DTT）之台灣事務所「眾信會計事務」結合為「勤業眾信會計師事務所」該事務所之業務量就目前國內的事務所而言為最大者。其主要簽證客戶如台積電、裕隆集團及台新金控等。但在全球而言業務量排名第一者為PricewaterhouseCoopers（簡稱PWC，國內名稱為資誠會計師事務所），國內主要簽證客戶如鴻海技嘉及聯強國際等。另外二家分別為Klynveld Peat Marwick Goerdeler（簡稱KPMG），台灣事務所名稱為「安侯建業會計師事務所」，主要簽證客戶如宏碁、明碁電通及中信金控等。另Ernst & Young（簡稱EY）台灣事務所為「致遠會計師事務所」，主要簽證客戶如聯電、華碩及國泰金控等。另Ernst & Young（簡稱EY）台灣事務所為「致遠會計師事務所」，主要簽證客戶如聯電、華碩及國泰金控等。

[8]　恩隆公司從創建至結束，只歷經短短16年，這家名不見經傳的小公司占領北美五分之一的天然氣市場，1996年一躍成為全美最大的天然氣供應商，業務範圍和規模迅速擴張，在鼎盛時期，資產總額達到1000億美元，股票市值700億美元，員工總數超過2萬人，其業務遍及美、歐、亞等幾大洲，成為美國最大的天然氣供應商和最大的電力供應商。到2000年8月份，該公司股票價格最高達到每股90美元。從那時起，恩隆公司勝極而衰，2003年10月，恩隆公司股票價格跌至每股不足1美元，在尋求重組與收購失敗後，12月份向法院提出破產申請。

詢服務。當時該事務所一名合夥人曾下令員工銷毀數千份與恩隆公司審計有關之電子郵件和文書檔案，其後在法院他承認因係得知美國聯邦檢調人員正在深入調查恩隆公司之財務狀況後，採取上述銷毀行為。美國檢調確信恩隆公司與該事務所間存在曖昧關係，2002年3月14日該事務所正式遭起訴，2002年4月10日負責恩隆公司會計之Arthur Andersen合夥人David Duncan在休斯頓聯邦法院就妨礙司法行為認罪，由於本項認罪使該事務所在本弊案中罪證確鑿，使得本案得以順利偵破。

本案對於Arthur Andersen事務所當時在世界各地之分公司85000名員工是一項重大衝擊，但對於4700個合夥人則造成慘重傷害，這些人中絕大多數都與恩隆公司無絲毫關係，最終這個用數十年苦心經營起來的世界最大會計師事務所之全球網路，因被捲入恩隆公司會計舞弊案，不但本身信譽破產倒閉，更令會計師專業之信用招致投資人強烈質疑。此事件不但造成會計業生態之劇烈改變與衝擊，也使得美國近年來會計師之法律訴訟風潮之發展幾近極致狀態，使會計師面臨強大的訴訟壓力。

無獨有偶，2002年上半年美國企業除恩隆案獲利灌水十一億美元外，又相繼發生IBM涉嫌美化帳面，奇異金融部門在工業部門掩護下，取得AAA之債信評等，世界通訊將高達三十八億美元之費用支出列為資本帳支出，全錄過去五年浮報營收達六十四億美元及默克藥廠Merco事業產品單位登錄從未入賬之一百二十四億美元營收等醜聞。究竟這些問題是如何發生的？什麼原因？又該如何補救？台灣企業是否亦應盡早發現問題並加以防範處理？美國在整個事件中是如何作危機處理的，都是我們企業應加強學習之處，尤其是本案重創會計師信譽及企業財務公信力，爆出美國企業有單獨或與會計師聯手作假帳等問題，尤其值得會計師警惕。

近幾十年來，我國工商企業締造經濟奇蹟，所需資本亦甚龐大，經由資本市場之擴大與健全發展，不僅企業有充沛之資金來源，亦使資金供給者可獲得安全合理報酬之投資管道。會計師在近代經濟社會中扮演著一個非常重要之角色，因為企業之經營者與提供資金之投資者係站在相對的立場，經由其間會計師獨立公正的專業意見，始可使彼此信賴，並各得所需，促進經濟社會之健全發展。會計師以其專業所提供之簽證報表不僅為經營決策之依據，更係投資、授信之重要指標。因之，我們可說會計師之

專業品質與執業操守之優劣，是直接牽動企業營運與社會經濟整體發展之重要因素。然在會計師業競爭日趨激烈之際，低價策略、多元化服務策略……等行銷手法紛紛出籠，竟未知在每位會計師成為行銷高手之同時，卻也隱藏著不確定之危機，會計師以低價擴增業務，其帶來之結果未必是高收入，卻可能是高風險。其結果不禁吞噬會計師原有風格，亦使會計師簽證品質飽受質疑[9]。

因之如何提升會計師之服務品質及專業倫理，使其能超然公正利用專業知識以輔導企業設立健全之會計制度，並確保投資人、授信機關及稅捐機構，能獲得正確而充分公開之財務資訊，實為我社會當前之重要課題，同時適時且合理之相關法律懲戒制度，亦為直接有效之管理方法。

參、為何要求會計師需具備高度專業倫理責任[10]（Professional Ethics）

國有國法、行有行規，各行各業均承擔一定之社會功能，享有一定之社會權力，為督促其各行業成員職責之履行及節制其權利之行使，故有專業倫理規範之產生，此等規範或已成文化，或仍未成文化，無論何者，究其內容，主要都在規範各專業領域內，何種行為是適當的，何種行為是不當的，換言之，其皆為從事該行業者所共同約定應遵守之準則[11]。

各國對某些影響民眾權益重大之專業領域人員，如律師、法官、檢察官、會計師、醫師、建築師及教師等皆制定有明文化之倫理規範，甚至有違反規範之懲處規定，其主要是將一般性之倫理原則應用至某一專業領域，藉以協助其從業人員釐清並解決工作所面臨的道德問題。職業道德或倫理規範中除包括專業在社會運作的倫理規範外，也會觸及專業人員個人

---

[9] Jane B. Romal and Arlene M. Hibschweiler, Improving Professional Ethics Steps for Implementing Change, The CPA Journal, June 2004.

[10] Jack N.B., Essays On Ethics In business And The Profession, Prentice Hall, 1998.

[11] Alan Gewirth, Professional Ethics: The Separatist Thesis In Ethics, vol. 96, no. 2 (January 1986).

層面的道德實踐。從專業倫理角度而論，行為可分為一般道德標準及高道德標準。專業人員（professional）是社會中享有特權（privilege）之職業，此處之特權係指社會所給予他們的訓練與肯定，當然這其中一定有其個人的資質及努力，但若無社會的認定，他們亦無從成為專業。一個現代社會必定有其專業領域之不成文規範，而且對專業倫理之要求，必定高於法律所規定之成文規範，才能建立其尊嚴。坦白而言，政治倫理之喪失，還可以藉由政黨輪替挽回，然而一個現代社會專業倫理之淪喪，那就意味著一個社會基本秩序之崩解，這是目前台灣最危險的警訊，值得我們各專業領域從業人員再三深思之課題。

　　由上述說明我們瞭解倫理是一種總體之人類關懷，涉及到我們人類生活之各個層面，在當今經濟發達的世界裡，會計紀錄解釋世界上財富和商品之存在與處置，金融市場如要有效運行，必須根據對實體財務資訊之正確紀錄來進行交易，這些正確資料必須由會計師查核完成。由於會計師具有忠實紀錄錯綜複雜財務關係之重要作用，故發展成為一門專門職業。另由於會計係一門技術性要求很高之專業知識，又由於委託人需要依賴會計人員提供專業意見，故社會將會計視為一專門職業，因之其從業人員自然被賦予專業倫理責任，有為各種利害關係人（包括委託人、公司及投資大眾等）尋求最大利益之義務。因之對其亦有需具備高度專業倫理責任之要求[12]。

　　專業會計人員及會計師在行使各項會計審計、稅務及諮詢顧問服務時[13]，常因查核工作涉及各企業經營與財物之機密，敏感度較一般工作為高，會計專業人員常面臨下列之道德或倫理困境，例如企業主要求公司專

---

[12] Katrina Mantzke, Gregory Carnes, and William Tolhurst, Incorporating Professional Ethics throughout an Accounting Curriculum, The CPA Journal, September 2005.

[13] 一般會計師事務所提供之服務主要包含下列各項：

　1.審計—即一般所謂財務報表簽證及IPO（即所謂的公開發行程式）主管機關所規定的相關查核業務。

　2.稅務—主要為營利事業所得稅簽證申報，各種稅務行政救濟及租稅規劃等。

　3.另外在Enron案以前，會計師事務所可以提供企業或財務管理等方面之諮詢顧問服務，但後來在社會對會計師獨立性之要求提高下，該部分業務目前多由原屬於會計師事務所之管理顧問部門獨立出去，另成立單獨公司，繼續提供客戶服務。

業會計人員依然不合理之方法調整交易紀錄，個別會計人員雖覺得不妥，但又憂心不按企業主之指示，未來勢將影響個人升遷，甚至被迫調職或離職。又如會計師於查核客戶之財務報表後，決定應簽發保留意見之查核報告，但又擔心將引發客戶不滿，而更換會計師，影響事務所收入來源；類似上述倫理抉擇之過程，其實與個人或企業作其他決策過程相同，然而感覺上倫理決策之作成與執行相較於其他決策之作成，似乎較為困難，探究其原因，首先是倫理決策多涉及是非善惡之價值判斷，其主觀成分通常大過其他工作決策甚多；其次是倫理決策之執行恐將影響其自身利益，而令人難以抉擇，因之平時在正確價值觀之建立與社會正義感之培養，應為會計師實踐專業倫理之先決條件。

肆、會計師應如何適用道德規範之倫理標準

　　關於會計師應如何適用道德規範之倫理標準，我們可從目前會計師四大職能分析如下：

一、審計

　　首先我們應瞭解審計涉及之倫理問題有哪些？為確保審計查核能適度地發揮其職能作用，應在何種程度上對他們工作加以限制？以及他們需要再多大程度上避免利益衝突，有關此等問題之公共政策應加以明定，使會計專業人員瞭解審計工作這項職能究竟應承擔到何種倫理責任。

二、管理會計

　　外部審計當然應履行監控之職能，審查由內部會計和內部審計編制之財務報告，由於這些報告將為公司管理階層使用，或被外部利益相關人使用，因之為企業進行內部審計或提供財務報告之人員應承擔何項職責及受到何種限制？管理會計首先是應對公司負責，還是對一般投資大眾負責？應先予明確規範。

三、稅務會計

首先我們要討論稅務會計師所面臨之職責內容？在面對政府之合法稅收規定時，作爲委託人之利益維護者，他們應該在何種合法之範圍內爲委託人之最佳利益作稅務規劃？

四、諮詢業務

諮詢業務是會計師事務所最佳利潤所在，此項業務依賴會計師在財稅金融之專業知識，諮詢業務與審計職能究竟係互補或衝突？會計師事務所應否爲自己之審計客戶提供諮詢服務？此種諮詢功能是否會危害審計之獨立性？

美國註冊會計師協會（The American Institute of Certified Public Accountants簡稱AICPA）[14]所定之倫理規範（AICPA Code of Professional Conduct）[15]與其他業別倫理規範相較之下，應爲最詳盡之道德規範，該倫理規範定有下列六項應行遵守之原則[16]：

---

[14] The American Institute of Certified Public Accountants (AICPA) and its predecessors have a history dating back to1887, when the American Association of Public Accountants (AAPA) was formed. In 1916, the American Association was succeeded by the Institute of Public Accountants, at which time there was a membership of 1, 150. The name was changed to the American Institute of Accountants in 1917 and remained so until 1957, when it changed to its current name of the American Institute of Certified Public Accountants. The American Society of Certified Public Accountants was formed in 1921 and acted as a federation of state societies. The Society was merged into the Institute in 1936 and, at that time, the Institute agreed to restrict its future members to CPAs.

[15] The Code of Professional Conduct of the American Institute of Certified Public Accountants consists of two sections-(1)the principles and(2)the Rules. The Principles provide the framework for the Rules, which govern the performance of professional services by members. The Council of the American Institute of Certified Public Accountants is authorized to designate bodies to promulgate technical stantards under the Rules, and the bylaws require adherence to those Rules and standards.

[16] Section 50-Principles of Professional Conduct
Section51-Preamble
Section 52-Article I: Responsibilities
Section 53-Article II: The Public Interest

一、會員在執行其專業任務時，應在其行為中實現其敏銳之專業道德判斷[17]

二、會員應承擔下列之義務，其行為應對公共利益提供服務、取得公眾之信任及表現出致力於專業之承諾[18]

三、為保持及增強大眾之信心，會員應以高度之正直感履行其所有之專業職責[19]

四、會員在執行專業職責時應保持客觀並避免介入利益衝突。另會員在提供審計和其他鑑證服務時，應在事實及外表上均保持獨立[20]

五、會員應遵守專業技術及道德標準，不斷努力提高執業能力和服務品質，並盡其全力履行專業職責[21]

六、會員執行職務時，對提供之服務範圍及性質，必須遵守專業倫理規範之原則[22]

Section 54-Article III: Integrity
Section 55-Article IV: Objectivity and Independence
Section 56-Article V: Due Care
Section 57-Article VI: Scope and Nature of Services

[17] Section 52-Article I: Responsibilities
In carrying out their responsibilities as professionals, members should exercise sensitive professional and moral judgments in all their activities.

[18] Section 53-Article II: The Public Interest
Members should accept the obligation to act in a way that will serve the public interest, honor the public trust, and demonstrate commitment to professionalism.

[19] Section 54-Article III: Integrity
To maintain and broaden public confidence, members should perform all professional responsibilities with the highest sense of integrity

[20] Section 55-Article IV: Objectivity and Independence
A member should maintain objectivity and be free of conflicts of interest in discharging professional responsibilities. A member in public practice should be independent in fact and appearance when providing auditing and other attestation services.

[21] Section 56-Article V: Due Care
A member should observe the profession's technical and ethical standards, strive continually to improve competence and the quality of services, and discharge professional responsibility to the best of the member's ability

[22] Section 57-Article VI: Scope and Nature of Services
A member in public practice should observe the principles of the Code of Professional Conduct in determining the scope and nature of services to be provided.

相較於前述美國會計師協會訂定之倫理規範，我國會計師職業道德規範之制定，係由中華民國會計師公會全國聯合會之職業道德委員會研擬，並經理事會通過發布，自72年修訂公布「中華民國會計師職業道德規範」公報第一號後，陸續補充解釋發布職業道德規範公報至第九號，91年至92年間全面檢討修訂以發布之各項職業道德規範公報，於92年完成各項修訂、並新訂第十號規範公報取代第二號規範公報，我國職業道德規範公報第一號分為總則、職業守則、技術守則、業務延攬、業務執行及附則第六章，嗣後並陸續發布相關補充解釋之公報等如下：

會計師職業道德規範公報名稱	發布日	修訂日
第一號：中華民國會計師職業道德規範	72.10.05	92.03.20
第二號：誠實、公正及獨立性	76.02.25	廢止
第三號：廣告、宣傳及業務延攬	76.02.25	92.05.16
第四號：專業知識技能	76.07.15	92.05.16
第五號：保密	77.06.16	92.05.16
第六號：接任他會計師查核案件	78.03.21	92.05.16
第七號：酬金與傭金	78.06.04	92.05.16
第八號：應客戶要求保管錢財	82.07.06	92.05.16
第九號：在委託人商品或服務之廣告宣傳中公開認證	89.09.01	92.05.16
第十號：正直、公正客觀及獨立性	92.05.16	取代第二號公報

以上會計師職業道德規範公報共計九號，大致可歸納為下列主要項目：
一、正直、公正客觀與獨立性。
二、廣告、宣傳與業務延攬[23]。
三、酬金與傭金。

---

[23] 會計師在委託人商品或服務之廣告宣傳中公開認證之第九號公報規範，係屬我國於特殊環境中所擬定之規範，其與廣告、宣傳之情節較為接近，一般皆將其歸類於廣告、宣傳與業務延攬範圍中。

四、專業知識技能與持續進修。

五、保密與可信賴性。

六、接任他會計師查核案件與同道關係。

七、應客戶要求保管錢財。

八、專業行為與玷辱事項。

我國會計師職業道德規範之要求與規範事項，係遵照會計師法之規定[24]，並參考國際會計師聯合會所發布之會計師職業道德規範與我國會計

---

[24] 會計師法第46條（96年12月26日新修正）

會計師不得為下列各款之行為：

一、同意他人使用本人名義執行業務。

二、使用其他會計師名義執行業務。

三、受未具會計師資格之人僱用，執行會計師業務。

四、利用會計師地位，在工商業上為不正當之競爭。

五、對與其本人有利害關係之事件執行業務。

六、用會計師名義為會計師業務外之保證人。

七、收買業務上所管理之動產或不動產。

八、要求、期約或收受不法之利益或報酬。

九、以不正當方法招攬業務。

十、為開業、遷移、合併、受客戶委託、會計師事務所介紹以外之宣傳性廣告。

十一、未得指定機關、委託人或受查人之許可，洩漏業務上之秘密。

十二、其他主管機關所定足以影響會計師信譽之行為。

前項第十款有關受客戶委託與會計師事務所介紹之廣告內容及範圍，由全國聯合會擬訂，報請主管機關核定。

第一項第七款至第十二款規定，於法人會計師事務所準用之。

會計師法第47條　會計師有下列情事之一者，不得承辦財務報告之簽證工作：

一、現受委託人或受查人之聘僱擔任經常工作，支領固定薪給或擔任董事、監察人。

二、曾任委託人或受查人之董事、監察人、經理人或對簽證案件有重大影響之職員，而離職未滿二年。

三、與委託人或受查人之負責人或經理人有配偶、直系血親、直系姻親或二親等內旁系血親之關係。

四、本人或其配偶、未成年子女與委託人或受查人有投資或分享財務利益之關係。

五、本人或其配偶、未成年子女與委託人或受查人有資金借貸。但委託人為金融機構且為正常往來者，不在此限。

六、執行管理諮詢或其他非簽證業務而足以影響獨立性。

七、不符業務事件主管機關對會計師輪調、代他人處理會計事務或其他足以影響獨立性之規範。

會計師事務所之執業會計師有第一項第一款、第二款、第四款及第五款情事之一者，

師界之實務情況與特別事項[25]等研擬制訂。惟職業道德規範似非法令規章所可比，貴乎全體自律，俾確保其超然獨立之精神，秉其專門知識、技能與公正嚴謹立場，提供專業服務，會計師之執業，不僅涉及諸多原理法則與實務問題，且涉及錯綜複雜之公私利害關係，故應發揮超然獨立之精神，加強會計師之功能，期盼能以會計師之崇高職業為念，共同遵守及推行本規範，建立同業信譽，維持會計師之崇高社會形象。

伍、會計師違反會計專業倫理原因之探討

從前述國內外知名企業之重大弊案，引發大眾對企業官商勾結、經理人道德操守敗壞、股票內線交易、公司董監事功能不彰、公司財報揭露不實、專業會計審計人員嚴重失職及欠缺獨立性等問題諸多討論，尤其是各界對會計專業倫理投以高度之關切。一般而言，會計師在面臨道德問題時，其所擬採取之作為及應如何以專業倫理規範來抑制不道德之行為時，通常會計師認為最不易解決的有下列三項問題，第一是客戶要求會計師協助逃漏相關稅捐，其次是利益衝突及獨立性問題，再者是客戶要求會計師修正不實財報等，從以往案例中，我們可發現對專業倫理要求愈高之專業人員，較不易從事不法行為，在此我們要探討為何對專業倫理要求標準愈高之專業人員，一般較不易從事不法行為，就會計審計工作而論，我們瞭解審計之價值主要是會計師能正確查核或更正企業財報中所隱藏之重

其他執業會計師亦不得承辦財務報告之簽證。

法人會計師事務所與委託人或受查人有第一項第四款至第六款情事之一者，其股東不得承辦財務報告之簽證。

25　一、會員應遵守中華民國會計師公會全國聯合會所公布之職業道德規範公報及本會所發布之紀律通報。（台北市會計師公會章程第45條之1，台灣省會計師公會章程第37條之1及高雄市會計師公會章程第45條）

　　二、會員應遵守會計師法本會章程規則與各項決議案。（台北市會計師公會章程第17條，台灣省會計師公會章程第14條及高雄市會計師公會章程第16條）

　　三、會員執行業務有違反會計師法或本會章程規則之行為者，得由本會會員大會或理事會之決議函請會計師主管機關交付懲戒。（台北市會計師公會章程第13條第1款，台灣省會計師公會章程第11條第1款及高雄市會計師公會章程第12條之1）

大疏失，如會計師無法查核出上述之疏失，即應認為係審計失敗（audit failure），審計失敗將導致司法訴訟，對會計師而言，司法訴訟成本甚高，除訴訟費用及主管機關之行政處分外，

　　尚將造成聲譽損失，引發客戶流失，因之高專業性之會計師在其專業領域工作中，皆極力避免違反專業倫理之不法行為，俾避免減少審計訴訟以維持其專業形象及名譽。但以上推論亦非絕對，試舉近日發生之案例說明之。據96年12月9日中國時報報導[26]『前臺北市會計師公會理事長，知名會計師羅○，因其創立多年的「正○聯合會計師事務所」，遭股東指控涉嫌短報營業收入，逃漏稅逾1300萬，臺北地檢署偵結，依違反稅捐稽徵法、偽造文書、業務侵佔等罪嫌起訴羅○及其妻子、子女一家五口，檢方並依連續犯規定，請求法院加重其刑。其中羅○及三名子女羅○菱及羅○民、羅○傑都是國內知名會計師』。此案例事實真偽仍有待法院審理，但足以印證上述推論並非絕對，正如前述日本「中央青山監察法人」假帳事件[27]，該事務所理事長奧山章雄曾任日本公認會計師協會會長，並於早稻田大學講授「會計師之專業倫理」課程，相形對照，實在非常諷刺，令人不勝感慨，專業倫理價值何在？究竟應如何要求會計師遵守專業倫理？

　　通常專業會計人員之角色，除透過審計查核技術，對企業財務報表之資訊揭露其財務監督及防弊之責任外，也同時肩負協助會計師事務所相關業務之推動，因此常會陷入為推動事務所業務效率之達成，卻又受制於獨立與公平客觀之專業查核規範的兩難之中，在會計專業角色扮演上也因此面臨不同角色間之衝突。由於專業會計人員本身係專業人士，職業道德之要求應較他人更為嚴格，因此獨立性的議題必須更加重視。

　　在國內我們可發現一種現象，會計師事務所聲譽愈差，往往其事務所經營之利潤卻高於聲譽良好與審計品質高之會計師事務所，部分會計師甘於為問題企業賣命，以力霸集團掏空案為例，力霸集團相關問題公司似乎緊隨著簽證會計師，即使該會計師轉換事務所，簽證工作亦隨同移轉，公司幾乎已達認人不認所，而該會計師對力霸集團問題公司之財務簽證多

---

[26] 中國時報96年12月9日陳志賢/臺北報導。

[27] 參考註5及註6。

年，對其長期虧損以及異常交易竟未曾簽出過任何保留意見，其中究竟有何隱情，實有待檢調查明，另與力霸集團關係密切之中華銀行，簽證會計師亦未查核其異常之關係人交易，亦遭外界質疑。此表示會計師事務所傾向以利益爲導向，凸顯出專業會計人員角色獨立性與事務所利益的衝突，事務所利益導向是來自企業客戶之利益所影響，面臨事務所或企業客戶壓力下，顯示角色壓力對於專業會計人員的超然獨立與公平客觀之立場有相當程度之衝擊，這也就是爲什麼我們要求會計師應重視專業倫理，不要因爲眾多之弊案，讓大眾對於專業會計人員及其所簽證財報之信賴失去信任與產生質疑。

　　以美國爲例，美國註冊會計師協會（AICPA）及美國證管會因經濟快速成長及因會計師涉及多起重大企業弊案之需，對會計專業形成強大之內部壓力，於2006年9月10日依據「國際會計師協會倫理規範」（International Federation of Accountants (IFAC)' Code of Ethics）制定協會倫理規範（The Institute's Code of Ethics）取代以前之專業倫理規範（Institute's Guide to Professional Ethics）[28]，對職業道德規範及超然獨立進行全面性之審查，對超然獨立（independence）、客觀（objective）及正直（integrity）等觀念再次補強。但是筆者認爲對該如何保持超然獨立及正直性之爭議仍未釐清，有待進一步加強。

　　我國內大都討論專業會計人員任期、獨立性、審計品質、公司治理等

---

[28] The Institute's Code of Ethics (the Code) helps our members meet these obligations by providing them with ethical guidance. The Code applies to all members, students, affiliates, employees of member firms and, where applicable, member firms, in all of their professional and business activities, whether remunerated or voluntary. It replaced the Institute's Guide to Professional Ethics on 1 September 2006

The code is based on the International Federation of Accountants (IFAC)' Code of Ethics (PDF 345kb/98 pages) issued in June 2005, which itself has adopted the principles-based approach pioneered by the Institute. Additional guidance (indicated in the Code in italics) has been included by the Institute in areas that have been found to be of particular relevance to our members in the past or reflecting the particular environment in the UK.

The IFAC Code of Ethics does not apply directly to members of this Institute, However, the main accountancy bodies throughout the world, including the Institute and the CCAB bodies, are required to comply with the principles included in the IFAC Code of Ethics.

研究，在會計師專業倫理及法律責任之加強方面剛起步尚未成熟，爲促使國內會計人員職業道德規範更加完善，93年4月主管機關已提出證交法修正並完成立法，規定會計師若簽證不實，而簽證會計師若要免責，則須證明已盡相當注意且有正當理由可合理確信所簽證內容無虛僞或隱匿求償時亦得要求會計師提出其工作底稿，以查證會計師是否已善盡職責[29]。

　　企業財務弊端動輒涉及數十億、數百億元，前述嚴厲之責任規定，理當足以嚇阻不肖企業；然而在修法後仍不斷出現簽證不實之重大弊案。由此可見，僅靠修法加重會計師責任，仍不足以防弊。過去會計師爲爭取生意之亂象或許因修法而有所改善；但重賞之下必有勇夫，若會計師刻意配合企業舞弊以換取高利，此問題企業已成共犯結構，還談什麼專業倫理？基於以往若干地雷股以及如今力霸集團事件之教訓，筆者認爲一方面對會計師專業倫理之要求必須再加強，如證實確有弊端，即應予最嚴厲之刑事處分，並命其負起民事賠償責任；另一方面，主管機關亦應從公司內部制衡監督機制著手，參考外國重大公司財務弊案後強化公司治理之經驗，更嚴格要求公司經營資訊透明化，尤其需防範家族式關係企業之相互掩飾，因公司若刻意假造足以亂眞之資訊，若會計師也無法判斷其眞僞，即不能苛責會計師，因爲公司發生弊端，大概唯有眞正主事者才瞭解，如主事者存心舞弊，外人是很難查明其眞象。

---

[29] 證交法第20條之1第3、4項會計師辦理第一項財務報告或財務業務文件之簽證，有不正當行爲或違反或廢弛其業務上應盡之義務，致第一項之損害發生者，負賠償責任。
前項會計師之賠償責任，有價證券之善意取得人、出賣人或持有人得聲請法院調閱會計師工作底稿並請求閱覽或抄錄，會計師及會計師事務所不得拒絕。

陸、2002年美國企業革新法沙班氏／歐克斯利法（Sarbanes-Oxley Act of 2002簡稱沙歐法）有關會計師查核簽證之規範

一、2002年沙班氏／歐克斯利法（Sarbanes-Oxley Act of 2002）緣起

美國在二十世紀末二十一世紀初一連串財務報表詐欺醜聞發生後，影響層面廣泛，除投資人及債權人遭受龐大之損失，社會資源之流失，甚至全球經濟景氣也因此受到負面之衝擊。美國總統布希於2002年6月29日在Bush Targets Executive "Wrongdoers"演說中，誓言對違法公司主事者，施以嚴厲之制裁，包括罰金及刑罰，企圖維繫投資人及債權人對美國商業環境的信賴；布希總統於2002年7月30日在白宮簽署一項嚴厲掃蕩企業詐欺之法律Sarbanes-Oxley Act of 2002，該法對於防治及懲罰企業與會計師詐欺之不法行為採取較嚴格之規範，對於違法者給予司法上之懲罰，藉以保護企業員工及股東之權益。

二、沙歐法內容概要

本法主要規範可分為十一章，有關會計師獨立性部分主要在第二章，自201條至209條；茲將各章條次內容名稱分別摘錄於後：

第一章　公開發行公司會計監督委員會[30]

第101條　設立；管理規定

第102條　向會計監督委員會辦理註冊登記

---

[30] TITLE I -- "Public Company Accounting Oversight Board (PCAOB)" Title I establishes the Public Company Accounting Oversight Board, to provide independent oversight of public accounting firms providing audit services ("auditors"). It also creates a central oversight board tasked with registering auditors, defining the specific processes and procedures for compliance audits, inspecting and policing conduct and quality control, and enforcing compliance with the specific mandates of SOX. Title I consists of nine sections.

---

[31] TITLE II -- External Auditor Independence, which consists of nine sections, establishes standards for external auditor independence, to limit conflicts of interest. It also addresses new auditor approval requirements, audit partner rotation policy, conflict of interest issues and auditor reporting requirements. Section 201 of this title restricts auditing companies from doing other kinds of business apart from auditing with the same clients.

[32] TITLE III -- "Corporate Responsibility"
Title III mandates that senior executives take individual responsibility for the accuracy and completeness of corporate financial reports. It defines the interaction of external auditors and corporate audit committees, and specifies the responsibility of corporate officers for the accuracy and validity of corporate financial reports. It enumerates specific limits on the behaviors of corporate officers and describes specific forfeitures of benefits and civil penalties for non-compliance. For example, Section 302 implies that the company board (Chief Executive Officer, Chief Financial Officer) should certify and approve the integrity of their company financial reports quarterly. This helps establish accountability. Title III consists of eight sections

第301條　公開發行公司之審計委員會
第302條　公司編製財務報表之責任
第303條　對審計行為之不當影響
第304條　紅利與利益之沒收
第305條　高階主管與董事之禁制與懲罰
第306條　退休基金禁制其間之內線交易
第307條　律師專業責任之規定
第308條　投資人之公平基金
第四章　　財務資訊揭露之強化[33]
第401條　定期報告之揭露
第402條　利益衝突條款之強化
第403條　涉及管理當局及主要股東交易之揭露
第404條　管理當局部控制之評估
第405條　豁免條款
第406條　高階財務主管之道德規範
第407條　審計委員會財務專家之揭露
第408條　發行公司定期揭露覆核之強化
第409條　發行公司即時之揭露
第五章　　分析師之利益衝突[34]
第501條　證券協會及全國性證券交易所對分析師之處置

---

[33] TITLE IV -- "Enhanced Financial Disclosures"
Title IV consists of nine sections. It describes enhanced reporting requirements for financial transactions, including off-balance sheet transactions, pro-forma figures and stock transactions of corporate officers. It requires internal controls for assuring the accuracy of financial reports and disclosures, and mandates both audits and reports on those controls. It also requires timely reporting of material changes in financial condition and specific enhanced reviews by the SEC or its agents of corporate reports.

[34] TITLE V -- "Analyst Conflicts of Interest"
Title V consists of only one section, which includes measures designed to help restore investor confidence in the reporting of securities analysts. It defines the codes of conduct for securities analysts and requires disclosure of knowable conflicts of interest.

---

[35] TITLE VI -- "Commission Resources and Authority"

Title VI consists of four sections and defines practices to restore investor confidence in securities analysts. It also defines the SEC's authority to censure or bar securities professionals from practice and defines conditions under which a person can be barred from practicing as a broker, adviser or dealer.

[36] TITLE VII -- "Studies and Reports"

Title VII consists of five sections. These sections 701 to 705 are concerned with conducting research for enforcing actions against violations by the SEC registrants (companies) and auditors. Studies and reports include the effects of consolidation of public accounting firms, the role of credit rating agencies in the operation of securities markets, securities violations and enforcement actions, and whether investment banks assisted Enron, Global Crossing and others to manipulate earnings and obfuscate true financial conditions.

[37] TITLE VIII -- "Corporate and Criminal Fraud Accountability"

Title VIII consists of seven sections and it also referred to as the "Corporate and Criminal Fraud Act of 2002." It describes specific criminal penalties for fraud by manipulation, destruction or alteration of financial records or other interference with investigations, while providing certain protections for whistle-blowers.

第805條　檢視關於妨礙司法及重大犯罪之美國聯邦判決指引
第806條　對提供犯罪證據之公開發行公司員工之保護
第807條　詐欺公開發行公司股東之刑罰
第九章　加強對白領階級犯罪之處罰[38]
第901條　法案名稱
第902條　意圖與共謀刑事詐欺犯罪
第903條　郵電詐欺之刑事責任
第904條　違反1974年「員工退休金保障法」之刑事責任
第905條　白領階級犯罪判決指引之修正
第906條　公司對財務報表應負之責任
第十章　公司稅務之申報[39]
第1001條　參議院認為各公司執行長須對稅務申報背書
第十一章[40]　公司詐欺之刑責
第1101條　參議院認為各公司執行長需對稅務申報背書
第1102條　擅改文件或妨礙官方調查程式
第1103條　證管會有權行使暫時中止
第1104條　美國聯邦判決指引之修正
第1105條　證管會有權禁止特定人員擔任高階主管或董事
第1106條　加重1934年證券交易法之刑責

---

[38] TITLE IX -- "White Collar Crime Penalty Enhancement"
Title IX consists of two sections. This section is also called the "White Collar Crime Penalty Enhancement Act of 2002." This section increases the criminal penalties associated with white-collar crimes and conspiracies. It recommends stronger sentencing guidelines and specifically adds failure to certify corporate financial reports as a criminal offense.

[39] TITLE X -- "Corporate Tax Returns"
Title X consists of one section. Section 1001 states that the Chief Executive Officer should sign the company tax return.

[40] TITLE XI -- "Corporate Fraud Accountability"
Title XI consists of seven sections. Section 1101 recommends a name for this title as "Corporate Fraud Accountability Act of 2002" . It identifies corporate fraud and records tampering as criminal offenses and joins those offenses to specific penalties. It also revises sentencing guidelines and strengthens their penalties. This enables the SEC to temporarily freeze large or unusual payments.

第1107條　對資訊提供者之報復

三、沙歐法關於會計師查核簽訂規範之目的－提升會計師之獨立性

　　沙歐法為提升會計師之獨立性，在法案中限制會計師執行業務之範圍、強制定期輪調簽證會計師，與要求會計師有利益衝突時須加以迴避，茲分述如下：

(一)限制會計師執行業務範圍（沙歐法第201條、第202條）

　　沙歐法第201條中規定註冊會計師事務所若為發行公司提供查核簽證，則不得為該發行公司提供下列非審計服務：

　　1.提供客戶記帳或其他與會計紀錄、財務報表相關之服務。

　　2.財務資訊系統設計與執行。

　　3.提供鑑價（評估）或評價之服務、表示允當意見或正確決策回饋之報告。

　　4.提供與客戶財務報表或科目金額相關之精算諮詢服務。

　　5.提供客戶內部稽核委外之服務。

　　6.提供管理職能或人力資源之服務。

　　7.提供經紀商或自營商、投資顧問或投資銀行之服務。

　　8.提供非屬會計師查核業務範圍內之法律顧問服務與專業服務。

　　9.其他由會計監督委員會依法認定不合規定之服務。

　　註冊會計師事務所惟有事先取得發行公司之審計委員會核准之情況下，始得為其審計客戶提供除前列第(1)項至第(9)項以外之非審計服務。原則上，所有會計師允許提供予發行公司之服務，皆須事先取得發行公司審計委員會之許可。審計委員會應建立對某些特定服務有關事先核准之政策或步驟，以確保會計師獨立性之持續。會計師若對發行公司進行非審計服務時，若符合下列條件，得免除前段所要求之事先核准：

　　1.會計師提供予發行公司所有非審計服務總金額未達發行公司整個會計年度支付會計師金額之5%

　　2.於簽訂委任書時，發行公司並未覺察該項服務屬非審計服務。

3.該項非審計服務立即為發行公司審計委員會知悉，且於完成查核工作前即取得審計委員會之核准，或由一個或一個以上之審計委員會委員核准，且該委員亦是審計委員會所授權之董事會之成員。

沙歐法限制會計師對提供查核簽證之客戶，不得再提供任何非審計服務，以限制會計師事務所提供業務之範圍，其主要目的，在於避免因會計師主要收入來自非審計服務，使會計師對客戶之依存性提高，導致會計師擔心失去收入之威脅下，容易屈服於客戶壓力，無法客觀公正表達真正意見，喪失應有之獨立性。

(二)強制輪調維護審計之獨立性（沙歐法第203條）

沙歐法規定公開發行公司主查之簽證會計師（lead or coordinating audit partner），或複核其查核結果之會計師，禁止連續逾五年對同一發行公司提供審計服務。

由於企業編製之財務報表須仰賴會計師把關，會計師之審計品質若較高，企業較無法出具不實表達之財務報表，惟擔心企業之財務報表長期由某一會計師查核簽證，易使會計師懈怠，或因習慣而未盡應有之注意查核客戶之財務報表，導致審計失敗的發生，故提出定期輪調會計師之要求。

(三)利益衝突之迴避（沙歐法第206條）

本法亦訂定旋轉門條款，禁止註冊會計師事務所顧用曾擔心發行公司之執行長（chief executive officer）、審計長（controller）、財務長（chief financial officer）、會計長（chief accounting officer）、或任何相當職位之人，於查核工作開始之一年內參與該發行公司之查核工作，則該會計師事務所為該發行公司執行任何查核服務係屬違法行為，此規定主要在藉由冷卻期之訂定以規避利益衝突之可能。

柒、會計師與當事人間之法律關係

會計師與當事人間之法律關係通常係以會計師與當事人簽定委託書之內容範圍為雙方權利義務之基礎，委託書內載明會計師受任範圍及查核

所採取之方法及程式。並同時約定公費之金額及計算之方式。一般而言會計師受託辦理查核簽證，可謂係當事人約定，一方委託他方處理事務，他方允為處理之契約，當事人係屬民法委任關係[41]，且係有償契約，無庸置疑。

　　依民法規定，受任人處理委任事務，應依委任人之指示，並與處理自己事務為同一之注意，其受有報酬者，應以善良管理人之注意為之[42]，另依民法規定，受任人因處理委任事務有過失，或因逾越權限之行為所生之損害，對於委任人應負賠償之責[43]；亦即規範會計師執行查核簽證義務時應盡善良管理人之注意義務，會計師係專業人士，具有專門之知識、經驗與技能，對當事人自當提供專業性之服務，此點毫無疑問。惟會計師是否應依民法第535條前段規定依當事人之指示執行其查核業務，會計師已如前述係專門職業人員，其處理受任事務涉及專業判斷，為確保會計師查核簽證之獨立性，應不允許當事人有指示權，參酌會計師法規定委託人意圖使其不實或不當之簽證者，會計師應拒絕簽證其財務報表[44]，可瞭解會計師可不受民法第535條前段之拘束，此乃委任關係之特例，會計師執照為國家所賦予之特權，此項特權乃要求會計師對社會大眾，尤其是投資人與當事人之債權人，負有忠實義務，基於公益之要求，當事人對會計師之辦理查核簽證，不應有指示權。

　　至於所稱會計師應盡善良管理人之注意義務，即會計師執行查核簽證時，應盡客觀上之注意義務，所謂客觀上之注意義務，應指會計師同業所共同具有專門知識、經驗與技能之注意標準而言，亦即所謂專業之注意，會計師就具體個案是否已盡專業上之注意義務，其認定標準除審酌有關會計、審計準則外，實務上之慣例與程序亦甚為重要。若就特定情勢並無慣例，或會計業意見分歧，法院得徵詢專家鑑定意見，供判斷之參考。會計師若未遵守一般公認會計準則（GAAP）與一般公認之審計原則（GAAS），通常被認定未盡專業注意義務，為有過失。美國法院通常接

---

[41] 民法債篇第10節第528條至552條有關委任相關規定。
[42] 民法第535條。
[43] 民法第544條。
[44] 會計師法第25條第1款。

受美國財務會計準則委員會（FASS），美國會計師協會（AICPA）與其他專業組織所發表之準則公報供為適用會計師之注意標準，但採納情形亦相當分歧，原因係緣自各州不同之合理注意標準，但法官對於會計師角色之觀念與態度不同亦為關鍵。

另會計師若未提供委託書約定之服務為債務不履行，應負債務不履行賠償責任[45]，如當事人另聘其他會計師時，則會計師應賠償公費之差額。又服務提供之期限，由於簽證報告之提交主管機關，相關法令均設有規定，無論委託契約有無明示，若會計師遲延給付，除非因不可歸責於會計師之事由，致未為給付，不負遲延責任者外，會計師應負遲延之賠償責任[46]。

此外會計師執行查核簽證，若有不正當之行為，違反或廢弛其業務上應盡之義務，若未盡其注意義務，或未盡其注意義務，並應對當事人負注意或過失侵權行為損害賠償責任，此為契約責任與侵權責任之競合，當事人得自由選擇侵權行為或契約債務不履行損害賠償請求權。

捌、會計師財務報表審計簽證法律責任分析

由於會計師所承辦之業務，尤其在查核簽證方面，係對社會大眾負責。因此，各國對會計師之執業，均訂有專業準則及相關法律責任。會計師責任一般可分為：行政責任、民事賠償責任與刑事責任三類，其中行使行政裁量權為行政主管機關；民事與刑事則由司法單位執行。然任何一類責任懲處對會計師而言，不僅是職業行為遭致處分，其聲望亦可能因此蒙上陰影。為利閱讀起見，茲將會計師行政責任、民事責任及刑事責任分別列表說明如後：

---

[45] 民法第220條。
[46] 民法第229條、第230條。

一、行政責任[47]

	違規項目	罰則	法令依據
1	會計師辦理證券交易法第36條財務報告之查核簽證，發生錯誤或疏漏者。	主管機關得視情節之輕重，為下列處分[48] (1)警告(2)停止其二年以內辦理證交法所定之簽證(3)撤銷簽證之核准	證券交易法第37條第3項
2	(1)對重大影響財務報表允當表達事項，未實施必要的查核程序 (2)對重大影響財報事項，已實施必要查核，但深度不足以支援其查核結論 (3)未依一般會計或相關法令編製財務報告且影響重大，會計師未查明者 (4)未出具適當意見的查核報告 (5)財報未適當揭露或調整，會計師未於查核報告予以指明 (6)對專家選擇及專家報告採用，未依一般公認審計準則辦理 (7)公司內部控制的考量，未依一般公認審計準則辦理	警告或停止二年內簽證	會計師違規案件依證券交易法第37條第3項規定處分標準參考原則
3	會計師對公司申報或公告之財務報告、文件或資料有重大虛偽不實或錯誤情事，未善意查核責任而出具虛偽不實報告或意見；或會計師對於內容存有重大虛偽不實或錯誤情事之公司財務報告，未依有關法規規定、一般公認審計準則查核，致未予敘明者。（不實簽證）	(1)停止執行簽證工作之處分 (2)金融機構不得接受其融資簽證	證券交易法第174條第2項第2款。財政部（72）台財融字第23289號函
4	會計師有下列情事之一者，應付懲戒： 一、有犯罪行為受刑之宣告確定，依其罪名足認有損會計師信譽。	由利害關係人、業務事件主管機關或會計師公會報轉金管會交付會計師懲戒委員會懲戒，懲戒處分之方法：	會計師法第61至65條[49]

---

[47] 依金管會證期局公佈「88年起至96年底受懲戒確定會計師名單」共計64名會計師因財務簽證等原因分別受到行政處分警告至停業二年之處分。

[48] 依金管會證期局公佈「最近5年經本會依證交法第37條第3項處分之會計師名單」共計36名會計師因財務報告查核缺失分別受到警告至撤銷簽證之核准等行政處分。

[49] 會計師法於96年12月26日全文修正，原會計師法第五章「懲戒」第39條至46條，在新法中已移到至第六章「懲戒」第61條至68條。

	違規項目	罰則	法令依據
	二、逃漏或幫助、教唆他人逃漏稅捐，經稅捐稽徵機關處分有案，情節重大。 三、對財務報告或營利事業所得稅相關申報之簽證發生錯誤或疏漏，情節重大。 四、違反其他有關法令，受有行政處分，情節重大，足以影響會計師信譽。 五、違背會計師公會章程之規定，情節重大。 六、其他違反本法規定，情節重大。	(1)新臺幣十二萬元以上一百二十萬元以下罰鍰(2)警告(3)申誡(4)停止執行業務二個月以上二年以下(5)除名	
5	會計師為納稅義務人代辦有關應行估計、報告、申請復查、訴願、行政訴訟、證明帳目內容及其他有關稅務事項，違反所得稅法有關規定時。	由該主管稽徵機關報財政部依法懲處，事情節輕重處分如下： (1)警告(2)申誡(3)一定期間內停止稅務代理人職務。 (4)函請會計師懲戒委員會懲戒	所得稅法第118條
6	會計師辦理融資簽證，涉及不實情事時。	由各金融機構依會計師法第41條規定程式送請懲戒	財政部（71）台財融函請會計師懲戒委員會懲戒第11175函
7	會計師之融資簽證報告有違反會計師法或未依會計師查核簽證財務報表規則、一般公認準則等規定辦理時	各金融機構應將違規事實，送請會計師公會全國聯合會之查核簽證業務評鑑委員會予以評議	財政部（73）台財融第20426號函
8	會計師受委託辦理保稅盤存查核簽證，如有違反有關法令作不實之簽證，致生逃漏稅捐及其他違反情事者	海關應函請行政院金管會會計師懲戒委員會依法懲戒	保稅工廠辦理盤存注意事項第18條

二、民事責任

	違規項目	罰則	法令依據
1	會計師執行業務不得有不正當行為或違反或廢弛其業務上應盡之業務（違反忠實義務應負之賠償責任）	會計師因左列情事致指定人、委託人、受查人或利害關係人受有損害者，負賠償責任。會計師因過失致前項所生之損害賠償責任，除辦理公開發行公司簽證業務外，以對同一指定人、委託人或受查人當年度所取得公費總額十倍為限。法人會計師事務所之股東有第一項情形者，由該股東與法人會計師事務所負連帶賠償責任。法人會計師事務所未依主管機關規定投保業務責任保險者，法人會計師事務所之全體股東應就投保不足部分，與法人會計師事務所負連帶賠償責任。	會計師法第41至42條[50]
2	會計師接受客戶委任處理事務受有報酬，因之其所應負擔之責任人義務應以善良管理人之注意為之（受任人之義務）。	會計師因處理委任事務有過失或因逾越權限之行為所生之損害，對於委任人（客戶）應負賠償之責。	民法第535及544條
3	會計師辦理公開發行公司財務報告或財務業務文件之簽證，不得有不正當行為或違反或廢弛其業務上應盡之義務。	對於發行人所發行有價證券之善意取得人、出賣人或持有人因而所受之損害，應依其責任比例，負賠償責任（過失責任）。	證券交易法第20條之1[51]

---

[50] 會計師法於96年12月26日全文修正，原會計師法第17、18條對業務之忠誠義務及違反忠誠義務須負之賠償責任，在新法已移到至第41、42條。

[51] 在一般財務報告虛偽或隱匿案件中，95年1月證交法修正前投資人對會計師提起民事賠償之請求權基礎，因證交法20條規定之責任主體及歸責條件欠缺明確性，實務上常需引用證交法32條及民法184條作為請求權之補充法源，惟該等補充法源有適用上之疑義，故會計師被法院依前述條文判決侵權行為成立之案例幾乎不曾見。新修正證交法第20條之1第3項規定，會計師辦理第一項財務報告或財務業務文件之簽證，有不正當行為或違反或廢弛其業務上應盡之義務，其已包含故意或過失之責任，不正當行為應屬於故意，而違反或廢弛其業務上應盡之義務則應涉及過失，若會計師因過失而廢弛職務，原告自可依此條文作為損害賠償請求權基礎，不必再類推適用證交法32條或民法184條作為補充法源。

	違規項目	罰則	法令依據
4	公開說明書應記載之主要內容有虛偽或隱匿之情事,而會計師曾在公開說明書上簽章,以證實其所載內容之全部或一部或陳述意見者。(公開說明書虛偽或隱匿之責任)	對於善意之相對人,因而所受之損害,應就其所應負責任部分與公司負連帶賠償責任	證交法第32條第1項第4款
5	會計師基於職業關係從事內線交易。(內線交易之責任)	對於當日善意從事相反買賣之人負損害賠償責任	證券交易法第157條之1

三、刑事責任

	違規項目	罰則	法令依據
1	會計師有下列情事之一者,應付懲戒: (1)有犯罪行為受刑之宣告確定,依其罪名足認有損會計師信譽。 (2)逃漏或幫助、教唆他人逃漏稅捐,經稅捐稽徵機關處分有案,情節重大。 (3)對財務報告或營利事業所得稅相關申報之簽證發生錯誤或疏漏,情節重大。 (4)違反其他有關法令,受有行政處分,情節重大,足以影響會計師信譽。 (5)違背會計師公會章程之規定,情節重大。 (6)其他違反本法規定,情節重大。	會計師懲戒委員會處理懲戒事件,認為有犯罪嫌疑者應為告發	會計師法第61至65條[52]
2	商業負責人、主辦及經辦會計人員或依法受託代他人處理會計事務之人員,有下列情事之一者: (1)以明知為不實之事項,而填製會計憑證或記入帳冊者。 (2)故意使應保存之會計憑證、會計帳簿報表滅失毀損者。 (3)偽造或變造會計憑證、會計帳簿報表內容或毀損其頁數者。 (4)故意遺漏會計事項不為記錄,致使財務報表發生不實之結果。 (5)其他利用不正當方法,致使會計事項或財務報表發生不實之結果者	處五年以下有期徒刑、拘役或科或併科新臺幣六十萬元以下罰金	商業會計法第71條

---

[52] 同註49。

	違規項目	罰則	法令依據
3	執行業務之會計師教唆或幫助他人以詐術或不正常方法逃漏稅捐者（教唆或幫助逃漏稅捐）	教唆幫助犯處3年以下有期徒刑，拘役或科6萬元以下罰金，執業會計師加重其刑至二分之一	稅捐稽徵法第43條第1項
4	從事業務之人，明知為不實之事項，而登載於其業務上作成之文書，足以生損害於公眾或他人者（業務登載不實罪）	處3年以下有期徒刑或拘役或500元以下罰金	刑法第215條
5	為他人處理事務，意圖為自己或第三人不法之利益，或損害本人之利益，而為違背其任務之行為，致生損害於本人之財產或其他利益者（背信罪）。	處5年以下有期徒刑、拘役或科或併科1000元以下罰金。	刑法第342條
6	會計師無故洩漏因業務知悉或持有之他人秘密者。	處1年以下有期徒刑、拘役或500元以下罰金。	刑法第316條
7	會計師（基於職業關係獲悉消息之人）從事內線交易。（證券交易法第157條之1）	處3年以上10年以下有期徒刑，得併科新台幣1000萬以上2億元以下罰金。如其犯罪所得金額達新台幣一億元以上者，處七年以上有期徒刑，得併科新台幣2500元以上五億元以下罰金	證券交易法第157條之1及第171條第1項第1款及第2項。
8	會計師對公司申報或公告之財務報告、文件或資料有重大虛偽不實或錯誤情事，而出具虛偽不實報告或意見或會計對於內容存有重大虛偽不實或錯誤情事之公司財務報告，未依有關法規規定，一般公認審計準則查核，致未予敘明者（不實簽證）	處5年以下有期徒刑，得科或併科新臺幣1500萬元以下罰金。犯上項之罪，如有嚴重影響股東權益或損及證券交易市場穩定者，加重其刑二分之一。另主管機關對上述犯案之會計師，應予停止執行簽證工作之處分。	證券交易法第174條第2項、第3項及第5項。

　　會計師是社會之公器，其所查核之財務報表係提供與投資大眾使用，因此會計師對財務報表是否允當表達所出具之審計意見，係對社會投

資大眾負責，而非僅對付費之委託人負責。企業之財務報表經過會計師簽證之價值，在於透過會計師客觀以及專業之查核後，提高財務報表之可信度，因之會計師不能再以本會計師係以一般審計準則查核公司之財務報表，以及其已依一般公認會計原則編製為已足，而應深入瞭解產業及商業動態，並深入評估企業之經營風險及內部控制情形對企業財務報表之影響，期使經查核後之公司財務報表更能允當表達其財務狀況及經營結果，對投資人而言，經會計師查核後之財務報表也一定程度表示公司應無造成投資風險之重大弊端。會計師之法律責任因社會期待、國際趨勢已及投資人保護機構之成立，已實質加重，而且民事賠償之責任將由個人擴及會計師事務所，因此會計師事務所對於品質及風險之控管，需做到百分之百之絕對要求，以免屆時承受各項相關法律責任。

玖、現代執業會計師查核簽證應有之正確認知（代結論）

　　會計師在資本市場發展過程中扮演非常重要之角色，為提昇審計品質，確保會計資訊之可靠性，絕大多數國家之會計師專業團體或主管機關皆訂有嚴格之審計準則及職業道德規範，以作為會計師執行業務之準繩，如何有效管制會計師專業，更是各國面臨之重大課題。

　　企業經營不善倒閉停業股票下市，一般稱之為「企業失敗」，查核人員未依照一般公認審計準則執行查核工作，出具不當之查核報告則稱為「審計失敗」，企業失敗可能係因為產業景氣不佳、經營者能力不夠、誠信不足、資金短缺、技術、研發不良或其他環境因素而造成企業營運上之困境。而審計失敗，一般會計師皆認為會計師之角色是以第三者超然獨立之身分，依一般公認審計準則及有關法令規定蒐集證據和評估，再對財務報表表示意見，供管理階層向股東或業主報告，即已解除其責任。以往傳統查核方式，會計師查核重點只在查帳，核對憑證、核對帳簿，事實上帳是可以作出來的，憑證也是可以編出來的，制度不良之公司甚至可臨時加工趕製憑證以供查核，會計師如未善盡責任蒐集足夠和確切之證據，使其對所表示之意見有合理之依據，此即產生所謂「假帳真查」之案例。因之

如何避免審計之失敗，不應再以往昔微觀之方式查核憑證，而應針對審計缺失徹底檢討，以宏觀之方式跳脫會計及查帳員之角色，以企業經營者觀點去瞭解客戶之產業結構、競爭環境、產品製程、企業流程、股權結構、財務運作、相關法規與潛在風險，尤其對客戶最高管理階層之經營理念及管理哲學更需審慎瞭解，如其本業獲利不佳而熱中於股票買賣，如以股價表現爲唯一之經營準則，則其虛飾報表之可能性即相對增大，對此類企業之查核應不可不慎。

因之會計師應瞭解有效之查核策略，其必須花費更多時間瞭解客戶行業特性及其可能之風險，此查核策略學術上稱爲「企業經營審計」（business audit approach）或「策略系統審計」（strategic-systems auditing），均係以風險爲基礎之審計方法（risk-based audit approach），一般金融機構、保險公司、建設公司及高科技事業等均需實施。

上述「經營審計」或「策略系統審計」，主要是在提供會計審計人員將查核技術從過去著重查閱傳票核閱憑證之勞力密集方式，轉爲著重分析性之研究查核方法，要求對客戶產業作競爭分析，其中包括優勢及威脅分析，並對客戶企業流程等充分瞭解，據以預測客戶重要之財務數據，俾與帳上之財務數據加以比較，期能及早發現問題並加以預防，運用專業知識以提昇服務價值，發揮會計師提升我國會計品質之專業功能。

2002年美國恩隆（Enron）公司事件發生後，紐約大學教授里維在美國國會對恩隆案發表證詞，公開指出傳統財務報表缺失，渠指出傳統財務報表只反映過去交易歷史，例如進銷貨情形及有形資產等，其他像是無形資產如商標、專利權之價值、企業知識管理系統、經營衍生性商品所承擔之風險等都無法在財務報表上呈現。里維認爲改善之道是公司提出「擴充式之財務報告」，除傳統財務報表外，還應呈現公司治理狀況、內部控制制度、不尋常風險等項目，亦即所謂推動企業價值報告，建立新標準之公司財務典範。所謂企業價值報告（Value Reporting）係指突破以往財務報表之觀念，出具涵蓋財務及非財務資訊，除有數字說明外，尚有詳盡之文字及圖表，充分揭露公司整體狀況。企業價值報告不僅限於傳統書面形式，尚可以放置於網路，供投資人閱覽相關資訊，其中與已往最大不同點

在於傳統財務報表皆由主管機關制定規定，但企業價值報告卻可依據企業特性量身訂製，由企業自行決定以顯現其價值，在企業價值報告實務典範模式中，包含市場概況、價值策略、價值管理、價值平台四大揭露面向，市場概況是由公司發表對於競爭、經營法規、總體經濟環境之看法；價值策略則是詳述公司目標及架構，近年頗受重視之公司治理議題，亦可在此與投資人相互溝通。價值管理則包含傳統之財務績效及風險管理等要素；價值平台則傾向於無形資產之評估，其中包括公司品牌、往來顧客、供應鏈狀況、公司聲譽及員工情況等。在此我們必須瞭解與重視各公司之「企業價值」報告，如何經由公正評鑑而不致誤導投資人，作者認為此係最核心之關鍵課題，似宜參考國外著名證交所和各類型企業併購案經驗，逐步建立公開發行之上市（櫃）公司評鑑機制。

　　會計師在提供審計服務所扮演之角色與律師不同，會計師必須承擔超越與客戶之委任關係，在執行此一特殊功能時，渠必須對客戶之股東、債權人及投資大眾負責，此一「公共監督」（Public Watchdog）之功能，在要求會計師永遠與客戶保持超然獨立，並完全不負於投資大眾之信託。前美國證管會（SEC）主任委員Arthur Levitt曾經指出：「獨立性乃會計師專業之靈魂」，美國會計師協會職業道德規範指出：「在執行任何專業服務時，會員應維持誠正、避免利益衝突，不得明知而作不實之陳述，或屈服其判斷於他人……。會員有義務確保其行為符合大眾之利益，不負大眾之信託，並表現其對專業精神之承諾。」我國會計師職業道德規範公報第十號亦規定：

　　一、會計師應以公正嚴謹及誠實立場，保持超然獨立精神，服務社會。

　　二、會計師對於委辦事項與其本身有直接或間接利害關係而影響其公正及獨立性，應予迴避，不得承辦。

　　三、會計師承辦查核簽證業務，應本超然獨立立場，公正表示其意見。

　　隨著會計師業務之不斷擴充延伸，以及競爭之劇烈化，會計師業務經營過度商業化之結果，會計師專業之超然獨立性，已面臨嚴重之挑戰。依照美國一般公認之審計準則規定，會計師執行審計工作時，心態上應保持

超然獨立。理論上，會計師代替外界資訊使用者檢查公司之財務報表，而會計師係由公司管理當局所委任及付費，因此公司及管理階層成為會計師之客戶，客戶可以隨意委任及解任會計師。此外經濟上之動機可能誘導會計師之判斷發生偏差，有利於付費之客戶，而且會計師在競爭環境下莫不努力發展並維持客戶關係，凡此均使會計師在心態上難以達成真正之獨立判斷。

　　超然獨立是會計師專業生存發展之基石，如缺少獨立性，則會計師專業與一般營利事業並無區別，不夠資格成為專業，亦不應再享有崇高之社會地位與尊嚴，當會計師對財務報表之允當性表示專家意見時，財報審閱者均假設簽證會計師係獨立於委託人而不受其影響，如果會計師不具獨立性，以致其不論外觀或實質之客觀性受到傷害，則審計之功能與效益便難以達成。

　　為保持會計師執行業務時之獨立性客觀性及公正性，除依靠本文上述所提及主管機關與相關準則制訂機構制定之規範及文件外，作者認為會計師本身之自律才是真正之重點所在，否則再多的法令規範亦僅消極之防堵，積極的是應提升會計師之專業倫理責任及加強會計師對其執行業務相關法律責任之瞭解，俾使執業會計師培養高度之責任感，累積出外界對會計師專門職業之敬重，亦期盼即將加入及未來加入此行業之專業人員亦能秉持相同之精神持續執業，相信定能更加獲取社會大眾之倚重，產生良性之循環。

（本文2008年6月發表於銘傳大學法學論叢第9期，第105至143頁。）

國家圖書館出版品預行編目資料

證券犯罪刑事責任專論／李開遠著. ──初
版. ──臺北市：五南，2014.06
　　面；　公分
　ISBN 978-957-11-7630-7（平裝）
　1.經濟犯罪　2.經濟刑法　3.論述分析
585.73　　　　　　　　　　103008477

1S78

證券犯罪刑事責任專論

作　　　者 ― 李開遠（92.2）

發 行 人 ― 楊榮川

總 編 輯 ― 王翠華

主　　編 ― 劉靜芬

責任編輯 ― 宋肇昌　王政軒

封面設計 ― 斐類設計工作室

出 版 者 ― 五南圖書出版股份有限公司

地　　　址：106台北市大安區和平東路二段339號4樓

電　　　話：(02)2705-5066　　傳　　真：(02)2706-6100

網　　　址：http://www.wunan.com.tw

電子郵件：wunan@wunan.com.tw

劃撥帳號：01068953

戶　　名：五南圖書出版股份有限公司

台中市駐區辦公室/台中市中區中山路6號

電　　　話：(04)2223-0891　　傳　　真：(04)2223-3549

高雄市駐區辦公室/高雄市新興區中山一路290號

電　　　話：(07)2358-702　　傳　　真：(07)2350-236

法律顧問　林勝安律師事務所　林勝安律師

出版日期　2014年6月初版一刷

定　　　價　新臺幣480元